T0161604

V&R

Fritz Stolz

Religion und Rekonstruktion

Ausgewählte Aufsätze

herausgegeben von
Daria Pezzoli-Olgiati, Katharina Frank-Spörri,
Anna-Katharina Höpflinger, Margaret Jaques
und Annette Schellenberg

Vandenhoeck & Ruprecht

Mit 18 Abbildungen

Die Bibliografische Information Der Deutschen Bibliothek
Die Deutsche Bibliothek verzeichnet diese Publikation in der Deutschen
Nationalbibliografie; detaillierte bibliografische Daten sind im Internet
über <http://dnb.ddb.de> abrufbar.

ISBN 3-525-58169-6

Satz: Text & Form, Garbsen
Druck: Hubert & Co., Göttingen

Gedruckt auf alterungsbeständigem Papier.

Gilgameš, du bist gekommen, hast dich abgemüht, abgeschleppt,
was soll ich dir geben, da du in dein Land zurückkehrst?
Etwas Verborgenes, Gilgameš, will ich enthüllen,
ein Geheimnis der Götter will ich dir erzählen.

Gilgameš-Epos XI,279–282

INHALT

Vorwort 9

I. »Religion« als religiöses Symbolsystem

Hierarchien der Darstellungsebenen religiöser Botschaft 13

Paradiese und Gegenwelten 28

Verstehens- und Wirkungsverweigerung als Merkmal religiöser Texte 45

Religiöse Symbole in religionswissenschaftlicher Rekonstruktion 62

Austauschprozesse zwischen religiösen Gemeinschaften und
Symbolsystemen 84

Vergleich von Produkten und Produktionsregeln religiöser
Kommunikation 103

Effekt und Kommunikation – Handlung im Verhältnis zu anderen
Kodierungsformen von Religion 117

II. Weltbilder der Religionen

Die Bäume des Gottesgartens auf dem Libanon 139

Religionen in einer säkularisierten Welt 154

Der mythische Umgang mit der Rationalität und der rationale
Umgang mit dem Mythos 165

Von der Weisheit zur Spekulation 189

Fluktuation und Bündelung von Identifikationen – Aspekte der Inter-
und Multikulturalität im Horizont vergleichender Religionsgeschichte 207

»Fundamentalismus«, Religion der Jugend und Jugendkulturen –
Vergleich dreier Forschungslagen 222

Wesen und Funktion von Monotheismus 248

III. Religionswissenschaft und Theologie

Theologie und Religionswissenschaft – das Eigene und das Fremde 271

Der Gott der Theologie und die Götter der Religionswissenschaft 287

Bibliographie 305

Quellenverzeichnis 312

Register 314

VORWORT

Am 10.12.2001 starb Fritz Stolz nach einer schweren Krankheit, die nur ein knappes Jahr vorher ausgebrochen war. Mitten in einer schöpferischen Arbeitsphase aus dem Leben gerissen, hinterliess er ein vielfältiges Werk, in dem sich die wesentlichen Etappen seines Wirkens widerspiegeln. Fritz Stolz wurde 1942 in Männedorf geboren. In den Sechzigerjahren studierte er Theologie und Orientalistik in Zürich und Heidelberg. Die Promotion und die Habilitation im Fach Altes Testament an der Universität Zürich erfolgten 1969 und 1971. 1969 begann seine Tätigkeit an der Kirchlichen Hochschule Bethel, zuerst als Lektor, dann als Dozent und zuletzt als Professor und Rektor. 1980 wurde er Ordinarius für Allgemeine Religionsgeschichte und Religionswissenschaft an der Theologischen Fakultät in Zürich. Neben der Arbeit in Lehre und Forschung engagierte er sich in zahlreichen Gremien, beispielsweise als Fachberater der Enzyklopädie »Religion in Geschichte und Gegenwart« oder als Experte für das Gebiet Theologie und Religionswissenschaft beim Schweizerischen Nationalfonds.

Es ist noch zu früh, um das Gesamtwerk von Fritz Stolz aus der nötigen Distanz kritisch würdigen zu können. Dennoch fallen bei einer chronologischen Lektüre der Monographien und Aufsätze Kristallisationspunkte auf – Fragestellungen, die sich durch seine ganze akademische Tätigkeit verfolgen lassen. Religionsgeschichtliche und systematische Fragestellungen sind meistens ineinander verflochten: Beispiele aus dem Alten Testament, aus den altorientalischen Religionen sowie aus der Gegenwart dienen der Illustration und Problematisierung systematischer Aspekte, während die vertiefte Betrachtung von Materialien aus bestimmten religiösen Bereichen zu Abstraktionsprozessen und schliesslich zur Formulierung theoretischer Ansätze führt.

Diese Art der Wechselwirkung zwischen unterschiedlichen Aspekten religionswissenschaftlichen Fragens erscheint in Ansätzen bereits im frühen Werk, das primär auf die Erforschung des Alten Testaments zentriert ist: In dieser Phase lässt sich ein genuines Interesse nicht nur an religionsgeschichtlichen Aspekten, sondern auch am expliziten Nachdenken über Methoden und Vorgehensweisen in der Rekonstruktion von religiösen Weltbildern feststellen. Ein weiterer Schwerpunkt bildet die gleichzeitige Auseinandersetzung mit der Rekonstruktion von religiösen Symbolsystemen in der Antike und in der Gegenwart. Vergleichbare Fragen werden mit unterschiedlichen Zugängen verfolgt. Dies führt nicht zuletzt zu einer expliziten Reflexion über Methoden und Fragestellungen der Religionswissenschaft, vor allem über die theoretischen Rahmenbedingungen des religionswissenschaftlichen Vergleichs. Ein weiteres Augenmerk liegt auf der Beziehung zwischen Theologie und Religionswissenschaft, den beiden Disziplinen,

zwischen denen sich Stolzs akademische Tätigkeit entwickelte. Am Beispiel des
Themas »Monotheismus« lässt sich der Arbeitsstil von Fritz Stolz gut illustrieren.
Die Relevanz der Frage wird im Rahmen des Alten Testaments entdeckt und
zunächst in diesem Kontext vertieft, sie bekommt im Laufe der Jahre eine immer
dezidiertere religionswissenschaftliche Zuspitzung, die wiederum für theologisches Fragen fruchtbar gemacht wird. Eine weitere Konstante bildet das Interesse
an Sprachen und Originalquellen. Die Vielfalt und Flexibilität des Werks von
Fritz Stolz zeigt sich auch an manchen seiner Veröffentlichungen, die sich aus religionswissenschaftlicher Perspektive mit aktuellen Fragen auseinandersetzen: Als
Beispiel seien eine polemische Analyse des Feminismus oder die Untersuchung
nationalistischer Strömungen im heutigen Russland genannt.

Die vorliegende Sammlung umfasst eine kleine Auswahl von Aufsätzen, die in
der Zeitspanne zwischen 1972 und 2001 entstanden sind. Vorgezogen wurden
Beiträge, die nicht in vom Autor selbst herausgegebenen Sammelbänden erschienen sind, denn solche sind weniger leicht auffindbar.

Trotz der Dichte des Werkes haben wir versucht, mit einer inhaltlichen Eintei-
lung drei Schwerpunkte besonders zu betonen, die sich im Aufbau des Bandes widerspiegeln: Der erste Teil, »Religion als religiöses Symbolsystem«, beinhaltet
Aufsätze, die primär theoretische Probleme religionswissenschaftlicher Rekonstruktion beleuchten; im zweiten Teil, »Weltbilder der Religionen«, stehen bestimmte Epochen oder Dokumente der Religionsgeschichte und der Religionen
der Gegenwart im Mittelpunkt, während der dritte Teil, »Religionswissenschaft
und Theologie«, zwei Aufsätze zur viel diskutierten, facettenreichen Beziehung
dieser beiden Fächer umfasst. Innerhalb der einzelnen Teile sind die Artikel chro-
nologisch geordnet.

Als Hauptkriterium bei der Auswahl leitete uns die Relevanz der Beiträge hin-
sichtlich der heutigen Definition von Aufgaben und Vorgehensweisen der Religionswissenschaft. In diesem Sinn versteht sich diese postume Veröffentlichung als
Beitrag zum spannungsreichen Prozess der Identitätsfindung eines relativ jungen
Faches. Weiter wurden solche Aufsätze vorgezogen, die wesentliche Thesen der
Monographien von Stolz vorbereiten oder retrospektiv problematisieren. Unserer
Meinung nach enthalten sie viele offene Fragen, die der weiteren Nachforschung
bedürfen: Wir hoffen, dass die Lektüre der ausgewählten Texte, mit ihren Stärken,
sowie vor allem mit ihren skizzenhaft angedeuteten Intuitionen fortgeschrittene
Studierende, Doktorierende und allgemein Interessierte anspornen werden, neue
Themen der Religionswissenschaft zu entdecken und zu verfolgen.

Wir danken der Emil-Brunner-Stiftung, der Lang-Stiftung und dem Zürcher
Universitätsverein für namhafte Druckkostenbeiträge, welche die Realisierung
dieses Buches ermöglicht haben.

Zürich, im April 2004   Die Herausgeberinnen

I. »RELIGION« ALS RELIGIÖSES SYMBOLSYSTEM

HIERARCHIEN DER DARSTELLUNGSEBENEN
RELIGIÖSER BOTSCHAFT

I.

Die religionswissenschaftliche Darstellung einer Religion hat normalerweise die Form einer Lehre, welche den Anspruch erhebt, die »Botschaft« dieser Religion zusammenzufassen. Diesem Vorgang liegt ein Abstraktionsprozess zu Grunde: Die vielfältigen (und vielfach auch widersprüchlichen) Zeugnisse der zu bearbeitenden Religion werden nach bestimmten Gesichtspunkten geordnet und systematisiert; diese Gesichtspunkte entstammen zumeist einem Vorverständnis von Religion, wie es sich durch die abendländische Religions- und Geistesgeschichte ergeben hat. Häufig wird zunächst der »Glaube« der betreffenden Religion beschrieben, d.h. das Geflecht von Vorstellungen und Konzepten, das sie bestimmt; daran schliesst sich ein Überblick über den »Kult« an, d.h. die Äusserungsformen, in welchen sich der Glaube Ausdruck verleiht; und schliesslich kommt die »Ethik« zur Sprache, d.h. die Normen und Vorschriften, welche das Handeln im Alltag bestimmen.[1]

Die wissenschaftliche Reproduktion eines religiösen Symbolsystems geschieht auf der Ebene der *Sprache*, und zwar der abstrahierenden und systematisierenden Sprache, des Diskurses. Diese Sprache knüpft an (primär sprachliche) Äusserungen der darzustellenden Religion an; sie nimmt diese auf, unterzieht sie dem ihr eigentümlichen Abstraktions- und Systematisierungsvorgang und formt so das Bild der Religion. Dieser Umformungsprozess ist mit mancherlei Problemen behaftet, da die Äusserungen der darzustellenden Religion auf unterschiedlichen Ebenen zum Ausdruck kommen; sie sind nicht nur sprachlicher, sondern auch visueller, handlungsmässiger, musikalischer usw. Art. Die Umformung dieser Äusserungen auf die Ebene des Diskurses stellt eine *Ver*formung dar, welche zwangsläufig Defizite zeitigt.

Dies gilt schon dann, wenn die religionswissenschaftliche Darstellung an sprachliche Äusserungen einer Religion anknüpft. Jede Religion verwendet zur Darstellung ihrer Botschaft auf der Ebene der Sprache bestimmte Redeformen (Gattungen), welche bestimmte Erfahrungen im Zusammenhang mit einer bestimmten Verwendung des Symbolsystems zur Sprache bringen.[2] In verschiede-

---

[1] Man vergleiche den Aufbau von Kompendien wie z.B. Ringgren H./v. Ström, Å.: Die Religionen der Völker, Stuttgart 1959, die im Einzelnen das Schema natürlich variieren.

[2] Der Sachverhalt ist insbesondere durch die biblisch-exegetische Wissenschaft erarbeitet worden, vgl. Barth, H./Steck, O.H.: Exegese des Alten Testaments, Neukirchen-Vluyn [8]1978, 56ff; Koch, K.: Was ist Formgeschichte? Neukirchen-Vluyn [3]1974.

nen polytheistischen Religionen ist beispielsweise die Gattung des Hymnus belegt, welche eine Erfahrung von »Lebensüberschuss« zur Sprache bringt und diese einem bestimmten Gott zuweist, welcher in der Folge über alle anderen Götter erhoben und zum Gott schlechthin gemacht wird. Dieser »Monotheismus des Augenblicks« ist alles andere als eine »Lehre«; es ist auch nicht die dauerhafte subjektive Überzeugung eines Einzelnen, der sich einer bestimmten Gottheit besonders verbunden fühlt. Es ist vielmehr die einer bestimmten Redesituation verhaftete gattungstypische Aussage.[3] Im Falle der Erfahrung eines »Lebensdefizits« sind gegenläufige Aussagen möglich; dann ist davon die Rede, dass der betreffende Gott wirkungslos ist, dass er seine Stätte verlassen hat u.Ä. Die einzelnen Götter sind also auch in polytheistischen Systemen, welche den numinosen Figuren ein relativ klares Profil geben, nicht in der Weise konstant, wie sie in einer abstrahierenden und systematisierenden, also von Lebenssituationen losgelösten Sprache erscheinen. Der Umformungsprozess, von dem die Rede war, suggeriert eine Konstanz des Bildes einer Gottheit, welche nicht vorausgesetzt werden darf.

Neben einer Sprache stehen die genannten anderen Darstellungsebenen, »Kodierungsformen« religiöser Botschaft. Zunächst ist die Ebene des Visuellen zu nennen.[4] Zu ihr gehören bedeutungsvolle Gegenstände, insbesondere Bilder, sodann Verformungen des menschlichen Körpers durch Bemalung, chirurgische Umgestaltung (z.B. Tatuierung), Bekleidung; wesentlich ist weiter die Sakralarchitektur, die Gestaltung der Örtlichkeit, wo ein Ritual stattfindet. Die einzelnen Religionen machen sehr unterschiedlichen Gebrauch von visuellen Elementen, was teils von den zur Verfügung stehenden Materialien, teils von der für Kunst verfügbaren Technologie abhängt, darüber hinaus aber durch die innere Struktur eines Symbolsystems bedingt ist.

Die Bedeutungen der Bilder haben der Sprache gegenüber ihren eigenen Stellenwert; für jeden, der die Ostkirchen auch nur einigermassen kennt, ist z.B. deutlich, dass für den normalen Gläubigen der Umgang mit Ikonen mindestens so wichtig ist wie der Umgang mit der Schrift.[5]

Religionswissenschaftliche Analyse eines Symbolsystems hat auch die Bedeutungen solcher visueller Zeichen zu berücksichtigen und in Sprache umzusetzen. Dass dies mit ungleich grösseren Schwierigkeiten verbunden ist, als wenn es um die Interpretation sprachlicher Bedeutungsträger geht, ist klar. Relativ einfach ist die Aufgabe, solange eine visuelle Darstellung unmittelbar mit Sprache verbunden ist (wenn also Bilder und Texte in offensichtlicher Verbindung zueinander stehen); je isolierter ein visuelles Element von sprachlicher Darstellung erscheint,

---

[3] Vgl. Stolz, F.: Jahwes Unvergleichlichkeit und Unergründlichkeit. Aspekte der Entwicklung zum alttestamentlichen Monotheismus, Wort und Dienst NF 14 (1977), 9–24, 9ff.
[4] Vgl. etwa die Arbeiten in Visible Religion. Annual for Religious Iconography, Leiden 1982ff.
[5] Vgl. zu theologischen und semiologischen Aspekten Evdokimov, P.: L'art de l'icône. Théologie de la beauté, Paris 1980; Ouspensky, L./Lossky, V.: The Meaning of Icons, New York 1982; Shegin, L.F.: Die Sprache des Bildes. Mit einem Vorwort von B.A. Uspenski, Dresden 1982.

desto schwieriger der Zugang. Die Problematik soll später anhand von Beispielen etwas verdeutlicht werden.

Schliesslich ist eine dritte wesentliche Darstellungsebene zu nennen, und zwar die Handlungen. Dass Gebärden eine Bedeutung haben können, ist aus dem Alltag bekannt; das Schütteln der Faust beispielsweise bildet den Faustschlag ab und gibt der Drohung anschaulichen Ausdruck; andere Gebärden (etwa das »Zeigen des Vogels«) sind zwar nicht unmittelbar verständlich, aber durch kulturelle Konvention hinlänglich bekannt (wie unterschiedliche Bedeutung ganz ähnliche Gebärden haben können, wird deutlich, wenn man sich vergegenwärtigt, wie ähnlich sich das Vogel-Zeigen und der militärische Gruss sind).

Die Handlungs- oder rituellen Elemente eines Symbolsystems sind insgesamt schwer durchschaubar. Mögen sie ursprünglich auch auf unmittelbar zu entschlüsselnde Gebärden zurückgehen, so bilden sie in historisch gegebenen Religionen ein Gefüge von Gebärden, Gesten und Vorgängen, die in ihrer Bedeutung schwer abzuschätzen sind. Auch hier ist Interpretation gefordert, so schwer sie fallen mag.

Neben den Ebenen von Sprache, Bild und Handlung wären noch andere zu nennen, die hier nur angedeutet werden sollen. Die Bedeutung der Musik ist noch im christlichen Gottesdienst deutlich; sie vermittelt eine Stimmung, ohne die das gottesdienstliche Geschehen schwer denkbar wäre. Auch Gerüche spielen in vielen Religionen eine bestimmte Rolle – bis hin zum Gebrauch des Weihrauchs im katholischen Gottesdienst.

Alle Symbolsysteme kodieren ihre Botschaft auf verschiedenen Ebenen; Elemente der Sprache, des Visuellen und der Handlung greifen ineinander und wirken zusammen.[6] Aber wie ist dieses Zusammenwirken in einzelnen Religionen geregelt? Auf welcher Darstellungsebene liegt das grösste Gewicht? Jedenfalls darf man nicht davon ausgehen, dass dafür unbedingt die Sprache in Betracht kommt, welche der sprachlich analysierenden Religionswissenschaft am nächsten steht. So fragen wir also nach Möglichkeiten der Hierarchie von Darstellungsebenen religiöser Symbolsysteme und nach dem Stellenwert, der diesen Hierarchien zukommt.

Die religionswissenschaftliche Behandlung dieser Frage hat forschungsgeschichtliche Tradition. Bereits Christian Gottlob Heyne (1729–1812), der Begründer der deutschen Altertumswissenschaft, welcher als Erster den modernen Begriff des Mythos verwendete, äusserte die Meinung, dass in den Religionen der Antike das Ritual dem Mythos vorgeordnet sei.[7] Ein Jahrhundert später wurden ähnliche Gedanken hinsichtlich der altsemitischen Religion von William Robertson Smith, einem Freund und Weggefährten des Ethnologen James George

---

[6] Vgl. die grundlegende Arbeit von Cassierer, E.: Philosophie der symbolischen Formen, Darmstadt [7]1977.

[7] Vgl. Horstmann, A.E.-A.: Mythologie und Altertumswissenschaft. Der Mythosbegriff bei Christian Gottlob Heyne, Archiv für Begriffsgeschichte 16 (1972), 60–85.

Frazer, formuliert.[8] Er betont den Gemeinschaftscharakter der Religion, welche nicht in erster Linie durch sprachliche Äusserungen, sondern durch verpflichtendes Handeln konstituiert sei; zu einem Ritus könnten verschiedene Mythen treten, deren Inhalt in relativ beliebiger Weise das Ritual begleiteten. Für primitive Religionen ergibt sich damit nach Smith eine eindeutige Hierarchie der Darstellungsformen: Die Handlung ist weit wesentlicher als die Sprache. Erst in den »positiven« Religionen, die sich in der vorderorientalischen Geschichte herausgebildet haben (Judentum, Christentum, Islam) kommt es zu einer Umkehrung der Hierarchien; jetzt spielt die sprachliche Lehre eine grundlegende Rolle. Die Gedanken Smiths kamen, nicht zuletzt durch seine Verbindungen zu Frazer, zu grosser Wirkung. Kurz darauf äusserte Jane Harrison ähnliche Überlegungen hinsichtlich der griechischen Religion: In einer ersten Arbeit[9] argumentiert sie noch ganz in der Weise von Smith: Mythos ist »missverstandenes« Reden über Riten, welche nichts anderes sind als Fruchtbarkeitszauber; damit ist der Vorrang des Handelns ganz klar festgehalten. Die »eigentliche« Darstellung ergibt sich durch den Ritus, dessen Bedeutung diejenigen, die ihn vollziehen, sprachlich nicht einmal festzuhalten vermögen. Später wird diese These, unter Einfluss des französischen Soziologen Emile Durkheim, modifiziert: Gesellschaftliche Strukturen und Werte werden einerseits dramatisch als Ritual, andererseits sprachlich als Mythos artikuliert. Damit ist eine Parallelität zwischen Reden und Handeln postuliert; die Frage nach der Hierarchie der Darstellungsformen tritt zurück hinter den Gedanken, dass die zugrunde liegende Botschaft sich in verschiedenen parallelen Kodierungsformen ausdrückt. Dieses Konzept wurde später auf die vorderorientalischen Religionen übertragen und ist dokumentiert in den Arbeiten der Myth-and-Ritual-Schule.[10]

Neue Impulse wuchsen der Fragestellung im Strukturalismus zu. C. Lévi-Strauss macht in seinen Analysen kultureller und religiöser Systeme von allen genannten Kodierungsebenen Gebrauch: Sprache, Handlung und visuelle Elemente sind gleichwertige Formen der Darstellung kultureller Problemstellungen und -lösungen.[11] Dabei finden sich gewichtige Widersprüche zu dem, was die kultgeschichtliche Schule formuliert hatte: Rituelle und mythische Sequenzen laufen durchaus nicht immer parallel, sondern sie weisen häufig auch eine charakteristische Dialektik auf, sie enthalten Umkehrungen, Modifikationen usw. Die Symbolsysteme reflektieren und formieren nicht nur die naturgegebene und soziale Realität, sondern auch Umkehrungen davon; letztlich sind sie überhaupt von der sozialen Realität unabhängig, vielmehr manifestiert sich in ihnen die invariante Struktur des menschlichen Geistes. Dass bei diesem Ansatz die Frage nach konkreten Hierarchien der Darstellungsebenen nebensächlich wird, versteht sich von selbst.

[8] Smith, W.R.: Die Religion der Semiten, Freiburg 1899.
[9] Harrison, J.E.: Prolegomena to the Study of Greek Religion, Cambridge 1903, [3]1922.
[10] Vgl. Hooke, S.H.: Myth and Ritual, Oxford 1933.
[11] Vgl. z.B. Lévi-Strauss, C.: Strukturale Anthropologie I, Frankfurt a.M. 1978, 181–296.

So sind die oben angedeuteten Probleme also in dieser oder jener Weise in einzelne Theoriekonzepte eingegangen, ohne aber insgesamt eine angemessene Berücksichtigung zu finden. Dabei ist zu bedenken, dass die verschiedenen Darstellungsweisen recht unterschiedliche Eigenschaften haben; was im Folgenden angedeutet ist, bedürfte sehr viel weitreichender Reflexion im Gespräch mit der kognitiven Psychologie (welche das Problem vorwiegend entwicklungspsychologisch bearbeitet hat).[12] Die *Handlung* ist an einen Ablauf gebunden; der Faktor Zeit spielt also eine wesentliche Rolle. Die Bedeutung einer Handlung ist (im Vergleich mit der der Sprache) vieldeutig und relativ wenig festgelegt. Die Darstellungsweise der Handlung ist tief im Körperlichen verwurzelt (Handlungssprache verlernt man so schwer, wie man sie lernt – wenn das Lernen nicht in der Kindheit geschieht). Das *Bild* (im weitesten Sinne des Wortes) ist statisch; der Faktor Zeit tritt hier zurück, wenngleich er sekundär durchaus eine grössere und geringere Bedeutung haben kann. Eine Tempelanlage, welche den Kosmos abbildet, hat statischen Charakter, die Darstellung einer rituellen Szene oder einer Gottheit in Bewegung vermittelt einen Ausschnitt aus einem Ablauf, sie bannt also Bewegung in eine statische Aufnahme. Die Bedeutungsbreite visueller Darstellung ist wohl enger als die der Handlung, lässt aber immer noch vielfache Signifikate zu. Am komplexesten und eindeutigsten im Hinblick auf die Bedeutungsproduktion ist ohne Zweifel die Darstellung der *Sprache*. Diese vermag einerseits, wenn sie erzählt, Vorgänge zu bezeichnen, andererseits, wenn sie beschreibt, Zustände; sie kann (je nach grammatischen Strukturen) unterscheiden zwischen verschiedenen Graden der Zeit und der Wirklichkeit. Sie ist damit das weitaus differenzierteste Darstellungsmittel, das beweglichste und am leichtesten modifizierbare – vielleicht auch das am wenigsten tief lebens- und erlebensmässig verwurzelte. In jüngster Zeit sind verschiedene Untersuchungen über das Zusammenwirken einzelner Darstellungsebenen erschienen, wobei aber der spezielle Gesichtspunkt der Hierarchie eine geringe Rolle spielt.[13] Die nachfolgende Skizze versucht, die Probleme von Zusammenhang und Hierarchie verschiedener Darstellungsebenen beispielhaft zu umreissen.[14]

---

[12] Vgl. z.B. Piaget, J.: Psychologie der Intelligenz, Olten/Freiburg i.Br. 1971; Bruner, J.S. u.a.: Studien zur kognitiven Entwicklung, Stuttgart 1971.

[13] Vgl. z.B. in breitem religionsgeschichtlichem Vergleich Brandon, S.G.: Man and God in Art and Ritual. A Study of Iconography, Architecture and Ritual Action as Primary Evidence of Religious Belief and Practice, New York 1975; verschiedene Beiträge mit unterschiedlichen Betrachtungsweisen in: Texte et image. Actes du Colloque international de Chantilly 1982, Paris 1984; von linguistischer Seite aus und unter Einbezug von Alltagskommunikation Werlen, I.: Ritual und Sprache, Tübingen 1984; von strukturalistischen Gesichtspunkten ausgehend, unter Berücksichtigung konkreten kirchlich-rituellen Handelns Isambert, F.: Rite et efficacité symbolique, Paris 1979.

[14] Vgl. zur Gesamtproblematik Stolz, F.: Grundzüge der Religionswissenschaft, Göttingen 1988, 101ff.

II.

Ägypten ist besonders reich an ikonographischen Quellen, die noch heute unmittelbar anschaubar sind; Sakralarchitektur und Bilder fallen schon dem distanzierten Beobachter ins Auge. Dabei ist auffällig, in wie hohem Masse diese visuellen Elemente offensichtlich mit der Ebene der Handlung, also dem Ritual, und der der Sprache verbunden sind. Seit dem Alten Reich sind Bilder beschriftet, also mit Sprache besetzt. Dadurch wird deren Bedeutung präzisiert. Es wird deutlich, dass viele Bildszenen nichts anderes sind als Widerspiegelungen ritueller Vorgänge. Aber auch das Umgekehrte gilt: Die Pyramidentexte, welche in erster Linie das Totenritual des Königs begleiten oder kommentieren, sind sehr häufig unmittelbar mit ikonographischen Sachverhalten verbunden.

Zuweilen sind Bilder zu ganzen Bildergeschichten verbunden; insbesondere die Thematik von der »Geburt des Pharao« ist in dieser Hinsicht zu nennen, welche in verschiedenen Varianten erhalten ist.[15] Die Geschichte setzt ein mit einem »Vorspiel«, das vom göttlichen Plan, einen Sohn zu zeugen, handelt; dann folgt die Zeugung des Sohnes, dessen Geburt, Säugung, Beschneidung und Präsentation vor der Welt der Götter und Menschen. Zweifellos macht die Szenenfolge Gebrauch von rituellen Akten, die zum Thronbesteigungszeremoniell der Pharaonen gehörten.

Es ist auffällig, dass dieses Geschehen nur als Bildergeschichte, nicht aber als sprachliche Erzählung (als Mythos im strengen Sinn des Wortes) überliefert ist.[16] Überhaupt findet sich diese Gattung kaum im alten Ägypten; ein erstes Beispiel ist erst im Neuen Reich überliefert, und zwar im (insgesamt nicht zentralen) Mythos von der Himmelskuh[17]. Viele Erzählungen ägyptischer Mythologie stammen erst aus der hellenistischen Epoche – so z.B. die vollständige Erzählfassung der Geschichte von Isis und Osiris (bei Plutarch).

Es ist schwer vorstellbar, dass die Ägypter religiös relevante Erzählungen nicht aufgeschrieben hätten, wenn diese zu den wesentlichen Darstellungsweisen des Symbolsystems gehört hätten. So wird man aus der Überlieferungssituation den Schluss ziehen dürfen, dass die Erzählung ursprünglich im Religionssystem des alten Ägypten keine oder wenigstens keine entscheidende Rolle spielte.[18]

Wenn irgendwo, dann wird man im Hinblick auf Ägypten sagen können, dass die handlungsmässige Darstellung, das Ritual, zentrale Manifestation des Symbolsystems ist. Der Handlung sind Bild und Sprache sehr eng zugeordnet, und die Verbindungen zwischen den verschiedenen Darstellungsebenen kommen sehr

---

[15] Dazu bes. Brunner, H.: Die Geburt des Gottkönigs, Wiesbaden 1964; Assmann, J.: Ägypten. Theologie und Frömmigkeit einer frühen Hochkultur, Stuttgart 1984.

[16] Assmann, J.: Die Verborgenheit des Mythos in Ägypten, Göttinger Miszellen 25 (1977), 7–43.

[17] Hornung, E.: Die Tragweite der Bilder, Eranos-Jahrbuch 48 (1979), 183–237.

[18] Assmann: Mythos.

deutlich zum Ausdruck.[19] Diese hochgradige Verwurzelung im Ritual ist vielleicht auch dafür verantwortlich, dass sich die ägyptische Religion insgesamt relativ wenig und relativ organisch entwickelt hat – jedenfalls im Vergleich zu den Bereichen der Religionsgeschichte, von denen gleich die Rede sein wird.

Von der Tatsache abgesehen, dass die Religionsformen des alten *Mesopotamien* weit vielgestaltiger sind als die Ägyptens, ist ein grundlegender Unterschied zwischen den beiden Kultur- und Religionslandschaften darin gegeben, dass die Ikonographie mesopotamischer Religion einen Bezirk ausmacht, der nur schwer mit religiösen Texten in Zusammenhang gebracht werden kann.

Dies zeigt sich etwa in der Organisation des Pantheons. Die in der Sekundärliteratur häufig genannte »astrale Triade«, d.h. das Konzept einer zusammen wirksamen Götterkonstellation Sonne-Mond-(Venus-)Stern,[20] ist ikonographisch gut belegt,[21] aber eine sprachliche Reihung dieser Gottesnamen ist unüblich. Šamaš-Sin-Ištar sind einander zwar genealogisch zugeordnet,[22] aber die Gesamtkonstellation spielt sprachlich kaum je eine Rolle.

Überhaupt sind die Kudurrus instruktiv hinsichtlich des Zusammenhangs von ikonographischer und sprachlicher Darstellung des Pantheons, das zur Garantie der Verträge als Zeugenschaft angerufen wird. Es ist auffälligerweise nicht so, dass sprachliche und bildliche Realisierung der göttlichen Garantiemächte übereinstimmen würden; vielmehr ergeben sich Differenzen, ganz abgesehen davon, dass zahlreiche Embleme nicht deutbar sind und einige, die sich klar zuordnen lassen, nicht erklärt werden können. So ist etwa der »Ziegenfisch«, der eindeutig zu Enki gehört, ein Wesen, das in der sprachlichen Mythologie dieses Gottes keine deutlich Resonanz findet; lediglich ein sumerisches Epitheton (»Bergziegenbock des Abzu«) gibt wenigstens eine knappe sprachliche Identifikation.[23]

Viele verbreitete Bildertypen finden kaum oder gar keinen Widerhall in Texten. Der »Fischmensch«,[24] offenbar ein Wesen, das in den Abzu-Bereich des Enki gehört, erscheint zwar in bildlichen Darstellungen und als Tracht neuassyrischer Priester, aber kaum in Texten. Hier ist also eine Verbindung zwischen Ikonographie und rituellem Handeln deutlich, aber es fehlt eine direkte sprachliche Deu-

[19] Vgl. neben der schon genannten Literatur Schott, S.: Mythe und Mythenbildung im alten Ägypten, 1945, ND Hildesheim 1964; Otto, E.: Das Verhältnis von Rite und Mythus im Ägyptischen, Heidelberg 1958; Hornung: Tragweite, 1979.

[20] Vgl. etwa Lanczkowski, G.: Die Religionen der vorderasiatischen Kulturen, in: Heiler, F. (Hg.): Die Religionen der Menschheit, neu hg.v. Kurt Goldammer, Stuttgart [3]1980, 117–131.

[21] Etwa auf Grenzstelen mit Vertragstexten, sog. »Kudurrus«, z.B. Jastrow, M.: Bildermappe zur Religion Babyloniens und Assyriens, Giessen 1912, Abb. 26, 27, 29; insgesamt: Scheil, V.: Mémoires de la Délégation en Perse, Paris 1900; King, L.W.: Babylonian Boundary Stones in the British Museum, London 1912; Seidl, U.: Die babylonischen Kudurru-Reliefs, Baghdader Mitteilungen 4 (1968), 7–220.

[22] Der Mondgott gilt dabei als Vater, Sonnengott und Venusgöttin als Kinder und Geschwister, vgl. Edzard, D.O.: Mesopotamien. Die Mythologie der Sumerer und Akkader, in: Haussig, H.W. (Hg.): Wörterbuch der Mythologie I/1, Stuttgart 1965, s.v. Mondgott, Sonnengott, Inanna.

[23] Edzard: Mesopotamien, 100.

[24] Z.B. Jastrow: Bildermappe, Abb. 100.

tung, die man nur sehr ungefähr dem Gesamtkomplex der Abzu-Symbolik, einem Grenzbereich chaotischer und kosmischer Potenzen, entnehmen kann.

Auch eines der häufigsten ikonographischen Motive, die Bändigung oder Hegung wilder Tiere durch ein numinoses Wesen,[25] bleibt weitgehend ohne sprachliche Erläuterung. In diesem Falle ist die Bedeutung über den Kontext anderer Kampfszenen und die Symbolik des Wildtieres überhaupt zu erheben: Es handelt sich um die Gestaltung göttlicher Mächte im Übergang der Bereiche von Natur und Kultur.

Was die Verknüpfung von Sprache, insbesondere Mythos (der hier – anders als in Ägypten – schon in sehr früher Zeit in der Form der Erzählung belegt ist) und Ritual betrifft, so ist die Sachlage komplizierter als in Ägypten. Das Ritual des babylonischen Neujahrsfestes, das bruchstückweise erhalten ist und von dem wir auch einiges wissen,[26] zeigt recht deutlich, in welcher Weise vom Mythos Gebrauch gemacht wird. Er wird rezitiert, offenbar mehrfach; aber er wird nicht einfach »durchgespielt«. Zwar sind die Rollen des Gottes Marduk und die des Königs in gewisser Weise parallelisiert; es geht darum, die kosmosstabilisierende Herrschaft zu erneuern. Dabei ist aber auffällig, dass bekannte Riten, die den König betreffen, im Mythos kein Analogon haben. Ein Demütigungsritus, dem der Herrscher unterzogen wird, ist im Mythos nicht berücksichtigt, ebenso wenig die Heilige Hochzeit, welche wohl gegen Ende des Festes gefeiert wird.

Die meisten Mythen bzw. Epen sind offenbar nicht unmittelbar mit rituellen Abläufen verknüpft. Es ist wahrscheinlich, dass viele literarische Kompositionen primär zu Unterhaltungszwecken vorgetragen wurden (vielleicht durchaus im Rahmen von Festen, aber ohne sichtbare Verknüpfung zum Ritual). So entstand allmählich eine Epik, welche der Griechenlands ähnelt, mit eigener, allein sprachlich behandelter Thematik;[27] als Krönung dieser Entwicklung ist das Gilgameš-Epos anzusprechen.

Auffällig ist an den Religionen Mesopotamiens also die grosse Unabhängigkeit zwischen sprachlicher, bildlicher und handlungsmässiger Darstellung des religiösen Symbolsystems. Zusammenhänge sind da und dort auszumachen, aber wir sind weit davon entfernt, diese ausreichend beschreiben zu können. Entsprechend schwierig ist die Frage nach Hierarchien der Darstellungsebenen zu beantworten.

---

[25] Häufig spricht man – ohne genügende Gründe – von »Gilgameš«, vgl. Jastrow: Bildermappe Abb. 121 und 124, dagegen mit Recht Pritchard, J.B. (Hg.): Ancient Eastern Pictures Relating to the Old Testament (ANEP), Princeton ²1969, Abb. 615; zur Sache Keel, O.: Die Welt der altorientalischen Bildsymbolik und das Alte Testament, Göttingen ²1977, 86ff.

[26] Vgl. die Übersetzung der wichtigsten Texte bei Farber, W. u.a.: Rituale und Beschwörungen I, Texte aus der Umwelt des Alten Testaments II/2, Gütersloh 1987, 212ff; allgemein zum Ritual Pallis, S.A.: The Babylonian akitu-Festival, Kopenhagen 1926; Falkenstein, A.: akiti-Fest und akiti-Haus, in: Kienle, R. von (Hg.): Festschrift Johannes Friedrich, Heidelberg 1959, 147–182; Black, J.M.: The New Year Ceremonies in Ancient Babylon. »Taking Bel by the Hand« and a Cultic Picnic, Religion 11 (1981), 39–59.

[27] Vgl. Alster, B.: Dumuzi's Dream, Kopenhagen 1972.

Im *Griechentum* hat das Problem, um welches es uns geht, eine gewisse sprachliche Beachtung gefunden. So ist ab und zu im Zusammenhang mit religiösen Vorgängen von *dromena, deiknymena* und *legomena* (Dingen, die getan, die gezeigt und die gesagt werden) die Rede.[28] Aber die Begrifflichkeit ist nicht »technisch«, *dromena* und *deiknymena* meinen eventuell dasselbe.[29]

Die grösste Nachwirkung hat ohne Zweifel der Mythos,[30] also ein sprachliches Element. Welche Gestalt hat die »traditionelle Erzählung« in Griechenland? Sie ist in verschiedenen Kontexten erhalten; man kann insbesondere den Kontext der Epik, der Tragödie, der Lyrik und der Philosophie unterscheiden. In allen Fällen ist die Erzählung stark interpretiert, sie erhält ein besonderes Gesicht.

Von der sprachlichen Darstellung der Religion unterscheidet sich die bildliche recht auffällig. Zwar gibt es eine Anzahl von Darstellungen mythologischer Szenen, insbesondere in der Vasenmalerei, die vom 7. Jh. an greifbar ist; hier finden sich Illustrationen, die dem sprachlichen Mythengut recht genau entsprechen.[31] Daneben aber gibt es (wohl viel zentralere) ikonographische Elemente ohne Beziehungen zu sprachlicher Darstellung. Das gilt z.B. für die zentrale Bildgestalt des Numinosen im Heiligtum von Delphi. Hier befindet sich der *omphalos*, der »Nabel«; auch andere Heiligtümer weisen eine entsprechende Figur auf. Der »Nabel« ist Orakelsitz zunächst der Gaia, später des Apoll; auf ihm werden Libationen dargebracht. Die Deutungen des Gebildes sind widersprüchlich; der Ausdruck legt ein kosmologisches Konzept nahe: Das Heiligtum ist Zentrum der Welt, »axis mundi«; aber das Konzept wird nicht sprachlich ausgearbeitet.[32]

Aufschlussreich ist auch die Gestalt des Hermes. *herma* ist der Steinhaufen, welcher eine Grenze markiert; dieselbe Funktion kann durch aufgerichtete Steine oder Pfähle, Abbilder des Phallus, wahrgenommen werden, was als *hermes* bezeichnet wird. Steht ein derartiger *hermes* zunächst an Dorfgrenzen u.Ä., um hier abgrenzende und abwehrende Kraft auszuüben, so wird er später vor ganz norma-

---

[28] *Dromena* und *deiknymena* bei Plutarch: De Iside et Osiride, 352c; *dromena* und *legomena* bei Pausanias: 1,43,2; 2,38,2; Galenus: De usu partium, 7, 14 §469.

[29] Vgl. Harrison: Prolegomena, 567ff; ders.: Themis. A Study in the Social Origins of Greek Religion, Cambridge 1912, ²1927, wiederabgedruckt zus. mit Epilegomena to the Study of Greek Religion, New York 1962, 331ff.

[30] Vgl. bes. Kirk, G.S.: Myth. Its Meaning and Functions in Ancient an Other Societies, Cambridge 1974, ²1978; Burkert, W.: Mythisches Denken, in: Poser, H. (Hg.): Philosophie und Mythos, Berlin 1979, 16–39; Graf, F.: Griechische Mythologie, Zürich 1985.

[31] Schefold, K.: Götter- und Heldensagen der Griechen in der spätarchaischen Kunst, München 1964, 1981.

[32] Wie in anderen Religionen; vgl. Roscher, W.H.: Omphalos. Eine philologisch-archäologisch-volkskundliche Abhandlung über die Vorstellungen der Griechen und anderer Völker vom »Nabel der Erde«, Leipzig 1913; ders.: Neue Omphalos-Studien. Ein archäologischer Beitrag zur vergleichenden Religionswissenschaft, Leipzig 1915; ders.: Der Omphalos-Gedanke bei verschiedenen Völkern, besonders bei semitischen. Ein Beitrag zur vergleichenden Religionswissenschaft, Volkskunde und Archäologie, Leipzig 1918; Defradas, J.: Les Thèmes de la propaganda délphique, Paris 1954.

len Häusern aufgestellt; er empfängt Kult und ist Gegenstand alltäglichen rituellen Umgangs.

Mit diesem visuell und handlungsmässig präsenten Hermes hat der der Mythologie (der natürlich auch ikonographisch wiedergegeben wird) wenig zu tun; der Götterbote, Gauner und Schelm der olympischen Welt hat es zwar immer noch mit Grenzen und Grenzüberschreitungen (im weitesten Sinne) zu tun, doch ist die sprachliche Gestalt des Hermes weit vom ikonographischen »Urgrund« abgelöst.[33]

Eine ähnliche Entwicklung mag hinter den *epitheta ornantia* stehen, welcher sich Homer bediente. Er spricht von der eulenäugigen Athene, vom pferdegestaltigen Poseidon usw.; es könnte sein, dass in einer Vorzeit die Götter tiergestaltig vor- und wohl auch dargestellt wurden; die Entwicklung sprachlicher Darstellung hätte dann solche Erinnerungen konserviert, aber in ihrem jetzigen Kontext verweisen sie gewiss nicht mehr auf eine ikonographische Realität.[34]

Was den Zusammenhang von Ritual und Mythos betrifft, so lassen sich an einigen Stellen positive Beziehungen nachweisen. Bei den Arrhephoren in Athen haben zwei Mädchen eine Kiste unbekannten Inhalts von der Akropolis aus zu Tale getragen, und der entsprechende Mythos erzählt von drei Mädchen, welchen ebenfalls verboten war, in eine Kiste zu schauen; deren zwei übertraten allerdings die Weisung, erblickten in der Kiste ein göttliches Kind und zwei schauerliche Schlangen und stürzten vor Schreck über den Nordhang der Burg zu Tode. Die Beziehungen zwischen Mythos und Ritual sind deutlich, aber sprachlicher und ritueller Vorgang laufen keineswegs parallel, sondern sind durch charakteristische Abweichungen geprägt.[35] Noch deutlichere Beziehungen zwischen Ritual und Mythos finden sich im Rahmen der eleusinischen Mysterien; der homerische Demeter Hymnus knüpft vielfältig an die (nur teilweise bekannten) Handlungen an.[36]

Insgesamt ergibt sich also hinsichtlich der verschiedenen Darstellungsebenen ein Bild, das dem Mesopotamiens nicht unähnlich ist: Zwischen den einzelnen Darstellungsebenen gibt es wohl Beziehungen; aber mindestens so auffällig ist die Tatsache, dass Mythos, Ikonographie und Ritual auch ihr Eigenleben haben, vielleicht sogar noch in höherem Masse als in Mesopotamien.

Wie ist nun die Hierarchie der Darstellungsebenen zu beurteilen? Die Frage ist schwierig und sicher nicht generell zu beantworten. Ein zentraler Vorgang griechischen Kults ist gewiss das Opfer – also eine Handlung. Hier kommt es zur

[33] Vgl. Burkert, W.: Die griechische Religion der archaischen und klassischen Epoche, Stuttgart 1977, 243; Simon, E.: Die Götter der Griechen, Darmstadt ³1985, 295ff.

[34] Vgl. Burkert: Die griechische Religion, 113f.

[35] Vgl. Kirk, G.S.: The Nature of Greek Myths, Harmondsworth 1980, 228ff; Burkert, W.: Homo necans. Interpretationen altgriechischer Opferriten und Mythen, Berlin 1972, 169ff.

[36] Burkert: Homo necans, 224ff; Sfameni G.G.: Misteri e culti mistici di Demetra, Rom 1986, bes. Kap. 1.

höchsten emotionalen Erregung, entsprechend tief ist die Prägung, die vom Opferkult ausgeht.[37] Im Mythos spielt das Opfer eher eine geringe Rolle; zwar ist in der Theogonie Hesiods vom Ursprung des Opfers die Rede,[38] aber die Tendenz des Hesiod, die gerechte Weltordnung des Zeus in den Mittelpunkt zu stellen und demgegenüber die Untat des Prometheus zu stilisieren, kommt der Bedeutung des Opfers nicht eben zustatten; letztendlich geht es um den Charakter der Götter, nicht um das Wesen des Opfers.

Aufschlussreich ist die Problematik im Zusammenhang mit den eleusinischen Mysterien. Die Handlungen, welche zu diesem Kult gehören, sind einigermassen bekannt, obwohl ein Schweigegebot den Eingeweihten verbietet, über die Dinge zu sprechen. Auch die sprachliche Darstellung ist überliefert; die Zusammenhänge zwischen Ritual und homerischem Demeter-Hymnus wurden bereits genannt. Eigentlicher Höhepunkt der Ereignisse aber ist das Vorzeigen eines Gegenstandes, den wir nicht kennen; erst Kirchenväter geben unpräzise Auskunft. Das Anschauen eines geheimen Kultobjekts ist also zentral und hat eigentlich einweihenden Charakter; entsprechend schliesst der Hymnus: »Selig der Erde bewohnende Mensch, der solches *gesehen* ...«.[39] Unter Verwendung der griechischen Kategorien könnte man also sagen: Die *deiknymena* stehen in der Hierarchie der Darstellungsebenen im Zentrum, wogegen *legomena* und *dromena* eher weniger wichtig sind und daher nicht der strikten Geheimhaltungspflicht unterliegen.

Bei Homer, Hesiod und der von diesen ausgehenden »klassischen« Form der griechischen Religion dagegen steht die Erzählung im Zentrum. Diese Gestalt der Religion ist sprachlicher Reflexion und der Kritik besonders zugänglich.[40] Xenophanes und Heraklit unterziehen die mythische Überlieferung einer scharfen Kritik – die Überlieferung kann weder moralischen noch rationalen Massstäben genügen. Auch die Philosophie, welche vom Mythos kritisch Gebrauch macht, argumentiert ganz auf der Ebene der Sprache.

Insgesamt ergibt sich also kein eindeutiges Bild. Gewisse Bereiche griechischer Religion sind durch das Übergewicht der handlungsmässigen, andere durch dasjenige der visuellen Darstellung bestimmt; geistesgeschichtlich am wirksamsten ist bereits im Griechentum die sprachliche, welche sich dann in die philosophische transponiert hat.

III.

Die ganz groben Überblicke über drei religionsgeschichtliche Bereiche haben ergeben, wie schwer die Frage nach dem Zusammenspiel und der Hierarchie der

---

[37] Girard, R.: La violence et le sacré, Paris 1972; Burkert: Homo necans; ders.: Anthropologie des religiösen Opfers. Die Sakralisierung der Gewalt, München 1984.
[38] Hesiod: Theogonie, 535ff.
[39] Homerischer Demeterhymnus, 480.
[40] Vgl. Stolz: Grundzüge, 128ff.

verschiedenen Darstellungsebenen des religiösen Symbolsystems zu beantworten ist. Sogar innerhalb einer Religion gibt es verschiedene Gewichtungen, welche nebeneinander ihre Gültigkeit haben. Allerdings sind auch einige religionsgeschichtliche Prozesse bekannt, in welchen sich eine Umschichtung der Hierarchie abzeichnet, was dann zu wesentlichen Folgen für das Symbolsystem insgesamt führt. Solche Beispiele sollen jetzt kurz betrachtet werden. Dabei geht es durchwegs um Geschehenszusammenhänge im Bereich christlich-jüdischer Religionsgeschichte.

Israel erlebt mit dem babylonischen Exil einen Einbruch, der in seiner Tragweite kaum überschätzt werden kann; hier vollzieht sich die Umformung israelitischer Religion von einer typisch altorientalischen Nationalreligion zu einem religiösen System, welches nicht an eine politische Ordnung gebunden ist.[41] Die vorexilische Religion Israels findet Ausdruck in Festzügen, in Prozessionen, im Opferkult usw. Visuelle Elemente spielen eine wichtige Rolle: Jahwe findet Gestalt in der Lade (obwohl er natürlich auch unsichtbar ist). Das »Sehen« stellt eine zentrale Kategorie dieses Kultes dar:[42] Man sieht Jahwe und seine Taten – die Theophanie findet gewiss nicht nur sprachlichen, sondern auch visuellen und handlungsmässigen Ausdruck. Die Visionen eines Jesaja oder eines Ezechiel sind gewiss nicht pure Sprachgestalten, sondern nähren sich aus Anschauung.[43] Das kultische Geschehen ist von sprachlichen Elementen begleitet; die Gattungsforschung am Alten Testament hat aufgrund der Redeformen Kultvorgänge mit mehr oder weniger Wahrscheinlichkeit rekonstruieren können.

Neben diesem offiziellen Kult gibt es nun freilich eine oppositionelle prophetische Subkultur, welche den gegebenen religiösen, sozialen und gesamtkulturellen Verhältnissen widerspricht; es ist hier nicht der Ort, den Gründen dieses Widerspruchs nachzugehen. Die prophetische Botschaft artikuliert sich in erster Linie sprachlich; das prophetische Wort ist das Medium, mit dem die bestehenden Verhältnisse in Frage gestellt werden, und solche Worte werden seit dem 8. Jh. gesammelt, überliefert und nach jeweiliger Aktualität bearbeitet.[44]

Der Sieg der Babylonier über Israel macht dem herkömmlichen Kult mit einem Schlag ein Ende. Die führenden Schichten Israels werden nach Babylonien ins Exil verbracht und stehen nun vor der Frage der volksmässigen und religiösen Identität. Das religiöse Symbolsystem ist nur mehr als sprachliche Erinnerung präsent; es ist selbstverständlich unmöglich, »eins von den Zionsliedern« zu sin-

---

[41] Zu dieser religionsgeschichtlichen Deutung vgl. Stolz, F.: Monotheismus in Israel, in: Keel, O. (Hg.): Monotheismus im alten Israel und seiner Umwelt, Freiburg (Schweiz) 1980; Lang, B. (Hg.): Der einzige Gott. Die Geburt des biblischen Monotheismus, München 1981.

[42] Baudissin, W.W.: »Gott schauen« in der alttestamentlichen Religion, Archiv für Religionswissenschaft 18 (1915), 193–261.

[43] Vgl. Keel, O.: Jahwe-Visionen und Siegelkunst, Stuttgart 1977.

[44] Zur religionsgeschichtlichen Gesamtdeutung wiederum Stolz: Monotheismus; Lang: Der einzige Gott; zur Wort-Theologie der Propheten vgl. v. Rad, G.: Theologie des Alten Testaments II, München ³1960, 93ff.

gen (Ps 137,1). Trotzdem kommt es zu einer innovativen und orientierungsmächtigen Umbildung israelitischer Religion. Die prophetischen Traditionen werden dominant, und zwar in einer neuartigen Verbindung mit dem traditionellen Symbolsystem. Die Darstellung der Botschaft ist jetzt primär sprachlich, obgleich sich recht bald auch visuelle und handlungsmässige Begleitformen gebildet haben mögen.

Die Umschichtung der Darstellungshierarchie zugunsten der Sprache führt zu einigen besonderen Eigenheiten israelitischer Religion in dieser Phase. Zunächst einmal werden religiöse Inhalte ausserordentlich beweglich und neu kombinierbar; es entstehen parallel in kürzester Zeit ganz unterschiedliche Varianten des Symbolsystems, wie sie etwa durch die Propheten Deuterojesaja (Jes 40–55) und Ezechiel, aber auch die priesterschriftliche Schicht des Pentateuch vertreten sind. Es seien nur einige hervorstechende Merkmale genannt: Im ersten Fall tritt u.a. eine hochgradige Eschatologisierung ein: Alle möglichen Überlieferungen werden Gegenstand der Erwartung. Im zweiten wird u.a. ein rigoroser Individualismus, welcher das Geschick eines jeden seinem eigenen Verhalten zuschreibt, entwickelt. Im dritten wird die Kultordnung Israels theoretisch reflektiert und in eine umfassende Spekulation eingefügt. In allen Fällen ist der primär sprachliche Umgang mit der Überlieferung von hochgradigen Reflexionsprozessen begleitet. Alle Typen haben schulbildend gewirkt und sich in typischen Varianten des späteren Judentums niedergeschlagen.

Eine zweite derartige Umschichtung lässt sich in der Reformation beobachten. Während das mittelalterliche katholische Christentum die Ausrichtung der Botschaft gleichmässig auf die verschiedenen Darstellungsebenen abstützt, kommt es in der Reformation – aus was für Gründen bleibe dahingestellt – zu einer Umschichtung zugunsten der Sprache. In der Eucharistie wird der Opfercharakter bestritten, d.h. es ist nicht mehr die Handlung, welche Heil schafft, das *opus* wirkt nicht mehr *ex opere operato*. Den Bildern rücken die Zürcher besonders rigoros auf den Leib; jedes gottesdienstliche Element, das nicht sprachlichen Charakter hat, wird hier gestrichen, sogar der Kirchengesang.

Die Sprache, welche in der Reformation zu dominieren beginnt, ist in hohem Masse mit Reflexion besetzt. Nicht nur der Spezialist, sondern auch der einfache Gläubige soll über seinen Glauben Rechenschaft ablegen können; die Literaturgattung des Katechismus gelangt zur Blüte, jedem wird ein Grundwissen zugemutet, über das er in Frage und Antwort den Diskurs führen kann.

Die Aufklärung führt abermals zu wesentlichen Umbildungen im Religionssystem. Neben den gesellschaftlichen Bereich der Religion tritt konkurrierend das System »Wissenschaft«.[45] Die dominierende Reaktion des Christentums den neuen Weisen des Denkens gegenüber ist durch Rückzüge und Reduktion bestimmt: Was nicht mit der aufgeklärten Vernunft kompatibel ist, wird preisgegeben. Die

---

[45] Zur Religion nach der Aufklärung vgl. Lübbe, H.: Religion nach der Aufklärung, Graz 1986; Stolz: Grundzüge, 135ff.

Sprachform des Diskurses und das entsprechende intellektuelle Potenzial, das »Wissen«, verlagert sich deshalb zunehmend auf Wissensstoffe, die nicht religiös, sondern »wissenschaftlich« im weitesten Sinne vermittelt sind. Das Resultat dieses Prozesses ist, dass religiöses Wissen an Bedeutung laufend abnimmt – bis hin zur Gegenwart, wo der durchschnittliche Angehörige einer christlichen Kirche kaum mehr etwas von seiner Religion weiss. Der Funktionsverlust der Religion ist kompensiert durch eine neue Funktionszuweisung im moralischen Bereich: Religion bildet einen Antrieb zur Verwirklichung von Prinzipien, zu deren Begründung freilich vernünftige Einsichten ausreichen. Doch hat sich diese neue Funktion der Religion nicht als sehr tragfähig und entbehrlich erwiesen. Die einseitige Betonung der diskursiven Sprache als zentraler und geradezu ausschliesslicher Darstellungsform des Christentums hat sich also – vom Erfolg her beurteilt – als äusserst problematisch erwiesen.

So ist es nicht erstaunlich, dass in jüngster Zeit korrigierende Tendenzen aufkommen. Man spürt Defizite im Christentum, insbesondere im Protestantismus, die nach Ausgleich verlangen; man sucht Formen der Meditation, man erprobt neuen Umgang mit Bildern, man strebt nach körperlichen Erfahrungen der Religion. Demgegenüber treten die diskursive Sprache und die Reflexion zurück; man hat genug vom »Intellektualismus« des traditionellen Christentums. In gewisser Weise werden Tendenzen zur Wende gebracht, die sich in der Reformation durchgesetzt hatten, wobei es weniger um eine Wende im Bereich der Lehre geht (das zentrale reformatorische Thema der Rechtfertigung spielt im kirchlichen Alltag schon längst keine dominierende Rolle mehr), sondern um eine Wende in der Hierarchie der Darstellungsebenen.

IV.

Von da aus ergeben sich nun einige ganz einfache Regeln für die Rekonstruktion eines religiösen Symbolsystems:

1. Die einzelnen Darstellungsebenen sind zunächst unabhängig voneinander zu beschreiben und zu analysieren, damit überhaupt das Eigengewicht der verschiedenen Darstellungsformen zu Gesicht kommt; der abendländische Betrachter wird sonst zu schnell auf die sprachlichen Darstellungselemente zugehen und diese zum ausschliesslichen Schlüssel seiner Analyse machen.

2. Sodann sind die Verbindungen der einzelnen Darstellungsebenen zu beschreiben. Sind etwa Ikonographie und Mythos miteinander verknüpft, verlaufen sie parallel oder komplementär, oder ist ein Zusammenhang unmittelbar gar nicht ersichtlich?

3. Weiter ist nach dem Gewicht der einzelnen Darstellungsebenen, nach der Hierarchie auf synchroner Ebene zu fragen, wobei möglicherweise verschiedene Milieus ein und derselben Religion ganz unterschiedlich gewichten.

4. Eine diachrone Betrachtung eines Religionssystems fragt, ob (neben anderen Veränderungen) sich auch Umgewichtungen im Bereich der Darstellungsebenen der religiösen Botschaft abzeichnen.

5. In vielen Fällen kann man nicht alle diese Fragen beantworten – schlimmstenfalls sogar gar keine. Dies ist als Unsicherheitsfaktor der religionswissenschaftlichen Analyse zu verrechnen. Auch die Tatsache, dass nichtsprachliche Darstellungsformen religiöser Botschaft sich der sprachlichen Beschreibung nur sehr unvollkommen erschliessen, ist zu berücksichtigen. Die Reichweite einer Analyse ist also durch derartige Faktoren determiniert.

PARADIESE UND GEGENWELTEN [1]

1. Problemstellung

1.1 Der phänomenologische Ansatz

Wenn es *einen* klassischen Gegenstand der Religionswissenschaft gibt, dann das Paradies; denn mit wirklichen Paradiesen ist – so der alltägliche Sprachgebrauch – nur die Religion befasst. Aber wie ist der Ausdruck *religionswissenschaftlich* zu präzisieren?

Eine solche Arbeit gilt herkömmlicherweise als Aufgabe der Religionsphänomenologie; diese müsste sagen, was man unter »Paradies« zu verstehen hat. Die Religionsphänomenologie ist allerdings in den letzten Jahrzehnten in eine gewisse Agonie geraten, wenngleich es nicht an Aufrufen gefehlt hat, dem Patienten wieder aufzuhelfen.[2] Die Gründe für den Niedergang der Religionsphänomenologie liegen vor allem in der Diskrepanz zwischen dem Programm und dessen Realisierung.

Worin bestand dieses Programm? Halten wir uns an die methodischen Überlegungen van der Leeuws, der vielleicht immer noch der klassische Vertreter der Disziplin ist. Van der Leeuws Äußerungen sind allerdings vieldeutig und vielschichtig (dies ist der Reiz seiner Religionsphänomenologie überhaupt), und die folgende Darstellung wie die entsprechenden kritischen Folgerungen stellen vielleicht eine Einengung der fruchtbar assoziativen Breite dar, welche das Werk des Niederländers auszeichnet.

---

[1] Der Aufsatz ist im Zusammenhang mit Vorarbeiten zum Artikel »Paradies« für die Theologische Realenzyklopädie entstanden.

[2] Vgl. besonders Waardenburg, J.: Grundsätzliches zur Religionsphänomenologie, Neue Zeitschrift für systematische Theologie 14 (1972), 315–335; ders.: Religion between Reality and Idea. A Century of Phenomenology of Religion in the Netherlands, Numen 19 (1972), 315–335; ders.: Reflections on the Study of Religion, Berlin 1978; ders.: Religion und Religionen. Systematische Einführung in die Religionswissenschaft, Berlin 1986, 241ff. – Grundsätzlich zur Diskussion der Religionsphänomenologie vgl. Honko, L. (Hg.): Science of Religion. Studies in Methodology, Beiträge im Abschnitt The Future of Phenomenology of Religion, Den Haag 1979, 141–366; Barbosa da Silva, A.: The Phenomenology of Religion as a Philosophical Problem, Lund 1982; King, U.: Historical and Phenomenological Approaches to the Study of Religions, in: Whaling, F. (Hg.): Contemporary Approaches to the Study of Religion. I: The Humanities, Berlin u.a. 1984, 29–164; Zuesse, E.M.: The Role of Intentionality in Phenomenology of Religion, Journal of the American Academy of Religion 53 (1985), 51–73; Stolz, F.: Grundzüge der Religionswissenschaft, Göttingen 1988.

Van der Leeuw setzt ein bei dem, »was sich zeigt«.[3] An diesem Vorgang des Sich-Zeigens sind Objekt und Subjekt beteiligt; die Phänomenologie setzt damit ein, dass der Beobachtende zu reden beginnt. Dieser Prozess zeigt drei »Schichten«, in welchen zunehmende, schliesslich wissenschaftliche Klarheit erreicht wird: Er setzt beim Erlebnis ein, gelangt zum Verstehen und endet beim Zeugen. Bereits das Erlebnis ist, wenn es zur Sprache kommt, nicht mehr unmittelbares Leben; es unterliegt bereits einer Bearbeitung, einer Rekonstruktion. Erst recht erreicht der Verstehensprozess nicht das Leben des »anderen«, das sich im beobachteten Phänomen manifestiert. Er führt keine Identifikation herbei; fremdes Erleben kann nicht reproduziert werden, konkret für unser Beispiel: Wie der Angehörige einer fremden religiösen Welt das Paradies (bzw. in diesem Fall angemessener: dessen Abwesenheit) erlebt, ist nicht nachvollziehbar. Nachvollziehbar ist aber, was er damit *meint* (man könnte hier auf den Begriff der Intentionalität rekurrieren, wenn dieser nicht selbst äusserst vieldeutig wäre).[4] Das Verstehen des Fremden hat die Gestalt einer doppelten Rekonstruktion, die sich auf das Phänomen und den eigenen Umgang damit bezieht: Das Phänomen erhält seine Gestalt und seinen Sinn durch die konstruktive Tätigkeit dessen, der um Verstehen bemüht ist. Damit ist die Frage nach dem Konstruktionswillen und den Konstruktionsprinzipien des Religionswissenschaftlers gestellt.

An dieser Stelle ist ein auffälliger Unterschied der Überlegungen van der Leeuws und derjenigen Husserls zu verzeichnen, dessen phänomenologischer Ansatz bei van der Leeuw im Übrigen vielfach anklingt.[5] Für Husserl setzt die phänomenologische Analyse einen »Nullpunkt« der Wahrnehmung voraus; dieser gestattet die »Einklammerung« der Welt, die Absehung vom Gesamthorizont üblicher und alltäglicher Erfahrung. Das Postulat eines solchen Nullpunktes ist zu Recht kritisiert worden;[6] solche Kritik trifft van der Leeuw aber nicht, denn er rekurriert durchaus auf einen vorgegebenen Erfahrungshorizont, in dem sich die Phänomene zeigen; das Husserlsche Stichwort der *epochè* bzw. der »Einklammerung« wird zwar verwendet, aber in seiner Prägnanz aufgeweicht; es bedeutet lediglich Verzicht auf Theorievorgaben (beispielsweise die – zumindest deklarierte – Ablehnung evolutionistischer Konstruktionen), auf metaphysische Ansprüche u. dgl.[7]

---

[3] van der Leeuw, G.: Phänomenologie der Religion, Tübingen ³1956, 768ff.

[4] Vgl. dazu etwa Landgrebe, L.: Der Weg der Phänomenologie. Das Problem der ursprünglichen Erfahrung, Gütersloh 1978, 9ff.

[5] van der Leeuw hat wahrscheinlich Husserls Werke nicht unmittelbar gekannt (J. Waardenburg, mündlich). Die Phänomenologie lag offenbar einfach im Zug der Zeit, was die unpräzise Rezeption verständlich macht.

[6] Zum Beispiel Holenstein, E.: Menschliches Selbstverständnis. Ichbewusstsein, intersubjektive Verantwortung, interkulturelle Verständigung, Frankfurt a.M. 1985, 14ff.

[7] Von Husserls Arbeit her Religionsphänomenologie zu treiben, würde ziemlich komplexe Umsetzungsprozesse erfordern. Vgl. immerhin Zuesse: Role. Erstaunlich ist, dass die Religionsphänomenologen, soweit ich sehe, offenbar kaum je von Scheler her argumentiert haben, der sich immerhin zur Religion geäussert hat (Scheler, M.: Probleme der Religion, in: ders.: Vom Ewigen im Menschen, Bern ⁴1954, 101–354).

Ein wichtiger Arbeitsgang ist in van der Leeuws Konzept die »Einschaltung ins eigene Leben«; es geht dabei um einen intuitiven Akt der Aneignung: Das Fremde wird als Eigenes erlebt, es rührt Bekanntes an. Allerdings ist auch dieses eigene Erleben nicht »unmittelbar« verfügbar, sondern lediglich in Gestalt von verarbeitender Rekonstruktion. Die aneignende Bearbeitung des Fremden ergibt die Möglichkeit des Verstehens, welche »Sinn« schafft. Das Nachzeichnen fremder Zeugnisse vom Paradies rührt etwas in mir an, was mir bekannt ist. Dieser intuitive Akt ist nicht willkürlich, nicht subjektiv im Sinne der Beliebigkeit; entsprechend muss er kontrollierbar und der intersubjektiven Kommunikation zu erschliessen sein.

Die übliche Verfahrensweise der Religionsphänomenologie gibt sich nicht mit einzelnen Phänomenen ab; vielmehr vergleicht und bündelt sie Phänomene, stellt sie zusammen, bringt sie in eine eigentümliche Systematik.[8] Ein erstes Problem dieser Bündelung zeigt sich schon bei der Benennung.[9] Was beispielsweise »Paradies« genannt werden soll, ist ja nicht von vorneherein klar; wenn der Garten Eden und das Land Sukhavati, von dem der Mahayana-Buddhismus spricht, »Paradies« genannt werden, so liegt ein Übersetzungsproblem vor, das sogleich über das rein Sprachliche hinausverweist und nach der ordnenden Tätigkeit des Phänomenologen ruft. Der Religionsphänomenologe stösst nicht einfach auf die Phänomene, die er nun beschreiben könnte, sondern er produziert sie zuerst (mindestens partiell) durch seine Klassifikation.

Solche zirkulären Prozesse sind charakteristisch für hermeneutische Bemühungen im weitesten Sinn; man darf sie nicht einfach als Zirkelschlüsse diskreditieren.[10] Wesentlich ist freilich, dass man die Voraussetzungen und Ablaufregeln dieser Prozesse aufhellt; erst dann kann man ihre Tragfähigkeit und Reichweite beurteilen.

Im Folgenden sei versucht, van der Leeuws Umgang mit dem Paradies paradigmatisch zu durchleuchten.

---

[8] Dass Religionswissenschaft mit dem Vergleichen zu tun habe, war beim Aufkommen der Religionsphänomenologie offenbar so selbstverständlich, dass die Verbindung von phänomenologischer und vergleichender Arbeit undiskutiert blieb (zu Forschungsgeschichte und Problematik vgl. Sharpe, E.J.: Comparative Religion. A History, London 1975; King: Approaches, 2–164; Wahling, F.: Comparative Approaches, in: ders. (Hg.): Contemporary Approaches, 165–295, besonders 211ff).

[9] Grundsätzlich zum Benennungsvorgang vgl. van der Leeuw: Phänomenologie, 772.

[10] Zur Zirkularität der Reflexion finden sich Überlegungen in den unterschiedlichsten Bereichen, von der Hermeneutik bis zum Konstruktivismus. Vgl. Gadamer, H.-G.: Wahrheit und Methode. Grundzüge einer philosophischen Hermeneutik, Tübingen ³1972, 250ff, oder Dupuy, J.-P./Varela, F.: Kreative Zirkelschlüsse. Zum Verständnis der Ursprünge, in: Watzlawick, P./Krieg, P. (Hg.): Das Auge des Betrachters. Beiträge zum Konstruktivismus, München 1991, 247–275.

1.2 Das Paradies bei van der Leeuw

Vom Paradies handelt van der Leeuw zunächst im 2. Teil seiner Phänomenologie, wo es um das Subjekt der Religion, den Menschen, geht, und zwar im Abschnitt über »Das Heilige am Menschen – die Seele«.[11] Paragraph 46 ist mit dem Titel »Das Land der Seele« überschrieben; er ist folgendermassen eingeleitet: »Die Überlegenheit, die der Mensch in der Seele sucht, ist nicht nur anderer Art als das Leben des Alltags, sie ist auch, wie wir schon sahen, anderen Ortes. Sie ist eben ein Leben ›jenseits‹ (...) Das Land der Seele liegt zu Anfang in der Welt. Es ist durchaus ein *paradiso terrestre.*«

Diese Zeilen sind insofern aufschlussreich, als sie von einem »Anfang« reden: Anfänglich sucht der Mensch das »Jenseits« auf der Erde. Das Jenseits ist zunächst »diesseitig«, erst später wird es »jenseitig«; der Gewinn von Transzendenz ist offenbar ein Ziel allgemeiner Religionsgeschichte. Diese im Kulturprotestantismus selbstverständliche Fassung des Evolutionsgedankens ist bei van der Leeuw in der Anordnung der Phänomene leitend – auch wenn er diesen explizit ablehnt.

Van der Leeuw durchmustert nun verschiedene Konzeptionen eines »Aus-Landes«, etwa das germanische Utgard, das chaotische Umfeld der geordneten Welt. »Das Grausige an ›jenem Lande‹ ist aber nicht immer seine Haupteigenschaft. Es kann auch ein schönes, wundervolles Land sein, ein Paradies, d.h. ein schöner Garten.« Das *Elysium* wird genannt, das im Märchen abgesunkene Schlaraffenland, schliesslich das Land der Toten. Nach diesen allgemeinen Bemerkungen werden unterschiedliche Lokalisierungen des nun ferner liegenden Jenseits besprochen: Unterwelt und Himmel. Schliesslich diskutiert van der Leeuw Entwicklungen der Seele und entsprechende Vergeistigungen des Seelenlandes.

Im folgenden Paragraphen 47 wird »das Los der Seele« erörtert.[12] Zunächst geht es um Praktiken der Ausstattung für ein Weiterleben nach dem Tode, welche mit der Bestattung verbunden sind; dann kommen Formen neu erworbenen Lebens im Jenseits zur Sprache, und in diesem Zusammenhang kommt wieder das Stichwort »Paradies« zur Anwendung (und zwar mit einem altägyptischen Beispiel). Anschliessend werden verschiedene Konzepte eines postmortalen Daseins skizziert; sie kulminieren in der christlichen Schau eines ewigen Lebens.

Das Stichwort »Paradies« begegnet ein drittes Mal im Paragraphen über »Ziele der Welt«, dessen Aufriss zunächst an den Stichworten »Anfang und Ende« orientiert ist, dann religiöse Verarbeitung von Geschichte und heilsgeschichtliche Konzepte berührt und nach der Behandlung von geschichtstheologischen Begriffen (Schuld, Gnade, Versöhnung) Konzepte der Eschatologie bespricht.

Das Vorgehen der Religionsphänomenologie besteht also darin, dass einzelne Sachverhalte der Bereiche von Religionsgeschichte und -ethnologie aus ihrem historischen und sozialen Kontext entfernt und in einen neuen Kontext eingebaut werden. Die Wahrnehmung des einzelnen Sachverhaltes ist sehr global; das »Phä-

[11] van der Leeuw: Phänomenologie, 359ff.
[12] van der Leeuw: Phänomenologie, 366ff.

nomen« verdankt sich zunächst einer Reduktion, deren Resultat eine ganz einfache Figur ohne Hintergrund darstellt. Die einzelnen Figuren bilden die Elemente einer neuen Figur.

Diese neue Figur, der neue Kontext, ist durch den Phänomenologen konstruiert. Das »Paradies« wird zunächst im Kontext der »Seele« situiert, also im Bereich religiöser Anthropologie; dann erscheint es nochmals im Zusammenhang mit der Kosmologie im Hinblick auf deren Ursprungs- und Zielbestimmung. Die Tatsache, dass ein Phänomen (dessen »Identität« durch die Verwendung desselben Namens offensichtlich ist) an verschiedenen Stellen erscheinen kann, bedeutet, dass es letztlich gar nicht um dieses konkrete und einmalige Phänomen geht; vielmehr erhält es *illustrativen* Charakter. Die einzelnen »Figuren« werden Bestandteile einer neuen Figur; aus religionsgeschichtlichen Trümmern wird ein Gesamtbild aufgebaut. Aber welchen Stellenwert hat dieses Gesamtbild? Es handelt sich nicht einfach um eine »Allgemeine Religionsgeschichte«, wenngleich die evolutionstheoretischen Komponenten eine wichtige Rolle spielen; eher schon um ein Inventar der Äusserungsmöglichkeiten des *homo religiosus*. Auf jeden Fall eignet der Darstellung ein religiöses Pathos, ein Element, das nicht nur van der Leeuws Werk kennzeichnet, sondern auch vergleichbare Entwürfe.[13]

Das Verfahren der landläufigen Religionsphänomenologie wirft Fragen auf, die sich gerade dann stellen, wenn man das Anliegen der Phänomenologie ernst nimmt: Ist ein Sachverhalt dann als »Phänomen« gewürdigt, wenn er zur Illustration absinkt, d.h. seine Bedeutung primär darin hat, über sich selbst hinaus zu verweisen? Welchen analytischen Wert hat die Summierung von Phänomenen zu einem »Gesamtbild«, dessen Konstruktionsmerkmale kaum zum Ausdruck kommen? Stellt dieses Gesamtbild nicht das wertende religiöse Weltbild des Interpreten dar, das doch gerade methodisch ausgeklammert werden sollte im Zugang zu den Phänomenen der Welt der Religionen?

1.3 Konstruktionen unterschiedlicher Ordnung

Die Sachverhalte, welche durch die Religionsphänomenologie bearbeitet werden, finden natürlich auch andere religionswissenschaftliche Verarbeitung. Der klassische Zugang ist historischer Natur: Sachverhalte werden in einen *diachronen* Zusammenhang eingeordnet. Paradieskonzepte beispielsweise erscheinen dann als Stationen eines *religionsgeschichtlichen* Ablaufs, den man zu beschreiben sucht. Zu diesem diachronen tritt ein *synchroner* Aspekt: Paradieskonzepte sind mit anderen religiösen Konzepten verbunden, sie sind in ein umfassendes religiöses Symbolsystem eingebettet, das seinerseits in einer bestimmten Gesellschaft oder einem Gesellschaftssegment (im Extremfall im Orientierungssystem eines exzentrischen Aussenseiters) in Geltung ist. Die Betrachtung der diachronen und diejenige der

---

[13] Z.B. Widengren, G.: Religionsphänomenologie, Berlin 1969; Heiler, F.: Erscheinungsformen und Wesen der Religion, Stuttgart ²1979; Eliade, M.: Die Religionen und das Heilige. Elemente der Religionsgeschichte, Darmstadt 1976.

synchronen Ebene schliessen sich theoretisch keineswegs aus, auch wenn im Einzelfall eher der eine oder der andere Aspekt im Vordergrund steht.

Beide Aspekte dieser Arbeit bedürfen einer konstruierenden Tätigkeit. Historische Zusammenhänge bestehen nicht »an sich«, sie sind nicht »objektiv« gegeben. Dabei geht es nicht einfach um die Unsicherheit einem Mangel oder einem Übermass an Quellen gegenüber (ersteres ist typisch für historisch besonders ferne, letzteres für historisch besonders nahe Zeiträume). Vielmehr müssen in jedem Fall Sachverhalte ausgewählt, bewertet und verglichen werden; und dies ist eine konstruktive Leistung des Religionshistorikers. Gleiches gilt für die synchrone Dimension; ein »Religionssystem«, von dem Gebrauch gemacht wurde oder wird, manifestiert sich erst dann, wenn es als solches reflektiert wird.

Unsere Kernfrage lautet: Wie hängen die Konstruktionsprobleme, die im Zusammenhang mit der Religionsphänomenologie genannt wurden, mit den letztgenannten Konstruktionsproblemen zusammen? Man könnte diese Frage theoretisch weiterverfolgen. Wir schlagen einen anderen Weg ein und wenden uns einem Einzelfall zu. Wo man anfängt, ist nicht ohne Belang, sondern diese Entscheidung hat bereits theoretische Implikationen. Wir entscheiden uns für den Vorrang des Einzelfalles. Seine Aufgabe ist es nicht, die Theorie zu illustrieren; vielmehr hat die Theorie die Aufgabe, die Analyse des Einzelfalls reflektierend zu begleiten.

2. Zum Beispiel: Der Dilmun-Mythos

Das klassische Beispiel Mesopotamiens im Hinblick auf Paradies-Geschichten ist der Dilmun-Mythos, der an anderer Stelle ausführlicher analysiert wurde.[14] Hier kann lediglich eine Paraphrase des Textes mit der Zusammenfassung einiger Beobachtungen vorgelegt werden. Daraus sind dann weitere Folgerungen zu ziehen.

1. Der Text setzt ein mit einer Schilderung des »reinen« Landes Dilmun (das heutige Bahrein im persischen Golf), wo Enki und seine Gattin sich zum Schlaf niedergelegt haben. Es folgt eine Reihe von negativen Aussagen: Es gibt noch keine Krankheit, kein Alter, keine Sexualität. Zur Darstellung gelangt also ein vorzeitliches Nicht-Leben.

2. In der folgenden zweiten Szene erwacht die Sexualität; Zeugung und Geburt folgen in schneller Folge. Enki begattet seine Gefährtin, deren nach neun Tagen geborene Tochter und die ebenso schnell entstandene Enkelin; erst beim in der

---

[14] Übersetzungen: Pritchard, J.B. (Hg.): Ancient Near Eastern Texts Relating to the Old Testament, Princeton ³1969 (³ANET), 37ff; Bottéro, J./Kramer, S.N.: Lorsque les dieux faisaient l'homme. Mythologie mésopotamienne, Paris 1989, 151ff; zur Interpretation vgl. auch Jacobsen, T.: Mesopotamien, in: Frankfort, H. u.a. (Hg.): Alter Orient – Mythos und Wirklichkeit, Stuttgart ²1981, 173ff; Kirk, G.S.: Myth. Its Meaning and Functions in Ancient and Other Societies, Cambridge 1978, 91ff; Stolz, F.: Das Gleichgewicht zwischen Lebens- und Todeskräften als Kosmos-Konzept Mesopotamiens, in: Zweig, A./Svilar, M. (Hg.): Kosmos – Kunst – Symbol, Bern 1986, 47ff.

vierten Generation geborenen Mädchen kompliziert sich die Situation: Dieses verlangt auf Geheiss der Muttergöttin eine Gabe. Auch jetzt gelangt Enki aber ans Ziel seiner Wünsche. Insgesamt ist eine ungebremste und unkontrollierte Lebensentfaltung skizziert: Ohne Heiratsregeln nimmt sich Enki das erste beste weibliche Wesen, schwängert es und produziert Nachwuchs.

3. Damit ist eine Wende eingeleitet, die noch eigens erörtert werden soll. Jedenfalls erklärt die gekränkte Muttergöttin, dass sie das »Auge des Lebens« nicht mehr auf Enki richten wolle, bis er tot sei – und damit zieht sie sich offenbar zurück. Enki verkörpert die Lebenskraft schlechthin; mit seiner Krankheit ist eine Dynamik der Lebensminderung eingeleitet, die alles wieder zu vernichten droht. Immerhin gelingt es den Göttern auf eine nicht ganz durchsichtige Weise, die Muttergöttin umzustimmen, es kommt zu einer neuerlichen Wende.

4. In der letzten Szene wird der todkranke Enki geheilt. Die Muttergöttin Ninhursag setzt den Gott in ihre Vulva (unterzieht ihn also einer »Wiedergeburt«) und bildet für jede Krankheit einen Heilgott. Die so geschaffenen Götter werden in eine Ordnung gebracht (teils in geographische Herrschaftsbereiche eingewiesen, teils untereinander verheiratet).

Eine Formalisierung dieser Paraphrase ergibt, dass der Mythos in Bezug auf das Lebensphänomen zwei grundlegende binäre Unterscheidungen enthält. Einerseits sind die Verhältnisse in der ersten Szene statisch, später dynamisch. Sodann sind sie in der zweiten Szene eindeutig positiv im Sinne der Lebensmehrung, in der dritten eindeutig negativ im Sinne der Lebensminderung. In der vierten Szene schliesslich sind sie (wie in gewissem Sinn in der ersten) in ein Gleichgewicht gebracht. Das Gesagte lässt sich graphisch folgendermassen darstellen:

statisch	dynamisch		
	Szene 2		positiv
Szene 1		Szene 4	äquilibriert
	Szene 3		negativ

Der Mythos insgesamt ist zu charakterisieren als eine *Transformation* verschiedener »überwundener« Stationen in der Entstehung der jetzigen Welt. Jene überwundenen Stationen tragen Merkmale des Irrealen; bestimmte Faktoren, die die Realität prägen, fehlen: Zuerst fehlt die Dynamik des Lebens; dann fehlt die positive, anschliessend die negative Komponente der Dynamik; zuletzt kommt die Realität zur Darstellung. Die drei ersten Stadien repräsentieren also Gegen-Ordnungen der gültigen Lebensordnung; man kann von Gegenwelten sprechen. Um ein Bild der realen Welt zu entwerfen, zeichnet die Erzählung drei kontrastierende Gegenwelten.

Die Erzählung ist vielfach in die sozialen Verhältnisse ihres Umfeldes eingebunden. Sie berichtet zunächst von einer *Regelung des Geschlechtsverkehrs* bzw. der

Heirat. Hier herrscht anfänglich völlige Regellosigkeit – Enki verkehrt mit jeder Frau und schwängert sie; dem entspricht die ungezügelte Fruchtbarkeit. Dieser Missstand wird abgestellt. Ein zweites Thema ist die *Geburt*. Anfänglich sind die Geburten völlig mühelos – verhängnisvoll mühelos, denn dies führt zur erwähnten ungezügelten Lebensdynamik. Dann aber kommt es zu einer eigenartigen Krise: Der befruchtete Keim der vierten Frau wird nicht ausgetragen, sondern in die Erde gesetzt; hier gedeiht er nicht normal heran, sondern er wird von Enki gegessen. Der Geburtsvorgang ist doppelt pervertiert (»Empfängnis« durch den Mund, und zwar seitens eines Mannes). Am Schluss wird Enki wiedergeboren – zu einem jetzt normalen Leben mit Krankheiten, denen man aber begegnen kann.

Der Text macht verschiedentlich deutlich, dass das Ineinander von *natürlicher Wirksamkeit des Wassers und kultureller Tätigkeit des Menschen* sich im Handeln des Gottes manifestieren: Enki ist der Gott des fruchtbaren Süsswassers, das als Grund- und Flusswasser wirksam wird. Gleichzeitig ist er der Mann, welcher heiratet und Kinder zeugt; und darüber hinaus verkörpert er den Bauern, welcher das Land durch die Bewässerung produktiv macht. Sodann kommen *geographische* Elemente zum Zuge: Die erste Szene ist in einem fernen Land angesiedelt, auf der Insel Bahrein; man wäre fast versucht, von einem Un-Ort, einer Utopia, zu sprechen. Der anschliessende Handlungsraum aber meint natürlich das reguläre Umfeld von Enkis Handeln, den Süden Mesopotamiens (Enkis Stammsitz ist Eridu, wo sein Kult seit frühester bis in späteste Zeit nachgewiesen werden kann). Die am Schluss erwähnten Götter akzentuieren diese geographische Dimension.

3. Methodische Zwischenüberlegung

Die kurzen Andeutungen zum Dilmun-Mythos sollen nun nochmals in methodischer Hinsicht reflektiert werden, wobei die Frage nach den konstruktiven Leistungen der Analyse im Vordergrund steht.

Im Zentrum stand eine »rekonstruierende Lektüre« des Mythos, um seine Ordnung, seine »Syntax«, zu erfassen. Die Lektüre erfolgte mit Anleihen beim Strukturalismus:[15] Wir brachten binäre Unterscheidungen zur Anwendung; der Mythos stellt das Lebensphänomen aufgrund zweier binärer Unterscheidungen und deren Vermittlung dar. Diese binären Unterscheidungen sind zunächst typische Klassifikationen moderner Wahrnehmung; wir beschreiben die Syntax des Mythos mit diesen Mitteln. Arbeitet der »Mythos selbst« mit diesen Mitteln? Die Frage ist so nicht zu beantworten; denn der Mythos ist eben nicht anders als in unserer Wahrnehmung gegeben. Immerhin gehen wir einerseits davon aus, dass das Wahrnehmungsmuster nicht willkürlich ist, sondern plausibel, also von ande-

[15] Vgl. etwa Lévi-Strauss, C.: Mythologica I–IV, Frankfurt a.M. 1976; ders.: Strukturale Anthropologie I, Frankfurt a.M. 1978.

ren, die unsere Wahrnehmung und unsere (kulturell geformten) Wahrnehmungsbedingungen teilen, nachvollzogen werden kann; und andererseits haben diese
spezifischen Wahrnehmungsbedingungen natürlich Anteil an den generellen
Wahrnehmungsbedingungen, die dem Menschen in seiner biologischen Evolution zugewachsen sind.

Der Zugang zum Mythos hat selbstverständlichen Gebrauch von historischen
Fragestellungen gemacht. Der Text ist in drei Versionen überliefert, wobei eine
aus Nippur, eine andere aus Ur stammt. Die Figuren des Mythos sind weitgehend
aus anderen Texten bekannt, sie lassen sich also in eine religionsgeschichtliche
Entwicklung einordnen (darauf wurde oben gar nicht eingegangen). Von der
Wirkungs- und Rezeptionsgeschichte des Mythos selbst ist allerdings nichts bekannt, auch sein Verwendungszusammenhang (»Sitz im Leben«) ist ungewiss.
Dies ist der Normalfall; diachrone Gesichtspunkte sind nur sehr allgemein verfügbar.

Zur synchronen Einbettung des Mythos wurde einiges gesagt. Das Geschehen
des Mythos ist reich an Konnotationen, welche sich auf verschiedene Bereiche der
gesamtgesellschaftlichen Wirklichkeit beziehen; Heirat, Geburt, Krankheit, Bewässerungsfeldbau kommen zur Sprache. Der Mythos »bedeutet« etwas im Hinblick auf diese Dinge, er stellt Beziehungen her; und er bringt diese Beziehungen
in eine Ordnung, indem die Erzählung von einem labilen Ausgangspunkt einem
stabilen Schluss zuläuft. Damit stiftet er eine Orientierung; das ist die Leistung
des Mythos.[16]

Dabei ist bei dieser Bestimmung der »Leistung« Zurückhaltung zu üben. Man
pflegte früher gern zu deklarieren, der Mythos »forme« das Leben, er »bewirke«
etwas mit magischer Kraft, und häufig hat man diese Deklaration mit dem Postulat einer kultischen Verwendung der Erzählung verbunden.[17] Beides ist im Text
nicht nachzuweisen. Man wird also lediglich sagen können: Der Mythos setzt
Beziehungen, und er ordnet sie. Die religionswissenschaftliche Rekonstruktion
dieser »Arbeit des Mythos« (was zu unterscheiden ist von einer religionskritischen
»Arbeit am Mythos«) beobachtet die ordnende Tätigkeit des Mythos von aussen,
indem sie gleichzeitig den Ablauf der Erzählung, das Transformationsprogramm
(die syntagmatische Dimension), deren Bedeutungsfelder (die paradigmatische
Dimension) und die kulturelle Umgebung, den historischen und sozialen Kontext, im Auge hat. Sie betrachtet den Mythos also im Hinblick auf seine Kontext-
beziehungen.

Diese Betrachtungsweise hat ihre Grenzen. Erstens ist es grundsätzlich unmöglich, alle Beziehungen zu rekonstruieren, in die ein Phänomen eingebettet ist;
dazu reichen die Informationen nicht aus. Zweitens besteht die Gefahr einer
Überkonstruktion, d.h. es werden (in allen Dimensionen) Beziehungen eingetra-

---

[16] Ausführlicher vgl. Stolz, F.: Der mythische Umgang mit der Rationalität und der rationale
Umgang mit dem Mythos, in: Schmid, H.H. (Hg.): Mythos und Rationalität, Gütersloh 1988, 81–
106.
[17] So ein verbreitetes Urteil aus dem »myth and ritual«-Umfeld.

gen, die einer intersubjektiven Kontrolle nicht standhalten. Und drittens geht ein Phänomen nicht in der rekonstruktiven Tätigkeit des Beobachters auf; es bleibt immer ein Rest, der sich der Beobachtung entzieht. Zudem melden gerade religiöse Phänomene nicht selten Ansprüche an, welche den Beobachter in seiner Beobachterrolle in Frage stellen. Ernsthafte Beschäftigung mit religiösen Phänomenen wird solche Ansprüche zumindest wahrzunehmen haben, auch wenn sie sich ihnen dann methodisch entzieht.[18]

Es dürfte deutlich geworden sein, in wie hohem Masse Motive der Religionsphänomenologie berücksichtigt worden sind; allerdings fehlen noch entscheidende Fragestellungen.

4. Vergleichende Arbeit

Bisher stand nur ein einziges religiöses Phänomen zur Diskussion. Die Religionsphänomenologie jedoch übt sich im Vergleich; und das Vergleichen steht in der Tat im Zentrum religionswissenschaftlicher Tätigkeit überhaupt. So ist jetzt zu überlegen, wie die bisherigen Überlegungen dem Vergleichen dienstbar gemacht werden können. Dabei sind unterschiedliche Dimensionen des Vergleichs zu unterscheiden: Vergleiche innerhalb eines Kultur- und Religionsraums (in welchem damit zu rechnen ist, dass man dieselbe »religiöse Sprache« spricht); Vergleiche in religionsgeschichtlich benachbarten Räumen, die durch Kontakte geprägt sind (sodass z.B. religiöse Konzepte ausgetauscht werden); und Vergleiche über diese Räume hinaus. Die Probleme sind wieder an konkreten Fällen zu entwickeln.

4.1 Vergleiche im kulturellen und religiösen Binnenraum

Eines der Hauptthemen des Gilgameš-Epos ist die Suche nach dem ewigen Leben.[19] Nach dem Tode seines Gefährten Enkidu macht sich Gilgameš auf, Utnapištim, den Überlebenden der Sintflut (also den »babylonischen Noah«) zu suchen; dieser lebt der Überlieferung nach auf Dilmun, also in eben dem »Paradies«, in dem sich Enki gemäss dem Dilmun-Mythos anfänglich aufhielt. Das Epos berichtet zunächst von der Trauer Gilgameš, welcher, lediglich mit einem Fell

[18] Dies der Unterschied zu einer theologischen Hermeneutik. – Die methodische Erörterung des »Rekonstruktionsvorgangs« erfolgt hier im Kontext zu Fragestellungen, wie sie im Bereich des »Radikalen Konstruktivismus« in verschiedenen Disziplinen erarbeitet worden sind. Hier wäre mancherlei Theorieimport in das Feld religionswissenschaftlicher Forschung fällig. – Vgl. Schmidt, S.J. (Hg.): Der Diskurs des Radikalen Konstruktivismus, Frankfurt a.M. ²1988.
[19] Text: ANET, 72ff, 503ff; Schott, A./v. Soden, W.: Das Gilgamesch-Epos, Stuttgart 1988; Dalley, S.: Myths from Mesopotamia. Creation, the Flood, Gilgamesh and Others (1989), Oxford 1991, 39ff; zur Interpretation Oberhuber, K. (Hg.): Das Gilgamesch-Epos. Darmstadt 1977; Jacobsen, T.: The Treasures of Darkness. A History of Mesopotamian Religion, New Haven/London 1976, 193ff; Kirk: Myth, 132ff.

bekleidet, in die unbelebte Steppe läuft und seinem Schmerz Ausdruck gibt. Darin spiegelt sich normales rituelles Verhalten: Trauer drückt sich in »Selbstminderungsriten« aus, d.h. der Trauernde entfernt sich selbst ein Stück weit vom Leben, nimmt also am Todesgeschick teil und verarbeitet so den Verlust, bevor er wieder zum normalen Leben zurückkehrt. Gilgameš allerdings kehrt nicht zurück; vielmehr macht er sich auf einen langen Weg, um bei Utnapištim zu erfahren, wie man zu ewigem Leben kommt.

Die Schilderung des Weges zu Utnapištim ist durch verschiedene Etappen gekennzeichnet: Er geht durch die Wüste und gelangt zu den Skorpionmenschen; er durchquert den »Weltberg« und kommt zur Gastwirtin Siduri; er überquert das Todeswasser und erreicht Utnapištim. Schematisch lässt sich dies folgendermassen darstellen:

Weg	Station
Steppe	Skorpionmenschen
Berg	Siduri
Wasser	Utnapištim

Diese Wegstrecken und die entsprechenden Stationen haben je eine besondere Qualität. Die Wüste ist der Raum ausserhalb der Zivilisation, Sitz verderblicher und tödlicher Mächte – also ein Ort des Todes. Die Skorpionmenschen sind Mischwesen, zwielichtige Figuren, welche ins Umfeld chaotischer Mächte gehören.[20] Gilgameš ist damit also am »Rand des Lebens« angekommen. Der Berg markiert diesen Rand: Er wird nur durch den Sonnengott täglich durchquert, keinem Menschen ist der Durchgang möglich; aber Gilgameš geht den zwölfstündigen Weg wie jener Gott, an den er sich hält. Es ist ein Weg durch den Bereich der Unterwelt, des Todes. Die Gastwirtin Siduri lebt in einem Edelsteingarten: Edelsteine kommen hier »natürlich«, »urwüchsig« vor, nicht in kultureller Verarbeitung.[21] Gilgameš befindet sich also in einer irrealen Gegenwelt. Das Todeswasser ist aus anderen Texten der mesopotamischen Mythologie bekannt;[22] gleichzeitig klingt die Erinnerung an das Wasser des persischen Golfes an: Denn jenseits des Wassers lebt Utnapištim auf seiner Insel des ewigen Lebens. Der Text variiert also dreimal eine analoge Thematik: Der Weg geht durch einen Bereich des Todes zu einer Station der Irrealität; zunächst zu den Skorpionmenschen, wo Mensch und Tier nicht unterschieden sind, dann zu Siduri in ihrem Edelsteingarten, schliesslich zu Utnapištim auf Dilmun. Dass die Rückkehr Gilgameš in die Realität ohne das ewige Leben erfolgt, erstaunt weiter nicht. Das Thema »Dilmun« ist

[20] Edzard, D.O.: Art. »Mischwesen«, in: Haussig, H.W. (Hg.): Wörterbuch der Mythologie I/1, Stuttgart 1965, 100.
[21] Instruktiv im Hinblick auf die Edelsteine ist der Mythos von Ninurtas Kampf gegen Azag; dort werden die naturwüchsigen Steine der Kultur dienstbar gemacht; vgl. van Dijk, J.J.A.: Lugal ud me-lám-bi nir-gal. Le récit épique et didactique des travaux de Ninurta, du déluge et de la nouvelle création, Bd. 1–3, Leiden 1983, 37ff; Bottéro/Kramer: Mythologie, 339ff.
[22] Im Mythos von Enlil und Ninlil, Bottéro/Kramer: Mythologie, 108f (Z. 91ff).

hier also ganz anders ausgearbeitet als im Dilmun-Mythos. Wieder stellt es eine Gegenwelt dar, in Parallele zu anderen Elementen einer Gegenwelt; diese hat hier nicht die Funktion, das Lebensphänomen in seiner sozialen Dimension auszuarbeiten, vielmehr dient es der Präzisierung der Frage nach der Begrenztheit des individuellen Lebens. Von dieser Einsicht her wäre nun eine präzise Interpretation des Gilgameš-Epos in Angriff zu nehmen.

Der skizzierte Vergleich war am Thema »Dilmun« orientiert. Andere Ansatzpunkte liegen aber mindestens ebenso nahe; man kann das »Transformationsprogramm« des Dilmun-Mythos wählen und stösst dann beispielsweise auf das Atramḫasis-Epos.[23] Der Text geht von einer Zeit aus »als die Götter Menschen waren« – und diese Menschlichkeit prägt sich darin aus, dass die eine Götterklasse die andere zum Arbeiten am Kanalbau (und damit offenbar auch in der Landwirtschaft) zwingt. Die bedrückten Götter antworten mit einem Streik und bedrohen ihre Herren; Abhilfe wird durch die Schöpfung der Menschen geschaffen, deren Aufgabe es ist, für die Götter zu arbeiten. Aber die Menschen vermehren sich übermässig schnell und versetzen durch ihren Lärm die Götter in Unruhe. Die Götter sinnen nun auf Mittel, der Bevölkerungsexplosion ein Ende zu machen: Eine Pest bleibt unwirksam, desgleichen eine siebenjährige Dürre. Schliesslich schicken die Götter eine Sintflut – aber Atramḫasis (»der Überkluge«) rettet sich auf einem Boot, sodass die Menschheit überlebt. Das nachsintflutliche Leben unterliegt jedoch einer Regulierung: Einerseits wird ein dämonisches Wesen dazu bestimmt, kleine Kinder zu fressen – eine Quote der Kindersterblichkeit wird also eingeführt. Zudem soll es fruchtbare und unfruchtbare Frauen geben. Und schliesslich soll es gewisse Frauen geben (bestimmte Klassen von Priesterinnen), welche keine Kinder haben dürfen, also Empfängnisverhütung betreiben müssen (über deren Methoden noch keine Klarheit herrscht).

Die Erzählung unterscheidet also zunächst zwischen einer irrealen menschenlosen Vorzeit, in der die Götter arbeiteten, und der jetzigen Realität, in der die Menschen arbeiten. Diese Epoche ist wiederum gegliedert in Phasen regellosen Wachstums und katastrophaler Einbrüche; nach dem letzten Einbruch ist ein stabiles Gleichgewicht zwischen Wachstum und beschränkenden Faktoren eingespielt. Dies lässt sich wiederum grafisch festhalten:

Arbeit der Götter	Arbeit der Menschen		
	Wachstum	Wachstum	Wachstum	Regulierte
	Pest	Hunger	Sintflut	Entwicklung

Diese Sequenz verschiedener Szenen erinnert in vielerlei Hinsicht an den Dilmun-Mythos. Wiederum ist eine zentrale Unterscheidung zwischen einem Aus-

23 Lambert, W.G./Millard, A.R.: Atra-hasis. The Babylonian Story of the Flood, Oxford 1969; Bottéro/Kramer: Mythologie, 527ff; Dalley: Myths, 1ff.

gangspunkt und der folgenden Entwicklung gesetzt; aber es handelt sich dabei nicht um den Unterschied von Statik und Dynamik, sondern um den zwischen der Götterarbeit und der Menschenarbeit. Die folgenden Abschnitte sind durch den Wechsel unkontrollierter positiver und negativer Dynamik gekennzeichnet: Auf unbeschränktes Wachstum folgt immer eine fast völlige Katastrophe, mit einer Steigerung zur Sintflut hin. Schliesslich werden dann taugliche regulierende Mechanismen eingeführt.

Ähnliche Verlaufsprogramme finden sich aber auch im Bereich rituellen Handelns. Das Fest der Tempelweihe, von dem in den Tempelbau-Hymnen des Gudea von Lagaš die Rede ist, enthält einen in dieser Hinsicht aufschlussreichen Passus. Hier heisst es:[24]

> Am Tage, an dem Gudeas König ins Haus einzog,
> auf sieben Tage,
> stellte sich die Sklavin der Herrin gleich,
> ging der Sklave neben dem Herrn (...)

Offenbar ist für sieben Tage die soziale Hierarchie suspendiert, d.h. die gesellschaftliche Ordnung ist aufgehoben. Im Anschluss daran ist davon die Rede, dass aber gleichzeitig alle Unreinheit entfernt ist und die sozialen Normen gerade in Kraft gesetzt werden. Die Szene ist von hoher Ambivalenz: Einerseits werden Regeln im *Verhalten* ausser Acht gelassen, als *Norm* aber gerade gesetzt. Nach den sieben Tagen gilt natürlich wieder das normale Verhalten.

Wir ziehen eine weitere Zwischenbilanz. Innerhalb desselben religiösen Symbolsystems sind verschiedene Ansatzpunkte zum Vergleich möglich. Ein erster besteht darin, denselben Vorstellungskomplex zu wählen – in unserem Fall etwa das Thema »Dilmun«. In beiden betrachteten Fällen ist Dilmun so etwas wie eine »Gegenwelt«; allerdings wird dieses »ferne Land jenseits des Meeres« mit teils analogen, teils unterschiedlichen Assoziationen besetzt. Einmal signalisiert es einen statischen Ur-Zustand oder vielleicht besser Un-Zustand, vor aller Dynamik des Daseins; im anderen Falle meint es einen Bereich, welcher der Dynamik von Leben und Tod entzogen ist. Aber die »Anwendung« dieses Konzeptes ist in beiden Kontexten je verschieden; im Dilmun-Mythos ist es auf den natürlichen und sozialen Kosmos, im Gilgameš-Epos auf die Anthropologie des Individuums bezogen.[25]

Ein zweiter Vergleichspunkt ergab sich aus der Ablaufstruktur, dem »Transformationsprogramm«, des Dilmum-Mythos.[26] Das Atramḫasis-Epos erwies sich in

[24] Falkenstein, A./v. Soden, W.: Sumerische und akkadische Hymnen und Gebete, Zürich 1953, 180.

[25] Zur anthropologischen Aussage des Gilgameš-Epos bes. Landsberger, B.: Einleitung in das Gilgamesch-Epos (1943), in: Oberhuber, K. (Hg.): Das Gilgamesch-Epos, Darmstadt 1977, 171–177; die dort geäusserten Einsichten bleiben gültig.

[26] Zum Konzept Burkert, W.: Literarische Texte und funktionaler Mythos. Zu Istar und Atrahasis, in: Assman, J./Burkert, W./Stolz, F.: Funktionen und Leistungen des Mythos, Freiburg (Schweiz)/Göttingen 1982, im Anschluss an Propps Arbeiten zum Märchen.

mancherlei Hinsicht als ähnlich »konstruiert«. Auch hier geht es um die Frage von ungezügelter Dynamik des Lebens und deren Regulierung. Die Konkretion dieser Thematik bezieht sich wiederum auf einen anderen Anwendungszusammenhang: Erläutert wird die Problematik der Arbeit, der Kindersterblichkeit, der Fruchtbarkeit von Frauen; besonders bedacht wird die Vorschrift für gewisse Priesterinnen, auf Kinder zu verzichten.

Schliesslich wurde die Thematik der »Gegenwelt« an einem Beispiel im Bereich des Handelns, also in der rituellen Dimension, erläutert. Hier findet im Rahmen der Tempelweihe so etwas wie eine Fastnacht statt, wobei die sozialen Schranken fallen und doch gerade die Normen wieder hergestellt werden.

Es ist klar, dass solche Vergleichsarbeit binnenkulturell nun beliebig weitergeführt werden könnte. Es ergäbe sich ein Netz von Beziehungen – eben das »religiöse Symbolsystem«, das der Religionswissenschaftler rekonstruiert, gewissermassen die Summe der in einem Kultur- und Religionsraum gegebenen Phänomene, die es zu ordnen gilt. Dieses Symbolsystem ist nicht einfach die Religion dieser Kultur; es ist die Rekonstruktion des Religionswissenschaftlers, allerdings keine beliebige Rekonstruktion, sondern eine, welche ihr Vorgehen erläutert, die Rekonstruktionsregeln bewusst handhabt und diese zur Diskussion stellt. Dieses Symbolsystem bildet den Hintergrund, auf welchem die einzelnen Phänomene (z.B. einzelne Mythen und Rituale) ihre Konturen erhalten und zu interpretieren sind.

4.2 Übertragung auf fremde Kulturräume

Die religionswissenschaftliche Arbeit hat es nicht nur mit einzelnen Kulturräumen zu tun, sondern sie greift darüber hinaus; und die Religionsphänomenologie, bei deren Verfahren wir einsetzten, hat ihre Stärke ja gerade darin, dass sie alle Zeiten und Räume religiösen Lebens umgreift. Wie ist aber vom begonnenen Weg her der Übergriff auf andere Kulturräume möglich?

Zunächst liegt der Vergleich mit benachbarten Kulturen nahe. Die erörterten mesopotamischen Stoffe haben z.B. unmittelbare biblische Varianten: Der »Garten Eden« ist nach Ez 28,11ff ein Edelsteingarten,[27] genau wie die Gartenwirtschaft der Schenkin Siduri. Derselbe Garten aber bildet die erste Station der Geschichte vom »Sündenfall«, einer Geschichte also, die von Eden wegführt, so wie der Dilmun-Mythos von Dilmun wegführt. Und natürlich begegnet auch die Sintflutgeschichte wieder. Vergleiche sind also abermals von Vorstellungskomplexen her möglich.

Man könnte jedoch auch biblische Geschichten auf ihre »Transformationsprogramme« hin betrachten. Dies sei wenigstens an der Geschichte vom »Sündenfall«

---

[27] Dazu zuletzt Fauth, W.: Der Garten des Königs von Tyros bei Hesekiel auf dem Hintergrund vorderorientalischer und frühjüdischer Paradiesvorstellungen, Kairos 19 (1987), 57–84; Auffarth, C.: Der drohende Untergang. Schöpfung in Mythos und Ritual im Alten Orient und Griechenland, Berlin 1981, 94ff.

kurz skizziert. Sie berichtet vom Übergang aus einer vormaligen fernen Welt in die jetzige Welt. Dabei ändern sich charakteristische Lebensbedingungen, was man schematisch etwa so darstellen könnte:

Leben ohne Tod	Dynamik von Leben und Tod
nackt, akulturell	bekleidet, kulturell
Lebensunterhalt: Sammeln	Lebensunterhalt: Ackerbau
asexuell	sexuell
Harmonie zwischen den Geschöpfen	Disharmonie
gemeinsames Leben Mensch/Gott	Trennung Gott/Mensch
matrilineare Heirat[28]	patrilineare Heirat
unzurechnungsfähig	zurechnungsfähig

Die Zusammenstellung macht deutlich, dass der »Sündenfall« nicht einfach eine Entwicklung vom Positiven zum Negativen darstellt. Vielmehr markiert das Paradies eine »Gegenwelt«, in welcher charakteristische Merkmale der Realität geradewegs ins Gegenteil verkehrt sind. Damit ist die Geschichte noch längst nicht interpretiert; es ist lediglich ein Hintergrund für die Interpretation geschaffen. Immerhin ist gleichzeitig ein methodischer Grund gelegt, um z.B. die biblische Geschichte vom Sündenfall neben den Dilmun-Mythos zu stellen, also »Paradies«- oder besser »Gegenweltkonzepte« miteinander zu vergleichen.[29] Dieser Grund besteht in der gleichartigen Rekonstruktion der Symbolsysteme, die den Hintergrund der biblischen und der mesopotamischen Geschichte bilden. Eine historische Frage ist zusätzlich möglich: die nämlich, warum ein Thema wie das des »Edelsteingartens« in beiden Kulturregionen vorkommt. Hier liegt gewiss ein historischer Zusammenhang vor, das Thema wird »gewandert« sein (diffusionistische Erklärung). Ob man den Wanderweg noch rekonstruieren kann, ist allerdings eine andere Frage.

Natürlich ist eine vergleichende Arbeit, welche sich primär an Verlaufsprogrammen von Erzählungen und Ritualen orientiert, auch über entferntere Kulturräume hin möglich. Erzählungen von Gegenwelten gibt es überall auf der Erde. Dabei ist nicht nur von guten, sondern auch von schlechten Gegenwelten die Rede. Urzeiterzählungen aus dem Bereich Indonesiens, der Philippinen und

---

[28] Die vieldiskutierte Aussage Gen 2,24 ist häufig kulturgeschichtlich als Erinnerung an früheres Matriarchat gedeutet worden, ebenso häufig ist diese Deutung zurückgewiesen worden (vgl. etwa Westermann, C.: Genesis, Neukirchen-Vluyn 1974, 317f, mit Hinweis auf Literatur). Der Hinweis auf Matrilinearität scheint mir im Rahmen der Unterscheidung »Irrealität/Realität« ein gewisses Recht zu haben.
[29] Vergleiche sind schon häufig angestellt worden, aber durchaus unbefriedigend; vgl. z.B. Kramer, S.N.: From the Tablets of Sumer, Indian Hills 1956, 169ff.

Taiwans berichten z.B., dass anfänglich der Himmel so nahe bei der Erde lag, dass man nicht aufrecht gehen konnte, dauernd durch die Sonne versengt wurde etc.[30] Der »Sündenfall«, welcher bewirkt, dass sich der Himmel von der Erde trennt (weil z.B. eine Frau Pfeile nach den Gestirnen schiesst bzw. den Himmel mit einem Reisstampfer schlägt), leistet dann also eine Transformation zu einer positiveren Realität. Man kann solche »Erzählprogramme« miteinander vergleichen; sie lassen sich klassifizieren hinsichtlich der Typen von Transformationen und weiterer Strukturmerkmale.[31]

Mit den Erzählprogrammen sind *Handlungsprogramme* zu vergleichen; in unserer Kultur liegt das Beispiel der Fastnachts- und Passionszeit besonders nahe. Die Fastnacht ist durch die Lockerung aller Regeln bestimmt, die darauf folgende Passionszeit durch eine entsprechende Verschärfung (Fastengebote). Mit Ostern beginnt, nach einer Phase der Unter- und einer Phase der Überregulierung des Lebens, wieder die Normalität. Von ikonographischen, architektonischen und geographischen Programmen einer Gegenwelt war nicht die Rede; aber auch dafür gibt es Beispiele.

Einzelne religiöse Symbolsysteme machen von verschiedenen Transformationsprogrammen Gebrauch; sie rechnen mit verschiedenen Gegenwelten. Die Griechen kennen den *Hades,* das *Elysium,* das Land der Amazonen usw., aber sie verwenden diese Komplexe in je unterschiedlichen Zusammenhängen. Die Klassifikation von Erzählprogrammen, Handlungsprogrammen und ikonographischen Programmen macht das methodische Arsenal vergleichender Religionswissenschaft aus.

5. Fazit

1. Der Ausdruck »Paradies« hat sich im Verlauf der Arbeit zunehmend als untauglich erwiesen. Statt dessen ist er durch »Gegenwelt« ersetzt worden. Dieser Terminus zeichnet sich zunächst durch einen höheren Abstraktionsgrad aus; er weckt keine konkreten religionsgeschichtlichen Assoziationen. Dennoch eignet er sich für die Charakterisierung von Grössen wie der Insel Dilmun im Dilmun-Mythos, dem Garten Eden, dem koranischen »Paradies«, dem Land Sukhavati, aber auch der labilen Zeit vor der Sintflut, der Hölle usw. »Gegenwelt« ist damit als Begriff einer religionswissenschaftlichen Metasprache geeignet, Phänomene in einzelnen Religionen zu bezeichnen; natürlich bedarf es dazu weiterer Spezifikationen, um dem historischen Zusammenhang gerecht zu werden.

»Gegenwelt« ist ein Korrelationsbegriff; er verlangt nach der Korrelierung zur »Welt«, ein genauso abstrakter Begriff, welcher im konkreten historischen Kontext lebensweltlich zu füllen ist. Die Transformation von (irrealer) Gegenwelt in

---

[30] Fischer, T.H.: Indonesische Paradiesmythen, Zeitschrift für Ethnologie 64 (1931), 204–244.
[31] Vgl. Lévi-Strauss: Mythologica.

(reale) Welt bildet einen universal anwendbaren Leitfaden zur Analyse von Phänomenen in unterschiedlichen historischen Zusammenhängen. Vorausgesetzt ist
dabei, dass Religion generell mit Transformationen von »Unkontrollierbarem« zu
»Kontrollierbarem« befasst ist; diese Transformation stiftet die religiöse Orientierung. Die Arbeit an der Thematik »Gegenwelt/Welt« ist somit in die funktionale
Bestimmung von Religion überhaupt eingeordnet.

2. Die konkrete Arbeit innerhalb eines oder mehrerer historischer bzw. ethno-
graphischer Räume kann sich entweder an bestimmten Vorstellungskomplexen
oder aber an Transformationsprogrammen sprachlicher, ikonographischer oder
handlungsmässiger Art orientieren. Das erstgenannte Verfahren ist im Binnenraum historisch zusammenhängender Regionen in Anwendung zu bringen (es sei
denn, man rechne beispielsweise mit psychologisch determinierten Archetypen,
welche die Religion universal mit bestimmten »Bildern« versorgen). Das andere
Verfahren ist universal anwendbar; es strukturiert die Kodierung religiöser Botschaft nach analogen Regeln und stellt damit Vergleichbarkeit her.

3. Alle Verfahrensweisen, welche der Vergleichbarkeit religiöser Phänomene
dienen, haben die Tendenz, diese Phänomene zu vernichten. Die klassische Religionsphänomenologie hebt die Phänomene in einem neu errichteten Zusammenhang auf – übrig bleibt das religiöse Weltbild des Religionsphänomenologen;
Analoges stösst dem Strukturalisten zu, der am Schluss zwar alle *Möglichkeiten* des
menschlichen Geistes durchmustert, darob aber in Gefahr steht, die konkrete
menschliche Wirklichkeit zu verpassen. In allen diesen Fällen dient das Singuläre
und Historische als Illustration der Theorie. Will man dem Historischen den
Vorrang einräumen, so ist auch gegenüber der eigenen Theoriebildung Zurückhaltung *(epochè)* zu üben: Dann geht es primär nicht um die Selbstdarstellung der
Verfahrensweise (obwohl diese ihren gebührenden Platz haben muss), sondern
um die Würdigung des Singulären.

VERSTEHENS- UND WIRKUNGSVERWEIGERUNG
ALS MERKMAL RELIGIÖSER TEXTE

1. »Religiöse Texte« als Klassifikationsproblem

Wenn in den Gottesdiensten von Schriftreligionen heilige Texte vorgetragen werden, so geschieht dies meist nach besonderen Regeln. Man denke an die Rezitation biblischer Texte in traditionellen katholischen oder orthodoxen Liturgien; oder man vergegenwärtige sich jüdische oder muslimische Lesungen aus den entsprechenden Schriften. Heilige Texte werden nicht einfach so gelesen, wie man Alltagstexte zu lesen pflegt; vielmehr gibt es ganz bestimmte, konventionelle Weisen des Rezitierens oder Kantilierens.[1] Der Protestantismus scheint ein Sonderfall zu sein; hier fehlt diese Kultur des spezifisch religiösen Vortrags, wenn man nicht gerade in hochkirchliche Kreise gerät. Aber oft genug verändert sich auch bei protestantischen Geistlichen (ich brauche den Ausdruck bewusst) der Tonfall, wenn es darum geht, in der Kirche einen Abschnitt der Heiligen Schrift oder Elemente der Liturgie vorzutragen, und oft überträgt sich diese Diktion auch auf die Predigt. Diese kirchliche, vom normalen Sprechen abgesetzte Tonart bewirkt unterschiedliche Reaktionen. Kirchlich Integrierte fühlen sich möglicherweise gut aufgehoben, Kirchenferne werden eher abgeschreckt; zünftige Theologen werden sich dagegen verwahren, dass innerhalb der Kirchenmauern ein Klang getroffen wird, der nicht auch ausserhalb auf Resonanz stossen könnte, aber vielleicht fallen auch sie selbst einmal der Situation zum Opfer und brauchen eine Kirchentonart, die bei entkirchlichten Kreisen nur mehr Verwunderung, wenn nicht Schlimmeres erregt.

Die Religionen haben Register des Redens, welche vom Reden in anderen kulturellen Bereichen abgehoben sind. Diesem Sachverhalt könnte man sich zunächst einmal soziolinguistisch annähern und feststellen, dass jeder spezifische Kommunikationszusammenhang nicht nur den Inhalt mitbestimmt, sondern auch einen Kommunikationsstil prägt. Das Unterrichtsgespräch in der Schule, die Verhandlungen der Generalversammlung des Männerchors, die Unterhaltung in der Konzertpause und das Geplauder am familiären Mittagstisch – alle diese Situationen sind durch typische Kommunikationsmerkmale geformt. Allerdings handelt es sich um Kommunikationssituationen innerhalb einer Kultur; ob man über eine Kultur hinaus Vergleichbares zu Unterrichtsgespräch, Generalversammlung, Konzertpause und Mittagstisch finden könnte, bedürfte weiterer

---

[1] Überblick und Literaturhinweise Spector, J.: Art. »Chanting«, Encyclopedia of Religion 3 (1987), 204–213.

Überlegung. Jedenfalls ergäben sich mit zunehmender kultureller (vielleicht nicht geographischer) Entfernung von den Schweizer Verhältnissen Probleme.

Wenn wir »religiöse Texte« summarisch zusammengefasst haben, haben wir anhand eines beobachteten Merkmals Vergleichbarkeit vorausgesetzt. Aber dieses Merkmal – der Unterschied der »Tonart« im Vergleich zur Alltagskommunikation – ist genauer zu beschreiben. Man könnte es sich an dieser Stelle einfach machen mit dem Hinweis, »sakrale« Texte erforderten eben eine besondere, »nicht-profane« Vortragsweise. Man hätte dann die Unterscheidung zwischen sakral und profan universal vorausgesetzt. Aber diese Unterscheidung ist nicht einfach gegeben – eine Theorie des Heiligen kann bestenfalls eine universal anwendbare Fragestellung zur Klassifikation von religiösen Phänomenen abgeben. Wissenschaftsgeschichtlich wirksame Ansätze dazu liegen in den Feldern von Psychologie und Soziologie vor;[2] im Folgenden soll aber nach dem Heiligen in Texten bzw. nach den Unterschieden zwischen religiöser und nichtreligiöser Kommunikation gefragt werden. Wir suchen also nach dem »spezifisch Religiösen«, nach semiotischen Gesichtspunkten, und von daher könnte sich dann ein Beitrag zur Frage nach einer generell anwendbaren Unterscheidung zwischen dem »Heiligen« und dem »Profanen« ergeben.

2. Zum Beispiel: Der Johannes-Prolog

»Im Anfang war das Wort, und das Wort war bei Gott, und das Wort war Gott. Dieses war im Anfang bei Gott. Alle Dinge sind durch dasselbe geworden, und ohne das Wort ist auch nicht eines geworden, das geworden ist. In ihm war das Leben, und das Leben war das Licht für die Menschen. Und das Licht scheint in die Finsternis, und die Finsternis hat es nicht angenommen.

Es trat ein Mensch auf, von Gott gesandt, mit Namen Johannes. Dieser kam zum Zeugnis, um von dem Licht zu zeugen, damit alle durch ihn gläubig würden. Nicht war jener das Licht, sondern zeugen sollte er von dem Licht.

Das wahre Licht, das jeden Menschen erleuchtet, kam in die Welt. Es war in der Welt, und die Welt ist durch ihn geworden, und die Welt erkannte ihn nicht. Er kam in das Seine, und die Seinen nahmen ihn nicht auf. So viele ihn aber aufnahmen, denen gab er Anrecht darauf, Kinder Gottes zu werden, denen, die an seinen

---

[2] Vgl. die klassischen Ansätze von Otto, R.: Das Heilige. Über das Irrationale in der Idee des Göttlichen und sein Verhältnis zum Rationalen, Breslau 1917, bzw. Durkheim, É.: Die elementaren Formen des religiösen Lebens, Frankfurt a.M. (1912) 1981, oder Berger, P.L.: Zur Dialektik von Religion und Gesellschaft. Elemente einer soziologischen Theorie, Frankfurt a.M. 1973. Das Problem dieser Ansätze liegt darin, dass sie von einem m.E. überzogenen Theorieanspruch ausgehen und die historischen Phänomene lediglich als Illustrationen benützen. Es wäre aber durchaus denkbar, von psychologischen und soziologischen Gesichtspunkten her die Frage nach dem »mächtigen«, dem »anderen« Erleben bzw. nach dem, was dem verändernden Zugriff des Menschen entzogen ist, zu stellen.

Namen glauben, welche nicht aus Blut noch aus Fleischeswillen noch aus Manneswillen, sondern aus Gott gezeugt sind. Und das Wort ward Fleisch und wohnte unter uns, und wir schauten seine Herrlichkeit, eine Herrlichkeit, wie sie der einzige Sohn von seinem Vater hat, voll Gnade und Wahrheit.«

Dies ist einer der wirksamsten Texte der christlichen heiligen Schrift. Das Eins-Sein von Jesus und Gott ist hier auf den Begriff gebracht. Die johanneische Logoskonzeption ist zu einem tragenden Pfeiler der Theologie geworden: Ein und dasselbe Lebensprinzip macht das Wesen des jenseitigen Gottes aus, erscheint diesseitig-historisch in der Gestalt eines Menschen und prägt den verborgenen Charakter der Welt. Der Gedanke der Menschwerdung des Logos hat die Inkarnationstheologie entstehen lassen: Die ewige Offenbarung Gottes erhält eine historische Form, und zwar in weit höherem Grade historisch, als dies etwa in einer schriftlichen Form der Fall ist; sie geht in die endliche Form menschlichen Lebens ein.

Ich habe jetzt mit einigen Sätzen versucht, gleichzeitig den Text einem Interpretationsansatz zu erschliessen und seine Wirkungsgeschichte ins Auge zu fassen. Dabei könnte eine Interpretation an vielen anderen Stellen ansetzen; an der poetischen Sprache etwa, an den Bildelementen Licht und Finsternis, an den assoziativ offenen Begriffen Wort und Welt. Der Text übt auf alle, die auch nur entfernt vom christlichen Traditionszusammenhang berührt sind, eine eigenartige Faszination aus. Diese Faszination hat sich kirchengeschichtlich ausgewirkt: Der Johannes-Prolog hat die Theologie beschäftigt, er hat immer wieder neue Interpretationen aus sich heraus entlassen,[3] er hat zu Meditation und liturgischer Verarbeitung geführt.

Der Text hat aber auch Wirkungen gezeitigt, welche fernab von der Theologie liegen. Augustin berichtet bereits, dass der Johannes-Prolog zu Heilungszwecken verwendet wurde, und er kann diesem Brauch sogar Gutes abgewinnen.[4] 1023 wurde auf der Synode von Freudenstadt das Abbeten des Johannesevangeliums verboten;[5] kein Wunder, wenn man die vielfältigen Wirkungen des Johannes-Pro-

---

[3] Vgl. z.B. Hofrichter, P.: Im Anfang war der »Johannesprolog«. Das urchristliche Logosbekenntnis – die Basis neutestamentlicher und gnostischer Theologie, Regensburg 1986.

[4] »Cum caput tibi dolet, laudamus si Evangelium ad caput tibi posueris, et non ad ligaturam cucurreris. Ad hoc enim perducta est infirmitas hominum, et ita plangendi sunt homines qui currunt ad ligaturas, ut gaudeamus quando videmus hominem in lecto suo constitutum, iactari febribus et doloribus, nec alicubi spem posuisse, nisi ut sibi Evangelium ad caput poneret: non quia ad hoc factum est, sed quia praelatum est Evangelium ligaturis.« (Tract. in Joh., MSL 35,1443) – Offenbar ist für Augustin ein christliches Amulett immer noch besser als irgend ein Amulett.

[5] »Gewisse Laien, namentlich Frauen, haben die Gewohnheit, täglich das Evangelium *In principio erat Verbum* etc. und besondere Messen von der Trinität oder von St. Michael lesen zu lassen. Die Synode verbietet dies. Es sollen diese Lesungen nur geschehen, wenn sie an der Zeit sind, und nur aus Ehrfurcht gegen die Trinität, nicht aber zum Zweck der Wahrsagerei«, v. Hefele, C.J.: Conciliengeschichte IV, Freiburg ²1879, 673. Die Reformsynode von Freudenstadt fand 1022 statt und befasste sich mit allerhand Fragen kirchlichen Ordnung und Disziplin (Hefele: Conciliengeschichte, 671–674).

logs im Volksglauben überblickt: Er verhilft zur Entdeckung von Dieben, wird
also als Ordal gebraucht. Dem Spieler verleiht er Glück. Auch gegen drohende
Gewitter ist er gut; der Johannes-Prolog also als Vorläufer der Hagelrakete.[6] Man
versteht die Synodalen von Freudenstadt schon. Ein Nachhall dieser Verwendung
des heiligen Textes erklingt noch oder erklang jedenfalls bis vor kurzem in unseren
Alpen.[7] Der Walliser Betruf beginnt mit dem Johannes-Prolog, dem »Johannis-
segen«, dem »unverstandene(n) und deshalb besonders wirksame(n) Anfang des
Johannesevangeliums«.[8]

   »Unverstanden und deshalb besonders wirksam« – was hat es mit dieser theti-
schen Formulierung auf sich? Lässt sich die These plausibel machen? Jacoby gibt
eine Erklärung:[9] »Anlass dazu (sc. zu dieser Wirksamkeit) gab seine christologische Lehre (...); insbesondere mag die Identifizierung Christi mit dem Logos,
verbum, dazu geführt haben, weil dem ›Wort‹ und seiner geheimnisvollen Wirkung und Kraft im Zauber eine prinzipielle Bedeutung zukommt.« Der Johannes-Prolog ist also zum Zauber geworden, zum magisch wirksamen Text. Er entfaltet dann eine Wirksamkeit, mit der man geradezu technologisch umgehen
kann: Die Sprache wird auf ihre Wirkung hin instrumentalisiert; da ist das Verstehen, wenn Weiss recht hat, nur hinderlich.

   Lassen wir das Problem »Wirksamkeit durch Nicht-Verstehen« für den Moment auf sich beruhen und gehen wir einem anderen Strang der Wirkungsgeschichte des Johannesevangeliums nach. Die historisch-kritische Forschung der
Neuzeit hat sich des Johannesevangeliums angenommen. Sie hat eine historische
Distanzierung zu den heiligen Texten erarbeitet; der methodische Atheismus ge-
bietet, die biblischen Schriften in gleicher Weise anzugehen wie andere Quellen
der Vergangenheit.[10] Man beobachtet die Texte in ihrem historischen Kontext,
man fragt nach den Bedingungen ihres Entstehens, nach ihren Verfassern, nach
den Adressaten, nach der soziokulturellen Einbettung, nach der Wirkungsgeschichte. Beim Johannes-Prolog haben diese Fragen besonders viele Antworten
gefunden; der Text geht offenbar auf einen älteren Hymnus zurück, der vielfältige
Beziehungen zum religionsgeschichtlichen Umfeld des Neuen Testaments aufweist. Literarkritik, Formgeschichte, Traditionsgeschichte, Religionsgeschichte –
keine Frage, die nicht schon vielfache Resonanz gefunden hätte im Hinblick auf
unseren Text.[11]

   Was passiert bei historisch-kritischen Kommentierungen von biblischen Tex-

---

   [6] Belege bei Jacoby, A.: Art. »Johannesevangelium«, Handwörterbuch des Deutschen Aberglau-
bens 4 (1931/1932), 731–733.
   [7] Tondokumente sind mir freundlicherweise durch das Schweizerische Volksliedarchiv in Basel
zur Verfügung gestellt worden (Betrufe von der Bettmeralp 1963, von Hohbach/Goms 1966 u.a.).
   [8] Weiss, R.: Volkskunde der Schweiz. Grundriss, Erlenbach/Zürich ²1978, 274.
   [9] Jacoby: Johannesevangelium, 731.
   [10] Zum Problem Weder, H.: Neutestamentliche Hermeneutik, Zürich 1986, 68ff.
   [11] Vgl. die Hinweise in den Kommentaren, z.B. Becker, J.: Das Evangelium nach Johannes, Kap.
1–10, Gütersloh/Würzburg 1979, zur Stelle.

ten? Diese werden historisch erläutert und in diesem Kontext paraphrasiert. Ein neuer Typus von Verständnis kommt auf. Der »garstige Graben«, den die aufklärungsbedingte historische Kritik zwischen dem Text der Vergangenheit und der Gegenwart aufgerissen hat, wird mit Informationen gefüllt; Informationen zur Umwelt, zum hypothetischen Verfasser und den hypothetischen Adressaten, zu den Entstehungsbedingungen, zur ursprünglichen Intention und weiteren Verwendung des Textes. Die historische Distanz wird aufgefüllt – und »jetzt verstehe ich die Bibel richtig«,[12] d.h. historisch. Ich verstehe, warum die Texte damals so gewirkt haben.

Dieser Erklärungstypus ist an historische Rekonstruktion gebunden. Die Informationen sind durch die konstruktive Arbeit des Historikers mitbedingt; »reine« Informationen ohne konstruktive Theorievorgabe gibt es bekanntlich nicht.[13] Der Text geht in die rekonstruierte historische Situation ein, er wird zu einer Grösse dieser historischen Rekonstruktion, zum Glied eines geschichtlichen Beziehungsgeflechts. Der Text wird eingebunden in die Bedingungen seiner Entstehung. In idealtypischer Zuspitzung könnte man sagen: Der Text ist dann vollständig erklärt, wenn er ganz zur historischen Information geworden, wenn er in die Bedingungen seiner Entstehung aufgelöst ist.[14]

Der Protest des so genannten »einfachen Bibellesers« gegen den exegetischen Umgang mit biblischen Texten ist bekannt. Oberflächlich scheint es, als ob dieser »einfache Bibelleser« lediglich nicht über die Informationen des Spezialisten verfügt. Dem könnte man mit etwas Bildungsarbeit abhelfen, und tatsächlich ist solche Bildungsarbeit gefragt und hilfreich.[15] Aber der Protest hat eben noch eine Tiefendimension, die ihm seine eigentliche Schlagkraft gibt: Der historisch erklärte Text hat keine »religiöse Aussage« mehr; er ist nicht mehr »Gottes Wort«. Der Vorwurf wird gern fundamentalistisch präzisiert: Die historische Kritik rüttelt an den »objektiven« Sachverhalten, an der »objektiven« Geltung der Texte. Aber dieser fundamentalistische Vorwurf ist nicht besonders ernst zu nehmen; mit seiner Forderung nach Objektivität ist er durch dieselben neuzeitlichen Verfahrensweisen bestimmt wie der historisch rekonstruierende Exeget.[16]

---

[12] Dies der bezeichnende Titel einer Einführung (Lohfink, G.: Jetzt verstehe ich die Bibel richtig. Ein Sachbuch zur Formkritik, Stuttgart 1973) in die formgeschichtliche Fragestellung, der es in hohem Masse um den sozialen Kontext eines Textes geht.

[13] Vgl. etwa die Beiträge in Baumgartner, H.M./Rüsen, J. (Hg.): Seminar: Geschichte und Theorie. Umrisse einer Historik, Frankfurt a.M. ²1982.

[14] Die Reduktion auf die hypothetischen Bedingungen der Textentstehung ist natürlich nicht obligatorisch; zum Problem – gerade im Hinblick auf den Johannes-Prolog – Weder, H.: Der Mythos vom Logos (Johannes I), in: Schmid, H.H. (Hg.): Mythos und Rationalität, Gütersloh 1988, 63ff.

[15] Natürlich wird bibelbezogene Erwachsenenbildungsarbeit nicht bei historischer Aufklärung stehen bleiben; zur Erschliessung der theologischen Dimension der Texte vgl. Weymann, V.: Evangelische Erwachsenenbildung. Grundlagen theologischer Didaktik, Stuttgart u.a. 1983, 92ff.

[16] Stolz, F.: Religiöser Fundamentalismus in der heutigen Gesellschaft, Reformatio 38 (1989), 260–270, 267f.

Gravierender ist, dass die historische Erklärung von Texten eben tatsächlich die Tendenz hat, diese in ihrer Wirkung zu neutralisieren. Ich formuliere es zunächst als These: Die vollständige Umsetzung des Textes in (historische) Information macht diesen religiös unbrauchbar. Dann gälte nicht nur die oben vermutete Verwendungsregel des Johannes-Prologs im Betruf »unverstanden und deshalb besonders wirksam«, sondern auch deren Umkehrung: »völlig verstanden und deshalb besonders wirkungslos«, wobei unter »verstehen« präziser »Information entnehmen« gemeint wäre. Man könnte die beiden Regeln an die Enden einer »Skala« – ich setze das Wort in Anführungszeichen, bis es präzisiert ist – noch möglicher Verwendungen des Textes stellen:

Wirkung ↔ Information

Um diese »Skala« etwas zu veranschaulichen, möchte ich kurz auf Situationen alltäglicher Kommunikation verweisen. Es gibt in unserer Kultur Texte, welche der reinen Information dienen; etwa Nachrichten. Wenn die Nachrichten ihre Informationen übermittelt haben, sind sie erledigt, in jedem Sinne des Wortes. Ihre einzige Aufgabe ist es, Information zu transportieren. Solche Texte hat man verstanden, wenn die Information voll angekommen ist und man darüber verfügt – in welcher Weise auch immer: Braucht man sie, dann kann man sie verwenden, braucht man sie nicht, so kann man sie vergessen. Sprache ist hier finalisiert zur Informationsübermittlung, sie ist damit auch völlig übersetzbar. Natürlich können derartige Informationen Wirkungen hervorrufen; Nachrichten über den Krieg in Jugoslawien oder den Hunger in Afrika können Entsetzen hervorrufen, aber dies ist nicht der eigentliche Zweck der Nachricht. Solche Informationstexte sind natürlich in der Alltagskommunikation aller menschlichen Gesellschaften wichtig; es ist unumgänglich, dass man dem anderen Informationen weitergeben kann, dass man mitteilen kann, wohin man geht usw. In der Industriegesellschaft ist dieser Typus von Kommunikation in verschiedener Weise ausdifferenziert; nicht ohne Grund hat man unsere Gesellschaft die informierte genannt.[17]

Praktisch alle Texte enthalten Information; aber vielfach spielen neben der Information noch andere Komponenten eine Rolle. – Man stelle sich einen Spaziergang mit einem ausländischen Gast an einem sichtigen Tag in Zürich vor. Auf der Quaibrücke wird er vielleicht stehen bleiben und sagen: »Diese Berge! Unglaublich, wie weiss sie sind. Und der blaue See, und die Möwen!« – Der Ausspruch enthält Informationen, aber keine wesentlichen, auch keine nötigen; wer auf der Quaibrücke steht, muss die Glarner Alpen sehen. Der Gast will viel mehr sagen; er bewundert die Schönheit der Landschaft, bedankt sich vielleicht implizit beim Gastgeber, beneidet diesen wohl auch etwas. Das Wesentliche ist also ungesagt;

---

[17] Dies der Buchtitel von Steinbuch, K.: Die informierte Gesellschaft. Geschichte und Zukunft der Nachrichtentechnik, Stuttgart 1966. Inzwischen verdient die Gesellschaft das Prädikat »informiert« in einem Masse, wie man sich dies vor 25 Jahren in den kühnsten Träumen noch nicht hätte vorstellen können.

darin hat der Text seine Wirkung. Man kann übrigens die Wirkung des Textes, den der Gast formuliert hat, ohne weiteres neutralisieren, indem man die Namen aller Berge und Dörfer nennen, die sich zeigen – man kann also das Überwältigende des Eindrucks durch Information zerstören. – Eine Variante des Gedankenexperiments: Ein anderer Gast würde beim Spaziergang über die Quaibrücke möglicherweise einfach sagen: »Ah!« Ein Text ohne Inhalt, aber nicht ohne Wirkung; und diese Wirkung teilt sich dem Zuhörer hoffentlich mit.

Die »Skala«, die wir aufgestellt haben, trägt also ein Stück weit bereits in unserer Alltagskommunikation; auch hier stossen wir auf Texte, die ganz in ihrem Informationsgehalt aufgehen, und Texte, die völlig in ihrer Wirkung bestehen. Und es gibt Texte, die in einem Mittelfeld liegen; Texte, bei denen Wesentliches ungesagt ist, die über sich selbst hinaus verweisen. Es wird noch weiter zu überlegen sein, was es bedeutet, dass eine Bandbreite verschiedener Verwendungsweisen von Texten nicht nur im Hinblick auf religiöse, sondern auch auf alltagssprachliche Kommunikation anwendbar ist.

Zunächst aber kehren wir zum Johannes-Prolog zurück. Er kann an unterschiedlichen Stellen auf unserer »Skala« positioniert werden. Ich habe ihn zunächst vorgelesen – ein Stück religiöser Dichtung, ungemein anregend für die Theologiegeschichte, ein Text voller Information und voller Wirkung; man könnte ihn etwa in die Mitte der »Skala« setzen. Der Gebrauch des Prologs im Betruf setzt ganz auf die Wirksamkeit des Textes; aber einen Informationswert hat er nicht mehr. Die Sprache ist auf ihre Wirkung hin instrumentalisiert, und sie ist gern mit anderen Kodierungsformen menschlicher Kommunikation (Musik, Bild) verbunden. In der wissenschaftlichen Exegese dagegen wird der Text tendenziell zur Information; die Sprache ist auf ihre Kompetenz zum Transport von Inhalten hin instrumentalisiert.

Wie steht es mit der religiösen Geltung des Textes? Zunächst ist der Johannes-Prolog unbestritten ein religiöser Text. Wie ist der Betruf und, allgemeiner, die so genannte »magische« Verwendung des Textes zu beurteilen? So sehr diese den Volkskundler erfreut – der Theologe wird es vielleicht doch mit der Synode von Freudenstadt halten und der Meinung sein, hier werde der biblische Text missbraucht. Umgekehrt wird manch ein zünftiger Johannes-Kommentator sich vom »einfachen Gemeindeglied« sagen lassen müssen, dass er das Wort Gottes zerrede, oder allgemeiner: dass er die religiöse Rede profaniere. An beiden Enden der »Skala« gibt es also Probleme. Natürlich müsste man die Betrachtung jetzt auf die Verwendung auch anderer Texte ausdehnen und käme dann zu einem deskriptiven Modell der Verwendung von Texten innerhalb des Christentums.

3. Zum Vergleich: Om und die Mandukya-Upanishad

Vergleichende Religionswissenschaft ist an der Generalisierung von Verfahrensweisen interessiert; Vergleichbarkeit zwischen Religionen ist nicht gegeben, sondern sie muss durch universal anwendbare Verfahrensweisen hergestellt werden. Wie weit lässt sich das erarbeitete Modell eines Zugangs zu Texten an anderen Kulturen bestätigen?

Ich will kurz auf ein bekanntes Phänomen der indischen Religionsgeschichte hinweisen. Hier werden seit früher Zeit rezitierte und gesungene Verse sowie Formeln als *Mantras* bezeichnet. Der Begriff hängt etymologisch mit der Wurzel *man-* zusammen, was eine geistige Tätigkeit im weitesten Sinne meint, und das Mantra ist ein Mittel, um diese Tätigkeit in Gang zu setzen.[18] Unter den verschiedenen Formeln ragt eine hervor, *die* Silbe schlechthin nach späterer indischer Anschauung: die Silbe *Om*.[19] Sie ist im Yajur-Veda belegt, eine Anspielung darauf findet sich aber vielleicht schon im Rig-Veda.[20] Die ursprüngliche Bedeutung des Ausdrucks ist dunkel, in Unadi Sutra 1,141 wird ein Zusammenhang mit der Wurzel *av*, »lenken«, »herbeiführen«, »anregen«, nahe gelegt.[21]

Seit dem 6. Jh. erscheint die Silbe *Om* als Element upanishadischer Spekulationen. Die kurze Mandukya-Upanishad ist ganz der Interpretation dieser Silbe gewidmet.[22] Jeder Laut (a, u, m) wird interpretiert, und schliesslich findet der Gesamtklang der Silbe eine Erläuterung. Es gelangen also vier Stufen von Erkenntnis bzw. Sein (beides ist nicht voneinander zu trennen) zur Darstellung. Die ersten beiden Verse enthalten bereits die Zusammenfassung der wesentlichen Gedanken:

1. *Om* – Dieser unvergängliche Laut ist die Ganzheit des sichtbaren Weltalls. Er wird folgendermassen erklärt: Was geworden ist, was wird und was werden wird – wahrlich all dies ist der Laut *Om*. Und was über diese drei Stadien hinausgeht – auch das ist wahrlich der Laut *Om*.

2. All dies ist Brahman. Dieses Selbst ist gleichfalls Brahman. Dieses Selbst hat vier Glieder.

In der Folge werden dann diese vier Glieder genauer erläutert. Ich zitiere aus Vers 3: »Das erste Glied ist Vaishvânara, das allen Menschen Gemeinsame. Sein Ort ist der Wachzustand. Sein Bewusstsein ist nach aussen gerichtet. Es hat sieben Glieder und neunzehn Münder. Es findet Genuss an der groben Materie.« Diese umfasst die sinnliche Wahrnehmung, die dieser Wahrnehmung zugänglichen

---

[18] Vgl. Gonda, J.: The Indian Mantra, Oriens 16 (1963), 244–297.

[19] Di Nola, A.: Art: »Om«, Enciclopedia delle religioni 4 (1972), 1186–1188; Esnoul, A.M.: Art. »Om«, The Encyclopedia of Religion II (1987), 68–70; Liebert, G.: Iconographic Dictionary of the Indian Religions. Hinduism, Buddhism, Jainism, Leiden 1976, 200.

[20] 1,164,39; vgl. den Kommentar von Geldner, K.F.: Der Rig-Veda I, Cambridge 1951, 234f.

[21] Esnoul: »Om«, 69.

[22] Text nach der Übersetzung von Zimmer, H.: Philosophie und Religion Indiens, Frankfurt 1973, 334–338.

Gegenstandsbereiche und das Bewusstsein davon. Die »sieben Glieder und neunzehn Münder« bezeichnen offenbar besondere Strukturen und Aktivitäten dieses Wirklichkeitsbereichs.

Das zweite Glied ist der »Traumzustand«, dessen Erfahrungsbereich nicht im Aussen-, sondern im Binnenraum der Erfahrung angesiedelt ist. Es ist analog zum ersten Glied geschildert. Dann folgt das dritte Glied:

5. Wo aber ein Schläfer sich weder etwas Wünschenswertes wünscht noch einen Traum schaut, da liegt er im Tiefschlaf. Prajña, »der Wisser«, der in diesem Reich des traumlosen Schlafes zu einem Ungeteilten wurde, ist das dritte Glied des Selbst. Er ist eine undifferenzierte Masse von Bewusstsein, bestehend aus Wonne und sich nährend von Wonne. Sein einziger Mund ist Geist.

6. Er ist der Herr über alles; der Allwissende, der innewohnende Lenker; der Ursprung des Alls. Er ist Anfang und Ende der Wesen.

Damit ist scheinbar ein Höhepunkt erreicht. Der traumlose Tiefschlaf lässt die Wahrnehmung nach aussen wie nach innen zur Ruhe kommen; die Differenzierungen sind überwunden. Allerdings bedeutet dieser Tiefschlaf kein Aufhören des Bewusstseins; vielmehr ist jetzt so etwas wie »reines Bewusstsein« erreicht. Man denkt, jetzt sei das Ende der Möglichkeiten erreicht. Aber dem ist nicht so, ein viertes Glied folgt:

7. Was als das vierte Glied erkannt wird – weder einwärts noch auswärts gekehrtes Bewusstsein, noch beides zusammen; keine undifferenzierte Masse schlummernder Allwissenheit; weder wissend noch unwissend, weil unsichtbar, unsagbar, unberührbar, ohne alle Kennzeichen, unfassbar, undefinierbar, und weil die Gewissheit seines eigenen Selbst sein alleiniges Wesen ausmacht; das Zu-Frieden-und-Ruhe-Kommen alles differenzierten relativen Seins; tiefste Ruhe; friedvoll-wonnevoll; ohne ein Zweites (advaitam) – das ist Atman, das Selbst, das erkannt werden soll.

8. Der identische Brahman oder das Selbst im Reich der Laute ist die Silbe Om; dabei sind die oben beschriebenen vier Glieder des Selbst identisch mit den Bestandteilen der Silbe, und die Bestandteile der Silbe sind identisch mit den vier Gliedern des Selbst. Die Bestandteile der Silbe sind A, U, M.

12. Das Vierte ist lautlos: unaussprechlich, ein Verstummen aller differenzierten Manifestation, voller Wonne und Frieden, nicht-dualistisch. So ist Om wahrhaftig der Atman. Wer solches weiss, taucht sein Selbst ins Selbst ein – fürwahr, wer solches weiss.

Stellt Stufe 3 eine Negation von Stufen 1 und 2 dar, so wird in Stufe 4 diese Negation negiert; damit ist die begriffliche Sprache endgültig an ihre Grenze geführt; sie vermag nicht zu leisten, was die Silbe Om leistet. Allerdings muss man sich hüten, diese Silbe mit ihrer akustisch vernehmbaren Lautgestalt zu identifizieren; denn das Vierte, der Zusammenklang von 1 bis 3 ist »lautlos und unaussprechlich«.

Die Mandukya-Upanishad ist in Indien nicht nur tradiert, sondern auch kommentiert worden. Sie spielt eine besondere Rolle in der Advaita-Spekulation.

Shankara hat den Text erläutert; so erklärt er etwa die »sieben Glieder« des grob-stofflichen Kosmos (der Kopf entspricht dem Himmel, das Auge der Sonne, der Atem dem Wind usw.; die 19 Münder sind sinnliche Fähigkeiten und Tätigkeits-arten des Menschen, die ihrerseits wieder Entsprechungen im Makrokosmos ha-ben). Der dichte Text der Mandukya-Upanishad wird also jetzt ganz genau inter-pretiert.

Die Silbe *Om* wird freilich nicht nur in ihrer sprachlichen Dimension verwen-det; man kann auch ikonographisch von ihr Gebrauch machen. Aus dem *Mantra* wird dann ein *Yantra*, und die Darstellung der Silbe *Om* hat unter den *Yantras* eine wesentliche Bedeutung.

Die unterschiedlichen Texte lassen sich unschwer mit dem Modell erfassen, das an den Verwendungen des Johannes-Prologs erprobt wurde. Wir haben es zunächst mit einer Silbe zu tun, deren Informationswert wohl nebensächlich ist; die Silbe wirkt – darauf kommt es an, die eigentliche »Bedeutung« der Silbe ist überhaupt nicht mehr präsent. Dann gibt es Texte wie die Mandukya-Upanishad, in welcher die heilige Silbe einer Interpretation unterzogen wird. Jetzt bekommt die Silbe wieder einen »Sinn«, und zwar im Rahmen eines hochreflektierten religiösen Konzepts von Welt und Mensch. Sie hat also einen »Informationswert«, der freilich stets systemintern relativiert wird. Der Text ist freilich noch für weitere Auslegung offen; Shankara beispielsweise arbeitet weiter, erklärt die Details und präzisiert damit die »Bedeutung« des Textes weiter.[23]

Damit ergibt sich die Möglichkeit, den »Text« *Om* auf der vorher eingeführten »Skala« einzutragen. Für Indien fehlt, so weit ich sehe, eine Variante des Textes, welche die vollständige Umwandlung zur Information belegen würde. Dafür ist die Verwendung auf der anderen Seite der »Skala« erheblich besser belegt. Zudem ist die Verbindung zur Ikonographie erheblich stärker verwurzelt.

Man könnte jetzt versuchen, die Verwendbarkeit der »Skala« im Hinblick auf andere Religionen zu untersuchen. Dabei wären verschiedene Fragen systema-tisch zu untersuchen; etwa das Problem regelmässiger Veränderungen bei Ver-schiebungen von Texten auf unserer »Skala«. Ganz generell könnte man wohl sagen, dass eine Verlagerung religiöser Texte in Richtung Information stets mit Tendenzen der Reflexion, damit der Distanzierung verbunden ist. Eine Verlage-rung in Richtung Wirkung wird häufig mit der Kombination sprachlicher und nichtsprachlicher Kodierungsformen einhergehen. Ich erinnere an das Phäno-

---

[23] Zimmer: Philosophie, 334f.

men, mit dem ich den Vortrag begonnen habe: an die Tatsache nämlich, dass religiöse Texte häufig nicht normal vorgetragen werden, sondern dass sie gern in den Sog musikalischer Gestaltung geraten, ich erinnere auch an Kirchenlieder, deren Wirksamkeit nur zum geringen Teil an der Sprache hängt. Die Verschiebungen auf der »Skala« sind wohl durch bestimmte regelmässige Begleiterscheinungen gekennzeichnet.

4. »Information« und »Wirkung«: Präzisierungen

Es wurde bereits darauf hingewiesen, dass die »Skala«, mit der wir umgehen, schon im Bereich alltäglicher Kommunikation eine Rolle spielt. Besonderes Gewicht kommt den damit anvisierten Phänomenen im Hinblick auf poetische Texte zu. Ich möchte dies zeigen, indem ich zunächst an Goethes Gedicht »Ein gleiches« erinnere:

> Über allen Gipfeln
> Ist Ruh,
> In allen Wipfeln
> Spürest du
> Kaum einen Hauch;
> Die Vögelein schweigen im Walde.
> Warte nur, balde
> Ruhest du auch.

Man kann dieses Gedicht ohne weiteres auf seinen Informationsgehalt reduzieren. Dieser lautet dann: Es ist spät geworden, alles ist ruhig, Zeit zum Schlafen – eine völlig banale Information, in der Regel unnötig, höchstens in der Kindererziehung von fragwürdigem Wert. In der Regel merkt man ja schon, wann man müde genug ist für das Schlafen. Man kann das Gedicht aber auch anders zu Information machen, germanistisch gewissermassen, so wie der Exeget den Johannes-Prolog in Information umsetzen kann. Will man es in seiner ursprünglichen Erfahrung wahrnehmen, so muss man sich von ihm anreden lassen; man muss sich an Erfahrungen erinnern lassen, an die eigentümliche Schwelle zwischen Wachen und Schlaf. Das Gedicht weckt Stimmungen, bringt Dinge zum Ausdruck, die sprachlich nur berührt, aber nicht erfasst werden können.

Ich lege als Kontrast ein Gedicht von Hugo Ball aus dessen dadaistischer Zeit vor.[24]

---

[24] Ball, H.: 1917 Karawane, in: Arp, H./ders. (Hg.): Dada Gedichte. Dichtungen der Gründer, Zürich 1957, 33.

KARAWANE

jolifanto bambla ô falli bambla
grossiga m'pfa habla horem
égiga goramen
higo bloiko russula huju
hollaka hollala
anlogo bung
blago bung
blago bung
bosso fataka
ü üü ü
schampa wulla wussa ólobo
hej tatta gôrem
eschige zunbada
wulubu ssubudu uluw ssubudu
tumba ba- umf
kusagauma
ba - umf

Es ist deutlich, dass hier der Pol »Information« ganz verschwunden ist. Wir haben es also, wenn wir von unserer »Skala« ausgehen, mit einer Analogie zum »Zauberspruch« zu tun. Unmittelbar zur Wirkung kommt sowohl der Zauberspruch als auch das dadaistische Gedicht nur im Bereich der Eingeweihten, welche der Wirkung von vornherein vertrauen. Es ist wohl kein Zufall, dass das Gedicht Hugo Balls durch eine besondere graphische Gestaltung gekennzeichnet ist. Zur akustischen kommt also eine visuelle Kodierung, ja man kann sich überlegen, ob das Gedicht nicht von vornherein viel eher auf das Sehen als auf das Hören hin angelegt ist – genau so, wie der zum Zauberspruch gewordene Johannes-Prolog u.a. in Gestalt eines magischen Zettels wirksam ist. So lässt sich die »Skala« auch im Hinblick auf Dichtung in Anwendung bringen, und sie bringt überraschende Gemeinsamkeiten zwischen religiöser und dichterischer Sprache zutage.

Diese »Skala« ist allerdings bisher eine eher metaphorische Grösse als ein präzises deskriptives Instrument, schon gar nicht mit quantitativen Eigenschaften. Dieses Instrument müsste jetzt präzisiert werden. Das kann nicht ausführlich geschehen; es ist lediglich anzudeuten, in welche Richtung Präzisierungen zu gehen hätten.

1. Zum Verhältnis zwischen »Information« und »Wirkung« besteht natürlich eine breite Diskussion im Bereich der Linguistik. Dabei ist vor allem auf die Sprechakttheorie hinzuweisen, welche Sprache unter dem Gesichtspunkt des Handelns betrachtet.[25] Die Unterscheidung zwischen »propositionalem Gehalt«

---

[25] Es ist insbesondere an die Arbeiten von Austin, J.L.: Zur Theorie der Sprechakte, Stuttgart ²1979; Searle, J.R.: Sprechakte. Ein sprachphilosophischer Essay, Frankfurt a.M. 1971; ders.: Ausdruck und Bedeutung. Untersuchungen zur Sprechakttheorie, Frankfurt a.M. 1982, und Wunderlich, D.: Studien zur Sprechakttheorie, Frankfurt a.M. 1976, zu erinnern. – Entsprechende Hinweise verdanke ich Paul Michel. Vgl. auch dessen Rezeption der Sprechakttheorie für die Analyse me-

und »illokutivem Typ« einer sprachlichen Äusserung etwa hat gewisse Ähnlichkeiten mit der hier verwendeten Unterscheidung zwischen »Information« und »Wirkung«. Die Dimension der Illokution lässt sich vielfältig gliedern (Wunderlich etwa unterscheidet acht solcher Typen, nämlich den direktiven, den commissiven, den erotetischen, den repräsentativen, den satisfaktiven, den retraktiven und den deklarativen[26] – es wäre leicht möglich, diese Typen auch durch sprachliche Beispiele aus dem Bereich der Religion zu illustrieren). Überlegungen dieser Art beziehen sich auf einen Typus von Kommunikation, in welcher ein Mensch einem anderen etwas mitteilen will, dieser andere also der unmittelbare Adressat des kommunikativen Handelns ist. Entsprechend ist die »Wirkung« streng auf diesen unmittelbaren Adressaten bezogen. Unsere bisherigen Überlegungen waren an einem anderen Ausgangspunkt orientiert, nämlich an tradierten Texten, welche unterschiedliche Wirkungen zeitigen können, und diese »Wirkungen« liegen auf einer anderen Ebene als die von der Sprechakttheorie erfassten. Es ist aber keine Frage, dass an dieser Stelle anschliessende Arbeit fällig wäre.

Entsprechende Reflexionen wären wohl auch im Hinblick auf die Ebene des Bildes anzustellen. Die Pole »Information« und »Wirkung« lassen sich andeutungsweise durch das Piktogramm einerseits oder ein Werk abstrakter Kunst andererseits illustrieren: Im ersten Fall muss jeder Betrachter unzweideutig sehen, was das Bild darstellt, und zwar sowohl was den Informationsgehalt als auch was die darauf bezogene Intention betrifft – egal, ob sich der Betrachter nun um die Anweisung, Warnung, Mahnung usw. kümmert. Das Bild ist also völlig finalisiert. Im zweiten lautet die typische Frage des Banausen stets: »Was ist das?« Aber darum geht es eben gar nicht. Vielmehr sollte das Bild seine Wirkung dem Betrachter mitteilen – was es vielleicht tut, wenn man intensiv genug mit ihm umgeht.

Im Hinblick auf Sprache wie Bild führen die aufgeworfenen Fragen also in semiotische Probleme hinein, die erst noch mit bestehenden Diskussionen zu vermitteln wären. Dabei müsste man besondere Aufmerksamkeit der Kunst – der sprachlichen wie der bildenden Kunst, schliesslich auch der Musik – zuwenden.

2. Es gibt noch einen anderen Problembereich, an welchen man theoretische Überlegungen anschliessen müsste. Menschliches Handeln ist nicht nur auf Kommunikation bezogen, sondern auch auf Herstellung von Dingen, auf Gestaltung der Welt – im weitesten Sinne also auf Technik; auf diesen beiden Feldern hat die menschliche Evolution ihre nachhaltigsten Wirkungen gezeigt.[27] Kommunikation und Technik sind allerdings vielfältig miteinander verbunden, was man leicht an Beispielen zeigen kann: Werkzeuge und Waffen dienen nicht nur einer bestimmten Wirkung, sondern sie haben gleichzeitig einen Stellenwert in

---

taphorischer Rede (Michel, P.: Alieniloquium. Elemente einer Grammatik der Bildrede, Bern u.a. 1987, 67ff.).

[26] Wunderlich: Studien, 77ff.

[27] Vgl. Leroi-Gourhan, A.: Hand und Wort. Die Evolution von Technik, Sprache und Kunst, Frankfurt a.M. 1987.

der Kommunikation der Gemeinschaft, am deutlichsten abzulesen etwa an einer »Zeremonialaxt«, die man überhaupt nicht mehr dazu benützen kann, um einen Baum oder einen Schädel zu spalten;[28] aber auch ein Auto dient bekanntlich nicht nur der Fortbewegung, sondern ist gleichzeitig ein Statussymbol. Grundsätzlich ist aber technisches Handeln natürlich primär auf die intendierte Wirkung bezogen, und ein Werkzeug muss in erster Linie seinen Zweck erfüllen.

Bezieht man diese Überlegungen nochmals auf die bisherige Argumentation zurück, so kann man sagen: Die Verwendung des Johannes-Prologs als Alpsegen rückt den Text in die Nähe des Werkzeugs; überhaupt ist es ein Zug von manchem, was als »Magie« bezeichnet wird, dass Formen der Kommunikation als Werkzeuge zur Herstellung eines bestimmten Sachverhalts benützt werden – untaugliche Mittel nach ethnozentrischem oder jedenfalls aufklärungszentriertem Denken. Auch hier wären weitere Überlegungen im Anschluss an Magietheorien u.ä. nötig.

5. Implizite und explizite Thematisierung von Transzendenz

Nun ist allerdings ein ganz wesentliches Problem noch überhaupt nicht in Angriff genommen. Wir fragten nach dem Wesen religiöser Texte; wir sind auf eine »Skala« möglicher Verwendungsbreite von Texten überhaupt gestossen und haben daran grundsätzlichere semiotische Fragen angeschlossen. Aber die Ausgangsfrage, was denn einen Text zu einem religiösen macht, ist noch keineswegs geklärt. Immerhin hat sich gezeigt, dass der Johannes-Prolog in dem Moment, wo er auf die eine oder andere Seite der Skala rückt, wo er also ganz zur Information oder ganz zum Werkzeug wird, sich als religiös problematisch erweist. Insofern scheint es angezeigt, jetzt das »Mittelfeld« der Skala genauer unter die Lupe zu nehmen – den Bereich also, in welchem sich z.B. der Johannes-Prolog und Goethes Gedicht ursprünglich bewegen. In diesem Bereich dient die Sprache nicht einfach der Information, obwohl sie Information enthält; sie ist aber auch nicht lediglich auf Wirkung aus, obwohl sie wirkt. Sie sagt etwas, aber sie rührt gleichzeitig Unsagbares an; je nach Text sind dies Stimmungen, unverwechselbare Erfahrungen oder aber das Mysterium Gottes. Was in Texten dieser Art gesagt wird, verweist gleichzeitig auf Unsagbares. Dieses Unsagbare entzieht sich der Nutzung durch Information wie der technologischen Behändigung und Verwendung als Werkzeug. Wir haben es also mit einer eigentümlich gleichzeitigen Repräsentation des Sagbaren und des Unsagbaren, des Wirkenden und dessen, was sich jeder Wirkung verweigert, zu tun.

Mit einem Wort: Das Mittelfeld der Skala thematisiert Transzendenz. Darunter ist jetzt nicht einfach »religiöse« Transzendenz im herkömmlichen weltbildhaften

---

[28] Pritchard, J.B. (Hg.): The Ancient Near East in Pictures Relating to the Old Testament (²ANEP), Princeton ²1969, Abb. 310.

Sinne des Wortes zu verstehen. Vielmehr ergibt sich für den Ausdruck durch die Verwendung der Skala ein präziser Kontext im Rahmen der angestellten kommunikationstheoretischen Überlegungen. Transzendenz in diesem Sinne wäre dann also in ganz unterschiedlichen Bereichen sprachlicher Kommunikation zu suchen, in alltäglichen und nichtalltäglichen Texten.[29]

Von Transzendenz kann man also, wenn man diesen Sprachregelungen folgen will, in verschiedensten Kommunikationszusammenhängen sprechen. Aber sie ist normalerweise nicht selbst zum Thema gemacht. Erst wenn dies der Fall ist, legt es sich nahe, von »religiösen Texten« zu sprechen. *Texte, die das Transzendenzphänomen nicht nur implizit enthalten, sondern explizit bearbeiten, werden in besonderer Weise Verstehen erfordern und versagen, Wirkung zeitigen und verweigern.*

Damit ist ein zugegebenermassen sehr abstrakter Leitfaden gegeben, Texte im Hinblick auf »Transzendenz« und »religiös« hin zu klassifizieren. Aber dieser Abstraktionsgrad erlaubt es erstens, Texte verschiedener Kulturen als »religiöse Texte« vergleichbar zu machen; er erlaubt zweitens einen Anschluss an leistungsfähige Definitionen von Religion überhaupt; und er erlaubt drittens die Rekonstruktion von Religion in einer Zeit, da deren Bestände fraglich geworden sind. Diese drei Gesichtspunkte sollen nun noch etwas weiter verfolgt werden.

1. Vergegenwärtigt man sich die Inhalte der beiden religiösen Texte, die wir etwas genauer betrachtet haben, so zeigt sich, dass beide mit bestimmten Paradoxien befasst sind. Der Johannes-Prolog redet von der Einheit des unaussprechlichen Gottes und des Wortes; von der Einheit des Überzeitlich-Ewigen und des historisch Einmaligen. Die Mandukya-Upanishad redet von der Einheit von Reden und Schweigen, von Bewusstsein und Nicht-Bewusstsein; sie bringt zunächst die Position des Wachbewusstseins zu Sprache, setzt dem die Gegenposition des Traumbewusstseins entgegen, negiert den Gegensatz und hebt diese Negation nochmals *via negationis* auf. Beide Texte formulieren unlösbare Probleme, Fragen, die offen bleiben *müssen*. Diese inhaltliche Charakterisierung lässt sich wohl in Zusammenhang bringen mit dem Sachverhalt, dass unsere Texte eine gewisse Distanz zum Pol »Information« auf unserer Skala halten. Texte, die Fragen offen halten, lassen sich nicht erledigen, sie »beschäftigen« den ernsthaften Rezipienten, und zwar intellektuell wie emotional (vielleicht ist diese bei uns geläufige Unterscheidung doch nicht so elementar, wie man häufig meint), sie wecken Erinnerungen und Erwartungen; und wenn die Offenheit der Frage selbst Thema des Textes ist, wenn ein unlösbares Problem explizit zum Ausdruck kommt, so dürfte die Distanz eines Textes zum Pol »Information« hin besonders akzentuiert sein. Umgekehrt beschränken sich die erörterten Texte nicht einfach auf Wirkung; sie sagen etwas, und diese Aussage geht weit über die Wirkung hinaus, stellt sie geradezu in Frage. Der abstrakte Leitfaden unserer Skala erlaubt es also, Texte aus

[29] Ein analoger Versuch, von soziologischen Gesichtspunkten her den Begriff der Transzendenz neu zu erschliessen, bei Berger, P.L.: Auf den Spuren der Engel. Die moderne Gesellschaft und die Wiederentdeckung der Transzendenz, Frankfurt a.M. 1970, 60ff.

ganz unterschiedlichen Kulturen in einen methodisch kontrollierten Zusammenhang zu bringen und zu vergleichen.

2. Das Feld der »unlösbaren Probleme«, der Paradoxien und Antinomien wird in allen Kulturen bearbeitet. Die Übergänge zwischen dem Beobachtbaren und dem, was sich der Beobachtung entzieht, zwischen dem Benennbaren und dem, was sich nicht benennen lässt, zwischen dem Kontrollierbaren und dem Unkontrollierbaren werden regelmässig der Kommunikation erschlossen; diese Kommunikation erhält Gestalt in einem Symbolsystem, das man als »religiös« bezeichnen kann. Eine solche funktionale Definition von Religion, wie sie in jüngerer Zeit vor allem von religionssoziologischer Seite her vielfach Verwendung findet, ist wiederum höchst abstrakt;[30] sie ist leistungsfähig insoweit, als sie imstande ist, verschiedenste und auch fern liegende einzelkulturelle Phänomene und Phänomenzusammenhänge zugänglich und vergleichbar zu machen. Religiöse Texte bilden einen Bereich der religiösen Kommunikation, einen Ausschnitt aus dem Anwendungsraum eines religiösen Symbolsystems; ich habe also zu zeigen versucht, dass man eine generelle funktionale Definition von Religion im Hinblick auf sprachliche Kommunikation präzisieren und in die Nachbarschaft semiotischer Fragestellungen bringen kann.

3. Die neuzeitliche Entwicklung in den Bereichen, die durch die Aufklärung bestimmt sind, hat die Religion in charakteristischer Weise umgeformt. Sie ist zu einem eigenregulierten Wirklichkeitsbereich geworden, zu einem funktional ausdifferenzierten Subsystem der Gesellschaft, um den Jargon zu gebrauchen. Von den vielen Folgen soll uns hier nur eine beschäftigen: ein Phänomen, das ich umschreiben möchte als »Isolierung und Anonymisierung von Transzendenzerfahrung«. In vormoderner Zeit stellt die Religion ein Symbolsystem zur Verfügung, das Transzendenzerfahrung in der ganzen Breite zu benennen und zu interpretieren vermag. In der Neuzeit bleibt die Transzendenzerfahrung ausserhalb des ausdifferenzierten Bereiches Religion weitgehend unbenannt; aber sie verschwindet natürlich nicht, sie bleibt etwa in der Kunst eine Grunderfahrung, sie hat ihren selbstverständlichen Ort im Alltag. Die theologische Dimension des Problems ist vielfach abgehandelt worden – am nachhaltigsten wohl durch Karl Rahner unter dem Stichwort des »anonymen Christentums«[31]. Mit unserem Modell können wir versuchen, Transzendenzerfahrungen in Beziehung zu setzen und vergleichbar zu machen. Übrigens ist es durchaus nicht so, dass in vormoderner Zeit und ausserhalb des abendländischen Raumes grundsätzlich alles religiös

---

[30] Vgl. Luhmann, N.: Funktion der Religion, Frankfurt a.M. 1977; auch Lübbe, H.: Religion nach der Aufklärung, Graz u.a. 1986. Zur Problematik funktionaler Definition von Religion – in Auseinandersetzung mit Luhmann – vgl. Pollack, D.: Religiöse Chiffrierung und soziologische Aufklärung. Die Religionstheorie Niklas Luhmanns im Rahmen ihrer theoretischen Voraussetzungen, Frankfurt a.M. u.a. 1988.

[31] Rahner, K.: Schriften zur Theologie, Einsiedeln/Zürich 1962, Bd. VI, 545ff; Bd. IX, 498ff; Bd. X, 531ff; Bd. XII, 76ff, 370ff, 582ff. Dazu Riesenhuber, K.: Der anonyme Christ nach Karl Rahner, Zeitschrift für Katholische Theologie 86 (1964), 276–303, 276ff.

gedeutet worden wäre; bereits im Mittelalter gibt es bekanntlich »weltliche« Dichtung, und die angebliche archaische »Pansakralität« beruht auf einem illusionären Projektionsvorgang. So kann man wohl auch im Hinblick auf andere Kulturen von expliziter und impliziter Transzendenz von Texten und anderen Elementen der Kommunikation sprechen.

6. Selbstbesinnung

Es ist immer lohnend, Überlegungen, die man anhand bestimmter Gegenstandsbereiche angestellt hat, auf sich selbst zurückzubeziehen, also diese Überlegungen zum Gegenstand analoger Überlegungen zu machen; es gehört zum Wesen neuzeitlicher Reflexion, die Rückwendung zu wiederholen, zur Metareflexion zu werden. So kann man also fragen, wo die hier angestellten Überlegungen auf unserer Skala anzusiedeln sind. Die Antwort ist klar: Sie befinden sich ganz auf der Seite der Information. Ich habe Texte hin- und herwandern lassen auf meiner Skala, habe ihren Ort bestimmt, diese Orte in einen Zusammenhang gebracht, ich habe die Texte mit funktionalen Bestimmungen versehen. Insofern habe ich sie zu Elementen meiner Information gemacht. Ich habe sogar das Mittelfeld der Texte lokalisiert und durch eine formale Bestimmung gekennzeichnet; ich habe damit den Wahrheitsanspruch religiöser Texte zwar gekennzeichnet, mich ihm aber nicht ausgesetzt.

Theologische Hermeneutik müsste anders verfahren; ihr Reden müsste auf der Skala mehr zur Mitte hin liegen, sie müsste sich den religiösen Texten gegenüber in einem gewissen Masse »homöopathisch« verhalten und hätte dann wohl auch die Chance, religiös wirksam zu sein, also Glauben zu wecken oder zu stärken. Würde theologische Hermeneutik zur reinen Information, so wäre sie nicht nur in ihrer Methodik, sondern auch in ihrem Gehalt gottlos – und nicht zuletzt gottlos langweilig.

Religionswissenschaftliche Sprache wird sich demgegenüber bescheiden; sie sollte nicht religiöse Sprache sein wollen, sonst wird sie leicht ideologisch oder anderswie seltsam. Religionswissenschaft macht die Ansprüche der Texte, mit denen sie umgeht, nicht geltend. Sie weist immerhin darauf hin, dass sich in diesen Texten Ansprüche und Wirkungen manifestieren; damit beachtet sie ihre Grenzen, so bestimmt sie ihre Reichweite. Und damit respektiert sie die Orte, die sich der Behändigung durch Information wesensmässig entziehen, auf ihre Weise dann doch wieder.

RELIGIÖSE SYMBOLE IN RELIGIONSWISSENSCHAFTLICHER REKONSTRUKTION

1. Sprachgebrauch und Sprachregelung

Der Symbolbegriff wird im Hinblick auf Religion – und zwar nicht nur im alltäglichen Sprachgebrauch, sondern auch innerhalb der Religionswissenschaft – inflatorisch und ohne jede Präzision verwendet. Eine Annäherung an das Thema hat sich zunächst mit diesem Sachverhalt auseinander zu setzen, denn er sagt bereits etwas aus über die Sache selbst, um die es geht.

Eine gewisse Hilfe, die Vielfalt der Verwendungen des Wortes zu durchschauen, ergibt sich, wenn man die Geschichte des Begriffs überblickt, was hier freilich nur in ganz summarischen Andeutungen geschehen kann. Verschiedene geistesgeschichtliche Epochen haben diese Geschichte geprägt; so kam es zu immer wieder neuen Verwendungen, ohne dass aber älterer Sprachgebrauch verschwunden wäre.[1]

Im Griechischen bezeichnet *symbolon* zunächst »... die unter Gastfreunden ausgetauschten zerbrochenen Kennzeichen, die durch Zusammenfügen *(symballo)* als Beweis früherer Beziehungen dienten ... Dann heissen Symbolon ... die runden oder eckigen, manchmal münzähnlichen Marken aus Bronze, Blei, Bein oder Ton. Diese dienten als Erkennungs-, Eintritts-, Berechtigungszeichen für den Besuch der Volksversammlung, der Gerichtssitzung, des Theaters, Circus, Bades oder Bordells ...«.[2] Aus diesen ursprünglichen entwickeln sich sekundäre Bedeutungen; *symbolon* meint dann Zeichen, Verträge, Bürgschaften usw.[3]

Der Ausdruck gelangt in den Sprachgebrauch der alten Kirche und gewinnt jetzt eine »religiöse« Dimension. Embleme, typologisch verstandene alttestamentliche Sachverhalte und anderes mehr wird als *symbolon* bezeichnet (z.B. das »Kreuz als Symbol der Königsherrschaft«, besonders auch die Taufe und die Elemente der Eucharistie).[4] Dann erhalten die Bekenntnisse des Glaubens *(regulae fidei)* diese Benennung.[5] Aus diesem Sprachgebrauch hat sich eine theologische

---

[1] Colpe, C.: Art. »Symbol«, Taschenlexikon Religion und Theologie 5 (1983), 123–127; Heisig, J.W.: Art. »Symbolism«, The Encyclopedia of Religion 14 (1987), 198–208.

[2] Gross, W.H.: Art. »Symbolon 2«, Der kleine Pauly (1975), 443.

[3] Zum vor- und ausserchristlichen Sprachgebrauch Liddell H.G./Scott, R.: A Greek-English Lexicon, Oxford ⁹1940, s.v.

[4] Zum christlichen Sprachgebrauch Lampe, G.W.H.: A Patristic Greek Lexicon, Oxford 1961, s.v.

[5] Zu deren Entwicklung Lietzmann, H.: Arbeiten zum Symbol, in: ders.: Studien zur Literatur- und Symbolgeschichte. Zur Wissenschaftsgeschichte, Berlin 1962, 163–281.

Disziplin entwickelt (deren Name allerdings kaum mehr geläufig ist): die Symbolik, d.h. die Konfessionskunde.[6]

Mit der Aufklärung kam es zu einer neuen Einschätzung der Religionen. In aufgeklärten Kreisen galt nicht mehr nur das Christentum als *religio* im eigentlichen Sinne des Wortes, und die anderen Religionen waren nicht mehr selbstverständlich *falsae religiones*. Das Christentum wurde in seinem Geltungsanspruch relativiert, Religionen wurden vergleichbar. Insofern kam es zur Übertragung des für das Christentum gültigen Vokabulars auf andere Religionen; auch diese hatten nun ihre Symbole.

Eine solche Verallgemeinerung verlangt nach einer Reinterpretation, welche in der Religionsphilosophie und in der Philosophie überhaupt erfolgte: Das Symbol ist gefasst als Vermittlungselement zwischen Transzendenz und Immanenz; in dieser Weise etwa gehen der Religionsphilosoph Tillich[7] oder der Philosoph Jaspers[8] mit dem Begriff um.

Transzendenz (auch und gerade religiöse Transzendenz) ist allerdings nach der Aufklärung nicht mehr problemlos metaphysisch zu fassen; und so kommt es zu »innerweltlichen« Interpretationen psychologischer oder soziologischer Art. In der Tiefenpsychologie, bei Freud[9] oder Jung[10], ist das Unbewusste das dem Bewusstsein Transzendente. Dann ist das Symbol Vermittlungselement zwischen dem Unbewussten und dem Bewusstsein; den Unterschieden in der Konzeption des Unbewussten entsprechen die Nuancen des Freudschen bzw. Jungschen Symbolbegriffs. In der Soziologie, etwa bei Durkheim,[11] ist Transzendenz soziologisch gefasst als das dem Individuum gegenüber Jenseitige; damit wird das Symbol Vermittlungselement zwischen dem Individuum und der Gemeinschaft. In den

---

[6] Schöpfer dieses Begriffs und Verfasser der ersten ausführlichen »christlichen Symbolik« (die nicht konfessionelle Polemik, sondern vergleichende Darstellung enthalten sollte) ist Philipp K. Marheineke, der 1810–1813 ein entsprechendes dreibändiges Werk herausgab. Der Begriff der Symbolik trat allerdings hinter den der Konfessionskunde zurück.

[7] Zu Tillichs Symbolbegriff zuletzt Kay, W.A.: Paul Tillich's Hermeneutics of Religious Symbols, Diss. Zürich 1992.

[8] »Symbol« ist bei Jaspers gleichbedeutend mit dem – für ihn sehr viel eigentümlicheren – Begriff der Chiffer, z.B. Jaspers, K.: Einführung in die Philosophie, Zürich (1953) ⁶1973, 35. Dazu Olson, A.: Transcendence and Hermeneutics. An Interpretation of the Philosophy of Karl Jaspers, Den Haag/Boston/London 1979, 35ff.

[9] Freud äussert sich vor allem im Zusammenhang mit der Traumdeutung zum Wesen des Symbols; er ordnet dieses »dem unbewussten Vorstellen, speziell des Volkes« zu (Freud, S.: Die Traumdeutung. Gesammelte Werke II–III, Frankfurt a.M. [1900] 1961, 357); hier zeigt sich also (wie an anderen Stellen) die Andeutung eines »kollektiven Unbewussten«. Der Traum macht sich dann dieses symbolische Repertoire für die Traumarbeit dienstbar. Vgl. Bally, G.: Einführung in die Psychoanalyse Sigmund Freuds. Mit Originaltexten Freuds, Reinbek (1961) 1965, 129ff; Orban, P.: Über den Prozess der Symbolbildung, in: Balmer, H.: Die Psychologie des 20. Jahrhunderts II, Zürich 1976, 527–563.

[10] Zum Symbolbegriff Jungs vgl. Jung, C.G.: Psychologische Typen. Gesammelte Werke VI, Zürich/Stuttgart (1921) 1960, 315ff.

[11] Wesentlich ist Durkheims Interpretation des Totems als eines »Symbols«; vgl. Durkheim, É.: Die elementaren Formen des religiösen Lebens, Frankfurt a.M. (1912) ²1984, 284ff.

Kontext dieser Fassung des Symbolbegriffs gehört die Konzeption von Symbolen als Elementen des Kommunikationssystems. Die Semiotik hat an dieser Stelle hilfreiche Differenzierungen eingeführt.[12]

Alle diese Verwendungen sind von Relevanz für die Religion; an alle Verwendungen haben sich religionswissenschaftliche Präzisierungen angeschlossen.[13] Man könnte die Geschichte der Religionswissenschaft anhand einer Geschichte des Symbolbegriffs schreiben. Der chaotisch vielfältige Gebrauch des Symbolbegriffs, der auf Ungleichzeitigkeiten des Rezeptionsvorgangs zurückzuführen ist, legt eigentlich einen Verzicht auf die Verwendung des Wortes nahe – aber einer Gesellschaft für Symbolforschung wird man dies kaum empfehlen dürfen.

Immerhin ergeben sich aus diesem Überblick einige Konsequenzen:

1. Die Forschungsgeschichte lässt ganz verschiedene Verwendungsweisen des Symbolbegriffs plausibel erscheinen. Akzeptiert man dies, so verbieten sich bestimmte Redeweisen. Die Frage etwa, was ein Symbol »eigentlich« sei, oder das Urteil, diese Verwendung des Symbolgebrauchs sei richtig, jene aber falsch, sind sinnlos. Stattdessen müsste man stets eine Einsicht präsent haben, die an sich jedem hermeneutisch Vorgebildeten selbstverständlich ist: Jeder Verwendungstypus des Symbolbegriffs ist an bestimmte historische Voraussetzungen geknüpft; übernimmt man einen dieser Verwendungstypen, so schliesst man auch an die historisch bedingten sachlichen Voraussetzungen dieser Verwendung an. Diese sind so weit als möglich aufzudecken; damit ergeben sich Hinweise zur *Reichweite* dieser oder jener Verwendung: Die Anwendung des einen oder anderen Symbolbegriffs gestattet es, bestimmte Beobachtungen einzuordnen; andere Beobachtungen (die z.B. durch konkurrierende Anwendungen des Symbolbegriffs zustande kämen) finden dabei keine Berücksichtigung. Wer allgemeine Religionsgeschichte betreibt, wird erwarten, dass sich ein Symbolbegriff in verschiedenen historischen und ethnographischen Regionen bewährt. Und wer sich auf verschiedene Zugänge zur Religion einlässt, wird erwarten, dass ein Symbolbegriff auf verschiedene wissenschaftliche Disziplinen hin, die sich mit Religion befassen, offen ist; wenn eine psychologische Fassung des Symbolbegriffs beispielsweise eine soziologische Betrachtungsweise ausschliesst, ist sie in ihrer Reichweite von vornherein recht begrenzt (obgleich natürlich deswegen noch nicht illegitim).

[12] Peirce, C.S.: Zur Entstehung des Pragmatismus. Vom Pragmatismus zum Pragmatizismus, Frankfurt a.M. 1967/1970; Firth, R.: Symbols. Public and Private, London 1973; Leach, E.: Kultur und Kommunikation. Zur Logik symbolischer Zusammenhänge, Frankfurt a.M. 1978, 16ff.
[13] Einige neuere Arbeiten zu Symbolbegriff und -verwendung in der Religionswissenschaft: Skorupski, J.: Symbol and Theory. A Philosophical Study of Theories of Religion in Social Anthropology, Cambridge 1976; Isambert, F.: Rite et efficacité symbolique. Essai d'anthropologie sociologique, Paris 1979; Olson, A.M. (Hg.): Myth, Symbol, and Reality, Notre Dame/London 1980; van Baal, J./Beek, W.E.A.: Symbols for Communication. An Introduction to the Anthropological Study of Religion, Assen ²1985; Hubbeling, H.G./Kippenberg, H.G. (Hg.): On Symbolic Representation of Religion, Berlin/New York 1986. – Ein Panorama zur Verwendung des Begriffs in verschiedenen Disziplinen geben Oelkers, J./Wegenast, K. (Hg.): Das Symbol. Brücke des Verstehens, Stuttgart/Berlin/Köln 1990.

2. Verändern wir kurz die Betrachtungsweise. Normalerweise geht man ja nicht von einer Symboldefinition aus und sucht nun Beispiele, welche auf diese Definition passen. Vielmehr wird der Ausdruck überall gebraucht, und dann ist zu fragen, welchen Sinn dieser Gebrauch hat. Stellen wir uns einige konkrete »symbolische« Sachverhalte aus dem Bereich des Christentums vor: das Abendmahl, welches den Gläubigen verteilt wird; das Kreuz, welches auf dem Altar steht; den Vorgang, dass der Papst einigen Menschen am Hohen Donnerstag die Füsse wäscht; den Reigentanz im Rahmen der Schlussveranstaltung eines Kirchentags. Man könnte entsprechende muslimische Erscheinungen daneben halten: das Fasten während des Monats Ramadan; die Ka'ba, das Heiligtum in Mekka; oder eine kalligraphische Tafel mit einer Koraninschrift. Alle diese Phänomene kann man zunächst in ihrem Kontext beschreiben, man kann ihre Bedeutung analysieren usw. Wenn man ihnen einen gemeinsamen Namen gibt, sie also »Symbole« nennt, behauptet man, dass sie vergleichbar sind. Will man den Symbolbegriff präzisieren und definieren, so muss man diese Vergleichbarkeit benennen. Zum ersten Schritt der Beschreibung eines Phänomens im Hinblick auf seinen unmittelbaren historischen Kontext kommt also ein zweiter Schritt der Beschreibung im Hinblick auf den Kontext vergleichbarer Phänomene (wobei diese beiden Schritte nicht einfach aufeinander folgen, sondern sich vielfältig wechselseitig bedingen). Dieser zweite Kontext ist nicht vorgegeben; er ist konstituiert durch die Fragestellungen des Religionswissenschaftlers. Die definitorische Bemühung kommt also auf dieser Ebene der Analyse, auf der Ebene des distanzierten Vergleichens, Tragen. »Symbol« ist, so betrachtet, ein Wort religionswissenschaftlicher Metasprache, welches Elemente einzelner Religionen unter einem vergleichenden Gesichtspunkt betrachtet; oder anders gesagt: Erst der Religionswissenschaftler macht das Phänomen eines bestimmten historischen Lebensraums zum religiösen Symbol.

Nun kann man solche vergleichenden Gesichtspunkte, wie bereits angedeutet, ganz verschieden wählen. Mein Zugang zum Problem ist an Fragestellungen orientiert, wie sie am ehesten in der Kulturanthropologie und der Soziologie bearbeitet sind.

2. Symbol und Symbolsystem

2.1 System – Funktion

Ich möchte mich im Folgenden an eine wissenschaftsgeschichtlich recht wirksame Konzeption von Symbolen und von Religion überhaupt anlehnen – nicht um mich damit völlig zu identifizieren, sondern um einiges daran zu verdeutlichen. Clifford Geertz[14] hat »Religion« folgendermassen definiert: »Eine Religion ist ein

[14] Geertz, C.: Religion als kulturelles System, in: ders.: Dichte Beschreibung. Beiträge zum Verstehen kultureller Systeme, Frankfurt a.M. (1956) 1983, 44ff.

Symbolsystem, das darauf zielt, starke, umfassende und dauerhafte Stimmungen und Motivationen in den Menschen zu schaffen, indem es Vorstellungen einer allgemeinen Seinsordnung formuliert und diese Vorstellungen mit einer solchen Aura von Faktizität umgibt, dass die Stimmungen und Motivationen völlig der Wirklichkeit zu entsprechen scheinen.«

Zwei Gesichtspunkte sind hier besonders wesentlich: einerseits die Betonung, dass Symbole nicht einzeln, sondern in einem Zusammenhang betrachtet werden. Die Rede von einem Symbol*system* impliziert eine bestimmte Konzeption: Man geht davon aus, dass Symbole in einem Zusammenhang zu betrachten sind, dass sie nicht isoliert zur Geltung kommen, sondern dass sie – innerhalb eines Kultur- oder Religionsraums – einander zugeordnet sind. Eine Analyse der Symbole bedeutet demnach von vornherein, dass man diese Zusammenhänge mit zu betrachten hat. »System« ist dabei als dynamische Grösse zu fassen; es geht also um die Verwendung von Symbolen. Die Kenntnis eines Symbolsystems artikuliert sich als Kenntnis der Verwendungsregeln von Symbolen im wechselseitigen Zusammenhang.

Der zweite Gesichtspunkt, der typisch ist an Geertz' Betrachtung, besteht darin, dass sie nach den *Leistungen* des Symbolsystems fragt. Werden schon die einzelnen Symbole nicht für sich behandelt, so auch nicht das Symbolsystem als Ganzes; Geertz betrachtet es (auch) im Hinblick auf »anderes«: Symbole haben eine bestimmte Funktion in einem bestimmten Lebenszusammenhang, sie sind auf einen gesellschaftlichen und/oder individuellen Kontext bezogen; und dieser Kontext ist mit in die Betrachtung einzubeziehen. Wir haben es also mit einer funktionalen Betrachtungsweise zu tun.

Geertz weist den religiösen Symbolen eine Funktion einerseits in psychologischer, andererseits in intellektueller Hinsicht zu, und zwar beides zugleich: Es werden bestimmte Gefühle, Stimmungen, Motivationen usw. erzeugt, *indem* ein plausibles und überzeugendes Bild der Welt entworfen wird. Der Kulturanthropologe, so ist bei Geertz zwischen den Zeilen zu lesen, teilt dieses Weltbild übrigens nicht: Er durchschaut von seinem distanzierten Standpunkt aus den Prozess der Weltbildproduktion und der entsprechenden psychischen und sozialen Orientierung. Er steht ausserhalb dieses Orientierungsprozesses; bei Geertz klingt es sogar fast, als ob der Beschreiber nicht nur ausserhalb, sondern auch darüber stehe – eine ethnozentrische Versuchung des Kulturanthropologen und Religionswissenschaftlers: Auch dieser weiss natürlich nicht, wie die Welt »wirklich« ist, sondern auch er ist von der Weltbildproduktion seiner Kultur abhängig.

Es war von »Reichweitenüberlegungen« die Rede, und hier ist bereits Anlass für einen derartigen Gedanken: Werden Symbole aus einer distanzierten Aussenperspektive betrachtet, so setzt man sich ihnen nicht unmittelbar aus. Wer den päpstlichen Segen *urbi et orbi* distanziert beschreibt und ihn mit religiösem Handeln anderer religiöser Autoritäten, die einen kosmologischen Anspruch anmelden, vergleicht (man denke etwa an einen Schamanen, der – auch er von der Mitte der Welt aus! – Heilung und Heil schafft), der entzieht sich diesem Segen. Der Verlust der Nähe bedeutet, dass man sich dem Anspruch religiöser Phänomene nicht stellt;[15] dafür kann man versuchen, zu möglichst vielen Phänomenen ungefähr eine gleiche Distanz zu wahren. Allen religiösen Phänomenen in derselben Weise nahe zu sein, dürfte jedenfalls unmöglich sein.

2.2 Symbole als Ausdruck einer religiösen Botschaft

Religionen haben – so ein allgemeiner Sprachgebrauch – eine Botschaft. Sie sagen dem Menschen, wer er ist, was die ihn umgebende Welt ausmacht, wie er sich verhalten kann und soll. Der Mensch ist ein »weltoffenes« Wesen, er ist kaum durch angeborene Verhaltensweisen instand gesetzt, sich unmittelbar an seine Umwelt angepasst zu verhalten. Er hat die Möglichkeit, sich so oder anders zu verhalten, und er ist sich dieser Möglichkeit bewusst. Wenn allerdings schlechterdings alle Möglichkeiten offen stünden, wäre das Überleben nicht gesichert; der Mensch braucht also Selektionsmechanismen im Hinblick auf Wahrnehmung und Verhaltensweisen, er braucht ein »Weltkonzept«, das ihm Orientierung in seinem Sozialverband ermöglicht – gewissermassen ein kulturelles Substitut für das, was in früheren Stufen der Evolution durch angeborene Verhaltensweisen geregelt war. Dieses Weltkonzept wird durch die menschliche Kommunikation formuliert und überliefert; dies ist die Funktion der »religiösen Botschaft«. Die chaotische Umwelt wird so durch Kommunikation in einem gewissen Masse durchschau- und kontrollierbar.

Religiöse Symbole können als Elemente der religiösen Botschaft bezeichnet werden; das religiöse Symbolsystem kommt als *Kommunikationssystem* zur Wirkung, welches einen Orientierungsrahmen vor dem undurchsichtigen Horizont der Welt absteckt. Symbole haben häufig einen Doppelcharakter: Sie bilden Ausschnitte der Wirklichkeit ab und wirken gleichzeitig als deren Vorbild.[16]

Ein Beispiel soll dies verdeutlichen. Im Zusammenhang mit einem »Regenzauber« sind regelmässig Handlungen mit Wasser im Spiel, das durch Spezialisten verspritzt oder ausgespien wird – und dies ungefähr zur Zeit, in der erfahrungsgemäss der Regen kommt.[17] Der Abbildcharakter dieses Vorgangs ist deutlich: Der »Medizinmann« bildet den Regen nach. Aber andererseits traut man diesem Handeln Vorbildkraft zu: Es führt den Regen herbei. Der Regen ist lebensnotwendig, aber unverfügbar; er kommt normalerweise zu seiner Zeit, aber er kann auch ausbleiben. Er gehört in jenen Bereich der unkontrollierbaren le-

---

[15] Zu diesem distanzierten Zugang nicht nur zum Symbol, sondern zum Phänomen der »Religion« überhaupt gibt es natürlich Alternativen; vgl. Stolz, F.: Grundzüge der Religionswissenschaft, Göttingen 1988, 38ff.

[16] Geertz verwendet den Begriff des Modells und unterstreicht dessen Doppelcharakter (»Modell von etwas« und »Modell für etwas«, Geertz: Religion, 51ff).

[17] Aus den vielen Bereichen Afrikas, in denen Regenzauber üblich ist, sei lediglich auf die Mandari hingewiesen, vgl. Buxton, J.: Religion and Healing in Mandari, Oxford 1973, 335ff. Aber auch das Ritual des klassischen Indien kennt entsprechende Vorgänge, vgl. Gonda, J.: Die Religionen Indiens I. Veda und älterer Hinduismus, Stuttgart ²1978, 177.

bensbestimmenden Mächte. Durch das Handeln des Spezialisten wird er zum
Element der religiösen Kommunikation,[18] er wird handlungsmässig abbildend
und vorbildend dargestellt; es könnten auch andere Darstellungsformen sein,
sprachliche oder bildhafte.

Man könnte nun die Verweis- und Bezeichnungsstrukturen, deren sich die religiöse Kommunikation bedient, ausführlicher entfalten, im Anschluss an die
Wissenschaftstradition der Semiotik; so unterscheidet man etwa zwischen
»Ikon«, »Zeichen«, »Symbol« usw. Häufig lassen sich, wenn man nicht ideale Fälle
konstruiert, sondern konkrete Vorgänge zu analysieren versucht, solche Kategori-
en nicht trennscharf anwenden. Deshalb erscheint es mir sinnvoller, Verweis- und
Bezeichnungsstrukturen zu klassifizieren und deren Tragweite im konkreten Fall
zu erheben.[19]

Wir gehen, wie gesagt, davon aus, dass Symbole in einem »System« Verwendung finden. Allerdings ist dieses »System« denen, die in einem konkreten kulturellen oder religiösen Zusammenhang selbstverständlich von Symbolen Gebrauch machen, nicht bewusst, so wenig, wie der, welcher von seiner Muttersprache Gebrauch macht, in jedem Fall Rechenschaft ablegen kann über die Grammatik dieser Sprache. Ein Regelsystem zu beherrschen bedeutet also nicht, dieses
Regelsystem beschreiben zu können. Die Aufgabe des Religionswissenschaftlers
ist insofern der eines Linguisten vergleichbar: Er hat einerseits die Elemente des
Symbolsystems in ihrer Bedeutungsdimension, in ihrer Semantik, zu beschreiben; und er muss den Regeln der Verknüpfung dieser Elemente nachgehen, also
der Syntax; und er muss schliesslich beschreiben, in welchen pragmatischen Le-
benszusammenhängen das Symbolsystem zur Anwendung gelangt. Explizit
kommt ein Symbolsystem also lediglich in der Rekonstruktion des Religionswissenschaftlers, d.h. auf einer Metaebene, zum Vorschein.

2.3 Klassifikation

Religiöse Kommunikation, welche die unkontrollierbaren lebensbestimmenden
Mächte thematisiert, formuliert so etwas wie ein »Weltkonzept«, indem es Bereiche der Wirklichkeit unterscheidet und in eine bestimmte Ordnung bringt. Dieses Weltkonzept muss durchaus nicht ein geschlossenes Weltbild beinhalten;
meist sind z.B. verschiedene Kosmologien nebeneinander in Gebrauch, ohne sich
zu konkurrenzieren. Wesentlich ist aber, dass überhaupt Unterscheidungen getroffen werden, dass klassifiziert wird: Bestimmte Phänomene und Erfahrungen
werden einander zugeordnet.

---

[18] Man nennt dies dann in der Regel »Magie« – ein problematischer und umstrittener Begriff
(zur Diskussion vgl. Kippenberg, H.G./Luchesi, B. (Hg.): Magie. Die sozialwissenschaftliche Kon-
troverse über das Verstehen fremden Denkens, Frankfurt a.M. 1978).
[19] Vgl. Stolz, F.: Der mythische Umgang mit der Rationalität und der rationale Umgang mit
dem Mythos, in: Schmid H.H. (Hg.): Mythos und Rationalität, Gütersloh 1988, 81–106, 101ff.

Ich will dies zunächst wieder an einem Beispiel etwas erläutern. Im Alten Orient besteht eine selbstverständliche Unterscheidung zwischen fruchtbarem und unfruchtbarem Land. Am deutlichsten ist dieser Unterschied in Ägypten, wo man mit einem Schritt aus dem kultivierten in das wüste Land treten kann. Aber auch in allen anderen Regionen spielt diese Unterscheidung eine elementare Rolle.[20] Dem kulturell unkontrollierbaren Land sind lebensfeindliche Mächte zugeordnet, Dämonen, Feinde und Tod. Die wilden Tiere, die dort hausen (Löwen, Steinböcke usw.), sind Figuren einer chaotischen Umgebung; man kann sie höchstens jagen, nicht aber opfern (das Opfer ist Inbegriff kulturellen Handelns).[21] Der Unterschied zwischen Wüste und fruchtbarem Land prägt z.B. den Schöpfungsbericht in Gen 2,4ff: Mitten in der Wüste entspringt ein Wasserschwall, und diese Quelle bewässert nun eine Oase, den Garten Eden, in welchem die Schöpfung des Menschen möglich wird. Aber auch die noch leblose Wasserflut des ersten Schöpfungsberichtes wird *tohû (wabohû)* genannt – also »Wüste«: Das durch Trockenheit unbelebte Land, welches die Zivilisation umgibt, wird dem chaotischen Meereswasser zugeordnet, welches die Welt umgibt. Hier zeigt sich sehr schön das Nebeneinander zweier kosmologischer Entwürfe, die doch ein einheitliches Konzept formulieren.

Aufschlussreich ist das Ritual am Versöhnungstag (Lev 16): Zwei Böcke werden ausgesucht; der eine Bock wird geopfert (also in den göttlichen Herrschaftsbereich übereignet), der andere in die Wüste getrieben, zu Azazel, dem Dämon; die Sünde wird auf ihn geladen, als »Sündenbock« wird er aus dem zivilisierten Bereich weggeschafft. Beide Böcke werden einer normalen Nutzung, der normalen kulturellen Kontrolle, also der geordneten Welt, entzogen, aber in genau entgegengesetzter Weise: Der eine Bock gerät in den Bannkreis des »Heiligen«, der Überwelt, der andere in den des »Chaotischen«, der Unwelt. Die Grenzen werden nach zwei Seiten hin dadurch verdeutlicht, dass man je einen Bock darüber führt, einmal durch die Opferung, einmal durch die Vertreibung.[22] Die dem Weltkonzept eigenen Unterscheidungen und Grenzen sind also durch das rituelle Handeln sichtbar gemacht.

Dabei werden diese unterschiedlichen Bereiche nicht abstrakt benannt (etwa durch eine Begrifflichkeit, wie sie hier angewendet wird: »Überwelt« – »geordnete Welt« – »Unwelt«), vielmehr wird eine Aufgliederung der Wirklichkeit anhand konkreter Phänomene erarbeitet; man könnte von einer *konkretisierenden Klassifikation* sprechen. Diesen Klassifikationstyp hat Lévi-Strauss[23] besonders klar herausgestellt; der von ihm geprägte Sprachgebrauch *(pensée sauvage)* gibt aber zu

[20] Näheres: Stolz, F.: Natur und Kultur – Diesseits und Jenseits, in: Svilar, M. (Hg.): Kultur und Natur, Bern u.a. 1992, 29–52, 29ff.

[21] Vgl. Keel, O.: Jahwes Entgegnung an Ijob. Eine Deutung von Ijob 38–41 vor dem Hintergrund der zeitgenössischen Bildkunst, Göttingen 1978, 63ff.

[22] Vgl. die eindringliche vergleichende Exegese von Wright, D.P.: The Disposals of Impurity. Elimination Rites in the Bible and in Hittite and Mesopotamian Literature, Atlanta 1987, 15ff.

[23] Lévi-Strauss, C.: Das wilde Denken, Frankfurt a.M. (1962) 1973.

etlichen Missverständnissen Anlass. Jede religiöse Botschaft muss die Welt ordnen, sie muss sie in unterschiedlich qualifizierte Bereiche des Raumes, der Zeit und der Erfahrung gliedern. Die unendlich vielfältige Umwelt wird so vereinfacht, sie wird durchschaubar, sie wird der Kommunikation erschlossen. Im Beispiel der Wüste etwa wird deutlich, wie ein bestimmter geotopographischer Raum verbunden wird mit analogen geotopographischen Räumen (Meer), politischen Beziehungen (Zuordnung der Feinde zur Wüste, kriegerische Abwehr), kulturellen Betätigungen (Jagd), sozialpsychologischen Erfahrungen (kollektiver »Unrat«, welcher durch den Sündenbock weggeschafft wird).

In anderen Kulturbereichen ist diese konkretisierende Klassifikation bis zu Phänomenen wie dem australischen Gruppentotemismus hin entwickelt; hier sind »Verwandtschaftssysteme« formuliert, welche die menschliche Gesellschaft strukturieren, aber weit darüber hinausreichen.[24] Es handelt sich also um einen ausserordentlich flexiblen Klassifikationstypus. Die »Symbole«, oder besser: die Semanteme eines religiösen Symbolsystems sind in den meisten Fällen von solchen konkretisierenden Ordnungsprinzipen bestimmt.

2.4 Kodierungsebenen, Redundanz, parallele und komplementäre Kodierung

Bereits die bisherigen Beispiele haben verdeutlicht, dass religiöse Botschaft in mancherlei Weise übermittelt wird. Der Regenzauber stellt ein Beispiel dar, in welchem ein Handeln im Zentrum steht. Auch der Kampf gegen die Feinde und die Jagd auf Tiere der Wüste stellen Handlungen dar; aber diese sind gleichzeitig im Bild festgehalten, etwa an Tempelwänden.[25] Religiöse Kommunikation wird also auf verschiedenen Ebenen kodiert; Handlung, Bild (im weitesten Sinne) und Sprache sind die wesentlichsten Kodierungsformen, dazu kommen aber auch Musik, Gerüche usw. Handlungen sind meist mit Sprache verbunden: Kaum ein Ritus wird völlig stumm vollzogen. Bilder bzw. visuelle Elemente sind vielfach in Handlungsabläufe integriert: Man behandelt beispielsweise Kultbilder wie Menschen, kleidet sie an, lässt sie Wohlgerüche riechen und in Prozessionen reisen. In Schriftkulturen sind Bilder manchmal beschriftet, bis hin zu Bilddenkmälern, die unseren Comics ähneln. Musik und Handlung sind im Tanz verschränkt. Wenn man einen konkreten religiösen Kommunikationsprozess analysiert, muss man

---

[24] Der »australische Totemismus« ist durch Lévi-Strauss, C.: Das Ende des Totemismus, Frankfurt a.M. (1962) 1981, einer kritischen Analyse unterzogen worden. Vgl. die Sichtung des Materials durch Brandenstein, C.-G.: Names and Substances of the Australian Subsection System, Chicago 1982.
[25] Ein schönes Beispiel stellt eine Holztruhe im Grab Tutanchamuns dar; auf dem Deckel ist eine Jagdszene in der nubischen Wüste wiedergegeben, auf den Längsseiten finden sich Darstellungen von Kämpfen gegen verschiedene Feinde (Bild: z.B. bei Lange, K./Hirmer, M.: Ägypten. Architektur, Plastik, Malerei, in drei Jahrtausenden, München 1978, Tafel XXXIV). Vgl. auch Abb. 1 (= Keel: Jahwes Entgegnung, 72, Abb. 1) mit Abb. 2 (= Keel, O.: Die Welt der altorientalischen Bildsymbolik und das Alte Testament. Am Beispiel der Psalmen, Zürich u.a. ²1977, 277, Abb. 405).

diese Verschränkungen also zunächst auflösen, um der »Arbeitsweise« einer bestimmten religiösen Verkündigung gewahr zu werden.[26] Eine religiöse Botschaft muss wesentliche Inhalte immer wieder thematisieren; sie muss hochgradig redundant sein. Beobachten wir dieses Problem genauer an einem bereits erwähnten Beispielfall, dem Krieg und der Jagd. Wenn der König Krieg führt, sichert er den kulturell kontrollierten Lebensraum gegen die Feinde der politischen Ebene; geht er auf die Jagd, so erlegt er die Geschöpfe der Wüste, also des dämonischen Chaosbereichs. In beiden Aufgaben ist der König übrigens Statthalter des Gottes, welcher die staatliche Lebensordnung garantiert. Nun ist die Kriegführung natürlich eine problematische Sache; der Kriegserfolg steht nicht von vornherein fest, hier ist mit Unwägbarkeiten zu rechnen. Genau gleich steht es mit dem Jagdglück; es ist nicht so sicher, dass der König etwas erlegt. Anders verhält es sich, wenn man bereits gefangene Tiere, also gewissermassen Zootiere jagt bzw. wenn man gefangene Feinde erschlägt;[27] hier ist der Erfolg sicher, d.h. die Handlung ist eindeutig; der offenen Handlung werden also eindeutige Handlungen parallel gesetzt, dazu aber auch eindeutige Bilder: Der König wird dann beispielsweise als Riese dargestellt, dem gegenüber sich die kleinen hilflosen Feinde gar nicht wehren können.[28]

Eine parallele Kodierung, wie sie eben exemplifiziert wurde, ist häufig anzutreffen. Die »kultgeschichtlich« orientierte Forschung (die man gern mit dem Namen »*Myth-and-Ritual*-Schule« kennzeichnet) hat in solcher Parallelität das Wesen von Kult überhaupt entdecken wollen; man geht dann davon aus, dass in rituellen Abläufen Sprach- und Handlungsteil genau parallelisiert sind.[29] Aber dies ist durchaus nicht so; häufig haben einzelne Kodierungsebenen eine wechselseitig ergänzende, komplementäre Funktion.[30] Dies kann man etwa an kosmologischen und kosmogonischen Konzepten Ägyptens ablesen, welche einerseits unterschiedliche Vorstellungen enthalten, andererseits unterschiedlich kodiert sind. Das »Weltall« kann konzipiert sein als:
– Urpaar: Himmel und Erde sind als Frau und Mann vorgestellt, also anthropomorph. Gelegentlich ist der kosmogonische Akt dargestellt: Der Himmel wird

[26] Zur Leistungsfähigkeit der verschiedenen Kodierungsmöglichkeiten (Handlung, Bild, Sprache) und möglichen Korrelationen vgl. Stolz, F.: Hierarchien der Darstellungsebenen religiöser Botschaft, in: Zinser, H. (Hg.): Religionswissenschaft. Eine Einführung, Berlin 1988, 55–72.

[27] Zum Verhältnis von Jagd und Tierpark vgl. Stolz: Natur und Kultur, 32f. – Es scheint, als ob bereits in der Antike ab und zu Zootiere dem jagenden König vor den Bogen getrieben worden wären – eine Sitte, die sich bekanntlich bis hin zu den Jagdpartys Ceaucescus gehalten hat.

[28] Z.B. Pritchard, J.B.: The Ancient Near East in Pictures Relating to the Old Testament, Princeton ²1969 (²ANEP), Abb. 312, 323, 345, 347. Vgl. Abb. 2 (= Keel: Bildsymbolik, 277, Abb. 405).

[29] Vgl. den klassischen Entwurf von Gaster, Th.H.: Thespis. Ritual, Myth, and Drama in the Ancient Near East, Garden City/New York (1950) ²1961.

[30] Dazu Lévi-Strauss, C.: Struktur und Dialektik, in: ders.: Strukturale Anthropologie I, Frankfurt a.M. (1958) 1978, 255–264.

aus der sexuellen Vereinigung mit der Erde gelöst und nach oben gedrückt. Vorstellungen dieser Art sind bildlich belegt.[31]

– Der Himmel kann als Kuh vorgestellt sein, also theriomorph. Auch dies ist ikonographisch belegt, darüber hinaus aber ist eine Erzählung überliefert, der »Mythos von der Himmelskuh«.[32]

– Himmel und Erde sind im Tempel architektonisch realisiert; also ein technomorphes Konzept des Weltalls, das sprachlich unerläutert bleibt.[33]

– Die Kosmogonie ist an der Vorstellung des Urwassers orientiert. Aus dem Urwasser taucht der Urberg auf – eine Vorstellung, die in sprachlichen Dokumenten erscheint,[34] die aber auch ikonographisch und technomorph realisiert ist: Die Pyramiden stellen u.a. wohl den »Urberg« (und gleichzeitig einen Aufgang zum Himmel) dar.[35]

– Als Varianten der letztgenannten Möglichkeit sind Konzeptionen von einem Urei, einem Urlotos usw. zu betrachten.[36]

Dies sind lauter konkurrierende Konzepte; gewiss haben sie z.T. eine ursprünglich unterschiedliche lokale Verwurzelung, geraten dann aber mit der Ausbildung des ägyptischen Reiches in einen Gesamtzusammenhang. Sie werden nicht als Widerspruch empfunden. Hier kann also von »Redundanz« höchstens in einem sehr weiten Sinne des Wortes die Rede sein.

Dabei sind übrigens in Ägypten die Verbindungen zwischen sprachlicher und bildlicher Darstellung insgesamt relativ eng, was sicher damit zusammenhängt, dass ziemlich viele Bilder und Bildsequenzen beschriftet sind. In anderen Regionen liegen die Dinge sehr viel schwieriger, etwa in Mesopotamien. Hier gibt es z.B. ein »ikonographisches Programm«, welches einen »Heroen« im Kampf mit anderen Wesen zeigt – ein Thema, das man fälschlich mit der Gilgameš-Figur in Zusammenhang gebracht hat.[37] Tatsächlich handelt es sich um eine typische,

---

[31] In Abb. 3 (= Keel: Bildsymbolik, 25, Abb. 25) werden Himmel und Erde gerade getrennt durch den Luftgott, der seine Kraft wirksam werden lässt. In Abb. 4 (= Keel: Bildsymbolik, 29, Abb. 32) ist die Trennung vollzogen.

[32] Vgl. Abb. 5 (= Hornung, E.: Tal der Könige. Die Ruhestätte der Pharaonen, Zürich/München [1982] ²1983, 176). Zum entsprechenden Mythos vgl. Hornung, E.: Der ägyptische Mythos von der Himmelskuh. Eine Ätiologie des Unvollkommenen, Freiburg (Schweiz)/Göttingen 1982.

[33] Morenz, S.: Ägyptische Religion, Stuttgart (1960) ²1977, 93; Assmann, J.: Ägypten. Theologie und Frömmigkeit einer frühen Hochkultur, Stuttgart 1984, 43ff. – Vgl. Abb. 6 (= Kemp, B.J.: Ancient Egypt. Anatomy of a Civilisation, London [1989] 1991, 96, Fig. 34 [links unten]).

[34] Morenz: Ägyptische Religion, 45, 183ff.

[35] Abb. 7 (= Keel: Bildsymbolik, 100, Abb. 147).

[36] Morenz: Ägyptische Religion, 186ff. – Eine bildliche Variante der Kosmogonie aus einer Lotos-Blüte kommt im Neuen Reich in der Gestalt auf, dass die Geburt des Sonnengottes aus einer Blüte dargestellt wird, vgl. Abb. 8, 9 (= Keel, O./Uehlinger, Chr.: Göttinnen, Götter und Gottessymbole. Neue Erkenntnisse zur Religionsgeschichte Kanaans und Israels aufgrund bislang unerschlossener ikonographischer Quellen, Freiburg i.Br./Basel/Wien 1992, 285, Abb. 240, 241), dazu Schlögl, H.: Der Sonnengott auf der Blüte. Eine ägyptische Kosmogonie des Neuen Reiches, Genf 1977.

[37] Vgl. Abb. 10, 11, 12 (= Jastrow, M.: Bildermappe zur Religion Babyloniens und Assyriens,

durch Jahrhunderte belegte Ereigniskonstellation, die aber sprachlich überhaupt nicht zu fassen ist. Andere ikonographische Programme lassen sich zwar unschwer einem Gott zuordnen, etwa die Darstellung des Sonnenaufgangs: Der Sonnengott arbeitet sich mit einer Säge aus dem Berg heraus, er bahnt sich den Weg durch das Masu-Gebirge.[38] Man könnte sich die Szene hervorragend erzählt denken: Der Sonnengott ist nachts in der Unterwelt, er muss sich befreien – aber erzählt wird die Handlungssequenz eben nie, sie wird lediglich bildlich dargestellt. So ist Mesopotamien insgesamt durch eine grosse Distanz zwischen Bild und Sprache gekennzeichnet; ein Bild ohne Sprache aber ist der Interpretation durch den Religionswissenschaftler nur schwer zugänglich. Auch unsere Interpretation ist schliesslich sprachlich gehalten. Sprache kann leichter an Sprache anschliessen als an das Bild; Bilder sind im Verhältnis zu Texten vieldeutiger und -schichtiger.

Dies gilt in noch viel grösserem Masse von der Handlung. Wenn die Ägypter Krüge, die mit Namen kanaanäischer Städte versehen waren, zertrümmerten, so lassen sich diese Scherben heute leicht interpretieren:[39] Hier wird ein Modell der »Ganzheit« feindlicher Siedlungen zerstört. Lägen nur zerbrochene Krüge vor (wäre also z.b. die begleitende Sprache lediglich mündlich und nicht schriftlich zum Einsatz gekommen), so wäre eine Interpretation völlig unmöglich. Handlungen ohne begleitende Sprache sind einer Interpretation ausserordentlich schwer zugänglich.

Dies mag an einem Beispiel der Gegenwart verdeutlicht werden. Bei einer Ordination reformierter Pfarrer vor wenigen Jahren war strittig, durch welchen Gestus die Ordination zur Darstellung gelangen solle – durch Handschlag oder Handauflegung? Man einigte sich darauf, dass jeder Ordinand sich den Gestus wünschen könne, ein Ritual à la carte gewissermassen, ein typischer Vorgang der Gegenwart. Warum mögen die Ordinanden das eine oder das andere gewünscht haben? Es gibt ganz unterschiedliche Möglichkeiten: Die Handauflegung ist zunächst biblisch bezeugt, Biblizisten mögen sie deshalb gewählt haben. Klingt hier noch etwas vom Sukzessionsgedanken an, empfängt der neue Pfarrer das Amtscharisma durch die Handauflegung? Die Handauflegung kann Schutz bedeuten, aber auch Unterdrückung – zwei Seiten der Autorität. Der Handschlag ist ein alltäglicher Begrüssungsgestus. Ist es die Alltäglichkeit, welche gewünscht wird? Oder wird der Ordinand jetzt als »Geistlicher« durch den Kollegen be-

---

Giessen 1912, Abb. 149, 150, 219). Insbesondere die in Abb. 12 gezeigte Darstellung ist mit dem Gilgameš-Thema in Verbindung gebracht worden (Kampf von Gilgameš und Enkidu gegen Ḫumbaba), doch ist zu bedenken, dass jeweils beide »Heroen«, welche Wildtiere, Monster und Riesen bekämpfen, halbe Naturwesen mit Schwänzen sind (also dem Enkidu-Typus zuzuordnen). Zum Problem vgl. Boehmer, R.M.: Art. »Held«, Reallexikon der Assyriologie 4 (1972–1975), 293–302, 293ff.

[38] Abb. 13 (= Jastrow: Bildermappe, Abb. 170). Weitere Abbildungen mit Kommentar ²ANEP, Abb. 683–685.

[39] Abb. 14 (= Keel: Bildsymbolik, 245, Abb. 359).

grüsst? Oder verspricht er das Ordinationsgelübde »in die Hand«, wie man gelegentlich noch Versprechungen durch Handschlag verbürgt – Relikt einer längst vergangenen Zeichensprache?

Wenn sich Religionswissenschaftler daran machen, fremde Religionen zu verstehen, so werden sie sich zunächst den sprachlichen Dokumenten zuwenden; diese sind am eindeutigsten und geben am deutlichsten kund, was sie bezeichnen. Dann kommen Zeugnisse in Betracht, die visuell wahrzunehmen sind: Bilder, Architektur usw. Erst am Schluss werden auch noch Handlungen berücksichtigt. Dadurch ergibt sich eine – vielleicht gar nicht bewusst wahrgenommene Hierarchie der Kodierungen: Die Sprache ist aus der Perspektive des Religionswissenschaftlers am wichtigsten für die Formulierung der religiösen Botschaft. Dies entspricht übrigens auch dem Selbstverständnis des Christentums (in dessen Kulturraum die Religionswissenschaft entstanden ist): Im Anfang war das Wort – und aus dem Hören des Wortes entsteht der Glaube. Demgegenüber ist allerdings festzustellen, dass fremde Religionen häufig von einer anderen Hierarchie der Kodierungen ausgehen; vielfach ist die rituelle Handlung dem Mythos vorgeordnet – ein Sachverhalt, auf den beispielsweise der Semitist William Robertson Smith mit Nachdruck hingewiesen hat.[40] Man muss sich dabei auch vergegenwärtigen, dass die körperliche Assimilation religiöser Botschaft zu besonders wirksamer Aneignung führt; das ritualisierte Gebet, das mit Bewegungsabläufen verbunden ist (etwa im Bereich des Islam), ist Gegenstand einer »Erinnerung«, welche die lediglich sprachliche Erinnerung an Intensität wahrscheinlich erheblich übersteigt.

3. Der Übergang zu abstrahierender Klassifikation

In verschiedenen Kulturregionen unterliegt die traditionelle konkretisierende Klassifikation der Religion einer Veränderung, die man unter den Begriff der Abstraktion subsumieren kann; Konzepte der Weltbildproduktion werden generalisiert und universalisiert. Dieser Prozess zeichnet sich ansatzweise in verschiedenen polytheistischen Hochkulturen ab; eine deutliche Akzentuierung gewinnt er im alten Indien, am schärfsten ist er schliesslich in der griechischen Philosophie zu fassen.[41]

Solche Prozesse sind durch verschiedene Bedingungen beeinflusst. Eine davon ist als Interpretationsbedarf zu bezeichnen, der sich einstellt, wenn das traditionelle religiöse Symbolsystem in schriftlicher Gestalt fixiert und so weiterüberliefert wird. In mündlicher Überlieferung werden Texte laufend umgestaltet und neuen Erfahrungen und Eindrücken angepasst. Schriftliche Texte haben

---

[40] Smith, W.R.: Die Religion der Semiten, Freiburg/Leipzig/Tübingen (1889) 1899; dazu Stolz: Hierarchien.
[41] Vgl. Stolz: Umgang.

demgegenüber häufig etwas Widerständiges; so legt es sich nahe, alte Texte zu kommentieren und zu interpretieren.

Solche Interpretationsvorgänge kann man in Mesopotamien besonders schön erläutern. Hier hat sich eine eigentliche »Kommentarliteratur« entwickelt.[42] Der babylonische Weltschöpfungsmythos *Enuma eliš* beispielsweise erhält eine solche Kommentierung. Die letzte Tafel erzählt, wie Marduk (der Protagonist der Erzählung) 50 Ehrennamen erhält, ursprünglich wohl meist sumerische Epitheta anderer Götter; diese Namen werden nun erklärt, zumeist auf dem Wege der Etymologisierung.[43] Das gelehrte Wissen um die (damals längst nicht mehr gesprochene) sumerische Sprache wird verbunden mit dem Bemühen, Wesenszüge des Gottes zu erläutern; dass der Name bereits etwas über den Namensträger aussagt, ist selbstverständliche Voraussetzung. Übrigens spielt diese etymologische Arbeit nicht nur in Mesopotamien, sondern auch in Indien in einer vergleichbaren Frühstufe brahmanischer Reflexion.

Die Interpretationsbemühungen gehen über den Text hinaus. So werden auch Rituale erklärt;[44] man hat sich klar gemacht, dass Wort und Handlung einander entsprechen, und so enthalten gewisse Texte Zug-für-Zug Erläuterung von Sprachteil und Handlungsteil in einem Ritual (also ein Lehrstück für den Zusammenhang zweier Kodierungsformen in einem rituellen Vorgang; dabei zeigt sich gerade, dass Sprache und Handlung keineswegs völlig parallel kodiert sind).

Interpretatorische Leistungen werden auch auf die Dimension der Ikonographie angewendet. So gibt es Texte, welche Götterbilder genau beschreiben (die sog. »Göttertypentexte«,[45] andere Texte beschreiben Götter auch bildhaft, allerdings in mehr metaphorischer Verwendung des Bildlichen.[46]

Zu diesen Interpretationen von Texten, Handlungen und Bildern kommen nun aber tiefer greifende Reflexionsleistungen. So werden etwa die zahlreichen Götter des Polytheismus auf eine Einheit hin interpretiert, etwa in dem Sinne, dass einzelne Götter als Glieder am Leibe oder als Eigenschaften im Wesen des einen Gottes gesehen werden;[47] wer dieser eine Gott ist, bleibt offen, bzw. es va-

---

[42] Vgl. Stolz, F.: Von der Weisheit zur Spekulation, in: Klimkeit H.-J. (Hg.): Biblische und ausserbiblische Spruchweisheit. Ergebnisse einer Tagung der Sektion Religionswissenschaft/Missionswissenschaft der Wissenschaftlichen Gesellschaft für Theologie vom 26. bis 29. September 1988 in Basel, Wiesbaden 1991, 47–66.

[43] Text: King, L.W. (Hg.): Enuma Elish. The Seven Tablets of Creation, or The Babylonian and Assyrian Legens Concerning the Creation of the World and of Mankind, London 1902, 159ff. Zum »Summierungsprozess«, der sich bereits in der Anreihung der 50 Namen Marduks abzeichnet, vgl. Böhl, F.M.Th. de Liagre: Die 50 Namen des Marduk, in: ders.: Opera minora. Studies en Bijdragen op Assyriologisch en Oudtestamentisch Terrein, Groningen/Djakarta 1953, 282–312.

[44] Erklärungen von Ritualen in Mesopotamien Livingstone, A.: Mystical an Mythological Explanatory Works of Assyrian and Babylonian Scholars, Oxford/New York 1986, 115ff.

[45] Köcher, F.: Der babylonische Göttertypentext, Mitteilungen des Instituts für Orientforschung 1 (1953), 57ff.

[46] Livingstone: Explanatory Works, 92ff.

[47] Stolz: Weisheit, 62f.

riiert von Text zu Text. Auch dieses Phänomen ist übrigens nicht nur in Mesopo-tamien, sondern auch in Indien zu belegen.[48] Der »eine« Gott steht also hinter den »vielen« Göttern; wir haben es mit einer Verallgemeinerung zu tun, allerdings noch nicht mit einer abstrakten, sondern eher einer »materiellen« Generalisie-rung. Was hier passiert, wird dann in Griechenland durch Xenophanes auf den Begriff gebracht: Der eine Gott ist wesentlich unanschaulich und sinnlicher Wahrnehmung überhaupt unzugänglich.[49]

Entsprechende Radikalisierungen der Interpretation zeigen sich in den Kosmo-logien frühgriechischer Philosophie. Wenn man nach dem »Urstoff« fragt, gibt man zwar traditionelle Antworten – man nennt etwa das Wasser (was in altorien-talischen Mythen vielfältig belegt ist) oder das Feuer (ein Element indogermani-scher Tradition). Aber dass man seine Aufmerksamkeit überhaupt dem »Anfang« zuwendet und diesen gleichzeitig als »Prinzip« konzipiert (dies meint *arche* eben auch[50]), ist völlig neu. An die Stelle der vielfältigen Erzählung tritt die knappe Deskription; wenn etwa Anaximander diese *arche* als *apeiron* (Unbegrenztes) be-stimmt und aus diesem das *peras* (Begrenztes) entstehen lässt, so hat er einen Mythos wie *Enuma eliš* auf einer ganz abstrakten Ebene zusammengefasst. Wenn er dann bemerkt, dass alles Begrenzte sich wieder in Unbegrenztes auflöse, so behauptet er die Reversibilität allen Geschehens; und wenn er dies gar als einen notwendigen Prozess beschreibt, nimmt er eigentlich bereits das Weltbild New-tons vorweg.

Jedenfalls sind Abstraktion und Generalisierung damit mit einer unglaublichen Kraft ins Spiel gebracht; und damit ist die Begriffsbildung im platonischen und aristotelischen Denken vorbereitet. Generalisierende und abstrahierende Klassifi-kation ersetzen die konkretisierende und assoziierende weitgehend, die »Philoso-phie« löst die »Religion« ab.

Das Christentum hat einerseits selbstverständlichen Anteil an der konkretisie-renden Klassifikation, wie sie für Religionen typisch ist; man konzipiert Gott beispielsweise als »Vater«, »Sohn« und »Geist« (und assoziiert damit je unter-schiedliche Erfahrungszusammenhänge). Gleichzeitig öffnet man sich aber der abstrahierenden Klassifikation griechischer Philosophie, indem man die religiöse Botschaft dogmatischer Reflexion aussetzt und die »Lehre« der Offenbarung immer präziser zu formulieren sucht. Im Mittelalter kommt es zu einer vollkom-menen Versöhnung beider Klassifikationsmuster. Die »religiösen Symbole« wer-den voll von der Vernunft ausgeleuchtet, damit werden sie eindeutig. Allerdings ist das Gleichgewicht zwischen Vernunft und Offenbarung prekär, es zerbricht im Spätmittelalter.

---

[48] Vgl. Gonda: Religionen, 175ff.
[49] Dazu und zu den weiteren hier genannten Entwicklungen in Griechenland und im Abendland überhaupt vgl. Stolz: Umgang.
[50] Hübner, K.: Die Wahrheit des Mythos, München 1985, 135ff.

4. Zerfall und Rekonstruktion von Klassifikationen

Die Zeit seit der Aufklärung stellt gewissermassen die Nachgeschichte der Symbole dar. Der Ausschliesslichkeitsanspruch der prinzipiellen oder der empirischen Vernunft entmächtigt die traditionellen symbolischen Klassifikationen. Die Wahrheiten der Offenbarung haben bestenfalls noch pädagogischen Wert: Die Ungebildeten bedürfen der sinnlich wahrnehmbaren religiösen Symbole als einer Propädeutik für die wahre, auf abstraktem Denken beruhende Religion (so etwa Spinoza in seinem »Tractatus theologico-politicus«); aber eine eigenständige Orientierungsmacht kommt diesen Symbolen gerade nicht zu.

Allerdings macht sich die Dialektik der Aufklärung schnell genug geltend. Das kritische Potenzial, das die Aufklärung freigesetzt hat, richtet sich gegen diese selbst; es kommt mit der Zeit zu einem Zerfall der aufklärerischen Klassifikation selbst. Die Vernunft wird partikularisiert – idealtypisch kann man etwa der objektivierenden Vernunft der Naturwissenschaft, die nur Notwendigkeit zu beschreiben vermag, die Vernunft des Freiheit setzenden Subjekts gegenüberstellen. Die zunehmende Pluralisierung und Partikularisierung neuzeitlicher Weltbilder ist die Folge.

Dabei haben auch Konzepte, die nicht an neuzeitlicher Rationalität orientiert sind, durchaus eine Chance. Die Romantik etwa entdeckt die Symbole; aber diese sind jetzt nicht mehr Elemente eines überlieferten Zeichensystems, sondern individueller Wahl und Sinngebung, wie überhaupt die Orientierungsmechanismen mehr und mehr individualisiert werden.

Zu dieser Feststellung steht die Hypothese (oder der Glaube?) universal gültiger Symbole in eigenartiger Spannung. Insbesondere die Tiefenpsychologie C.G. Jungs und seiner Schule hat in dieser Richtung gesucht. Die phylogenetisch verwurzelten »Archetypen« sollen sich in immer wieder vergleichbarer Form bildhaft konstellieren; damit wären universale Strukturen symbolischer Gestaltungskraft konzipierbar. Einer historischen und empirischen Überprüfung, welche die Phänomene nicht nur als Illustrationen einer Theorie benützt, sondern sie in ihrem jeweiligen Kontext ernst nimmt, halten solche Überlegungen kaum stand. Die Frage nach den phylogenetischen Wurzeln des menschlichen Kommunikationssystems bzw. des typisch menschlichen »symbolischen Vermögens« ist damit allerdings nicht erledigt und bedarf noch intensiver Forschung. Jedenfalls hat erst der Verlust verbindlicher Kommunikationssysteme neuzeitliche Wissenschaft überhaupt ermöglicht.

Diese Zerfallssituation bildet nun auch den geistesgeschichtlichen Hintergrund, von dem aus Symbolsysteme wissenschaftlich rekonstruiert werden. Damit sind wir in gewisser Weise wieder beim Ausgangspunkt angelangt. Wir stehen vor den Trümmern der Symbolgebäude, in denen wir nicht mehr wohnen können; erst die Trümmerlage ermöglicht die Archäologie, sie macht es möglich, Wachstum, Brüche und Umschichtungen aufzudecken. Der Abbruch der Tradition hat eine Distanzierung ermöglicht, welche es jetzt gestattet, »religiöse Symbole« – wenigstens teilweise – von aussen zu betrachten. Jetzt ist eine Rekonstruktion der Geschichte des Symbolbegriffs möglich, eine Rekonstruktion der allgemeinen Religionsgeschichte, welche diese Geschichte des Symbolbegriffs enthält, und von da aus die Rekonstruktion einer generellen und je historisch spezifischen symbolischen Tätigkeit des Menschen.

Abbildung 1: (vgl. Text bei Anmerkung 25).

Abbildung 2: (vgl. Text bei Anmerkungen 25 und 28).

Abbildung 3: (vgl. Text bei Anmerkung 31).

Abbildung 4: (vgl. Text bei Anmerkung 31).

Abbildung 5: (vgl. Text bei Anmerkung 32).

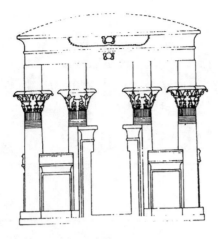

Abbildung 6: (vgl. Text bei Anmerkung 33).

Abbildung 7: (vgl. Text bei Anmerkung 35).

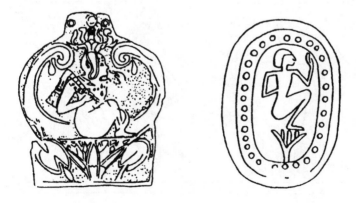

Abbildung 8 / 9: (vgl. Text bei Anmerkung 36).

Abbildung 10 / 11 / 12: (vgl. Text bei Anmerkung 37).

Abbildung 13: (vgl. Text bei Anmerkung 38).

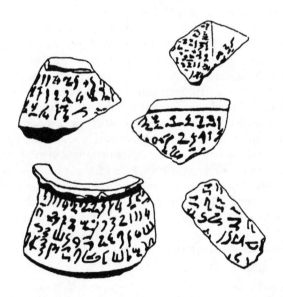

Abbildung 14: (vgl. Text bei Anmerkung 39).

AUSTAUSCHPROZESSE ZWISCHEN
RELIGIÖSEN GEMEINSCHAFTEN UND SYMBOLSYSTEMEN

1. Vorbemerkungen

1.1 Die Frage nach dem Synkretismus im synkretistischen Umfeld

Der Ausdruck »Synkretismus« hat einen erstaunlichen Bedeutungswandel hinter sich.[1] Er kommt in der Antike kaum vor, wird immerhin von Plutarch genau erklärt: Die Kreter hätten, »obschon häufig unter sich zerstritten und in Kriege verstrickt, bei einem Angriff durch Feinde von aussen ihre Differenzen bereinigt und seien zusammengestanden«.[2] Erst zur Zeit von Humanismus und Reformation spielte das Wort eine grössere Rolle:[3] Erasmus schrieb an Melanchthon am 22. April 1519, man müsse *synkretizein;* er scheint das Wort der Bildungswelt erschlossen zu haben, jedenfalls wird es von nun an gebraucht. Zwingli beispielsweise empfiehlt trotz den Problemen in der Abendmahlsauffassung Synkretismus unter den Anhängern der Reformation,[4] was allerdings von anderer Seite abgelehnt wird. Noch immer geht es also um ein politisches Zusammengehen trotz bestehender Differenzen, jetzt zunehmend Konfessions-Differenzen; und auf diesen religiösen Aspekt spezialisiert sich dann die Wortbedeutung im »synkretistischen Streit« der beginnenden protestantischen Orthodoxie.[5] Noch im 16. Jh. ging der Begriff in die Philosophie über und bezeichnete Versuche der Vermittlung zwischen Plato und Aristoteles, sodann insbesondere die neuplatonische synthetisierende Systembildung.[6] Im 19. Jh. dürfte man im Anschluss daran ganz allgemein religiöse Phänomene der hellenistischen Zeit als »synkretistisch« bezeichnet haben, Harnack beispielsweise braucht den Ausdruck in dieser Weise.[7] Aber noch der Artikel »Synkretismus« in der Realenzyklopädie behandelt praktisch nur den christlichen Synkretismus. Lediglich am Schluss wird (mit einer gewissen Konsternation) bemerkt, neuerdings bezeichne man in der »religionsge-

---

[1] Vgl. Colpe, C.: Die Vereinbarkeit historischer und struktureller Bestimmungen des Synkretismus, in: Dietrich, A. (Hg.): Synkretismus im syrisch-persischen Kulturgebiet, Göttingen 1975, 15f.

[2] Moralia, 490b.

[3] Tschackert, P./(Henke, E.): Art. »Synkretismus«, Realencyclopädie für protestantische Theologie und Kirche 19 (1907), 239–243, 239ff.

[4] »... wenn wir nur einen Synkretismus zusammenbringen, d.h. Eintracht nach aussen bei innerem Zwist.« (Corpus reformatorum XCV, 317).

[5] Ausführlich dazu Tschackert/(Henke): »Synkretismus«, 243ff.

[6] Walch, J.G.: Art. »Syncretismus«, Philosophisches Lexicon II (1775, Neudruck 1968), 1076–1080.

[7] Vgl. Harnack, A.: Lehrbuch der Dogmengeschichte, Berlin 1886, 180.

schichtlichen Richtung der Theologie« das Christentum als synkretistische Religion.[8] Offensichtlich kommt das wissenschaftliche Interesse am religiösen Synkretismus in einer Zeit auf, die selbst durch den Abbau religiöser Demarkationslinien und vermehrten Austausch gekennzeichnet ist; die systematische Theologie der Epoche stellt die Frage nach Absolutheit bzw. Relativität eines Christentums, das sich bereits der Konkurrenz mit anderen Religionen stellen muss. Die historische Arbeit am (hellenistischen) Synkretismus hatte ihren Ort also in einem synkretistischen Umfeld.

Diese religionsgeschichtliche Arbeit wurde dann im deutschen Sprachraum für eine gewisse Zeit durch die Einwirkung der Dialektischen Theologie (bzw. die Usurpation religionsgeschichtlicher Fragen durch den Nationalsozialismus) in den Hintergrund gedrängt.[9] Erst in den 1960er Jahren gewann die Thematik wieder an Aktualität, zunächst als Arbeitsfeld von Religionsgeschichte und Religionswissenschaft,[10] etwas später dann immer deutlicher als Kennzeichen der gegenwärtigen Religionsentwicklung.

Synkretismus ist, so können wir zusammenfassend sagen, nicht bloss Gegenstand religionswissenschaftlicher Arbeit, sondern Religionswissenschaft ist umgekehrt auch ein Produkt synkretistischer Entwicklungen. Der Religionsgeschichtler steht nicht über der Religionsgeschichte, sondern mitten drin. Er ist deren Strömungen und Driften in vielerlei Hinsicht ausgesetzt und tut gut daran, sich dies klar zu machen.

1.2 Wertungen

Bei der Behandlung des Synkretismus sind immer Wertungen mit im Spiel; und diese Wertungen haben – wie der Synkretismus selbst – ihre wechselnde Konjunktur.[11] Ist der Synkretismus allgemein im Vormarsch, dann wird er meist the-

---

[8] Tschackert/(Henke): »Synkretismus«, 242; gemeint ist Gunkel, H.: Zum religionsgeschichtlichen Verständnis des Neuen Testaments, Göttingen 1903, zusammenfassend 95.

[9] Informativ ist ein Vergleich der Artikel »Synkretismus« in den verschiedenen Auflagen von: »Die Religion in Geschichte und Gegenwart« (RGG). In RGG¹ bearbeitete Kroll das Thema des (antiken) Synkretismus auf 12,5 Spalten. Latte erhielt in RGG² noch 7,5 Spalten, und für Mensching wurde in RGG³ dieser Raum nochmals halbiert, obwohl jetzt der Blickwinkel auf die ganze Welt ausgedehnt wurde; dafür wurde ein ergänzender Abschnitt von Kraemer über den Synkretismus in den Wirkungsfeldern der Mission beigesellt.

[10] Zunächst standen historische Problemlagen im Vordergrund, was die verschiedenen Sammelbände zum Synkretismus belegen, die in den 1960er und 1970er Jahren erschienen (die Literatur ist in den Arbeiten von Colpe, C.: Vereinbarkeit, und ders.: Art. »Syncretism«, The Encyclopedia of Religion 14 (1986), 218–227, und Berner, U.: Untersuchungen zur Anwendung des Synkretismus-Begriffs, Göttingen 1982, verzeichnet). Erst allmählich wurde die Synkretismus-Thematik auch als systematisch-konzeptionelles Problem deutlich, vor allem durch Arbeiten von Carsten Colpe (z.B. Colpe: Vereinbarkeit; ders.: Syncretism). Der Ertrag dieser neuen (und älteren) Ansätze ist schön zusammengefasst von Berner: Untersuchungen. – Zuletzt zur Thematik vgl. Siller, H.P. (Hg.): Suchbewegungen. Synkretismus – kulturelle Identität und kirchliches Bekenntnis, Darmstadt 1991.

[11] Dazu Berner: Untersuchungen, 5ff.

ologisch rezipiert. So etwa im Kulturprotestantismus, wo der relative Wert aller Religionen gewürdigt wird, wenngleich die absolute (oder doch zumindest historisch einzigartige) Geltung des Christentums nicht geschmälert werden soll.[12] Analog ist auch in der gegenwärtigen Konjunkturphase des Synkretismus eine positive Verarbeitung in der systematischen Theologie zu beobachten.[13] Doch hat die jüngere Theologiegeschichte auch markante Gegenbewegungen gekannt, insbesondere zur Zeit der Dominanz Dialektischer Theologie. Diese Konjunkturschwankungen spiegeln sich in der historischen Forschung wider: Schwingen die exklusivistischen Tendenzen obenauf, dann werden auch Synkretismen der Vergangenheit deklassiert – und umgekehrt. Besonders gut lässt sich dies in der Darstellung des Verhältnisses zwischen dem alten Israel und dessen Umwelt nachweisen. Bei einer Abwertung des Synkretismus schliesst sich die Interpretation eng an die deuteronomistische Historiografie an, welche die Geschichte Israels als ständigen Abfall des Volkes von seinem Gott Jahwe deutet. Die Zuwendung zu den Baalen und Astarten, zur »kanaanäischen« Religion überhaupt, erweist sich dann als Musterfall des Synkretismus.[14] Entsprechend stellt in späteren Epochen der Religionsgeschichte die Gnosis ein Zerfallsprodukt des Christentums in einem Frühstadium der Missionsgeschichte dar, Bewegungen wie die afrikanischen Aladura-Kirchen bedeuten, dass Kirchen der neuzeitlichen Mission wieder halb ins Heidentum zurückgefallen sind. Aber diesem Bewertungsschema steht ein anderes, »synkretismusfreundliches« gegenüber. Es ist historisch auch in der Beurteilung des Alten Testaments wirksam geworden: Man hat die Religion Israels als schöpferisches Produkt des Synkretismus zwischen der Religion der vorisraelitischen Hirtenkultur und der sedentären Kosmologie beurteilt.[15]

---

[12] Vgl. vor allem Troeltsch, E.: Die Absolutheit des Christentums und die Religionsgeschichte, München/Hamburg (1902) 1969. – Die Synthese von Religionen ist bei Troeltsch ein systematisches Prinzip, was sich etwa dann zeigt, wenn er den sich abzeichnenden religiösen Ertrag der Menschheitsgeschichte auf eine Auseinandersetzung zwischen der »prophetisch-christlich-platonisch-stoischen und der buddhistisch-östlichen Ideenwelt« hinauslaufen lässt. Zur Thematik bei Troeltsch vgl. Drescher, H.-G.: Ernst Troeltsch, Göttingen 1991, 269ff.

[13] Vgl. etwa Pannenberg, W.: Erwägungen zu einer Theologie der Religionsgeschichte, in: ders.: Grundfragen systematischer Theologie, Göttingen 1967, 252–295, 268ff. Folgerungen für die Religionswissenschaft, die zur Fundamentaldisziplin der Theologie aufrückt, bei Pannenberg, W.: Wissenschaftstheorie und Theologie, Frankfurt a.M. 1973, 361ff. Neuerdings kommen Ansätze zu einer »pluralistischen« Theologie auf, vgl. Hick, J./Knitter, P.F.: The Myth of Christian Uniqueness. Towards a Pluralistic Theologiy of Religions, Maryknoll New York 1987; Knitter, P.F.: Ein Gott – viele Religionen. Gegen den Absolutheitsanspruch des Christentums, Basel/München 1988; Bernhardt, R.: Der Absolutheitsanspruch des Christentums. Von der Aufklärung bis zur pluralistischen Religionstheologie, Gütersloh 1990; Greive, W./Niemann, R. (Hg.): Neu glauben?, Gütersloh 1990.

[14] Von Rad, G.: Theologie des Alten Testaments I, München ⁴1962, 39.

[15] Maag, V.: Jahwäs Begegnung mit der kanaanäischen Kosmologie, in: Schmid, H.H./Steck, O.H. (Hg.): Kultur, Kulturkontakt und Religion, Göttingen 1980, 203–220 u.ö.; zurückhaltender auch Schmidt, W.H.: Alttestamentlicher Glaube in seiner Geschichte, Neukirchen-Vluyn ⁶1987, 84, 107, 160, 250. In jüngster Zeit hat diese Problematik unter dem Eindruck der neuen Monotheismus-Diskussion an Tragweite gewonnen. Jetzt ist nicht mehr nur von einem synkretistischen, son-

Hinter solchen Wertungen stehen nicht nur Positionen der jüngeren Theologiegeschichte, sondern noch andere, weiter zurückliegende Deutungsmuster der europäischen Kulturgeschichte, in meist nicht durchschaubarer Mischung: romantische Konzepte, welche sich an der Kraft des Ursprünglichen orientieren wollen und Entwicklungen nur als Dekadenz begreifen können, und Entwicklungskonzepte, welche die Synthese vom Einfachen zum Fortgeschrittenen als Norm betrachten. Man wird sich die Kraft dieser Wertungen immer wieder klar machen müssen – nur zu leicht macht man von ihnen Gebrauch, ohne sich dessen bewusst zu sein.

1.3 Prototyp und Vergleichbarkeit

Musterbeispiel des Synkretismus ist seit eh und je der hellenistische Synkretismus, diese dynamische Phase der Konkurrenz und des Austauschs verschiedener weltanschaulicher und lebenspraktischer Orientierungen. Alles, was in der Religionsgeschichte sonst die Bezeichnung »synkretistisch« erhält, wird zumindest implizit an dieser Epoche gemessen; der hellenistische Synkretismus ist also der Prototyp. Nun ist der Synkretismus der Gegenwart (zumindest in verschiedenen Regionen) jener prototypischen Phase in vielem erstaunlich ähnlich. Wieder spielt die Konkurrenz zwischen unterschiedlichen religiösen Symbolsystemen eine grosse Rolle, Austauschprozesse erfolgen leicht und erzeugen eine grosse Dynamik. Daraus erklärt sich der grosse Attraktivitätsgrad von manchen Phänomenen des hellenistischen Synkretismus in der Gegenwart: Elemente der damaligen Astrologie oder der Gnosis werden auf esoterischen Messen gehandelt und in entsprechenden Buchhandlungen verkauft.[16]

Die Präge- und Strahlungskraft des Prototyps könnte allerdings auch gewisse Blend-Effekte ausüben. Die problematischen Erfahrungen mit der Religionsphänomenologie, welche sich an Assoziationsketten von Ähnlichkeiten orientierte, ohne sich ernsthaft um die methodische Sicherung des Vergleichens zu kümmern, wird einen vorsichtig machen. Und darüber hinaus sind Austauschprozesse zwischen Religionen natürlich auch unter ganz anderen Bedingungen als denen des prototypischen oder des gegenwärtigen Kulturraumes zu beobachten. Der »Synkretismus« hat dann andere Formen und erinnert nicht so deutlich an das, was in der Antike ablief oder was in unserer westlichen Gegenwart abläuft. Die Frage

---

dern geradezu (noch schlimmer!) von einem »polytheistischen« vorexilischen Israel die Rede; vgl. z.B. Lang, B.: Die Jahwe-allein-Bewegung, in: ders. (Hg.): Der einzige Gott. Die Geburt des biblischen Monotheismus, München 1981, 47–83, 130–134, 53ff; Weippert, M.: Synkretismus und Monotheismus. Religionsinterne Konfliktbewältigung im alten Israel, in: Assman, J./Harth, D. (Hg.): Kultur und Konflikt, Frankfurt a.M. 1990, 143–179.

[16] Zur antiken Gnosis in der heutigen Esoterik bzw. im heutigen Feminismus: Lemieux, R./Richard, R.: Gnoses d'hier et d'aujourd'hui, Québec 1986; Pagels, E.: Versuchung durch Erkenntnis, Frankfurt a.M. 1981, dazu kritisch Heine, S.: Frauen in der frühen Christenheit, Göttingen 1986, 117ff.

nach Möglichkeiten und Grenzen des Vergleichs von Austauschprozessen muss
also ganz generell gestellt werden.

1.4 Theoretische Anforderungen an ein Synkretismus-Konzept

Mit diesen Vorbemerkungen sind einige Voraussetzungen markiert, welche die
Entwicklung eines Konzepts zur Beschreibung von Synkretismus bestimmen. Ein
solches Konzept wird zunächst durch den Bestand an Austauschprozessen der religiösen Gegenwartslage bestimmt sein; sodann durch die Erkenntnisse, welche
aus dem Bereich des historischen Prototyps von Synkretismus, des hellenistischen
nämlich, stammen. Die aus diesen Bereichen stammenden Erkenntnisse und Fragestellungen sind aber in einer Weise zu erweitern, dass sie über den gegenwärtigen und den prototypischen Raum hinaus in Anwendung gebracht werden können: Überall, wo es Menschen gibt, entstehen Kontakte und Austauschprozesse
im Bereich materieller und geistiger Kultur; vergleichende Religionswissenschaft
muss Austauschprozesse generell erfassen können.

Zu entwickeln ist ein Instrumentarium für die Beschreibung solcher Austauschprozesse im Bereich des Religiösen, das universal anwendbar ist und einen
invarianten Zugang zu Synkretismen verschiedenster Art gestattet, wobei der
Ausdruck »Synkretismus« selbst dann letztlich entbehrlich wird.[17] Ein derartiges
klassifikatorisches Instrumentarium beinhaltet Fragestellungen, welche für Vergleichbarkeit der Kontakte zwischen verschiedenen Religionen sorgt. Solche Fragestellungen sollen im Folgenden knapp skizziert werden. Sie beleuchten ganz
unterschiedliche Dimensionen, in welchen Vergleichbarkeit möglich ist. Dabei
orientieren wir uns zunächst an der Struktur der Gesellschaftstypen, welche am
Austausch beteiligt sind; wir wenden uns dann dem Symbolsystem zu; und wir
beobachten schliesslich die Anwendung von Symbolsystemen.

---

[17] Die nachfolgenden Überlegungen setzen z.T. Gesichtspunkte fort, die bei Berner (Berner:
Untersuchungen, 83ff) eine Rolle spielen, ohne dass er aber die Konsequenz gezogen hätte, auf den
Begriff des Synkretismus zu verzichten. Der hier verfolgte Ansatz unterscheidet sich von dem Colpes
(Colpe: Vereinbarkeit), welcher auf eine kritisch präzisierte und intern differenzierte Fassung des
Synkretismus-Begriffs dringt (durch die Begriffe Symbiose, Akkulturation und Identifikation). In
der Folge geht Colpe dann auf die Verhältnisbestimmung zwischen Klassifikation und historischer
Arbeit ein, während hier an der Klassifikation weitergearbeitet wird. Die Zielsetzungen sind jedoch
vergleichbar: Es geht darum, durch strukturelle Überlegungen den Blick für die historische Einzel-
heit zu schärfen (vgl. Colpe: Vereinbarkeit, 28).

2. Vergleichsdimensionen

2.1 Austauschprozesse im Hinblick auf das Niveau gesellschaftlicher Differenzierung

2.1.1 Austauschprozesse vor der Differenzierung

In den meisten traditionellen Gesellschaften – und bis in die antiken Hochkulturen hinein – ist Religion nicht als eigenständiges Subsystem von »nichtreligiösen« Bereichen unterschieden. Es besteht kein Wort für das, was wir als »Religion« bezeichnen würden, und es ist zumindest zweifelhaft, problemlos vorauszusetzen, dass Religion zwar dem Wort nach fehle, der Sache nach aber selbstverständlich vorhanden sei. Die »Sache« ist von uns ausgegrenzt und rekonstruiert. Immerhin setze ich diese »Sache« jetzt doch voraus, ohne der Problematik weiter nachzugehen.[18]

Nun gibt es natürlich zwischen Gesellschaften, die Religion nicht als eigenes Kommunikationssystem ausdifferenziert haben, mannigfache Austauschprozesse, die nicht nur die materielle, sondern auch die geistige (und somit nicht zuletzt – in unserer Terminologie – die religiöse) Kultur betreffen. Im fruchtbaren Halbmond der Antike beispielsweise werden religiöse Güter transportiert: Mythen und Epen gelangen (zunächst gewiss als typisches Schreib-Übungsmaterial, dann aber als »Bildungsgut« überhaupt) von Mesopotamien nach Kleinasien, Palästina und Ägypten, später auch aus dem churritisch-kleinasiatischen Raum nach Griechenland.[19] Aus dem ägyptischen Bereich werden religiöse Güter vor allem in ikonographischer Gestalt exportiert.[20] Die Verpflanzung solcher Stoffe führt zu Veränderungen von deren Funktion und Charakter.[21]

Der Austausch ist kaum je symmetrisch. Der zivilisatorische Standard spielt in diesem Zusammenhang eine wesentliche Rolle. In den Bereichen Mesopotamiens, Syriens und Palästinas stehen zentrale, urbane Gruppierungen in einem Austausch mit marginalen, nicht fest angesiedelten oder dörflichen Gruppierungen, aber dieser Austausch ist natürlich höchst ungleichgewichtig: Es besteht eine ein-

---

[18] Genaueres dazu vgl. Stolz, F.: Gott, Kaiser, Arzt, in: Elsas, Ch. u.a. (Hg.): Tradition und Translation. Festschrift für Carsten Colpe, Berlin/New York 1994, 113–130.

[19] Es ist daran zu erinnern, dass z.B. das Gilgameš-Epos nach Kleinasien und Palästina gekommen ist oder dass mesopotamische Mythen im Archiv von Amarna gefunden worden sind usw. Für die Geistesgeschichte des frühen Griechenland spielt der Import orientalischer Stoffe eine grosse Rolle, vgl. Burkert, W.: Die orientalisierende Epoche in der griechischen Religion und Literatur, Heidelberg 1984.

[20] Die Glyptik Palästinas beispielsweise ist weitgehend durch Ägypten geprägt; vgl. z.B. Keel, O./Schroer, S.: Studien zu Stempelsiegeln aus Palästina, Freiburg (Schweiz)/Göttingen 1985; Keel, O./Keel-Leu, H./Schroer, S.: Studien zu den Stempelsiegeln aus Palästina II, Freiburg (Schweiz)/Göttingen 1989; Keel, O./Shuval, M./Uehlinger, Chr.: Studien zu den Stempelsiegeln aus Palästina III, Freiburg (Schweiz)/Göttingen 1990.

[21] Zu den Veränderungen rituell oder im weiteren Sinne »religiös« verwendeter Stoffe in der Schule vgl. Stolz, F.: Von der Weisheit zur Spekulation, in: Klimkeit, H.-J. (Hg.): Biblische und ausserbiblische Spruchweisheit, Wiesbaden 1991, 45–64.

seitige Abhängigkeit der marginalen von den zentralen Bevölkerungsgruppen (was sozial- und kultgeschichtlich interessant ist im Hinblick auf das entstehende Israel).[22] In der jüngeren Vergangenheit sind vergleichbare Verhältnisse etwa zwischen den als Wildbeutern lebenden Mbuti-Pygmäen und der dörflichen Kultur der Bira in der Umgebung zu beobachten: Beide Gruppierungen leben in einem asymmetrischen Austausch von Gütern (die Wildbeuter sind in höherem Masse auf die Güter der Dorfbewohner angewiesen als umgekehrt), und diese Asymmetrie zeigt sich insofern in der Dimension des Rituals, als die Bambuti gewisse Initiationen im Rahmen der dörflichen Kultur durchlaufen.[23]

2.1.2 Differenzierungsprozesse

Zur Zeit der Perser und der hellenistischen Herrschaftsbildung kam es in verschiedenen Bereichen des Vordem Orients und aus ganz verschiedenen Gründen zu Differenzierungsprozessen, in welchen sich religiöse Symbolsysteme von anderen Kommunikationssystemen ablösten. In Israel war der Zwang zur Identitätssicherung dafür verantwortlich: Das »Gesetz« als neues Regelsystem stellte einen Orientierungsrahmen mit einer sehr spezialisierten, eben einer »religiösen« Leistungsfähigkeit dar. Das Perserreich und erst recht die hellenistischen Reiche installierten andererseits einen Reichs- bzw. Herrscherkult, der einen Rahmen für alle möglichen Kulte mit je spezifischen Leistungen bildete.[24] Dies bedingte zunächst eine interne Umbildung religiöser Symbolsysteme: Der Horizont der alttestamentlichen Priesterschrift beispielsweise umfasst zwar den ganzen Kosmos, aber unter Ausblendung des gegenwärtig-politischen Erfahrungsbereiches.[25] Der entworfene Kosmos ist jetzt eben »religiöser« Kosmos, eine Sonderwelt, neben der es andere Sonderwelten gibt. Damit passt Israel gut in die entstehende Welt des Hellenismus, in welcher solche Sonderwelten in grosser Zahl koexistieren. Entsprechend hat das Judentum grossen Anteil an den Austauschprozessen, die zu dieser Welt gehören. Es beliefert die hellenistische Zivilisation einerseits mit einem monotheistischen Weltkonzept, das in die philosophischen Höhenlagen des Denkens passt und den Intellektuellen Modelle für die kompliziert gewordene Welt abgibt, und es bedient gleichzeitig das Milieu der hausierenden Magier mit

---

[22] Vgl. die ausführliche Dokumentation des »realen« und »ideologischen« Verhältnisses zwischen Nomaden und Sesshaften im altorientalischen Raum bei Staubli, Th.: Das Image der Nomaden im Alten Israel und in der Ikonographie seiner sesshaft gewordenen Nachbarn, Freiburg (Schweiz)/Göttingen 1991.

[23] Darauf hat Turnbull in verschiedenen Arbeiten hingewiesen, z.B. Turnbull, C.: Man in Africa, Hamondsworth 1978, 112–121.

[24] Zu den vielfältigen Problemen der Religion und Herrscherlegitimation im Achämenidenreich vgl. Ahn, G.: religiöse Herrscherlegitimation im achämenidischen Iran. Die Voraussetzungen und die Struktur ihrer Argumentation, Leiden/Liège 1992.

[25] Der Ausblendung des Politischen entspricht das »theokratisch« orientierte Spektrum der nachexilischen religiösen Strömungen Israels; vgl. Plöger, O.: Theokratie und Eschatologie, Neukirchen-Vluyn 1959, bes. 132ff; Steck, O.H.: Das Problem theologischer Strömungen in nachexilischer Zeit, Evangelische Theologie 28 (1968), 445–458.

Materialien für die Zauberpapyri zur Behandlung alltäglicher Krankheiten und Leiden.[26] Der Austausch symbolischer Materialien erfolgt also in eine sehr spezifische Verwendungssituation hinein (die sich stark von der Ursprungssituation unterscheiden kann).

2.1.3 Differenzierungs- und Niveauunterschiede bzw. »Ungleichzeitigkeiten«

In vielen Fällen des Kultur- bzw. Religionsaustauschs spielen Niveauunterschiede im Grad der Differenzierung bzw. (wenn man zunehmende Differenzierung als zeitliche Entwicklung fasst) »Ungleichzeitigkeiten« eine wichtige Rolle. Es gibt in der Antike Milieus, in denen religiöse und soziale Ordnung ineinander liegen; anderswo sind diese Ordnungen auseinander getreten. Wiederum lässt sich dies an Sachverhalten der Gegenwart verdeutlichen: Es gibt noch Restbestände traditioneller katholischer Kultur und Gesellschaft neben Milieus, in denen der traditionelle Katholizismus vom einzelnen bewusst als Glaubenshaltung gewählt worden ist. Die Inhalte des Glaubens sind in beiden Fällen ganz ähnlich, trotzdem ist der Frömmigkeitstypus grundverschieden; traditioneller und traditionalistischer Katholizismus repräsentieren »ungleichzeitige« Typen religiöser Orientierung.

Austauschprozesse sind stark durch solche differenzierungsbedingten Ungleichzeitigkeiten geprägt. Besonders aufschlussreich ist in dieser Hinsicht der Bereich des »Hinduismus«, der, wie man häufig und mit Recht betont hat, im traditionellen Indien gar nicht als Religion in unserem Sinne wirksam ist, da religiöse und soziale Ordnung noch völlig ineinander liegen.[27] Natürlich gibt es im Binnenraum dieser Kultur durchaus Konkurrenz unterschiedlicher Kulte, gegensätzlicher philosophischer Orientierungen usw. Aber erst im Kontakt mit anderen Kulturen und Religionen hat sich der Hinduismus zu einer »Religion« entwickelt, mit Eigenheiten, welche durch die jeweilige Kontaktsituation bestimmt sind. Im Westen sind »neo-hinduistische« Spielarten wirksam geworden,[28] während etwa auf Bali der Hinduismus zu einer mit dem Islam und dem Christentum vergleichbaren monotheistischen Religion im Sinne der indonesischen Staatskultur geworden ist.

[26] Zu den Juden als »Volk der Philosophen« vgl. Hengel, M.: Judentum und Hellenismus, Tübingen 1969, 464ff, zur Verwendung jüdischer Materialien in der Zauberei der hellenistisch-römischen Welt Betz, D.: The Greek Magical Papyri in Translation I, Chicago 1985, 335 (Register: Götternamen Iabas und Iao; hier weitere Literaturangaben).
[27] Zum Problem des »Hinduismus« als einer »Religion« vgl. Stietencron, H.: Was ist Hinduismus? Hinduistische Perspektiven, in: Küng, H./Stietencron, H.: Christentum und Weltreligionen. Hinduismus, Gütersloh 1984, 213ff.
[28] Ein entscheidendes Datum in diesem Wandel ist sicher das Auftreten Vivekanandas im Religionsparlament von Chicago vor hundert Jahren; vgl. Hummel, R.: Indische Mission und neue Frömmigkeit im Westen, Stuttgart 1980. Zur politischen Dimension des erwachenden »Hinduismus« vgl. Klimkeit, H.J.: Der politische Hinduismus. Indische Denker zwischen religiöser Reform und politischem Erwachen, Wiesbaden 1981.

2.1.4 Austauschprozesse an kritischer Schwelle: Krisenkulte

In Fällen extremer und plötzlich entstehender Niveauunterschiede kommt es häufig zu sehr intensiven Austauschprozessen und abrupten Umbildungen in religiösen Symbolsystemen.[29] Wir kennen diese Erscheinungen (Krisenkulte) besonders gut als Folgeerscheinung der Kolonisierung aussereuropäischer Gebiete seit den Entdeckungsfahrten; aber auch politische Katastrophen wie das babylonische Exil (Deuterojesaja!) oder sehr intensive Modernisierungsschübe (z.B. in Nordamerika) haben zu ähnlichen Erscheinungen geführt. Austausch und Veränderung erfolgen auf der Ebene einerseits der materiellen, anderseits der geistigen Güter. In allen diesen Fällen wird das traditionelle Symbolsystem der in Frage gestellten Gruppierung stark umgeformt, häufig eschatologisiert, unter Einbeziehung von Elementen aus dem Umfeld. Die Veränderungen haben hier also einen doppelten Aspekt: Einerseits verändert sich die religiöse Botschaft insgesamt (etwa bei Deuterojesaja: Vergangenheit und vor allem Zukunft gewinnen orientierenden Charakter, die Exklusivität Gottes wird ausgearbeitet), und gleichzeitig werden einzelne Elemente des fremden Religionssystems integriert (etwa die babylonische Vorstellung der Prozessionsstrasse, auf welcher der Gott von Stadt zu Stadt zieht).

Die Einschätzung von »Überlegenheit« im Niveau kann durchaus strittig sein, vor allem dann, wenn nicht materielle, sondern geistige Güter das Gefälle prägen, welches den Austausch religiöser Vorstellungen auslöst. Dies zeigt sich etwa bei den Trends in Sachen Religiosität, die man seit geraumer Zeit in Europa beobachtet: Indisches, Indianisches und Schamanistisches lösen sich in schneller Folge ab, die Defizite der eigenen »Weisheit« werden durch Importe aus anderen, exotischen Kulturen kompensiert – natürlich verdanken sich solche Vorgänge lediglich Projektionsvorgängen und haben entsprechend geringen Erfolg. Von Tipis zu träumen ist bequemer, als darin zu schlafen.[30]

Damit sind einige typische Konstellationen im Hinblick auf den Austausch von religiösen Gütern gegeben. Manche Konstellation begünstigt den Austausch: Bedürfnisse auf der einen und Ressourcen auf der anderen Seite vereinfachen einen Fluss materieller wie geistiger Güter.

---

[29] Die Literatur zu den Krisenkulten ist unübersehbar; vgl. etwa, Lanternari, V.: Religiöse Freiheits- und Heilsbewegungen unterdrückter Völker, Neuwied/Berlin 1960; Mühlmann, W.E.: Chiliasmus und Nativismus, Berlin 1964; La Barre, W.: Materials for a History of Studies of Crisis Cults. A Bibliographic Essay, Current Anthropology 12 (1971), 3–44; Worsley, P.: Die Posaune wird erschallen. »Cargo«-Kulte in Melanesien, Frankfurt a.M. 1973; Hesselgrave, D.-J.: Dynamic Religious Movements. Case Studies of Rapidly Growing Religious Movements Around the World, Grand Rapids 1978; Laubscher, M.: Krise und Evolution. Eine kulturwissenschaftliche Theorie zum Begriff »Krisenkult«, in: Eicher, P. (Hg.): Gottesvorstellung und Gesellschaftsentwicklung, München 1979, 131–149; Trompf, G.W. (Hg.): Cargo Cults in Millenarian Movements, Berlin/ New York 1990; etc.

[30] Zur romantisierenden Überhöhung der Indianerkulturen vgl. Gerber, P.: Der Indianer – ein homo oekologicus?, in: Stolz, F. (Hg.): Religiöse Wahrnehmung der Welt, Zürich 1988, 221–244.

2.2 Austauschprozesse im Hinblick auf das Symbolsystem

Ich gehe im Folgenden davon aus, dass Religionen ein Kommunikationssystem mit der Funktion darstellen, unkontrollierbare Bereiche menschlicher Erfahrung gleichzeitig der kulturellen Kontrolle zu unterwerfen und unkontrollierbar zu belassen. Religion vermittelt also eine gleichzeitige Darstellung der unkontrollierbaren lebensbestimmenden Mächte und der kontrollierbaren Lebensordnung, die darin gründet. Diese abstrakte definitorische Formulierung hat primär heuristischen Wert, sie dient dazu, Phänomene in verschiedenen Kulturen unter dem Begriff der Religion vergleichbar zu machen. Der Bereich des Unkontrollierbaren ist in einem gewissen Masse variabel, weist dennoch keine allzu grosse Bandbreite auf; es sind eben doch immer wieder dieselben Grundprobleme, denen der Mensch ausgesetzt ist und mit denen er leben muss.

Geht es um den Austausch zwischen religiösen Symbolsystemen, so fragen wir nach Systemgrenzen und Austausch über diese Grenzen hinweg. Der Vorgang kann zunächst mit dem des Warenflusses in der Verteilung materieller Güter verglichen werden, welche in einem begrenzten Raum zirkulieren; an bestimmten Stellen geht der Warenfluss nicht mehr weiter, oder er ist jedenfalls stark eingeschränkt. Diese »Systemgrenze« ist mit Selektionsmechanismen ausgestattet, welche das System von seiner Umwelt abgrenzt.

Für unser Problem ist es nun entscheidend, dass diese Grenzen eine bestimmte Durchlässigkeit aufweisen. Theoretisch kann man sich alle Zwischenstufen zwischen vollständiger Undurchlässigkeit und vollständiger Durchlässigkeit denken. Man wird im Einzelfall die Selektionsmechanismen, die wirksam werden, stets genau bestimmen müssen. Um dies an einem Beispiel der gegenwärtigen Kirchengeschichte zu konkretisieren: Im Kanton Zürich wurde eine Volksinitiative zur Ermöglichung der Doppelmitgliedschaft in der protestantischen und der katholischen Kirche lanciert. Wäre diese Initiative verwirklicht worden, so hätte lediglich ein Abgrenzungsmechanismus an Tragweite abgenommen, nämlich der juristische (und – nicht zu unterschätzen – der steuerrechtliche), aber andere Abgrenzungsmechanismen wie die Unterschiede im Kult, im Frömmigkeitstyp usw. wären dadurch nicht tangiert gewesen. Die Beschreibung von Grenzen und die an diesen Grenzen wirksamen Filter- und Selektionsmechanismen ist also eine ausserordentlich wesentliche Aufgabe bei der Analyse von Austauschprozessen.

Dabei kann diese Beschreibung den Austausch zwischen religiösen Symbolsystemen unter verschiedenen Gesichtspunkten berücksichtigen. In Analogie zum Kommunikationssystem der Sprache kann man die Aspekte der Semantik, der Syntax und der Pragmatik voneinander sondern. Es geht also um die Verweisfunktion der (sprachlichen, bildlichen, handlungsmässigen usw.) Elemente religiöser Botschaft auf verschiedene Bereiche der Lebens- und Welterfahrung; es geht sodann um die Anordnung dieser Elemente; und es geht schliesslich um die Verwendung des Symbolsystems. In allen diesen Hinsichten lassen sich Austauschmechanismen beobachten.

2.2.1 Austausch in der paradigmatischen Dimension (Semantik)
Schon in sehr früher Zeit sind Austauschmechanismen in der paradigmatischen
Dimension wahrgenommen und verarbeitet worden. Die Listenliteratur Mesopotamiens kennt fast von Anfang an Götterlisten, und wo diese Listen zweispra-
chig sind, entstehen dementsprechend Verzeichnisse von »bedeutungsanalogen«
und deshalb gleichzusetzenden Göttern – so wie die lexikalischen Listen Übersetzungen von Wörtern enthalten.[31] Dabei treten die Umsetzungsschwierigkeiten
auffällig zutage: Es gibt sehr viel mehr sumerische Götter als akkadische (was
zweifellos mit einer anderen Konzeption der »Gottheit« zusammenhängt), und
vielfach werden verschiedene sumerische Götter unter einem akkadischen Gottesnamen, allenfalls mit einer bestimmten Spezifikation, zusammengefasst. Für
die griechisch-römische Zeit ist das Phänomen dann unter der Bezeichnung *Interpretatio graeca* bzw. *romana* bekannt.[32] Es ist selbstverständlich, dass man den
westsemitischen Baʿal mit Zeus identifiziert, diesen wiederum mit dem römischen Jupiter. Dabei führt die Gleichsetzung natürlich zu einem Austausch: Der
mythenlose (oder zumindest mythenarme) Jupiter erbt beispielsweise die Mythologie des Zeus. Die Position des Götterkönigs und Himmelsgottes ist Ansatz-
punkt der Identifikation, und darüber können dann Inhalte transportiert werden,
welche das traditionelle Bild bereichern. Aber auch Beschränkungen sind im Umsetzungsprozess möglich. Aphrodite muss im griechischen Bereich die Werke des
Krieges abgeben (vgl. Ilias 5,428ff), die ihr (etwa als Astarte) im westsemitischen
Bereich noch zugehört hatten: Im Kontext Griechenlands ist die unmittelbare
Zuordnung von sexueller Lust und Krieg offenbar nur mehr schwer denkbar.
  Austausch in der paradigmatischen Dimension ist das üblichste (oder jedenfalls
das offensichtlichste) »synkretistische« Phänomen; es ist in der Gegenwart viel-
fach belegbar. Insbesondere die in der Konkurrenzsituation schnell sich manifes-
tierenden Defizite in einem Symbolsystem werden leicht durch entsprechenden
Import gedeckt – die nüchternen Reformierten etwa besorgen für ihre Gottesdienste Kerzen, Meditationsformen, liturgische Elemente und Gewänder aus
Religionen von Rom bis Ostasien. An dieser Stelle liegen jedoch bereits Übergänge zwischen paradigmatischer und syntagmatischer Dimension vor (auch diese
Unterscheidung ist ja vom Betrachter eingeführt, sie vereinfacht also die wirklichen Verhältnisse stark).

2.2.2 Austausch in der syntagmatischen Dimension
Beim Austausch in der syntagmatischen Dimension werden nicht einzelne Elemente übertragen, sondern sinnstiftende Zusammenhänge. Um auch hier wieder

---

[31] Vgl. Lambert, W.G.: Art. »Götterlisten«, Reallexikon der Assyriologie 6 (1980–1983), 473–
479.
[32] Dazu Wissowa, G.: Interpretatio Romana, Archiv für Religionswissenschaft 19 (1918), 1–49;
Bloch, R.: Interpretatio, in: ders. u.a. (Hg.): Recherches sur les religions de l'Italie antique, Genf
1976, 1–42; Barié, P.: Interpretatio als religionspsychologisches Problem, Der altsprachliche Unterricht 28 (1985), 63–86.

einen Beispielfall des prototypischen Raumes zu wählen: Zu einem bestimmten Zeitpunkt werden Kulte verschiedener Herkunft und unterschiedlichen Charakters in »Mysterien« umgeformt, wobei die verschiedenen Mysterienkulte aufeinander einwirken. In allen diesen Kulten findet eine Individualisierung der Botschaft statt, traditionelle Regenerationsrituale werden auf den Einzelnen bezogen. Immer wird in irgendeiner Weise ein persönliches Jenseits erschlossen, welches es gestattet, mit der persönlicher gewordenen Erfahrung von Schicksal und Tod fertig zu werden.[33] Das »religiöse Problem«, d.h. die Lokalisierung des »Unkontrollierbaren«, mit dem man umgehen muss, verändert sich; und diese Veränderung verlangt eine Verschiebung in der »Syntax« der religiösen Botschaft. Ähnlich kann man Eschatologisierungstendenzen, die vom iranischen Raum aus gewirkt haben, und Dualisierungstendenzen, wie sie in der Gnosis greifbar werden, beurteilen. Dass solche Transformationen von Symbolsystemen insgesamt übertragen werden, hängt natürlich mit globalen Tendenzen von Sozial- und Geistesgeschichte zusammen, und in vielen Fällen lässt sich gar nicht genau sagen, ob parallele Züge religiöser Botschaft sich einem »Transport« verdanken, also diffusionistisch zu erklären sind, oder ob sich unter vergleichbaren Bedingungen analoge Formierungen religiöser Botschaft ergeben haben. Die Frage ist auch relativ nebensächlich. Wesentlich ist, dass Austausch in der syntagmatischen Dimension in der Regel nur dann vonstatten geht, wenn eine Neuformierung religiöser Botschaft insgesamt vorliegt oder geschaffen wird. Natürlich finden sich solche Austauschprozesse nicht nur im prototypischen Raum des hellenistischen Synkretismus. Krisenkulte sind hier wieder als Beispiel anzuführen; in Australien etwa sind Geheimbünde mit eschatologischen Ritualen sehr schnell gewandert und haben immer wieder neue Ethnien erfasst.[34] In unserer westeuropäischen Gegenwart ist es auffällig, in welchem Masse die Heilung wieder einen Platz erhält in den verschiedensten Kulten.[35] Nach einer Zeit der Ausgliederung der Krankheit und ihrer Behandlung aus dem Bereich der Religion (und der Delegation an die oft quasireligiös behandelte Medizin) zeichnet sich jetzt ein Umschwung ab, der zunächst am Rand des religiösen Spektrums, etwa bei den traditionell heilungsmächtigen Pfingstlern oder in der alternativen religiösen Szene usw. spürbar wurde, dann aber zunehmend auch in ganz normalen Kreisen der etablierten Kirchen. Heilung spielt damit in einem breiten Spektrum von Religion eine Rolle, von den Pfingstkirchen über die Landeskirchen bis hin zu Angeboten von Esoterikmessen. Die Gründe liegen auf der Hand: Die Ausdifferenzierung des Komplexes »Krankheit und Heilung« in der Medizin mit den bekannten Folgen der unpersönlichen Spezialisierung und der drohenden Degradierung des Patienten zum Objekt hat alternative Haltungen zur Krankheit gefördert – und damit eben

---

[33] Burkert, W.: Antike Mysterien. Funktion und Gehalt, München 1990, 19ff.

[34] Lommel, A.: Die Unambal. Ein Stamm in Nordwest-Australien, Hamburg 1952, 82ff; Eliade, M.: Religions Australiennes, Paris 1972, 172ff.

[35] Wilson, B.: The Social Dimensions of Sectarianism. Sects and New Religious Movements in Contemporary Society, Oxford 1990, 288.

auch die Reintegration in die Religion. So können »Heilung« und »Heil« in der Postmoderne wieder eine gewisse Nähe finden.

2.3 Verteilung und Verwendung des religiösen Symbolsystems

2.3.1 Kommunikations- und Austauschlinien

Religion wird über unterschiedliche Kanäle weitergegeben. Die wohl verbreitetste Form der Verteilung verläuft analog zur Ausübung von Macht: Die Weitergabe religiöser Orientierung erfolgt in den üblichen Bahnen der Autorität. Die familiale Sozialisierung gewährt Schutz und ordnet in die traditionellen Machtstrukturen ein, sie macht üblicherweise gleichzeitig in elementarer Weise mit dem religiösen Symbolsystem vertraut. Die Autoritätsstruktur in der Gemeinschaft und im Staat ist normalerweise religiös legitimiert, umgekehrt werden die Bestände der Religion durch die Gemeinschaft garantiert – dies gilt vom sakralen Königtum bis zur christlichen Staatsreligion. Erst seit der Aufklärung ist dieser Übermittlungsweg religiöser Orientierung problematisiert worden: Kirche und Staat haben sich voneinander gelöst, im heutigen staatsanalog organisierten Landeskirchentum, das da und dort auch noch einige Mitwirkungsgelegenheiten im Staat hat, sind einige Restbestände erhalten. Im Übrigen ist aber die Parallelität von Autoritätsausübung und religiöser Orientierung in den westlichen postindustriellen Gesellschaften stark zurückgegangen und teilweise fast verschwunden.

Aber Religion wird auch noch auf ganz andere Weise verteilt als über die Linien der Autorität. Seit je folgt sie auch dem Güteraustausch; davon war bereits die Rede. Mythen und Riten wandern mit Handelswaren, nicht nur in der Antike, sondern überall auf der Welt. Der Manichäismus und das Christentum gelangten der Seidenstrasse entlang nach China, der Islam drang in Ostafrika auf friedliche Weise nach Süden vor, und auch der malaiisch-indonesische Raum wurde durch Händler für den Islam gewonnen.[36]

Gewisse religionsgeschichtliche Umbrüche führen zu einer Verlagerung der Austauschmechanismen. Im hellenistischen Synkretismus wird der Kaiserkult durch die Ausübung der staatlichen Macht verbreitet; die traditionellen, lokal und ethnisch verankerten Kulte demgegenüber durch ein traditionelles, häufig informelles Autoritätsgefüge; eine grosse Zahl an Kulten schliesslich lebt analog zum Warenverkehr in einer ständigen Konkurrenz und muss sich auf das Spiel von Angebot und Nachfrage einrichten.

Es ist klar, dass unterschiedliche Verteilungsmechanismen das Austauschverhalten religiöser Gemeinschaften und religiöser Symbolsysteme stark prägen. Je dominierender die Übermittlung des Symbolsystems entlang den Autoritätslinien, desto grösser die beharrende Kraft der Tradition und desto geringer der Austausch. In dem Masse, als die Analogie zur Warenverteilung an Raum gewinnt,

---

[36] Vgl. Trimingham, J.S.: The Influence of Islam Upon Africa, London ²1980, 38ff; Zoetemulder, P.: Die Hochreligionen Indonesiens, in: Antes, P. (Hg.): Die Religionen Indonesiens, Stuttgart 1965, 280ff.

wächst auch der Austausch, insbesondere dann, wenn gleichzeitig die Übermittlung entlang den Autoritätslinien an Bedeutung verliert. In den Ländern Westeuropas scheinen Kirchlichkeit und Religiosität in der jüngeren Generation abzunehmen,[37] demzufolge dürfte auch das Niveau religiöser Sozialisation der Kinder im Rahmen der Familie zunehmend an Bedeutung verlieren; Religion ist also bereits von dieser primären Form von Autoritätsausübung abgelöst. Wo sie als Schulfach erscheint, ist der Religionslehrer in der Regel auch keine besonders mächtige Autoritätsperson; im besten Fall leuchtet seine Unterweisung als Angebot ein, ist also bereits nach dem Muster des Marktes wirksam.

Macht- und Warenverteilung sind aber nicht die einzigen Verteilungslinien von Religion. Daneben ist etwa die Kommunikationsform intimer Nähe zu nennen. Religionen schliessen an Gemeinschaftsgefühl und -erleben an, vermitteln auch solches – in ganz unterschiedlichen Formen, von der sexuellen Gemeinschaft kultischer Prostitution über ekstatische Horden bis hin zu Gruppierungen mit vielfältig sublimiertem Gruppengefühl.[38]

Wenn hier verschiedene Kommunikationslinien auseinander gehalten werden, so ist zu bedenken, dass diese normalerweise ineinander verwoben sind. Nur in bestimmten Fällen manifestieren sie sich in wechselseitiger Konkurrenz. Dies ist etwa in einer Missionssituation der Fall, wenn eine neue Botschaft das traditionelle Autoritätsgefüge stört. Besonders deutlich wird das Nebeneinander verschiedener Kommunikationstypen in der europäischen religiösen Gegenwartssituation. In ein und derselben religiösen Gemeinschaft setzen unterschiedliche Milieus oder Funktionsträger auf je spezifische Kommunikationslinien: Kirchenleitende Instanzen sind an den Autoritätslinien, Träger von »Sonderangeboten« an den Marktmechanismen, Introvertiert-Progressive an den Verteillinien von Intimität orientiert. – Der Einfluss unterschiedlicher Kommunikationslinien auf Austauschprozesse wäre weiter zu untersuchen; gewiss sind hier wesentliche Faktoren zu ermitteln, welche religiöse Austauschprozesse bedingen.

2.3.2 Kontrolldichte

Die Geltung eines religiösen Symbolsystems kann unterschiedlich geregelt sein: Es kann in mehr oder weniger deutlicher Weise artikuliert sein, es kann dem Einzelnen einen grösseren oder kleineren Handlungs- und Vorstellungsspielraum lassen. Es ist klar, dass die »Dichte des Klassifikationsgitters«[39] unmittelbare Bedeu-

---

[37] Lukatis, I./Lukatis, W.: Jugend und Religion in der Bundesrepublik Deutschland, in: Nembach, U. (Hg.): Jugend und Religion in Europa, Frankfurt a.M. 1987, 107–144, bes. 135f. Zur Schweiz vgl. Voll, P.: Vom Beten in der Mördergrube. Religion in einer Dienstleistungsgesellschaft, in: Dubach, A./Campiche, R. (Hg.): Jede(r) ein Sonderfall? Religion in der Schweiz, Zürich/Basel 1993, 213–252, 234f (hier auch Hinweise auf weitere Befunde).

[38] Diese Kommunikationslinien erhalten gerade bei jüngeren, aktiven Mitgliedern der Gemeinden (auch bei Theologen) grosse Bedeutung. Natürlich kommt es in diesem Fall zu einer beträchtlichen Emotionalisierung von Religion.

[39] Douglas, M.: Ritual, Tabu und Körpersymbolik, Frankfurt a.M. 1981, 79ff.

tung für unsere Problemlage hat: Wo rigide Normen und starke soziale Kontrolle (bzw. internalisierte Kontrollmechanismen) herrschen, werden nicht so leicht Elemente aus fremden religiösen Symbolsystemen rezipiert werden können, der Austausch ist unterdrückt. Dem Symbolsystem fremde Elemente manifestieren sich möglicherweise in Subkulturen, die häufig mit Gewalt ausgemerzt werden – man denke etwa an die von der mittelalterlichen Inquisition bekämpften Gruppierungen. Die Aufrechterhaltung des Klassifikationsdrucks ist gewiss auch verantwortlich für die vielfältigen Projektionsmechanismen, welche in den Hexenverfolgungen Gestalt gewannen: Man muss geradezu Leute finden, welche von der Norm abweichen und diese ausmerzen, um dem hohen Klassifikationsdruck ein Ventil zu verschaffen.

Nachdem die Kirchen in der Zeit der Gegenreformation den höchsten Normierungsgrad und Klassifikationsdruck entfalteten (auch wenn sie diesen nicht mehr in der Weise ausleben konnten wie im Mittelalter), wurden die Normen und Kontrollmechanismen durch die Aufklärung schrittweise relativiert bzw. geschwächt, mit zeitweilig erfolgreichen Phasen der Revitalisierung (besonders im Katholizismus des 1. Vaticanums und der Antimodernismuskampagne). Inzwischen ist die Klassifikationspotenz der christlichen Kirchen auf ein Minimum geschrumpft: Das durchschnittliche Kirchenmitglied in Mitteleuropa weiss weder, was es glauben noch wie es sich verhalten soll, und die kirchlichen Weisungen sind in der Regel nicht dazu angetan, das Orientierungsdefizit zu beheben. So werden die Grenzen für Importe aus anderen religiösen Symbolsystemen völlig durchlässig. Auf der »Zürcher Disputation« beispielsweise, einer länger dauernden Veranstaltung zu Beginn der 1980er Jahre, welche unter Beteiligung des gesamten Kirchenvolkes der Erneuerung der Kirche dienen sollte, wurde die Ergänzung des Schriftprinzips gefordert: Nicht allein die Schrift sollte Quelle der Offenbarung sein, sondern auch die Erfahrung[40] – augenscheinlich macht man mit der Schrift keine Erfahrungen mehr, bzw. die religiöse Erfahrung vermittelt anderes als die Schrift.

Die zunehmende Wirkungslosigkeit der Kontrollmechanismen hängt auch damit zusammen, dass diese früher durch verschiedene Institutionen gemeinsam verwaltet wurden, durch den Staat und die Kirche, wobei in letzterer die kirchenleitenden und die lehrbildenden Instanzen (also Kirchenbehörden und Theologie) zusammenwirkten. Dieses Zusammenwirken war nie spannungsfrei; auseinander strebende Tendenzen der Theologie beispielsweise mussten durch die Kirchenleitung neutralisiert werden, nötigenfalls durch Ausschlussverfahren (bei welchen möglicherweise der Staat noch mitwirkte). Heute ist der Staat fast ganz aus diesen Kontrollaufgaben ausgeschieden; er wird möglicherweise noch bei massivster Störung der Sonntagsheiligung aktiv (Sonntagsheiligung ist immerhin noch eine juristische Norm, die einklagbar ist), oder, je nach Konkordatslage,

---

[40] Zürcher Disputation 84 (1987), 357ff, hg.v. der Ev.-Ref. Landeskirche des Kantons Zürich (Kommentar von R. Leuenberger).

wenn sich ein katholischer Theologieprofessor, der Priester ist, verheiratet – insgesamt also in eher skurrilen Randfragen. Kontrollfunktionen verbleiben bei kirchlichen Instanzen; aber auch diese greifen nicht mehr recht. Erstens haben sie sich voneinander entfernt: Organisations- und Reflexionsfragen werden, neuzeitlicher gesellschaftlicher Differenzierung entsprechend, je selbstständig gelöst und haben je eigene Anforderungsprofile (Organisationsprobleme müssen möglichst in einer »unité de doctrine« angegangen werden, Reflexionsprobleme sollen möglichst die zunehmende Komplexität der zu bewältigenden Sachfragen widerspiegeln). Im Leben der Kirchgemeinden werden meist weder die professionellen Reflexions- noch Organisationsstrategien wirksam; hier sind eher individuell orientierende, emotional befriedigende Angebote gefragt, die weder mit der Kirche als Organisation noch mit der Reflexion der Tradition unmittelbar zusammenhängen müssen und ihre Legitimation lediglich aus der lebenspraktischen Bewährung beziehen. Damit ist wieder ein Einfallstor für Importe aus fremden religiösen Symbolsystemen errichtet.

2.4 Dynamik und Konfiguration eines religiösen Symbolsystems

2.4.1 Tempo und Bestände des Austauschs

Alle Religionen sind ständigem Wandel unterworfen; aber das Tempo und die Wahrnehmung dieses Wandels sind äusserst variabel. Traditionelle Religionen neigen dazu, Veränderungen zu ignorieren;[41] noch das Christentum und der Islam haben in bestimmten Phasen Traditionsprinzipien formuliert, die grundsätzlich den Wandel ausschliessen.[42] Die Dynamik des Wandels einer Religion und das Mass des Austauschs mit anderen Religionen hängen eng miteinander zusammen, wobei Phasen relativer Stabilität mit geringem und dynamische Phasen mit hohem Austausch schnell aufeinander folgen können. Das Christentum hat in der Phase seiner grössten Dynamik, nämlich in den ersten Generationen, die stärksten Austauschprozesse durchlaufen, sich dann aber insgesamt schnell stabilisiert. Schnelle Steigerung der Dynamik und des Austauschs findet sich wohl vor allem dann, wenn das gesamtgesellschaftliche Gleichgewicht gestört ist. Besonders auffällige Beispiele stellen die erwähnten Krisenkulte mit Eschatologisierungsschüben, Messianismen oder politischen Revolten dar; in all diesen Fällen kommt es gern zu neuen Synthesen religiöser Symbolsysteme. Allerdings sind nicht nur Austauschprozesse zu beobachten, auch gegenläufige Tendenzen des

---

[41]　Wenn in Australien ein Spezialist einen neuen Gesang erfindet, stellt dies nichts anderes als die Findung im urlängst vorgegebenen Bereich dar; Lommel: Unambal, 40f. Zum zugehörigen Konzept der »Traumzeit« bes. Stanner, W.E.H.: Religion, Totemism and Symbolism, in: Berndt, R.M./ Berndt, C.H. (Hg.): Aboriginal Man in Australia, Sidney 1965, 207–237.

[42]　Dies stellt z.B. die klassische Formulierung des Traditionsprinzips bei Vinzenz von Lerinum sicher (»quod ubique, quod semper, quod ab omnibus«); im Islam sind die Auseinandersetzungen um Zulässigkeit und Wesen von »Neuerung« (bidᶜa) ausserordentlich heftig, vgl. Robson, J.: Art. »bidᶜa«, Enzyklopädie des Islam I (²1975), 1234f. Natürlich stellen auch hier nur bewusste Neuerungen ein Problem dar.

Abschlusses und der Konzentration werden wirksam – in der Regel sind sogar beide Reaktionen gleichzeitig zu beobachten. Dies hängt mit der Konkurrenzsituation zusammen; im wirtschaftlichen Markt sind dieselben Phänomene auszumachen.

2.4.2 Konfigurationen

Die Religionsgeschichte der jüngsten Vergangenheit, wie sie in der unmittelbaren Umgebung sichtbar wird, hat gleichzeitig einen hochgradigen Austausch und ein starkes Absinken der Kontrollmechanismen deutlich werden lassen. Dadurch wurden einzelne Elemente unterschiedlicher religiöser Symbolsysteme für den Einzelnen frei verfügbar. Das Stichwort »bricolage« wird gern zur Bezeichnung der individuellen Herstellung religiöser Orientierungen gebraucht. Sind tatsächlich religiöse Elemente frei kombinierbar, verträgt sich alles mit allem? Dies scheint nicht der Fall zu sein. In der jüngst durchgeführten repräsentativen Studie zur gegenwärtigen Religiosität in der Schweiz wird u.a. die Tragweite »neuer Religiosität« erfragt, und dabei zeigt sich, dass die religiösen Konzepte der Befragten kein amorphes Konglomerat darstellen, sondern dass sich bestimmte Kristallisationspunkte zeigen. Ein Schwerpunkt etwa ergibt sich in der neuen Würdigung des Körpers als eines religiösen Erfahrungsraumes, ein anderer in der Hinwendung zu »okkulten« Praktiken wie dem Pendeln, der Heilung mit Diamanten usw.[43] Diese beiden Faktoren lassen sich deutlich voneinander scheiden und bestimmen je unterschiedliche Profile von Religiosität, die sich empirisch erfassen lassen. Berger hat mit der Betonung des »Zwangs zur Häresie« nur einen Aspekt der Religionsentwicklung in der Gegenwart beschrieben:[44] Es gibt nicht nur die Turbulenzen, welche die bisherigen Ordnungen stören oder gar zerstören, es gibt auch neue ordnende Kräfte, die gerade im Ungleichgewicht religiöser Entwicklung der Gegenwart wirksam werden; es gibt neue Konfigurationen um (noch) latente Mythen. Das Chaos ordnet sich bekanntlich von selbst; die Physiker sprechen in solchen Fällen von »seltsamen Attraktoren«, und auch die Kristallisationsformen neuer Religiosität sind manchmal seltsam genug. Natürlich stellt sich die Frage nach »Konfigurationen« von religiösen Symbolsystemen, d.h. nach dem Zusammenhang bestimmter Themen, Stossrichtungen der Botschaft und entsprechenden Verwendungen nicht nur in unserem historischen Umfeld.[45]

Diese Problematik ist nicht ohne gesamtgesellschaftliches Interesse: Wie verhalten sich die in vielfältigem Austausch begriffenen religiösen Gemeinschaften

---

[43] Krüggeler, M.: Inseln der Seligen: Religiöse Orientierungen in der Schweiz, in: Dubach/Campiche: Jede(r) ein Sonderfall?, 93–132, 119ff.

[44] Berger, P.L.: Der Zwang zur Häresie. Religion in der pluralistischen Gesellschaft, Frankfurt a.M. 1980.

[45] Vgl. Stolz: Gott, Kaiser, Arzt; ders.: Fluktuation und Bündelung von Identifikationen. Aspekte der Inter- und Multikulturalität im Horizont vergleichender Religionsgeschichte, in: Preissler, H./Seiwert, H. (Hg.): Gnosisforschung und Religionsgeschichte. Festschrift für Kurt Rudolph zum 65. Geburtstag, Marburg 1994, 549–564.

und Symbolsysteme zur »Zivilreligion«, dem Bestand selbstverständlicher Werte und Normen, von denen die Gesellschaft lebt[46] – ist diese Zivilreligion überhaupt empirisch fassbar, oder handelt es sich lediglich um ein Postulat, ohne das ein Staat (oder ein Staatsbürger) nicht auskommt? Gibt es im Allgemeinen religiösen Austausch »überlappende Bestände«, die nicht ausgetauscht werden müssen bzw. dem Austausch entzogen sind? Wie viel Zivilreligion braucht die Gesellschaft, um einigermassen stabil zu bleiben, welches sind die Toleranzwerte, die, wenn sie nicht eingehalten werden, zur Disstabilisierung führen? An dieser Stelle stossen analytische Probleme unmittelbar an einen normativen Diskurs an.

3. Schlussbemerkungen

Als sehr summarische Bilanz dieser fragmentarischen Skizze halten wir fest:

1. Der Begriff des »Synkretismus« ist so weit geworden, dass er kaum mehr etwas bezeichnet. Die gegebene Problemskizze stellt den Versuch dar, im Ansatz eine Klassifikation zur Beschreibung von Austauschmechanismen im Bereich der Religion zu entwerfen, die in unterschiedlichen Zusammenhängen verwendbar sein sollte: sowohl im Hinblick auf den Gegenstandsbereich als auch im Hinblick auf den methodischen Ansatz der Betrachtung, sowohl in historischen wie empirischen Zugängen zu den Phänomenen – mit einem Wort: die universal verwendbar sein sollte. Ein solches Klassifikationssystem darf in seiner Leistungsfähigkeit nicht überschätzt werden. Es ist lediglich ein heuristisches Mittel zur gleichförmigen Deskription historisch und kulturell unterschiedlich überlieferter und aufbereiteter Sachverhalte, insofern stellt es Vergleichbarkeit her.

2. Die Anwendung dieser Klassifikation gestattet die Formulierung einiger typischer Abläufe im Hinblick auf Erschwerung oder Erleichterung (und das heisst auch: auf das Tempo) von Austauschprozessen. Hohe Niveauunterschiede in der materiellen oder geistigen Kultur werden beispielsweise asymmetrische Austauschprozesse begünstigen; je stärker die Kontrollmechanismen, desto schwieriger der Austausch; religiöse Kommunikation, welche in Analogie zum Warentausch verläuft, wird den Austausch mehr begünstigen als solche, die den Autoritätslinien entlang verläuft usw.

3. Austauschprozesse können eine solche Intensität erreichen, dass es im grösseren oder kleineren Rahmen relativ schnell zur Ausbildung neuer religiöser Symbolsysteme kommt. Die Gegenwart ist ein Beispiel derart schneller und umfassender Prozesse: Religionen verändern sich schnell, neue religiöse Gruppierungen entstehen und vergehen, jeder ist in der Lage, selbst seine religiöse Orientierung

---

[46] Zu Ausformungen und Konzeptualisierungen von Zivilreligion vgl. vor allem Müller, A./Kleger, H. (Hg.): Religion des Bürgers. Zivilreligion in Europa und Amerika, Gütersloh 1986; Schieder, R.: Civil Religion. Die religiöse Dimension politischer Kultur, Gütersloh 1987; Sparn, W. (Hg.): Wieviel Religion braucht der deutsche Staat? Politisches Christentum zwischen Reaktion und Revolution, Gütersloh 1992.

herzustellen. Allerdings scheint die Systembildung nicht einfach beliebig zu sein, es lässt sich nicht alles mit allem kombinieren; vielmehr werden gewisse Konfigurationsmuster wirksam, welche den neu entstehenden religiösen Symbolsystemen ihre Gestalt geben. Ob diese Gestalt immer eine »gute« Gestalt im Sinne der Gestalttheorie sei, lassen wir dahingestellt.

4. Austauschprozesse schaffen immer auch die Möglichkeit der Distanzierung. Damit bestimmen sie auch den Raum, in welchem Religionswissenschaft ihre Arbeit betreiben kann. Man kann sogar noch einen Schritt weiter gehen: Religionswissenschaft, welche die Austauschprozesse analysiert, ist selbst ein Produkt ebendieser Prozesse, und sie wird ihnen wohl noch eine zusätzliche Dynamik verleihen – wenn sie sich mit einer derartigen Feststellung nicht etwas überschätzt.

VERGLEICH VON PRODUKTEN UND PRODUKTIONSREGELN RELIGIÖSER KOMMUNIKATION

1. Der Ausgangspunkt: Vergleich religiöser Phänomene

Unter den Methoden, welche die Religionen dem Vergleich erschliessen sollten, spielte die Religionsphänomenologie eine herausragende Rolle. Sie betrachtete ihre Gegenstände als historische Äusserungen ahistorischer Gegebenheiten; die »Phänomene« verdanken sich einer Wesensschau, welche grundsätzlich jenseits der historischen Variabilitäten angesiedelt ist, welche aber auch die individuellen Einschränkungen des Erkennens transzendiert. Der Übergang über die verschiedenen Typen von Beschränkung hinaus sollte durch den Vergleich besorgt werden. Der Vergleich schafft Klarheit über die Bedeutung der Phänomene, er kann dazu dienen, die Intentionen, welche der Wesensschau zugeordnet sind, freizulegen. So ungefähr lautete das Programm der Religionsphänomenologie (in lockerem Anschluss an die philosophische Phänomenologie), soweit es überhaupt formuliert wurde[1] – und soweit ich es verstanden habe. So hat die Religionsphänomenologie, wenn ich richtig sehe, die Phänomene der Religion durch ihre Art der Betrachtung der historischen Ebene entzogen. Dies hat eine bemerkenswerte Konsequenz: Das Konkret-Historische erscheint lediglich als Illustration jener Phänomene, welche sich der im Vergleich gewonnenen Wesensschau erschliessen. Im Folgenden soll keine Kritik dieses Zugangs vorgetragen werden; es ist ein möglicher Zugang, der sinnvollerweise m.E. allerdings nicht in einer zeitinvarianten Wesensschau endet, sondern in einer höchst zeit- und kulturgebundenen religionswissenschaftlichen Sprachlehre und Klassifikationsmethodik.[2]

Das Problem der Vergleichbarkeit soll hier jedoch von einem anderen Gesichtspunkt her angegangen werden. Die Phänomene der Religionsgeschichte sollen zunächst in ihrem Kontext betrachtet werden. Sie sind *Produkte* konkreter, historischer religiöser Kommunikation. Gebete, Bilder, Bauten, Gotteskonzepte usw. existieren ja zunächst nicht in einer zeitlosen Form, sondern sie werden geschaffen

---

[1] Ich nenne von den zahlreichen, aber theoretisch wenig interessierten Klassikern nur van der Leeuw, G.: Phänomenologie der Religion, Tübingen ³1956, 768ff; zuletzt Braun, H.-J.: Elemente des Religiösen, Zürich 1993. Ein Überblick zur Literatur bei Zinser, H.: Religionsphänomenologie, in: Cancik, H./Gladigow, B./Laubscher, M. (Hg.): Handbuch religionswissenschaftlicher Grundbegriffe 1, Stuttgart/Berlin/Köln/Mainz 1988, 306–309.

[2] Vgl. Colpe, C.: Zur Neubegründung einer Phänomenologie der Religionen und der Religion, in: Zinser, H. (Hg.): Religionswissenschaft. Eine Einführung, Berlin 1988, 131–154; Stolz, F.: Grundzüge der Religionswissenschaft, Göttingen 1988, 222ff.

und verwendet, wahrgenommen und weitergegeben.[3] Gebete verwendet man zu einer bestimmten Zeit und Gelegenheit, man redet eine bestimmte Gottheit an, bittet für dies, dankt für jenes, man beginnt mit der Bitte und hört mit dem Danken auf oder umgekehrt, man spricht das Gebet allein oder mit anderen zusammen, man bewegt sich dazu in einer bestimmten Weise oder auch nicht, man betet nach dem Händewaschen und vor dem Essen oder Schlafen, man übernimmt ein Gebet aus der Erinnerung oder aus einem Gebetsbuch. Die Beobachtungsperspektiven lassen sich noch erweitern und systematisieren. Sie lassen sich sodann übertragen auf andere Elemente religiöser Kommunikation, auch nichtsprachliche (etwa, wie bereits angetönt, auf Bilder, auf Bauten, auf Gesten und Riten) und auf kommunikationsleitende Konzepte (wie Gottesvorstellungen, Konzepte von Opfern und dergleichen mehr). Man kann die verschiedenen Beobachtungshinsichten unschwer gemäss den klassischen Perspektiven von Linguistik und Kommunikationstheorie klassifizieren: Auch religiöse Kommunikation kann beschrieben werden im Hinblick auf Anordnung der Zeichen (Syntax), auf Verweisungen (Semantik) und Verwendungszusammenhang (Pragmatik); und man kann sie zusätzlich im Hinblick auf synchrone und diachrone Gesichtspunkte betrachten. Dabei ist zu betonen, dass diese Unterscheidungen durch den Beobachter eingerichtet sind. Im Einzelfall zeigt sich schnell, dass die Fragestellungen ineinander übergehen.

Religiöse Phänomene haben, wenn man sie so betrachtet, ihren Ort in der Kommunikation derer, die mit ihnen umgehen, sie sind bestimmt durch die *Regeln von Produktion und Rezeption* dieses Kommunikationszusammenhangs. Man wird von Elementen religiöser Kommunikation nie willkürlich Gebrauch machen; selbst in einer Epoche höchster Individualisierung, wo anscheinend alle religiösen Verhaltensweisen nur noch auf individueller Entscheidung beruhen, wird keiner auf die Idee kommen, eine Meditation zu beginnen, wenn er an der Installation eines Computerprogramms ist; Flüche und Verwünschungen stellen sich dagegen von selbst ein. In der Regel ist der Gebrauch religiöser Kommunikation also in hohem Masse geregelt, zumal in vormodernen Gesellschaften. In Analogie zu Wittgensteins Rede von »Sprachspielen« könnte man von »Spielen religiöser Kommunikation« sprechen; von da aus ergibt sich eine Möglichkeit der Annäherung an das Problem des Vergleichens. Der Spielbegriff ist bei Wittgenstein flexibel. In der »Philosophischen Grammatik« findet sich beispielsweise die folgende Äusserung: »So gibt es wohl nicht ein Charakteristikum, das allem, was wir Spiel nennen, gemeinsam ist. Aber man kann auch nicht sagen, ›Spiel‹ habe mehrere unabhängige Bedeutungen (etwa wie das Wort, ›Bank‹). ›Spiele‹ nennt man vielmehr auf verschiedene Weisen miteinander verwandte Vorgänge, zwischen denen es eine Mannigfaltigkeit von Übergängen gibt.«[4]

---

[3] Vom Titel her würde man im Werk von Smart, N.: The Science of Religion and the Sociology of Knowledge, Princeton 1973, Betrachtungen erwarten, wie sie hier angestellt werden, doch werden die Erwartungen enttäuscht.

[4] Wittgenstein, L.: Philosophische Grammatik, Frankfurt a.M. 1973, 75.

Spiele geschehen nach bestimmten Regeln. Allerdings gibt es recht unterschiedliche Verhältnisbestimmungen zwischen Spiel und Spielregel; dies spielt gerade auch bei Wittgenstein eine wesentliche Rolle. Es gilt zunächst, die Möglichkeiten des Verhältnisses zwischen Spiel und Spielregel etwas auszuloten; von da aus lässt sich die Frage nach »Spielen religiöser Kommunikation« und damit das Problem der Vergleichbarkeit präzisieren. Dabei soll ein Konzept von Vergleichsmöglichkeiten entwickelt werden, das möglichst weit gleich auf Brauchbarkeit hin ausgetestet wird.[5]

2. Spiele und Spielregeln

2.1 Artikulation und Art der Regulierungen

Eine erste Verhältnisbestimmung von Spiel und Spielregel richtet sich nach dem Grad der Regelexplikation. Die eigentlichen Regelspiele haben ihr Merkmal darin, dass die Regeln streng formalisiert und expliziert sind. Jeder Mitspieler kennt sie. Demgegenüber sind Elemente wie das Aussehen der Spielfiguren nebensächlich, wenn nur dieses Aussehen einem Stellenwert im Regelzusammenhang zugeordnet ist (es ist beim Kartenspiel ganz gleichgültig, ob man mit deutschen und französischen Karten spielt).[6] Die Regeln anderer Spiele sind demgegenüber nicht expliziert; das bekannteste Beispiel ist die Grammatik einer Sprache. Der berühmte kompetente Sprecher der Linguisten ist bekanntlich kein Grammatiker (nur das nicht!); aber er macht von den Regeln Gebrauch, welche die Grammatiker explizieren.[7] Dass es konkurrierende Rekonstruktionen dieser Regeln gibt, stellt bereits eine Problemanzeige dar. Bekanntlich ist das Feld grammatischer Theoriebildung heute *das* Studienfeld für die Sektenkunde, nachdem es im Bereich der Religion keine Sekten mehr gibt, sondern nur noch Sondergruppen.

Nun ist man zunächst geneigt, zwischen expliziten und impliziten Spielregeln scharf zu unterscheiden und mit Übergängen nicht zu rechnen, aber zu Unrecht. Jean Piaget hat gezeigt, wie in der kindlichen Entwicklung charakteristische Umformungen des Spielverhaltens vom Impliziten zum Expliziten zu beobachten sind; an die Stelle von Rollenspielen (die natürlich auch ihre Regeln haben) treten immer mehr Regelspiele (bei denen die Rollen sekundär sind).[8]

Eine zweite Unterscheidung bezieht sich auf den Spielverlauf. Dieser kann entweder auf ein bestimmtes Ende hin angelegt sein, oder aber er kann offen sein.

---

[5] Schon bei Wittgenstein steht die Betrachtung der Sprache als »Spiel« unter dem Vorzeichen des Vergleichens (Wittgenstein: Grammatik, 63).

[6] »Das Schachspiel ist durch seine Regeln (sein Regelverzeichnis) charakterisiert. Wenn ich das Spiel durch seine Regeln definiere (vom Damenspiel unterscheide), so gehören diese Regeln zur Grammatik des Wortes ›Schach‹«, Wittgenstein: Grammatik, 50f.

[7] Wittgenstein: Grammatik, 62.

[8] Piaget, J.: Nachahmung, Spiel und Traum. Die Entwicklung der Symbolfunktion beim Kinde, Stuttgart 1973, 117ff.

Unsere üblichen Regelspiele haben einen bestimmten Anfang und erzwingen ein bestimmtes Ende. Die Grammatik einer Sprache formt demgegenüber lediglich die Struktur der Verständigung, deren Beginn und Ende nicht festgelegt ist. Auch hier gibt es jedoch Zwischenstufen; ein Badminton-Turnier verläuft natürlich nach Regeln, die immer ein Ende der Spiele erzwingen, aber der normale Familienfederball, der durchaus nicht völlig regellos erfolgt, hört aufgrund von Bedingungen auf, welche sich nicht diesen Regeln verdanken (sondern z.B., weil das Telefon klingelt, weil ein Arm schmerzt usw.). Auch sprachliche Kommunikation kennt Formen mit einem eindeutigen Ausgang. Eine traditionelle Erzählung, eine Tragödie, ein Witz und viele weitere Redeformen determinieren auf ihre Weise einen bestimmten Ausgang der Kommunikation, aber dennoch gibt es Varianten: die nicht enden wollende Geschichte, die besonders kunstvoll oder kunstlos erzählt wird, der pointenlose oder zweipointige Witz, die Tragikomödie.

Wesentlich ist sodann die Beobachtung der Freiheitsgrade, welche durch die Spielregeln erlaubt sind. Es gibt Spiele mit grosser und solche mit geringer Variationsbreite. Regelspiele engen den Spielraum in höchstem Masse ein; eine Grammatik lässt schon relativ viel Raum. Dabei ist gerade hier auffällig, wie bestimmte Regelverstösse auch Funktionen haben; die Sprache der Lyrik, welche die Bahnen der Grammatik verlässt oder jedenfalls deren Möglichkeiten ausreizt, ist besonders expressiv. Regelabweichung muss demnach interpretiert werden, sie muss nicht Ausdruck der Inkompetenz sein.

Ein letzter wesentlicher Faktor von Spielregulierung betrifft die Rolle, die dem Zufall eingeräumt wird. Wir kennen Regelspiele, in welchen der Zufall völlig ausgeschlossen wird bzw. ganz auf die Spielkapazität der Mitspieler verlagert ist – etwa bei Wettkampfspielen aller Art. Aber sehr viele Spiele räumen doch dem Unberechenbaren, dem Zufall, einen wesentlichen Stellenwert ein. Der Reiz bei den meisten Regelspielen besteht gerade darin, dass Zufall und durchsichtige Regulierung in einen durchschaubaren Zusammenhang gebracht werden.

2.2 Dimensionen von Regulierungen

Bei einem Regelspiel ist klar, dass es nur darum geht, ein Spiel den Regeln entsprechend durchzuführen. Die Anordnung des Spiels ist reguliert, das Einhalten der Anordnungsregeln ist der Kommunikationszweck; wir haben es mit einer Form von »reiner Syntax« zu tun. Dies ist allerdings ein Sonderfall von Kommunikation. Normalerweise hat eine Kommunikation auch eine Bedeutungsdimension. Man will im Gespräch etwas mitteilen, man will in der Erzählung auch belehren und Orientierungen verschaffen, man will sich im Witz häufig über jemanden lustig machen.[9] Die Elemente der Kommunikation haben also eine Verweisfunk-

---

[9] Der Witz ist ein gutes Beispiel für mögliche Unterschiede in der Verhältnisbestimmung zwischen Syntax und Semantik des Textes: Der Verlauf der Textrezeption soll auf jeden Fall eine bestimmte Transformation auslösen, konkret: zum Lachen reizen (syntaktische Dimension). Ob man

tion; und diese Verweisfunktion ist in Erzählungen schon nicht mehr beliebig. Man könnte in der Geschichte von Wilhelm Tell nicht plötzlich einen Rollentausch zwischen Gessler und Tell vornehmen, es sei denn, man will die »Botschaft« der Geschichte subversiv umschreiben, wie Max Frisch dies in seinem Büchlein *Wilhelm Tell für die Schule* getan hat. Zu den syntaktischen Anordnungsregeln gehören also semantische Zuordnungsregeln. Und dazu kommen natürlich noch die Regeln der Pragmatik, also die Anwendungsregeln. Sprachspiele haben je ihre Zeit – wer bei einem Todesfall einen Witz erzählt, statt dass er kondoliert, benimmt sich daneben.

Damit ist der Spielbegriff, welcher »auf verschiedene Weisen miteinander verwandte Vorgänge« bezeichnet, so mit Erläuterungen ausgestattet, dass die Verwandtschaften sich benennen und die Spiele sich miteinander vergleichen lassen.

3. Regulierungen religiöser Kommunikation und deren Vergleich

Wenn man mit diesen Vorüberlegungen an religionsgeschichtliche Sachverhalte herangeht, fällt auf, dass die entwickelten Fragen zumindest teilweise seit langem zum Bestand religionswissenschaftlicher Fragestellungen gehören; sie sind allerdings nie in besonderer Weise unter dem Vorzeichen des Vergleichens thematisiert worden. Es könnte sein, dass die Frage nach dem Vergleichen gerade in Problemzusammenhängen erfolgreich weiterverfolgt werden kann, wo sie bisher kein Thema war. Von da aus dürften sich Anhaltspunkte zu einer etwas systematischeren Konzeptualisierung der Vergleichsarbeit geben, als dies normalerweise geschieht.

3.1 Vergleiche begrenzter Kommunikation im Binnenraum und im Aussenraum

Die Gattungsforschung, welche besonders zur Zeit der religionsgeschichtlichen Schule im Bereich der biblischen Exegese entwickelt worden ist, aber weit darüber hinaus Wirkungen gezeitigt hat, ist in hohem Masse durch Vergleiche im Regelsystem sprachlicher Kommunikation entwickelt worden.[10] Die wichtigsten Fragestellungen der Gattungsforschung sehen unter den entwickelten Gesichtspunkten folgendermassen aus:

– Auf Gattungen ist man gestossen durch den Vergleich des Textaufbaus in verschiedenen Exemplaren einer bestimmten Literatur: Man hat also die impliziten syntaktischen Regeln bestimmt und expliziert.

jedoch *über jemanden* lacht (semantische Dimension), ist im Hinblick auf die Leistung der Redeform »Witz« fakultativ.
[10] Vgl. die klassischen Werke Gunkel, H.: Die Psalmen, Göttingen (1929) ⁵1968; Gunkel, H./ Begrich, J.: Einleitung in die Psalmen. Die Gattungen der religiösen Lyrik Israels, Göttingen (1933) ³1975. Zur Entstehung der Fragestellung vgl. Kraus, H.-J.: Geschichte der historisch-kritischen Erforschung des Alten Testaments, Neukirchen-Vluyn ²1969, 341ff.

- Man hat sodann die Texte literatursoziologisch auf ihre Verwendung und den sozialen Kontext hin interpretiert; man hat die Aufbauregeln der Texte als Verlaufsregeln typischer kultischer Vorgänge interpretiert.
- Man hat schliesslich nach dem »Sitz im Leben« der Texte gefragt, also nach den Gelegenheiten, welche die Ingangsetzung der intendierten Vorgänge erforderten; d.h., man hat Anwendungsregeln bestimmt.
- Es ist schnell aufgefallen, dass Gattungen wie die individuelle Klage des Alten Testaments immer wieder auf dieselben Erfahrungsbereiche verweisen; natürlich zunächst auf Krankheit und Unglück (an dieser Stelle zeigt sich auch, dass die Trennung zwischen »Anwendungsregeln« und »Zuordnungsregeln« von aussen her konstruiert ist), dann aber auch auf »Feinde«, welche z.T. dämonische Züge haben, mit Büffeln, Löwen und anderem Getier verglichen werden usw. Gattungen implizieren also eine bestimmte Semantik.

Alle diese vergleichenden Fragestellungen bedeuten natürlich nicht, dass, um in unserem Bild zu bleiben, jedes Mal exakt dasselbe Spiel gespielt wird; Varianten bestehen zunächst in synchroner Hinsicht: Die Problemlagen des Leidenden – um das Beispiel der individuellen Klage zu wählen – variieren von Fall zu Fall, aber auch die typisierenden Darstellungen in den Texten setzen immer wieder andere Akzente. Die Wahl der literarischen Vorlage einer Klage für einen konkreten Fall ritueller Verwendung wird also durch verschiedene Faktoren bedingt gewesen sein: durch die Art des Leidens, den Bestand an Vorlagen, das Gedächtnis oder die bibliothekarischen Kenntnisse des behandelnden Spezialisten usw. Gewichtige Umschichtungen ergeben sich sodann in diachroner Hinsicht; Psalmen haben im Verlauf der Überlieferung neue Verwendungskontexte, neue Bedeutungen und neue Leistungen erhalten,[11] was sich meist in Modifikationen der Gattungsmerkmale (also der Text-Syntax) im Verhältnis zu den »idealtypischen« Gattungen zeigen lässt.

Die Regeln der Produktion und Rezeption bestimmter literarischer Gattungen variieren also tatsächlich in einer bestimmten Breite. Das Vergleichsverfahren besteht methodisch darin, dass man in den konkreten Texten die wiederkehrenden, regelmässigen Elemente betrachtet und im Hinblick auf Syntax, Semantik und Pragmatik interpretiert, in synchroner wie in diachroner Hinsicht; man beobachtet die Spiele im Hinblick auf ihre Regeln. Dabei ist zu betonen, dass diese Unterscheidung zwischen Spielregeln und Spielverlauf lediglich ein konstruktives Hilfsmittel der Analyse ist.

Das Verfahren lässt sich nicht nur auf Texte anwenden; auch Bilder sind ähnlichen Fragestellungen erschlossen worden; inzwischen ist deutlich, dass »Bildprogramme« im Alten Orient (etwa Tempeldekorationen[12], Darstellungen auf Roll-

---

[11] Die Rezeptionsgeschichte und das Problem der »Relecture« sind ein wichtiges Thema der neueren Psalmenforschung. Vgl. z.B. Stolz, F.: Psalmen im nachkultischen Raum, Zürich 1983; Seybold, K.: Die Psalmen. Eine Einführung, Stuttgart 1986.
[12] Z.B. Brunner, H.: Die Geburt des Gottkönigs, Wiesbaden 1964; Assmann, J.: Die Zeugung

und Stempelsiegeln[13], auf Grenzsteinen[14] usw.) in derselben Weise vergleichend gelesen werden können wie Texte. Auch hier werden Vorgänge repräsentiert; Vorgänge, die man gewiss nicht so unmittelbar rituell interpretieren darf wie eine Klage oder Gebetsbeschwörung, die aber doch eine kommunikative Konstellation von grosser Bedeutung repräsentieren. Die Kodierung spielt also im Hinblick auf unsere Fragestellung keine entscheidende Rolle; Spielregeln gibt es für die Produktion von sprachlichen (und überhaupt akustischen), visuellen und auch handlungsmässigen Phänomenen der Kommunikation. Reguliert sind auch Verschränkungen der Kodierungen: Im Tanz gibt es eine Koordination der Signale von Musik und Bewegung, z.T. auch von visuellen Elementen.

Zurück zur alttestamentlichen Kultlyrik. Gerade am Beispiel dieser Literatur ist die vergleichende Arbeit sehr schnell über den engeren Bereich Altisraels hinausgelangt, vor allem im Rahmen der skandinavischen Forschung, wo man seit dem 19. Jh. gern religionsgeschichtliche mit ethnologischen Fragestellungen verband. Man hat Parallelen zwischen alttestamentlichen Klagen und akkadischen Gebetsbeschwörungen entdeckt,[15] ist also auf ähnliche syntaktische Regeln gestossen; man hat Ähnlichkeiten zwischen den in Anspruch genommenen semantischen Feldern gefunden, was nicht verwundert, beklagt und verwünscht man doch auf der ganzen Welt ungefähr dieselben Dinge. Es ist also offenbar möglich, kleinräumige Verfahrensweisen religiöser Kommunikation in verschiedenen Kulturräumen zu vergleichen; das bedeutet, dass analoge Probleme in analoger Weise der Kommunikation erschlossen und bearbeitet werden. Die Genese für solche Übereinstimmungen kann unterschiedlich erklärt werden, sowohl Diffusions- als auch Konvergenzmodelle kommen in Betracht: Entweder haben sich bestimmte kommunikative Formen als derart erfolgreich erwiesen, dass sie sich verbreitet haben (gewisse Arten von religiöser Kommunikation stecken geradezu an, man denke ans Zungenreden); aber es ist auch denkbar, dass analoge Problemlagen spontan zu analogen Formungen von Kommunikation führen.

Fragestellungen dieser Art sind in der Forschungsgeschichte teilweise recht intensiv bearbeitet, von der Religionswissenschaft aber wenig zur Kenntnis genommen worden. Zu nennen sind etwa die Arbeiten von Vladimir Propp, welcher die Struktur (nach unserer Nomenklatur präziser: die Syntax) des Zaubermärchens analysiert hat;[16] Propp verweist auf Ritual und Mythos als Ursprungsbereich des Zaubermärchens. Walter Burkert hat Einsichten Propps auf griechische und me-

---

des Sohnes, in: Assmann, J./Burkert, W./Stolz, F. (Hg.): Funktionen und Leistungen des Mythos. Drei altorientalische Beispiele, Freiburg (Schweiz) 1982, 13–61.

[13] Z.B. Haussperger, M.: Die Einführungsszene. Entwicklung eines mesopotamischen Motivs von der altakkadischen bis zum Ende der altbabylonischen Zeit, München 1991.

[14] Dazu Seidl, U.: Die babylonischen Kudurri-Reliefs. Symbole mesopotamischer Gottheiten, Freiburg (Schweiz)/Göttingen (1968) 1989.

[15] Vgl. Widengren, G.: The Accadian and Hebrew Psalms of Lamentation, Uppsala 1936.

[16] Propp, V.: Morphologie des Märchens, München/Wien 1972; ders.: Die historischen Wurzeln des Zaubermärchens, München/Wien 1987.

sopotamische Mythen übertragen und Propps Andeutungen damit weiter ver-folgt.[17] Tatsächlich kehren in vielen traditionellen Erzählungen (die Unterschei-dung von »Märchen« und »Mythos« ist in vielen Kulturen problematisch) diesel-ben Ereigniskonstellationen wieder; Burkert erwägt geradezu einen ethologisch zu bestimmenden Ursprung dieser Erzählstrukturen. Die Spielregeln des Mythos wären demnach in ihrem Grundbestand biologisch programmiert, erscheinen jedoch in der typisch menschlichen kulturellen Variabilität. Damit käme eine Vergleichbarkeit ins Spiel, die jenseits der klassischen Alternative Diffusion vs. Konvergenz angesiedelt ist; der Vergleich ergäbe dann einerseits ein biologisch-ethologisch zu bestimmendes Grundschema, andererseits die Varianzbreite von dessen kultureller Realisierung.

Kehren wir nochmals zum begrenzten Raum des Alten Orients zurück. Der Vergleich fördert natürlich nicht nur Gemeinsamkeiten, sondern auch Unter-schiede zutage. Es ist beispielsweise auffällig, dass sich in den Gebetsbeschwörun-gen Mesopotamiens viele Hinweise auf Hexen, Hexer und Dämonen finden, in alttestamentlichen Psalmen dagegen nicht oder höchstens ansatzweise.[18] Zwar finden sich starke Bilder für die Feinde, es finden sich auch Farben personaler und politischer Konkretisierung; aber eine »dämonologische« Interpretation findet sich kaum. Dieses Erfahrungsfeld, eine bestimmte semantische Dimension religi-öser Botschaft, steht nicht zur Verfügung, vielleicht ist es einfach unterdrückt oder in einem bestimmten historischen Moment ausgeschaltet worden. Die isra-elitische Ausformung eines exklusiv monotheistischen Gotteskonzepts in der Zeit des Exils dürfte zu diesen Eigenheiten geführt haben.[19] Der Austausch semanti-scher Felder bei vergleichbarer Syntax ist also von grösstem Belang für die Inter-pretation von einzelnen Dokumenten wie des religiösen Symbolsystems ins-gesamt.

Natürlich ist es auch aufschlussreich, wenn bestimmte Formen von Kommuni-kation in einem Kulturraum überhaupt fehlen: In Ugarit ist Literatur vom Typus Klage/Beschwörung, der in Israel und Mesopotamien so ausgiebig vertreten ist, fast gar nicht belegt[20] – was auf einem Zufall beruhen könnte, was aber auch be-deuten könnte, dass entsprechende Probleme der Kommunikation anders er-schlossen wurden. Ein besonders bekanntes Beispiel des Fehlens einer bestimm-ten Art von Kommunikation stellt Rom dar, wo man keine Mythen erzählt, dafür welche aus Griechenland importiert hat. Wir sind mit diesen Überlegungen auf das Problem der Konfiguration eines religiösen Symbolsystems gestossen, das uns im nächsten Abschnitt noch beschäftigen muss.

[17] Burkert, W.: Structure and History in Greek Mythology and Ritual, Berkley 1979, 14–18; ders.: Literarische Texte und funktionaler Mythos. Ištar und Atramḫasis, in: Assmann/Burkert/Stolz: Funktionen, 63–82.

[18] Vgl. Birkeland, H.: The Evildoers in the Book of Psalms, Oslo 1955.

[19] Zu vergleichen ist die »Entpersonalisierung« der Chaosmacht in Gen 1: Das Wasser wird zur passiven Materie bzw. zum blossen Bild und verliert alle Züge eigenständiger Willens- und Macht-ausübung.

[20] Mit Ausnahme von KTU I 65, 1.40.

3.2 Die »Botschaft« einer Religion als Summe ihrer Verfahrensregeln

Wir gehen davon aus, dass Religionen eine bestimmte Botschaft haben; normalerweise pflegt man diese Botschaft in den Lehrbüchern der allgemeinen Religionsgeschichte als Synthese und Systematisierung von Inhalten darzustellen, wobei als Leitlinie der Systematisierung gern die christliche Dogmatik dient: Man beginnt mit den Göttern und endet mit dem Jenseits,[21] so wie die Dogmatiker mit *De deo* einsetzen und mit *De novissimis* aufhören. Ich habe nichts gegen das Verfahren, wenn man nur weiss, was man tut; die Voraussetzungen dieses Verfahrens sind, dass das Christentum den Prototyp von Religion ausmacht (eine Voraussetzung, der sich der Religionswissenschaftler, der selbst aus einer christlichen Kultur stammt, kaum entziehen kann), und dass man Religion zunächst im Hinblick auf bestimmte Inhalte, auf bestimmte Produkte religiöser Kommunikation betrachtet.

Für unsere Problematik müsste die Konstruktion der Gesamtbotschaft einer Religion andere Wege gehen. Wir sind von einzelnen Abläufen ausgegangen, welche sich in religionsgeschichtlichen Dokumentationen widerspiegeln; und wir wollen diese Prozesse im Hinblick auf die sie hervorbringenden Regeln befragen. Die verschiedenen Abläufe haben ihren Ort innerhalb eines »Systemganzen«, sie beeinflussen sich also wechselseitig – wenn wir sie denn überhaupt zu Recht als Elemente *einer* Religion aufgefasst haben. Allerdings ist dieses »Ganze« ja lediglich eine Leitidee, die wir bestimmen wollen; es ergibt sich wiederum aus einem bestimmten Typus von Vergleichsarbeit, allerdings einem ganz anderen Typ im Verhältnis zum bisher Besprochenen. Es geht einerseits um Vergleichsarbeit innerhalb eines religiösen Systems, andererseits um Vergleichsarbeit zwischen religiösen Systemen, also um Vergleichsarbeit, welche Systemgrenzen und Systemeigenheiten sichtbar machen soll. Lassen sich aus der Vielzahl der Regeln, welche die zahllosen Abläufe im Bereich einer Religion bestimmen, typische Muster ablesen? Gibt es eine *Konfiguration* von Regeln, die sich einigermassen deutlich bestimmen lässt, welche ihre Spuren immer oder jedenfalls besonders häufig in den konkreten Regeln hinterlässt? Wir sind auf das Problem bereits in einem Einzelfall gestossen.[22]

Die Frage ist nicht so einfach zu beantworten – weniger einfach jedenfalls, als wenn man sich von Inhalten her ein Gesamtbild einer Religion zu machen versucht. Ich will anzudeuten versuchen, wie man sich der Frage jedenfalls nähern könnte. Dabei ist es sinnvoll, das Problem zunächst im Hinblick auf verschiedene Regeltypen getrennt zu behandeln.

Was die Zuordnungsregeln betrifft, also die semantische Dimension, so kann man fragen, was für Felder religiös bearbeitet werden, also gewissermassen den

---

[21] So z.B. Ringgren, H./van Ström, Š.: Die Religionen der Völker, Stuttgart 1959, in vielen Abschnitten ihres Lehrbuches, aber auch zahlreiche andere.

[22] Zu diesem Gebrauch des Wortes »Konfiguration« vgl. Stolz, F.: Gott, Kaiser, Arzt, in: Elsas, Ch. u.a. (Hg.): Tradition und Translation. Festschrift für Carsten Colpe, Berlin/New York 1994, 113–130, bes. 127ff.

Resonanzraum für die Abläufe bilden. Bekanntlich besetzen verschiedene Religionen einzelne Erfahrungsräume mit unterschiedlicher Energie. In Ägypten wird der Bereich des Todes stark bearbeitet, und zwar seit frühester Zeit.[23] In Mesopotamien ist dies in viel geringerem Masse der Fall,[24] und das Israel, welches im Alten Testament zur Sprache kommt, hat dem Bereich des Todes überhaupt keine legitime kultische Beachtung geschenkt.[25] Das gibt einen wesentlichen Hinweis: Es ist nicht nur interessant, welche semantischen Felder ausgewählt werden, sondern auch die, welche nicht ausgewählt werden. Bei den Bororo in Brasilien ist der Vorgang der Geburt aus der kulturellen und damit auch religiösen Wahrnehmung ausgespart,[26] bei den Matsigenka die Sexualität[27] usw. Zuordnungsregeln treffen also eine positive oder eine negative Selektion der Erfahrungsfelder.

Übrigens drückt sich religionsgeschichtlicher Wandel gern in einer Veränderung der Zuordnungsregeln aus. Wenn man in Israel zu einer bestimmten Zeit und in bestimmten Milieus nicht mehr vom Tod hat reden wollen, dann stellt dies eine ganz bestimmte Phase symbolischer Abgrenzung dar; und wenn später in der Apokalyptik das Thema wieder erarbeitet wurde, so hatte dies eine bestimmte kompensatorische Funktion.[28] Auch heute lassen sich solche Veränderungen feststellen: Dem heutigen Mainstream-Christentum sind der Tod und das Jenseits als Themen weitgehend abhanden gekommen; die traditionelle christliche Bearbeitung des Themas (z.B. die Vorstellung des Jüngsten Gerichts) ist nicht mehr aktuell.[29] Aber das liegt nicht daran, dass die Leute nichts über eine postmortale Existenz hören wollten, sodass dieser Resonanzbereich grundsätzlich verschwunden wäre, denn Reinkarnation, Rebirthing u. dgl. sind durchaus attraktive Ge-

[23] Klassische Darstellung: Kees, H.: Totenglauben und Jenseitsvorstellungen der alten Ägypter, Berlin (1926) ³1977.

[24] Tsukimoto, A.: Untersuchungen zur Totenpflege (kispum) im Alten Mesopotamien, Neukirchen/Kevelaer 1985.

[25] In letzter Zeit hat sich das Bild in der Forschung allerdings verschoben; man hat erkannt, dass zumindest gewisse Kreise des vorexilischen Israel durchaus einen Totenkult kannten. Vgl. etwa Spronk, K.: Beatific Afterlife in Ancient Israel and in the Ancient Near East, Neukirchen/Kevelaer 1984; Schmidt, B.B.: Israel's Beneficient Dead, Tübingen 1994.

[26] Crocker, J.C.: Vital Souls. Bororo Cosmology, Natural Symbolism and Shamanism, Tucson 1985, 52ff.

[27] Baer, G.: Die Religion der Matsigenka, Ostperu, Basel 1984, 154ff, 258ff.

[28] Die Abwehr des Totenkultes ist schon immer als Abwehrreaktion interpretiert worden. Man hat hierin einen Abwehrreflex gegen das »Kanaanäische« vonseiten Israels vermutet (so von Rad, G.: Theologie des Alten Testaments I, München ⁴1962, 288ff); oder man rechnete mit einer typisch nomadischen Verhaltensweise, welche sich gegen die Ortsgebundenheit der Sesshaften abgrenzt (Maag, V.: Tod und Jenseits nach dem Alten Testament, in: Schmid, H.H./Steck, O.H. (Hg.): Kultur, Kulturkontakt und Religion, Göttingen 1980, 181–202, bes. 181f). Vielleicht war der Totenkult auch ein spezifischer Frauenkult, den man von einer bestimmten Phase israelitischer Religionsgeschichte an nicht mehr tolerierte (Stolz, F.: Einführung in den biblischen Monotheismus, Darmstadt 1996, 128ff).

[29] Schon vor zwanzig Jahren waren eschatologische Vorstellungen in Deutschland nicht mehr besonders populär, insbesondere bei den Protestanten; vgl. Schmidtchen, G.: Was den Deutschen heilig ist, München 1979, 71.

genstände der Medien, des Buchhandels und des esoterischen Unternehmertums.[30]

Ich will die Problematik der Anwendungsregeln jetzt übergehen; sie ist ganz eng mit derjenigen der Zuordnungsregeln verbunden. Interessant und schwierig wird die Problemlage aber nochmals im Hinblick auf die syntaktische Dimension, also auf die Anordnungsregeln.

Das Problem soll an bereits genannten Fallbeispielen entwickelt werden. Betrachten wir nochmals das (literarisch dokumentierte) Handlungsprogramm von Klage- und Bussliturgie einerseits, das ikonographische Programm der Einführungsszene andererseits. Beide Programme sind typisch für die Religion Mesopotamiens; sie repräsentieren charakteristische Vorgänge. Sie sollen betrachtet werden unter dem Gesichtspunkt einer »Konfiguration«, welche in beiden Regulierungen bestimmend ist.

Ein akkadisches Bussritual enthält einige typische Elemente.[31] Beteiligt ist zunächst der Kranke. Dieser leidet an »Krankheit, Kopfkrankheit, Fluch und Schlaflosigkeit«, bekennt seine Schuld und bittet um Erlösung (»Viel sind meiner Sünden, und allenthalben verfehlte ich mich. Mag ich auch diese ... überschritten haben, möge ich doch aus meiner Not herauskommen!«). Eine wichtige Rolle spielt sodann ein Spezialist, welcher das Ritual leitet und Fürbitte einlegt (»Sieh dir an sein böses Tun; dann aber möge sich dein Herz beruhigen, habe Erbarmen mit ihm!«), welcher auch ein Dankritual mit reichen Opfergaben sowie regelmässigen Kult für den Fall der Genesung in Aussicht stellt (»Nimm an sein Geschenk, nimm entgegen sein Lösegeld, dass er auf dem Boden des Wohlergehens vor dir wandele! Mit Fülle und Überfluss möge er deinen Hochsitz ausstatten, in deinem Hause sei seine Pflege ständig!«). Oft ist in diesen Zusammenhängen der »persönliche Gott« genannt, welcher sich vom Kranken abgewandt hat und von dem man neue Zuwendung erhofft. Der Verkehr zur Welt der Götter verläuft also über verschiedene Zwischenstufen: über den Spezialisten im Bereich der Menschen, über den persönlichen Gott im Bereich der Götter. Gabe und Gegengabe werden in ein genau bestimmbares Verhältnis gebracht (Kult gegen Heilung).

Eine gewisse Regelanalogie ergibt sich aus der »Einführungsszene«, die hier in einem Beispiel dokumentiert wird:[32]

---

[30] Krüggeler, M.: Inseln der Seligen. Religiöse Orientierungen in der Schweiz, in: Dubach, A./ Campiche, R. (Hg.): Jede(r) ein Sonderfall? Religion in der Schweiz, Zürich/Basel 1993, 93–132.
[31] Das Beispiel findet sich bei Falkenstein, A./von Soden, W.: Sumerische und akkadische Hymnen und Gebete, Zürich/Stuttgart 1953, 270ff.
[32] Jastrow, M.: Bildermappe zur Religion Babyloniens und Assyriens, Giessen 1912, Abb. 191.

Man sieht einen sitzenden hohen Gott; ihm tritt eine Gruppe von drei Gestalten entgegen, die erste und die dritte durch Hörnerkronen deutlich als Götter stilisiert. Der einführende Gott, Ningiszida, hält den Adoranten an der Hand; dessen persönlicher Gott schliesst sich an, gefolgt von einem Mischwesen im Format eines Schosshundes. Dem sitzenden Gott wird ein Libationsgefass präsentiert.

Das Klageritual und die Einführungsszene repräsentieren also einen analogen Prozess, der den Zugang des Menschen zur Gottheit regelt. Dieser Zugang ist mehrfach vermittelt, auf menschlicher und göttlicher Seite; Spezialisten sorgen hüben und drüben für einen Austausch an Kommunikation und an Gütern. Was wir mit dem dürren Ausdruck der gesellschaftlichen »Stratifikation« bezeichnen, drückt sich in Texten und Bildern als typische Regularität der Darstellung aus, als Element der Konfiguration.

Nun ist nicht zu vergessen, dass wir es mit *Spielregeln* zu tun haben. Was die Texte und Bilder zur Darstellung bringen, sind Vorgänge: Menschen werden sich gegebenenfalls einem Klageritual unterziehen, sie kommen in den Bereich des Tempels und begehen hier rituelle Handlungen. Wer ein vorgeformtes Handeln nachvollzieht, handelt nicht nur, sondern er wird auch behandelt: Er gerät in den Sog des vorgegebenen Schemas, er unterliegt (falls das Ritual wirklich wirksam ist) einer bestimmten *Transformation*. Die Transformationen, welche im Klageritual und in der Einführungsszene wirksam werden, sind ähnlich, sie sind offenbar durch dieselbe Konfiguration geleitet.

Die Frage nach der Konfiguration der Regeln eines religiösen Symbolsystems insgesamt sind allerdings viel umfassender zu stellen. Was an einem Detail demonstriert wurde, wäre an den verschiedensten Vorgängen auszuprobieren. Als heuristisches Prinzip gilt, dass alle Transformationen, welche durch die im Detail regulierten Vorgänge in Gang gesetzt werden, eine Gesamttendenz haben. Eine »religiöse Botschaft« insgesamt hat ein »Ziel«, sie gibt dem von Natur aus offenen Menschen eine bestimmte Orientierung.

Zuweilen wird diese Orientierung unmittelbar deutlich. Wenn man in einem lutherischen Abendmahlsgottesdienst mindestens dreimal von Sünden freigesprochen wird (einmal formularisch im Anschluss ans Bekenntnis der Schuld, dann durch die Predigt, dann nochmals in der Abendmahlsliturgie), kann der Sinn kaum darin liegen, dass man in der Zwischenzeit bereits wieder gesündigt hat (wenngleich dem Gottesdienstbesucher hoffentlich schon klar ist, dass es nicht nur auf die Worte und Werke, sondern schon auf die Gedanken ankommt). Gemeint ist mit der Redundanz doch offenbar, dass hier *die* zentrale Transformation zu Gesicht kommt. Sucht man also nach den wesentlichen Transformationen in einem religiösen Symbolsystem, so ist auf Wiederholungen zu achten, auf Variationen des Themas usw.

Es ist nun deutlich, auf welche Weise die hier skizzierte Vergleichsarbeit dazu beitragen kann, die Umrisse der »Gesamtbotschaft« einer Religion zu entwerfen. Orientiert man diese Vergleichsarbeit an den Regeln, so stösst man auf die hauptsächlich bearbeiteten semantischen Felder, auf typische Situationsbearbeitungen und auf charakteristische Transformationen eines religiösen Symbolsystems, man ist imstande, die Konfiguration eines spezifischen religiösen Symbolsystems zu bestimmen.

Hat man damit das »Wesentliche« einer Religion erfasst? Das ist noch nicht gesagt. Das »Proprium« einer religiösen Botschaft kommt nicht nur wohl nicht einmal in erster Linie auf der Ebene der Regelmechanismen zum Ausdruck, sogar dann, wenn sich auf dieser Ebene Systemeigenheiten und -grenzen durchaus festmachen lassen. Das Spezifische, Einmalige, ist historisch vermittelt oder anders, in der Metaphorik des Spiels ausgedrückt: Die grossen Gewinne (und Verluste) macht man nicht, wenn man sich mit Spielregeln beschäftigt, sondern wenn man spielt. Das spricht nicht gegen eine Beschäftigung mit den Spielregeln; es ist aber wesentlich, die Reichweite der hier entwickelten Betrachtungsweise abzuschätzen.

4. Ertrag

Die übliche religionsgeschichtliche Vergleichsarbeit, welche an Produkten (den »Phänomenen«) orientiert ist, hat in der Regel die Anhaltspunkte des Vergleichens nur unzureichend ausgewiesen. Wendet man sich den Prozessen religiöser Kommunikation zu und fragt nach deren Regeln, so ist die Reflexion des Vergleichsrahmens von Anfang an unumgänglich. Eine Rekonstruktion der Regeln religiöser Kommunikation macht Vergleiche nicht nur möglich, vielmehr macht umgekehrt die Vergleichsarbeit diese Regeln überhaupt erst sichtbar. Die Explikation des Theorierahmens ist also von Anfang an gewährleistet.

Diese Vergleichsarbeit kann in unterschiedlichen Kontexten angesiedelt werden:

4.1 Vergleiche sind möglich im Bereich konkreter, begrenzter Abläufe religiöser Kommunikation. Sie fördern deren Regeln zutage; diese Arbeit kann sich an traditionellen Fragestellungen der Gattungsforschung, der Ikonographie usw. orientieren. Es ergeben sich Sprach-, Bild-, Bau- und Handlungsprogramme sowie kommunikationsleitende Konzepte.

4.2 Die Vergleichsarbeit kann sodann über kleinräumige Zusammenhänge hinausgehen, in diachroner wie synchroner Hinsicht. Dabei ergeben sich verschiedene Möglichkeiten von Vergleichbarkeit. Es sind Analogien kommunikativer Prozesse zu erwarten: Vielfach führen analoge Probleme zu analogen Bearbeitungsstrategien (Konvergenz), vielfach haben sich kommunikative Muster in Analogie zum Warentausch verbreitet (Diffusion), schliesslich ist möglicherweise mit gewissen biologischen Dispositionen zu rechnen, welche diese oder jene Form kommunikativen Verhaltens begünstigen.

4.3 Die Kommunikationsvorgänge innerhalb dessen, was wir »*eine* Religion« nennen, sollten sich durch Gemeinsamkeiten in den Transformationsleistungen (Syntax), die ausgewählten Resonanzfelder religiöser Botschaft (Semantik) oder die Verwendung religiöser Botschaft (Pragmatik) auszeichnen. Wir erwarten also eine typische Konfiguration in den Regelformulierungen, betreffe dies nun Anordnungs-, Zuordnungs- oder Anwendungsregeln.

EFFEKT UND KOMMUNIKATION –
HANDLUNG IM VERHÄLTNIS ZU ANDEREN
KODIERUNGSFORMEN VON RELIGION

Der Ausdruck »religiöses Handeln« bildet einen Topos religionssoziologischer Verständigung; doch darum soll es im Folgenden nicht gehen. Vielmehr soll von »Handlung« im Rahmen eines semiotischen Kontextes die Rede sein. Es geht also um Bewegungen, Körpereinsätze und Verrichtungen, welche im Rahmen eines religiösen Symbolsystems eine Bedeutung haben. Gelegentlich werden die Ausdrücke »Ritus« oder »Ritual« für diese Phänomene gebraucht (etwa im Gegensatz zu »Mythos«), doch da sie auch als Oberbegriffe Verwendung finden, legt sich deren Gebrauch nicht nahe. Wir fragen also wirklich nach »Handlung« als einer Kodierungsform von Kommunikation; dies in Unterscheidung von anderen Kodierungsmöglichkeiten religiöser Botschaft – seien sie nun auf der Ebene des Hörens angesiedelt (Sprache oder Musik), des Sehens (Bilder, Architektur) oder sogar des Riechens.

Die Frage nach der Relevanz des bedeutungsträchtigen Handelns hat in der religionswissenschaftlichen Theoriebildung Tradition. Bereits der Begründer des neuzeitlichen Mythosbegriffs, Christian Gottlob Heyne, hat das Verhältnis zwischen Handlung und Sprache (oder nach seiner Terminologie: zwischen Ritual und Mythos) thematisiert; dabei hat er dem Ritual den Vorrang eingeräumt.[1] Auf eine Kurzformel gebracht, lautet seine These, die durch Beobachtungen nicht nur an antiken Religionen, sondern bereits auch schon an ethnographischen Materialien gestützt war: Das Handeln ist wesentlicher als das Reden. Der Streit um diese Verhältnisbestimmung hat im 19. und beginnenden 20. Jh. Altphilologen, Orientalisten und Religionswissenschaftler immer wieder beschäftigt; ich nenne nur zwei besonders prominente Namen. Der Semitist William Robertson Smith nahm für die frühsemitische Religionsgeschichte eine eindeutige Dominanz der Handlung an; nur die rituelle Handlung sei für die Gemeinschaft verpflichtend gewesen, die Mythen hätte man demgegenüber als beliebiges Beiwerk zu verstehen. Erst in der altisraelitisch-jüdischen Phase semitischer Religionsgeschichte habe die religiöse Sprache der Handlung gegenüber an Bedeutung zugenommen.[2] Die klassische Philologin Jane Harrison rechnete im Gefolge Smiths auch im antiken Griechenland zunächst mit einem Übergewicht der Handlung, doch

---

[1] Horstmann, A.E.-A.: Mythologie und Altertumswissenschaft. Der Mythosbegriff bei Christian Gottlob Heyne, Archiv für Begriffsgeschichte 16 (1972), 60–85.

[2] Smith, W. R.: Lectures on the Religion of the Semites, ²1894; (dt.: Die Religion der Semiten, Tübingen 1899). Dazu Warburg, M.: William Robertson Smith and the Study of Religion, Religion 19 (1989), 41–62.

unter dem Einfluss Durkheims revidierte sie diesen Standpunkt und gelangte zu einem gleichgewichtigen Modell.[3]

Heute lässt sich sagen, dass die Frage nach der Priorität einer Kodierungsform nicht global beantwortet werden kann.[4] Vielmehr regelt jedes religiöse Symbolsystem den Stellenwert einzelner Kodierungsformen auf je spezifische Weise, und dieser Stellenwert kann relativ variabel sein, sowohl in synchroner als auch in diachroner Hinsicht: Zuweilen gibt es schon innerhalb eines Religionsbereiches ganz unterschiedliche Gewichtungen (für einen Mysten in Eleusis war das Vorzeigen eines heiligen Gegenstandes das unaussprechliche, höchste Geheimnis religiöser Offenbarung, für einen zeitgenössischen Anhänger der Stoa galten verständige Worte gewiss viel mehr), und Religionswandel ist gelegentlich mit Verlagerungen in der Konfiguration und Hierarchie von Kodierungsformen verbunden – man denke nur an die Reformation, als auf einen Schlag die Sprache zu *dem* Darstellungsmittel religiöser Botschaft schlechthin wurde.[5]

Eine weitere traditionelle Fragestellung betrifft sodann die wechselseitige Zuordnung kommunikativer Prozesse auf verschiedenen Kodierungsebenen. Sagen Handlung und Sprache dasselbe, sodass die mehrfache Kodierung lediglich Redundanz herstellen soll? Von dieser Voraussetzung ging man in der Myth-and-Ritual-Bewegung aus; Lévi-Strauss hat demgegenüber auf Fälle hingewiesen, wo unterschiedliche Kodierungen gerade gegenläufige Botschaften formulieren, also komplementäre Funktion haben.[6]

Nun zeigt eine Durchsicht des historischen Materials auch in dieser Hinsicht sehr schnell, dass handlungsmässige und sprachliche Darstellung häufig parallel verlaufen, gelegentlich jedoch invers. Es gibt auch in diesem Fall keine generellen Konstruktionsregeln religiöser Symbolsysteme.

Haben sich einerseits die simplifizierenden Annahmen zu den Kodierungsmechanismen religiöser Botschaft als unhaltbar erwiesen, so hat sich andererseits der angeschnittene Fragehorizont noch erweitert. Sprache und Handlung sind, wie bereits angedeutet, nicht die einzigen Kodierungsformen religiöser Kommunikation. Dazu treten zunächst einmal visuelle Komponenten: Bilder im weitesten Sinn oder Bauten, deren Architektur in aller Regel für die kulturelle Kommunikation bedeutsam ist. Der Sakralbau wird natürlich benützt; hier ist bereits deut-

---

[3] Vgl. Harrison, J.: Themis. A Study in the Social Origins of Greek Religion, Cambridge (1912) [2]1927, wiederabgedruckt zusammen mit Epilegomena to the Study of Greek Religion, New York/Cambridge 1962; ders.: Prolegomena to the Study of Greek Religion, Cambridge (1903) [3]1922. – Besonders wurde die Parallelität der Kodierungen später im Hinblick auf die altorientalischen Religionen durch Gaster, Th.H.: Thespis. Myth, Ritual, and Drama in the Ancient Near East, New York 1961, betont.

[4] Zum heutigen Stand der Ritual-Diskussion vgl. Bell, C.: Ritual Theory, Ritual Practice, New York/Oxford 1992.

[5] Stolz, F.: Hierarchien der Darstellungsebenen religiöser Botschaft, in: Zinser, H. (Hg.): Religionswissenschaft. Eine Einführung, Berlin 1988, 55–72.

[6] Lévi-Strauss, C.: Struktur und Dialektik, in: ders.: Strukturale Anthropologie, Frankfurt a.M. 1978, 255–264. Vgl. zum Problem Bell: Ritual, 30ff.

lich, wie visuelle und handlungsmässige Darstellung ineinander greifen. Dann ist die Musik zu nennen; wieder ist die Verschränkung von Musik, Handlung und visuellen Elementen im Tanz vielfach von höchster Bedeutung. Die Ethnographen haben schon früh berichtet, dass etwa in Australien eine szenische Darstellung mit Musik und Gesang (Corroboree, eine Art Tanzspiel) die wesentlichste Ausdrucksform religiöser Botschaft darstellt.[7]

Zwischen diesen verschiedenen Kodierungen sind alle möglichen Beziehungen zu beobachten, sowohl im Hinblick auf die Hierarchie (in anikonischen Religionen tritt die visuelle Komponente beispielsweise sehr stark zurück, auch wenn sie nicht einfach irrelevant ist) als auch in der Frage, ob die verschiedenen Kodierungen parallele, komplementäre oder gar gegensätzliche Elemente einer Botschaft vermitteln. Religionswissenschaftliche Forschung hat also zunächst solche Beziehungen in einer angemessenen Weise zu beschreiben und zu modellieren – eine Aufgabe, die noch kaum systematisch in Angriff genommen worden ist.

Darüber hinaus sind jedoch weitere Fragestellungen möglich; etwa die nach den spezifischen Leistungen der verschiedenen Kodierungsformen. Es leuchtet unmittelbar ein, dass eine Taufhandlung, die auf das Reden konzentriert ist und in der das Wasser lediglich einer flüchtigen Benetzung des Täuflings dient, eine andere Bedeutung bzw. eine andere Wirkung hat als ein Taufvorgang, in dem der Kandidat untergetaucht wird, bis er fast keine Luft mehr hat, also fast stirbt und dann wirklich wieder zu neuem Leben kommt. Damit sind wir bei der Frage nach dem Zusammenhang von »Bedeutung« und »Wirkung« angelangt, einer Relation, die noch zu wenig bedacht worden ist im Hinblick auf religiöse Symbolsysteme.

Die bisherigen Ausführungen könnten den Eindruck erwecken, es gebe überhaupt keine Regelmässigkeiten im Beziehungsgeflecht zwischen verschiedenen Kodierungsformen religiöser Kommunikation. Dem widerspricht nur schon der Ertrag der Religionsphänomenologie, welche analoge Phänomene religiöser Kommunikation, nicht zuletzt auch handlungsmässiger Art, zusammengetragen hat, wenngleich fast ohne Reflexion über das Geschäft des Vergleichens. Tatsächlich erscheinen immer wieder ähnliche Handlungen, und diese sind immer wieder in ähnliche sprachliche und visuelle Kontexte eingebettet. Es gibt also typische Konstellationen in diesem Bereich; nicht alles, was vielleicht denkbar wäre, ist historisch auch realisiert.

Im Folgenden soll versucht werden, einige typische Konstellationen von Beziehungen zwischen Handlung und anderen Kodierungsformen religiöser Botschaft zu beschreiben und die angedeutete Frage der Beziehung zwischen Bedeutung und Wirkung zu präzisieren. Allerdings ist die methodische Annäherung an das Problem schwierig. Sie ist im Prinzip in verschiedenerlei Weise denkbar: Man kann den Ausgangspunkt bei konkreten historischen Vorgängen nehmen, von da aus die typischen Kommunikationsformen erschliessen und schliesslich die Bau-

---

[7] Dazu Stanner, W.E.H.: On Australian Religion. Sacramentalism, Rite and Myth, Oceania 30 (1960), 245–278.

elemente und den Bauplan des Systems religiöser Kommunikation rekonstruieren. Analog kann die Rekonstruktion der Grammatik einer Sprache von konkreten, gesprochenen Einheiten *(parole)* ausgehen und von da aus das grammatikalische System der Sprache *(langue)* und deren Elemente entwerfen. Dem steht die andere Möglichkeit gegenüber, vom Zeichensystem bzw. dessen Elementen auszugehen, also beispielsweise von einzelnen Wörtern oder gar Lauten. Faktisch wird man immer beide Wege gleichzeitig einschlagen und aufeinander beziehen.

In diesem Zusammenhang ist auf eine besondere Problematik hinzuweisen, welche zunächst wiederum am näher liegenden und bekannteren Vergleichsbeispiel der Sprache erläutert werden kann. Eine »Bedeutung« wird man im Hinblick auf die Sprache erst relativ komplexen Gebilden zuweisen wollen, also Wörtern (sofern sie nicht eine rein syntaktische Funktion haben), dann natürlich Sätzen und Texten insgesamt. Wie steht es aber mit den einfachsten Bauelementen, den einzelnen Lauten? Haben Phoneme wie /a/ oder /i/ »an sich« eine Bedeutung? Gewiss werden Deutschsprachige mit »Aa!« dem freudigen Erstaunen Ausdruck verleihen; aber wenn darüber hinaus die Norddeutsche mit dem Ausruf »Ii!« ihren Ekel artikuliert, versteht dies die Schweizerin bereits nicht mehr. Noch vor hundert Jahren versuchten Vertreter der vergleichenden Sprachwissenschaft, gewissen Urlauten Urbedeutungen zuzuweisen – sie sind gescheitert. Wie steht es aber mit der »Handlungssprache«? Kann man hier einfachsten Elementen eine (im menschlichen Raum universale) »Bedeutung« zuweisen, oder ist bereits diese Frage so sinnlos wie im Hinblick auf die (gesprochene) Sprache? Wie hätte man sich – im Falle einer positiven Antwort – die Verwendung von Handlungselementen in komplexeren Bedeutungszusammenhängen zu denken? Diese Fragen sollen, wenn nicht beantwortet, so doch wenigstens in eine gewisse Ordnung gebracht werden.

Im Folgenden soll ein historisches Fallbeispiel aus meinem unmittelbaren protestantisch-schweizerischen Umfeld dazu dienen, die angedeuteten Probleme in einem konkreten Zusammenhang aufzuzeigen. Dann sollen in einer Umkehrung der Betrachtungsweise einzelne typische, in der Religionsgeschichte ständig wiederkehrende Handlungselemente betrachtet werden; und zum Schluss werden sich die Überlegungen wieder dem Einzelfall zuwenden, wie sich dies für eine primär historisch ausgerichtete Arbeit gehört.

1. Ein Beispiel

1.1 Der Fall

Vor einigen Jahren nahm ich an einer Ordinationsfeier reformierter Pfarrer in einem Dorf im Kanton Zürich teil. Dabei fiel auf, dass der Ordinator für die eigentliche Ordinationshandlung zwei verschiedene Gesten zur Anwendung brachte. Den einen legte er die Hand auf, den anderen reichte er sie zum Handschlag.

Erkundigungen bei einem der Ordinanden ergaben, dass man sich im Vorge-
spräch zum Gottesdienst nicht auf eine einheitliche Linie habe einigen können;
und so liess man jedem die Wahl – ich nehme an, dass der Ordinator auf seiner
Liste der Ordinanden je nachdem HA oder HS notierte, Handauflegung oder
Handschlag. Ritual à la carte, nicht ungewöhnlich; bei Abendmahl und Kommu-
nion hat man auch häufig die Wahl, ob man das geweihte Element selbst behän-
digt oder ob man es sich geben lässt, ob man selbst isst oder gespiesen wird.

Was die Ordination im Kanton Zürich betrifft, so haben Handauflegung *und*
Handschlag Tradition. Nach der Reformation war natürlich die Handauflegung
üblich, gemäss biblischer Weisung.[8] Später, im Zeitalter des Liberalismus, ersetzte
man den traditionell-christlichen durch einen modern-weltlichen Gestus.

Ich habe mit einigen Ordinanden gesprochen und sie nach den Gründen für
ihre Wahl gefragt. Die Antworten waren vielfältig und vage. Wer die Handauflegung gewünscht hatte, tat dies mit Hinweis auf die Bibel oder aus Respekt für die
Tradition; die Handschlag-Ordinanden argumentierten eher abgrenzend: Es sollte kein Missverständnis der Sukzession aufkommen dürfen, sie strebten kein Amt
an, das in irgendeiner Weise »geistlicher« sei als das Amt jedes Gemeindegliedes
usw. Der Ordinator selbst war leicht verlegen ob der Frage, aber er meinte, an der
Handlung an sich liege ohnehin nichts, und darin war er sich einig mit den Ordinanden.

Anderer Meinung war eine Theologin, deren Morgenandacht ich vor einiger
Zeit zufälligerweise am Radio hörte. Sie meinte, gerade in der Handauflegung
gebe es deutliche Unterschiede zwischen Mann und Frau. Die Frau könne in diesem Gestus sehr viel mehr Zärtlichkeit geltend machen; also eine feministische
Interpretation, welche in der besagten Handlung einen Ausdruck der neuen Intimität sieht. Tatsächlich wäre ich nicht auf die Idee gekommen, die Handauflegung von Männern mit zärtlichem Streicheln in Zusammenhang zu bringen; ich
hätte den Vorgang wohl eher als Ausdruck des Schützens oder Niederdrückens
entschlüsselt.

1.2 Analyse

Alle an der Ordination Beteiligten waren sich in einer Hinsicht einig: Die Rolle
der Handlung besteht lediglich darin, auf sprachliche Kontexte bzw. auf sprachlich tradierte Wissensbestände zu verweisen. Es kann ein Verweis auf die in der
Bibel beschriebene oder vorgeschriebene Handlung sein oder ein Verweis auf »die
Tradition« überhaupt; der Verweis kann auch negativ sein: gerade nicht katholisch, nicht klerikal, nicht pfäffisch, sondern weltlich, aufgeschlossen. Die Handlung an sich hat gar keine Bedeutung, die Zuordnung der Bedeutung ist arbiträr.

---

[8] Zu biblischen und kirchengeschichtlichen Aspekten der Handauflegung vgl. Religion in Geschichte und Gegenwart (RGG³), s.v.; die älteren Zürcher Liturgiebücher rechnen noch ganz selbstverständlich mit dem Gestus der Handauflegung.

Die feministische Theologin empfand das anders; für sie hatte die Handlung an sich eine Bedeutung; eine Bedeutung, die sie offenbar unmittelbar entschlüsseln konnte. Mir kam, als ich das hörte, ein eigenes Erlebnis in den Sinn. Vor ungefähr 15 Jahren inszenierte unsere Studentenschaft während einer Freizeit ein Abendmahl. Der Leiter der Liturgie forderte die Teilnehmer unvermutet auf, sich nun mit dem heiligen Kuss zu grüssen – in einer Zeit immerhin, da sich nur die Politbüromitglieder des Ostens oder Südländer öffentlich küssten. Die Studenten fielen sich relativ ungezwungen um den Hals. Neben mir sass der damalige Dekan, für den ich gewiss Respekt, Sympathie und weitere typisch kollegiale Gefühle empfand; wir küssten uns also wie befohlen, wenngleich mir der Ritus fast im Halse stecken blieb. Dabei wusste ich sehr wohl um den Heiligen Kuss im Neuen Testament, um die katholische Liturgiereform usw.; die körperlich wahrgenommene Bedeutung wirkte sehr viel unmittelbarer als die sprachlich bekannten Verweise.

Aus den Beispielen ergeben sich verschiedene vorläufige Beobachtungen. Die Verweisfunktionen von Handlungen verlaufen auf verschiedenen Ebenen, die wir zunächst sondern müssen.

1. Berührungen wie Streicheln oder Küssen lösen körperlich etwas aus; was dabei ausgelöst wird, hat natürlich seinerseits eine Verweisfunktion: Streicheln und Küssen ist ein Element des Sexual- und des Pflegeverhaltens. Die »Intimität« ist also jenen Bereichen primärer Intimität entliehen. Der Gestus löst den Restbestand eines biologischen Programms aus, über welches wir noch verfügen, wenn es nicht ganz kulturell überformt ist. Wenn die Hand nicht zärtlich über den Kopf streicht, sondern diesen niederdrückt, wird ein ganz anderes Programm angetippt als das Liebesspiel; dann wird eher auf Kampfverhalten geschaltet. Was auch immer ausgelöst wird, die Handlung hat jedenfalls einen unmittelbaren Effekt, der hier in erster Linie als Affekt bestimmt werden kann.

2. Sodann haben die erwähnten Handlungen Bezeichnungsfunktionen, welche auf sprachliche Gegebenheiten verweisen. Es wird also ein bestimmtes Wissen in Anspruch genommen, allerdings in unterschiedlicher Weise: Man legt die Hand auf, weil es so in der Bibel steht; oder weil man dadurch Anschluss an die Tradition signalisiert. Oder man lässt sich gerade nicht die Hand auflegen, weil man sich von denen abgrenzen will, welche die Handauflegung hochhalten, oder weil man generell Emanzipation und Professionalität anzeigen will. Diese Effekte der Handlung bestehen also in der Aktivierung eines bestimmten kommunikativen Zusammenhangs. Natürlich haben auch diese Verweisfunktionen von Handlung eine affektive Seite; aber diese Emotionen sind primär durch sprachliche Konnotationen gesteuert.

Im ersten Fall hat die Handlung also einen »unmittelbaren«, primären Effekt, im zweiten einen mittelbaren, sekundären, einen, der erst über die Verwurzelung in einem bestimmten Kommunikationszusammenhang wirksam wird. Wir gehen – vereinfachend – von einer klassifikatorischen Unterscheidung zwischen »Effekt« und »Kommunikation« aus – einer Klassifikation des Beobachters natürlich, welche der Rekonstruktion der Beziehungen dient.[9] Wir haben bereits gesehen, dass im Einzelfall die Dinge ineinander liegen. Wie verhalten sich Effekt und Kommunikation zueinander, wie sind die verschiedenen Verweisfunktionen zu ordnen?

2. Primäreffekte, Sekundäreffekte, Verschiebungen

Ich möchte zur weiteren Klärung dieser Frage eine Reihe typischer religiöser Handlungen betrachten, welche in den verschiedensten religiösen Symbolsystemen immer wieder eine Rolle spielen und in welchen sich eindeutig ein (primärer) Effekt ausmachen lässt. Natürlich sind damit nicht alle beobachtbaren Handlungselemente erfasst.

2.1 Primäreffektbezogene Handlungssequenzen

1. Eine der geläufigsten Handlungen im religiösen Kontext besteht im *Essen*. Dass ein Mahl zentrale Inhalte eines religiösen Symbolsystems zum Ausdruck bringt, wird einem schon klar, wenn man am Sabbatabend in einem orthodoxen jüdischen Hause weilt.[10] Am Schluss des Abends ist jedenfalls der Appetit gestillt; der Effekt des Essens hat sich eingestellt. Aber es ist noch verschiedenes anderes passiert; der Vater hat sich liturgisch als Leiter der Mahlgemeinschaft profiliert, die Hausfrau ist gesegnet und so in ihrem Amt bestätigt worden, die Kinder hat man katechisiert, und Gott war im Gedächtnis der Texte präsent. Effekt und Kommunikation sind eng miteinander verbunden; und die Kommunikation beinhaltet u.a. auch eine Regulierung sozialer Ordnung.

2. Mit dem Essen hängt häufig das *Töten* zusammen. Eine religiöse Tötung hat dann ihr Ziel erreicht, wenn das betroffene Tier, allenfalls auch der Mensch, tot ist; das Tier wird dann in der Regel gegessen. Wiederum sind dieser Handlung, die auf einen unmittelbar plausiblen Primäreffekt aus ist, andere Dinge angegliedert.[11] Die Tötung wird gern als Transformation konzipiert; das vernichtete Leben geht in einen »anderen« Bereich über, es hat also einen kommunikativen Sta-

---

[9] Zum Problem vgl. etwa Leach, E.: Kultur und Kommunikation. Zur Logik symbolischer Zusammenhänge, Frankfurt 1978, 33ff; Zusammenfassung der Diskussion bei Bell: Ritual, 69ff. Nicht nur von der Anthropologie her ist man auf die hier verhandelte Problematik gestossen, sondern auch von der Semiotik her; Umberto Ecco braucht z.B. die Unterscheidung von »operativ« und »symbolisch« (Eco, U.: Der alchemistische Diskurs und das hinausgeschobene Geheimnis, in: ders.: Die Grenzen der Interpretation, München 1995, 99ff). Natürlich kann man auch diesen »effektiven« oder »operativen« Aspekt als möglichen Aspekt eines »Zeichens« im weitesten Sinn verstehen; dies hängt von der semiotischen Klassifikation ab, die man verwendet.

[10] Ein Überblick über das Ritual findet sich z.B. bei Trepp, L.: Das Judentum. Geschichte und lebendige Gegenwart, Reinbek 1970, 189ff; Spier, E.: Der Sabbat, Berlin 1989, 81ff.

[11] Burkert, W.: Homo necans. Interpretationen altgriechischer Opferriten und Mythen, Berlin 1972.

tus. Tötung bedeutet dann also auch Kommunikation mit »dem anderen« oder
mit »den anderen« – seien es nun anthropomorph interpretierte Götter oder andere Grössen, über die man nur schwer Kontrolle zu gewinnen vermag. Auch aus
diesem Vorgang ergibt sich eine soziale Ordnung. Nicht jeder bringt gleich viel
zum Schlachten; die opfernde Gemeinde ist in Rangfolgen aufgeteilt, vom Fleisch
erhält nicht jeder denselben Anteil im Mahl, das sich gern ans Töten anschliesst.
Tempel sind häufig Zentren der Warenumverteilung, eines eminent regulativen
Kommunikationsvorgangs.

3. Der *Geschlechtsakt* ist Thema vieler Kulturen.[12] Im antiken Mesopotamien
etwa wird die Heilige Hochzeit mindestens zu gewissen Zeiten und in gewissen
Bereichen zwischen dem König und einer Partnerin gefeiert. Der Effekt ist
wiederum ganz klar: Die beiden schlafen eben miteinander, und damit befriedigen sie das selbstverständlichste Bedürfnis der Menschen – und nicht nur der
Menschen. Die Hochzeit wird als Volksfest begangen; alle wissen, was die beiden
im Hochtempel treiben, die Freude der Sexualität breitet sich auf die ganze Fest-
gemeinde aus. An die Hochzeit schliesst ein Mahl an. Sexuelle Beziehungen, erst
recht dauerhafte, also ehelich geregelte, sind wiederum in eine soziale Regulierung
eingebunden: Heiratsregeln und Verwandtschaftsbeziehungen machen das elementare Gefüge der meisten traditionellen Gesellschaften aus.

4. In Olympia ist man um die Wette gelaufen, um zu ermitteln, wen Zeus
zuerst zum Ziel kommen lassen wolle; in Mittelamerika hat man Ballspiele veranstaltet, andernorts Kampfspiele. *Wettkämpfe* sind in vielen religiösen Symbolsystemen von hoher Bedeutung.[13] Wer ist der Schnellste, wer der Stärkste? Welche
Sippe siegt beim rituellen Kampf im Rahmen des Tiwah-Totenfestes bei den
Ngadju[14], siegen die Lebenden oder die Toten? Tote hat es zuweilen gegeben bei
solchen Anlässen (wie jetzt noch beim Boxkampf – da ist dann fast etwas zu viel
des Effekts). Ganz wesentlich ist beim Wettkampf natürlich die Rangfolge; aus
dem Wettbewerb ergibt sich ein soziales Gefüge. Zum Kampf gehören Sieger und
Besiegte; Unterwerfung ist ebenso anzuzeigen wie Triumph. Kampf- und Unter-
werfungssequenzen sind offenbar zu wesentlichen Elementen im Arsenal einer
Handlungssprache, wie die Religionen sie verwenden, geworden.

5. Viele rituelle Vorgänge sind mit Angst verbunden – einem Verhalten also, das
normalerweise die *Flucht* einleitet. Gerade das Fluchtverhalten ist aber beim Menschen in hohem Masse kontrolliert und kulturell reguliert. Das Erleben der Angst
in der Begegnung mit dem Unbekannten ist ritualisiert und bildet ein wesentli-

---

[12] Generell zum Thema vgl. Dux, G.: Geschlecht und Gesellschaft. Warum wir lieben, Frankfurt
a.M. 1994; Stolz, F.: Von der Begattung zur Heiligen Hochzeit, vom Beuteteilen zum Abendmahl,
in: ders. (Hg.): Homo naturaliter religiosus? Gehört Religion notwendigerweise zum Mensch-Sein?,
Bern 1997.

[13] Zu erinnern ist lediglich an zwei Klassiker: Huizinga, J.: Homo ludens. Vom Ursprung der
Kultur im Spiel, Reinbek 1956; Turner, V.: Vom Ritual zum Theater. Der Ernst des menschlichen
Spiels, Frankfurt a.M. 1989.

[14] Vgl. Stöhr, W.: Die Religionen der Altvölker Indonesiens und der Philippinen, in: ders./Zo-
etemulder, P.: Die Religionen Indonesiens, Stuttgart 1965, 31ff.

ches Element in vielen Verläufen kultischen Handelns; natürlich besteht die Pointe des Angsterlebens darin, dass man die angstvolle Situation durchhält und übersteht; die Angst löst keine Aktion aus, das »natürliche« Fluchtverhalten wird ausgeschaltet. Besonders intensiv wird Angst häufig in Initiationsritualen erzeugt; den Initianden wird dann planmässig ein Schrecken eingejagt, wenn sie etwa allein in den Busch geschickt, vergraben, gefressen, kurz: in irgendeiner Weise »getötet« werden.[15] Aber auch ein ganz »normales« Ritual ist mit Schrecken besetzt; es gehört zum Wesen vieler Götter, Furcht einzuflössen, und dies wird rituell in Gang gesetzt. Erst in neuzeitlicher Entwicklung ist aus der Furcht die religiöse Ehrfurcht geworden, in welcher sich der Schrecken zu einer leichten Beklemmung gewandelt oder sogar ganz verflüchtigt hat. Immerhin war Rudolf Otto durch die Wiederentdeckung dieses Aspekts so beeindruckt, dass er in ihm die zentrale Dimension des Heiligkeitserlebens ortete.[16]

Nun zeichnen sich rituelle Handlungen allerdings durch ein Charakteristikum aus, welches auf einer ganz anderen Ebene angesiedelt ist als die eben genannten Verhaltensmuster, die als Kerne religiöser Symbolhandlungen herausgestellt wurden: Symbolhandlungen werden häufig wiederholt, und zwar nicht nur in dem Sinne, dass die Handlung in jedem Anwendungsfall ungefähr gleich ausgeführt wird, sondern auch in dem, dass eine Handlung in mehrfachen Wiederholungen zum Ausdruck kommt. Sind die bisher aufgezählten Effekte dadurch gekennzeichnet, dass sie einem bestimmten Ende zugeführt werden, so ist jetzt der Tatsache Rechnung zu tragen, dass Rituale gewisse Elemente vielfach wiederholen. Tänze, welche oft eine wesentliche Rolle in der Darstellung religiöser Symbolsysteme spielen, sind durch repetitive Elemente gekennzeichnet. Protestanten, denen rituelle Gewohnheiten weitgehend abhanden gekommen sind, kennen als repetitives Element immerhin noch den Kirchengesang. Von den Kirchenliedern wurden früher natürlich sehr viel mehr Strophen gesungen als heute, ich habe auf Zypern an einem Karfreitagabend ein 72-strophiges Lied erlebt, von dem allerdings auch nur noch etwa zwei Drittel der Strophen gesungen wurde. Wer den Rosenkranz gebetet und alle Repetitionen desselben Gebetsrhythmus absolviert hat, ist zwar am Ende, aber auch wieder am Anfang; der Wiederholung wohnt ein ausserordentlich bedeutsamer Effekt inne. Es gilt als Geheimtipp unter Pfarrern, mit unruhigen Konfirmanden nicht enden wollende Taizé-Lieder zu singen; das absorbiert und fasziniert während längerer Zeit. Das repetitive Element hat eine verstärkende Funktion, welche in den Dienst des Primäreffekts wie der angelagerten Kommunikation treten kann.

[15] Die »Mortifikation« gehört zum üblichen Bestand von Übergangsriten, worauf bereits Arnold van Gennep hingewiesen hat (van Gennep, A.: Les rites de passage, Paris [1909] 1969 [Nachruck], 108, 116, Anmerkung 2 usw.). Die Ausgestaltung des angsteinflössenden Prozesses ist regional höchst unterschiedlich.

[16] Otto, R.: Das Heilige. Über das Irrationale in der Idee des Göttlichen und sein Verhältnis zum Rationalen, München (1917) 1963.

2.2 Anlagerung von Kommunikation an Primäreffekte in evolutiver Sicht

Nun sind mit den Stichworten Essen, Töten, Sexualität, (Wett-)Streit und Angst Elemente genannt, welche dem menschlichen Leben seit eh und je zugehören und tief in die biologische Vergangenheit hineinreichen; alle diese Verhaltensweisen haben einen biologischen Zweck, den ich als Primäreffekt bezeichnet habe. Man kann zunächst ganz einfach feststellen, dass solche biologisch zentralen Vorgänge häufig im Zusammenhang religiöser Symbolsysteme eine Rolle spielen; damit bekommen sie *einen Sekundäreffekt,* eine *Bedeutung,* unabhängig von der Frage, in welcher Weise sie (in dieser spezifischen »Anwendung«) ihren biologischen Zweck erfüllen. Ohne sich auf irgendwelche soziobiologischen Spekulationen einzulassen, kann man auf jeden Fall sagen, dass hier biologische Strukturen in einer jeweils ganz spezifischen kulturellen Adaptation zu beobachten sind.

Man wird den Sachverhalt in einer Evolutionsperspektive – vielleicht etwas spekulativ – so erläutern können: Essen, Töten, Sexualität, Streit um die Rangordnung und Angsterfahrung sind Kristallisationspunkte elementarer Verhaltensweisen bereits des Frühmenschen – es sind Verhaltensweisen, welche im Tierreich weitgehend durch angeborene Regelmechanismen determiniert sind, die jedoch in der Entwicklung der Hominiden durch zunehmende Freiheitsgrade gekennzeichnet sind. In diesen Bereich zunehmenden Verhaltensspielraumes gehört auch die menschliche Kommunikation; die Kommunikationsmöglichkeiten, welche die kulturelle Entwicklung des Menschen wesentlich ausmachen, haben sich demnach in erster Linie an jene zentralen Verhaltensweisen angelagert.[17]

Dabei ist zu bedenken, dass bereits in der Tierwelt einzelne Elemente angeborener Verhaltensweisen aus dem Zusammenhang ihres Primäreffekts herausgelöst und zur Kommunikation in anderen Zusammenhängen verwendet werden; das Unterwerfungsverhalten im Kampf wird beispielsweise durch Verhaltenselemente weiblicher Sexualität oder kindlicher Pflegebedürftigkeit signalisiert; der Überlegene wird so in seiner Aggressivität gebremst und umgestimmt,[18] während aggres-

---

[17] Zur Diskussion der biologischen Wurzeln des Rituals vgl. schon Gehlen, A.: Urmensch und Spätkultur, Wiesbaden (1956) ⁵1986, 122ff. Eine interdisziplinäre Diskussion ist dokumentiert in den Philosophical Transactions of the Royal Society of London, London 1966: Huxley, J.: Introduction. A Discussion on Ritualization in Animals and Man, 249–267; Leach, E.: Ritualization in Man in Relation to Conceptual and Social Development, 403–408; Erikson, E.H.: Ontogeny of Ritualization in Man, 337–349. Die Diskussion ist bis in die jüngste Zeit fortgesetzt worden; vgl. d'Aquili, E.-G.: Myth-Ritual Complex. A Biogenetic Structural Analysis, Zygon 18 (1983), 247–269; Laughlin, C.D.: Ritual and Symbolic Function. A Sumary of Biogenetic Structural Theory, Journal of Ritual Studies 4 (1990), 15–39; Burkert, W.: Creation of the Sacred. Tracks of Biology in Early Religions, Cambridge Mass./London 1996. – Demgegenüber hat die »klassische« soziobiologische Debatte kaum etwas zur Thematik beigetragen; vgl. den Überblick bei Schmied, G.: Religion – eine List der Gene? Soziobiologie contra Schöpfung, Osnabrück 1989.

[18] Vgl. Morris, D.: Der nackte Affe, München 1968, 214ff.

sive Abgrenzung in der Verteidigung des Territoriums durch sexuelle Demonstration signalisiert wird.[19]

So kann sich also bereits im Tierreich Kommunikation als Sekundäreffekt vom Primäreffekt ablösen. Der Primäreffekt liefert ein Set von Verhaltenselementen und Motivationen, das in einem anderen Zusammenhang Kommunikation herstellt – alles natürlich im Rahmen angeborener Verhaltensweisen. Die Übertragung einer bestimmten Verhaltensweise in einen sekundären Zusammenhang zu Zwecken der Kommunikation, die im Tierreich artgemäss mehr oder weniger genau geregelt ist, wird im Bereich menschlicher Entwicklung ungemein plastisch; an die Stelle der angeborenen treten allmählich erlernte Verhaltensweisen. Das Prinzip bleibt aber gleich: Der Primäreffekt liefert »Energie«, er bildet eine spezifische Motivationslage für den kommunikativen Bereich der Sekundäreffekte.

In diese Kommunikation wird auch all das Unkontrollierbare mit einbezogen, welches sich dem menschlichen Zugriff entzieht – die an die zentralen Lebensvorgänge angelagerte Kommunikation ist nicht zuletzt *religiöse* Kommunikation. Dass die Nahrungsressourcen wirklich ausreichen, ist nicht sicher, die Gefahr ist abzusehen; das Essen bringt in Kontakt mit dem Unkontrollierbaren. Die Jagd dürfte ein besonders elementares Erlebnis des frühen Menschen darstellen, ist er doch nicht durch angeborene Verhaltensweisen zum Raubtier bestimmt.[20] Das Töten ist mit Ambivalenz besetzt, es gelingt nur im Verband und ist immer unsicher, die Beute wird nach bestimmten Regeln verteilt, in einer Weise, welche weit über das Mass der Fütterung von Jungtieren (wo noch Reste angeborener Verhaltensweisen denkbar sind) hinausgeht. Hier kommen elementare Verteilungs- und Tauschregeln auf; die Komponenten der Kommunikation, auch der Kommunikation mit dem »Unkontrollierbaren«, sind deutlich. Die Jagd und der ans Jagdverhalten anschliessende Krieg sind ausserordentlich prestigeträchtig; Jagd und Krieg gestatten es, eine Rangordnung der Männer herzustellen. Die entsprechenden Qualitäten und Zufälligkeiten werden gern in Wettkämpfen ritualisiert: Der Schnellste gewinnt – aber häufig genug langt nicht der Favorit zuerst am Ziel an, auch hier kommt Unkontrollierbares zum Zuge; in Olympia ist es eben Zeus, der den Sieg verleiht.

Sodann bildet die Sexualität ein Paradigma für den Umgang mit dem Religiösen; die Sexualität setzt in besonderem Masse interne Mächte des Unkontrollierbaren frei, häufig genug durchbricht der einzelne sexuelle Schranken. Dass die Angst ein wesentliches religiöses Thema ist, braucht nicht weiter erläutert zu werden; davon ist in der Religionswissenschaft und in der Religionskritik schon häufig genug die Rede gewesen.

---

[19] Wickler, W.: Ursprung und biologische Deutung des Genitalpräsentierens männlicher Primaten, in: ders.: Stammesgeschichte und Ritualisierung. Zur Entstehung tierischer und menschlicher Verhaltensmuster, München 1970, 234–258.
[20] Burkert: Homo necans, bes. 20ff.

Der hohe Stellenwert von biologisch elementaren Handlungssequenzen in religiösen Symbolsystemen ist also durchsichtig. Vorgänge, welche im Tierreich weitgehend durch angeborene Verhaltensweisen gesichert sind, werden im Zuge der typisch menschlichen Offenheit flexibel, aber auch problematisch. Gerade die zentralen Vorgänge des Lebens verweisen auf das Unkontrollierbare, mit dem man sich arrangieren muss. Das sind wichtige kulturelle Sekundäreffekte, welche neben die biologischen Primäreffekte treten.

Es ist darauf hingewiesen worden, dass wesentliche Sekundäreffekte auch im Bereich sozialer Ordnungsbildung liegen. Die Verteilung des Essens, die Ausübung von Jagd und Krieg, die Veranstaltung von Wettkämpfen und die Ausübung der Sexualität sind Kristallisationspunkte sozialer Regelungen. Die »religiösen«, »sozialen« und »kulturellen« Sekundäreffekte sind gewiss gesellschafts- bzw. gelegenheitsspezifisch variabel. So *muss* das »Unkontrollierbare« nicht oder jedenfalls nicht gleichmässig in die »Kommunikationsanlagerungen« um Essen, Töten, Sexualität und Streit um die Rangordnung einbezogen sein. Es gibt auch religiös kaum oder gar nicht affizierte Vorgänge von Essen, Sex, Schlachtung, Krieg und Sport;[21] die funktionale Ausdifferenzierung der Gesellschaft hat hier einen letzten Schub von Sonderungen erbracht.

Vom Prinzip der Wiederholung war nun noch nicht die Rede. Auch dieses gewinnt Konturen auf evolutionstheoretischem Hintergrund, und zwar in verschiedener Weise. Wiederholungen gehören unabdingbar zum Spielverhalten, welches für verschiedene Formen der Kommunikation grundlegend ist. Die Wiederholung hat z.T. die Funktion der Einübung wesentlicher Verhaltensweisen, über die das Tier zu verfügen lernen muss; wir finden hier wieder das Phänomen, dass Elemente eines Verhaltensablaufs isoliert sind von ihrem Primäreffekt.[22] Aber auch die schlichte Lust an der Aktivität dürfte eine Rolle spielen. Zu repetitiver Behandlung geben besondere Erfolgserlebnisse Anlass – aber auch besondere Irritationen, eine Erscheinung, die bis hin zum psychoanalytisch bekannt gewordenen »Wiederholungszwang« traumatischer Erlebnisse beobachtet werden kann.[23] Der repetitive Umgang zielt auf Assimilation des Fremden an die eigene Welt, und zwar gerade des Fremden, das seine Fremdheit nicht verliert. Wem ein Stück Zahn abgebrochen ist, der fährt mit der Zunge immer wieder drüber, obwohl sich

---

[21] In Einzelfällen ist der Übergang von »sakraler« zu »profaner« Verhaltensweise noch sichtbar – beispielsweise am Verfahren der Schlachtung im alten Israel: Ursprünglich galt jede Schlachtung als sakral und hatte an heiliger Stätte zu erfolgen, dann wurde sie »profaniert«. Vgl. Maag, V.: Erwägungen zur deuteronomischen Kultzentralisation, in: Schmid, H.H./Steck, O.H. (Hg.): Kultur, Kulturkontakt und Religion, Göttingen 1980, 90–98.

[22] Zur Wiederholung als Spielelement vgl. Huizinga: Homo ludens, 17.

[23] Zu Freuds Konzeption des Wiederholungszwangs vgl. Freud, S.: Jenseits des Lustprinzips, Frankfurt a.M. 1987, 228ff. Dieser Zwang zur Wiederholung liefert letztlich die Energie zur Repetition von Zwangshandlungen, welche die Erinnerung an ein Trauma beinhalten – sei dieses nun ein Gegenstand der individuellen oder der gemeinschaftlichen Geschichte (wie dies für die Zwangssysteme eines religiösen Rituals gilt).

nichts daran ändert; wir haben uns das Wundenlecken noch nicht abgewöhnt. »Wiederholung« scheint ein flexibles biologisches Programm zu sein, welches nicht zuletzt dazu dient, sich an Irritationen zu gewöhnen durch deren Integration in ein wiederholbares, damit auch handhabbares Handlungsschema.

2.3 Verlagerungen und Ablösungen

Was in unserem Zusammenhang vor allem interessiert, das sind mögliche Verhältnisbestimmungen zwischen Primär- und Sekundäreffekten im Bereich der Religion. Schauen wir uns einige Handlungssequenzen im näher gelegenen religionsgeschichtlichen Umfeld an, wo ein Primäreffekt zwar noch auszumachen ist, wo er aber gerade nicht mehr im Zentrum der Handlung steht.

1. Das Essen spielt im Christentum eine zentrale Rolle. Aber die Eucharistie sättigt den Hunger nicht mehr, daran hat auch die Reformation nichts geändert. Der Primäreffekt ist also ausgespart. Aus dem ersten Korintherbrief kann man historisch einigermassen erschliessen, wie es dazu hat kommen können, dass das Herrenmahl den Charakter eines sättigenden Essens verlor.[24] Jedenfalls haben kommunikative Sekundäreffekte so sehr dominiert, dass der Primäreffekt verschwand.

2. Was den Tötungsvorgang betrifft, so kennen wir verschiedene Verflüchtigungen des Primäreffekts im biblischen Raum. Zu erinnern ist etwa an Gen 22, die Geschichte von der Opferung Isaaks: An die Stelle der Tötung des erstgeborenen Sohnes tritt diejenige des Widders;[25] für die Christenheit sind die rituellen Tötungen überhaupt durch die im Nachhinein kultisch interpretierte Tötung Jesu erledigt, und fortan wird im Messritual die Tötung »unblutig« wiederholt, d.h. mit Stellvertreterelementen. Solche Stellvertreterelemente sind auch in anderen Religionen bekannt; die Nuer können im Notfall anstelle eines Ochsen eine Gurke »schlachten«.[26] Der Primäreffekt des Tötens verflüchtigt sich in diesen Fällen; es bleiben kommunikative Sekundäreffekte. Auch wer noch so sehr beteuert, dass ihn das Blut Jesu Christi von seinen Sünden reinwasche, hat sich nie handlungsmässig mit diesem Blut gewaschen, sondern nur sprachlich; aus der Handlung ist ein Sprachbild geworden (von dem dann freilich behauptet wird, es sei »real« und dürfe nicht in irgendeine »übertragene Bedeutung« verflüchtigt werden). Immerhin: Gelegentlich brechen die Wundmale Christi doch wieder körperlich auf.[27] Vielleicht lassen sich Primäreffekte doch nicht restlos verdrängen.

[24] 1 Kor 11,17ff; dazu Theissen, G.: Soziale Integration und sakramentales Handeln, in: ders.: Studien zur Soziologie des Urchristentums, Tübingen 1989, 290–317.
[25] Zur Verpflichtung der Opferung menschlicher Erstgeburt und der Ablösung vgl. Erling, B.: First-Born and Firstlings in the Covenant Code, 1986, 470ff.
[26] Evans-Pritchard, E.E.: Nuer Religion, Oxford (1956) 1977, 146 u.ö.
[27] Bekanntlich ist das Phänomen der Stigmatisierung erstmals bei Franz von Assisi aufgetreten, hat sich dann aber verbreitet; vgl. Thurston, H.: Die körperlichen Begleiterscheinungen der Mystik, Luzern 1956. Heute pflegt man die Erscheinung gern psychoanalytisch und psychiatrisch zu inter-

3. Von der Heiligen Hochzeit weiss man in vielen Milieus des Christentums noch zu erzählen; allerdings wiederum in veränderter Form: Christus als Bräutigam, die Kirche als Braut;[28] die Nonne als geistliche Braut Christi; die Mystikerin, welche sich mit Jesus vermählt[29]; die Zinzendorffsche Trias Papa, Mama und ihr Lämmlein, Bruder Flämmlein:[30] das sind Beispiele. Die christliche Theologie hat zwar immer betont, dass ἀγάπη mit ἔρος nicht zu verwechseln sei – und doch gibt es natürlich mannigfache Verbindungslinien, was ganz deutlich wird, wenn man etwa die katholische Sakramentstheologie der Ehe betrachtet.[31] Übrigens kann man im Alten Testament, besonders im Hosea-Buch, beobachten, wie das Liebes- und Eheverhältnis in einer Weise auf Gott übertragen wird, dass der Primäreffekt ausgeklammert wird (keine Sexualität im Kult), jedoch kommunikative und affektive Strukturen ehelicher Sexualität im Gottesverhältnis wirksam werden.[32]

4. Bewegungsrituale spielen im Christentum eine gewisse Rolle; die Wallfahrt geht bestimmten Stationen nach und einem Ziel entgegen, die Begehung erfordert körperlichen Einsatz; am Ziel der Wallfahrt werden bestimmte Übungen abgehalten, in welche der Körper mit einbezogen ist. In Mekka schliesst sich an den muslimischen ḥaǧǧ übrigens das Töten und dann das Essen an.[33] Im Grunde stellt aber jedes Ritual ein Stück weit einen Parcours dar; am Ende kann man getrost sagen: *ite, missa est* – geht, es ist jetzt fertig. Man läuft nicht mehr auf ein topographisches, sondern auf ein rituelles Ziel hin. In manchen Milieus, mehr noch im Osten als im Westen, hat man neben der äusseren Bewegung die innere kultiviert: Man kontrolliert den Körper nicht mehr mit den Muskeln, sondern mit dem Bewusstsein, man durchdringt ihn sprachlich, man tritt eine Reise durch den eigenen Leib an – und sei es das Ziel, diesen Körper ganz hinter sich zu lassen.

5. Dass der Gott des Alten Testaments »schrecklich«, sein Anblick tödlich und sein Erscheinen vernichtend ist, geht aus vielen biblischen Texten hervor. Die Theophaniemuster, welche vor allem mit Elementen des Gewitters ausgestattet sind, berichten von der Zerstörungsmacht des Gottes, die nur Angst einjagt (z.B. Ps 18,8ff). Allerdings ist diese Zerstörungsmacht kultisch gebändigt – derselbe Gott, der im Gewitter auf seinen Keruben über den Himmel reitet (Ps 18,11), lagert, »materialisiert« in einem Kasten (der »Gotteslade«) und im Verein mit je-

---

pretieren (z.T. Yarom, N.: Body, Blood and Sexuality. A Psychoanalytic Study of St. Francis' Stigmata and their Historical Context, New York 1992; Fink, P.J./Tasman, A. (Hg.): Stigma and Mental Illness, Washington 1992), reduziert damit aber wahrscheinlich die Tragweite des Phänomens.

[28] Die Metapher erscheint bereits im Neuen Testament (vgl. vor allem Eph 5,25; 2 Kor 11,2; Offb 19,7; 21,2.9; 22,17) und wurde bald stereotypiert; dazu Schnackenburg, R.: Der Brief an die Epheser, Neukirchen 1982, 256f (zu Eph 5,25) und 343ff (zur Nachgeschichte).

[29] Zur Brautmystik eine kurze Zusammenfassung und Literaturhinweise durch Heimbach-Steins, M.: Art. »Brautsymbolik/Brautmystik«, Lexikon für Theologie und Kirche[3] II (1994), 665f.

[30] Vgl. Tanner, F.: Die Ehe im Pietismus, Zürich 1952, 137f.

[31] Vgl. Baumann, U.: Die Ehe – ein Sakrament?, Zürich 1988.

[32] Stolz: Heilige Hochzeit.

[33] Watt, W.M.: Der Islam I, Stuttgart 1980, 346.

nen Mischwesen im Allerheiligsten, den Blicken der Menschen entzogen (1 Kön 8,1ff). Das Angstverhalten erhält eine kultische Regulierung, es schlägt sich nieder in gottesdienstlichen Formen, in welche handlungsmässige Elemente eingebaut sind; freilich erzählt man noch Geschichten davon, wie tödlich eine sogar wohlgemeinte, aber nicht kultisch regulierte Berührung der Gotteslade sein kann (2 Sam 6,6f). Später, insbesondere nach dem Verlust des Tempels (und einer elementaren Dimension kultischer Repräsentation Gottes überhaupt[34]), rückte Gott in die Ferne, die Angst und deren rituelle Behandlung veränderten sich; aus der unmittelbaren Furcht wurde allmählich die »Ehrfurcht«, eine gewisse Stimmung im Umgang mit dem jenseitiger und diffuser gewordenen Heiligen.

6. Dass die Repetition ein wesentliches Element von Handlung darstellt, braucht nicht mehr eigens betont zu werden. Das muslimische Gebet beispielsweise, die ṣalāt, ist zunächst durch die Wiederholung von Bewegungen gekennzeichnet; und den wiederholten Bewegungen sind sprachliche Wiederholungen zugeordnet.[35] Beides ist von grosser Bedeutung; jeder Muslim auf der ganzen Welt wird beim Gebet mitmachen können, weil er die Bewegungen und die Worte eingeübt hat. Er wird die Worte vielleicht nicht verstehen, denn sie sind arabisch; er wird sie aber beherrschen, denn er hat sie gelernt.

Wir stossen hier auf ein merkwürdiges Phänomen von Sprache: Durch Wiederholung wird sie zunehmend zur Handlung umgeformt. Worte, die man wiederholt, kann man körperlich assimilieren wie Bewegungen. Das Gebet der Hesychasten, einer ostkirchlichen mönchischen Richtung, gleicht die Repetition von Gebetsworten dem Herzschlag an – eine äusserste Form körperlicher Assimilation.[36] Man kann Worte offenbar also unterschiedlich verwenden; man kann sie sprachlich brauchen, dann verbraucht man sie primär durch Denotation von Informationsgehalt, man kann sie aber auch »anders« brauchen, eben als Handlung; dann geht man gern repetitiv mit ihnen um.[37] (Die Prägungskraft der vorkonziliaren Messliturgie verdankt sich u.a. gerade dieser Tendenz, Sprache in Handlung zu verwandeln. Die volkssprachliche Liturgie macht Sprache verständlich, liefert sie damit der Denotation aus.) Der repetitive Gebrauch von Sprache ist aus verschiedenen Blickwinkeln beschreibbar; einerseits erzeugt er Redundanz: Das in einem religiösen Symbolsystem besonders Wesentliche muss mehrfach gesagt werden. Wenn einem in einem lutherischen Gottesdienst die Sünden mehrmals vergeben werden (vor der Predigt, durch die Predigt und in der Abendmahlsliturgie), dann wird das zentrale Thema evangelischer Verkündigung the-

[34] Stolz, F.: Einführung in den biblischen Monotheismus, Darmstadt 1996, bes. 163f.

[35] Watt: Islam, 263ff.

[36] Zum Hesychastengebet vgl. von Lilienfeld, F.: »Hesychasmus«, Theologische Realenzyklopädie 15 (1986), 282f.

[37] Dazu Stolz, F.: Verstehens- und Wirkungsverweigerung als Merkmal religiöser Texte, in: Geisser, H.F./Weder, H. (Hg.): Wahrheit der Schrift – Wahrheit der Auslegung. Eine Zürcher Vorlesungsreihe zu Gerhard Ebelings 80. Geburtstag am 6. Juli 1992, Zürich 1993, 101–124. – Vgl. auch Tambiah, S. J.: The Magical Power of Words, Man (NS) 3 (1968), 175–208.

matisiert; und gleichzeitig wird es »eingewöhnt«; wird einem andauernd die Sünde vergeben, gewöhnt man sich vielleicht an den eigenartigen Gedanken, *simul iustus et peccator* zu sein – genau so, wie sich der Muslim an die Bewegung der ṣalāt gewöhnt.

Die Beispiele, die lediglich um ihres relativen Bekanntheitsgrades wegen weitgehend dem Bereich des alten Israel, des Judentums und des Christentums entnommen wurden, sich jedoch auch aus anderen Kulturregionen hätten beibringen lassen, belegen, dass hier von den vorher genannten elementaren Handlungssequenzen in einer besonderen Weise Gebrauch gemacht wird. Der Primäreffekt wird in den Hintergrund gestellt oder gar ausgeschaltet, bis dahin, dass Sekundäreffekte gegen den Primäreffekt geltend gemacht werden (die Nonne mit Christus als Bräutigam schläft gerade *nicht* mit einem anderen Mann).

3. Selektionen

Dieser Überblick über Handlungselemente, die in religiösen Symbolsystemen eine Rolle spielen, stellt natürlich nur eine kleine Auswahl aus den unzähligen belegbaren Handlungsabläufen in rituellem Kontext dar – immerhin eine Auswahl besonders auffälliger Phänomene; solcher nämlich, die einerseits im Bereich der Religionsgeschichte eine hervorragende Rolle spielen, und die andererseits an zentrale, biologisch tief verwurzelte Lebensprozesse angelagert sind. Anders als bei der Sprache haben diese Handlungssequenzen einen immanenten Verweischarakter auf einen Primäreffekt hin; dadurch werden sie mit Motivation versorgt, und sie werden obendrein in den Dienst sozialer Ordnungsbildung gestellt. Die Verbindung zum Primäreffekt ist allerdings höchst flexibel. Die Handlungselemente verweisen vielfach in hohem oder gar ausschliesslichem Masse auf sekundäre, kommunikative Effekte. Bei vielen Handlungselementen lässt sich eine ursprüngliche Verwurzelung in einem primäreffektgesteuerten Zusammenhang kaum oder gar nicht mehr erkennen; immerhin ist das Element der Wiederholung praktisch immer von Belang, Extremfälle ausgenommen.[38]

Die bisherige Argumentation ist durch einen Sprung gekennzeichnet. Sie ging von der Beschreibung eines einzelnen Handlungsverlaufs aus, der innerhalb eines religiösen Kontexts wirksam und bedeutsam wurde; dann erfolgte ein unmittelbarer Übergang zu einem Katalog typischer Handlungselemente, welche in der Handlungssprache von religiösen Symbolsystemen überhaupt vorkommen. Dies ist, als ob ein Linguist von der Behandlung eines konkreten Texts in seiner literarischen Dimension unmittelbar zu den invarianten grammatikalischen Tiefen-

---

[38] Beispiele für signifikative Handlungen, welche nicht durch Wiederholung in den Bereich der Gewohnheit eingebettet sind, sind etwa die »Zeichenhandlungen« alttestamentlicher Propheten (vgl. Fohrer, G.: Die symbolischen Handlungen der Propheten, Zürich ²1968). Auch heute gibt es entsprechende Beispiele – wenn etwa der Pfarrer mit dem Fahrrad zum Altar fährt, um damit einen besonderen Clou seiner Botschaft zum Ausdruck zu bringen.

strukturen der Sprache überhaupt überginge. Dieser Sprung ist nun kritisch zu reflektieren; vor allem ist zu bedenken, was übersprungen worden ist: die Ebene des konkreten und historisch ausgeformten religiösen Symbolsystems, welches eine Selektion aus den katalogisierbaren Möglichkeiten darstellt. Diese Selektion möchte ich als Teilbereich der »Konfiguration« eines religiösen Symbolsystems bezeichnen; natürlich gehören zu dieser Konfiguration auch alle anderen Dimensionen der Auswahl symbolischer Elemente und anderes mehr.[39] Das Problemfeld, mit dem wir es hier zu tun haben, stellt gewissermassen eine Variante der Religionstypologie im Zeitalter der Digitalisierung dar. Die Analyse des Beziehungsgeflechts, in welches handlungsmässige Darstellungen religiöser Symbolsysteme eingebettet sind, trägt einiges zur Beschreibung dieser Konfiguration bei; das analytische Vorgehen lässt sich ungefähr durch den folgenden Katalog von Fragen umreissen, die allerdings nicht nacheinander, sondern gleichzeitig zur Anwendung gelangen müssten:

1. Zunächst stellen sich die klassischen Fragen, welche bereits am Anfang formuliert wurden. Wie ist der Stellenwert der handlungsmässigen Kodierung im Verhältnis zu anderen Kodierungsmöglichkeiten zu bestimmen? Bekanntlich gibt es Symbolsysteme, in welchen der Handlungsteil sehr elaboriert, fixiert und verbindlich, die Sprache demgegenüber von zweitrangiger Bedeutung ist; es findet sich auch der umgekehrte Fall. Wie sind verschiedene Kodierungen einander zugeordnet? Sind sie eng aufeinander bezogen oder nur lose verbunden? Sind sie parallelisiert, sind sie in einer näher zu bestimmenden Weise komplementär? Diese Fragen sind im Einzelfall gar nicht einfach zu beantworten, und sie sind gelegentlich innerhalb eines Kulturraumes unterschiedlich geregelt.

2. Geht es darum, die Bedeutung einer Handlung zu bestimmen, so stellt sich für den Religionswissenschaftler immer ein ganz bestimmtes Interpretationsproblem; er möchte wissen, was eine Handlung »sagen« will, d.h. er will Handlung in seine religionswissenschaftliche Metasprache übersetzen. Um dies zu erfahren, wird er zunächst auf die hören, welche die am Ritual beteiligte Objektsprache sprechen – seien diese Sprecher nun durch antike Texte oder Gewährsleute von Ethnographen repräsentiert. Allerdings werden diese Sprecher, und wenn sie noch so kompetent sein sollten, alle möglichen Deutungen geben: elitäre und nicht elitäre, passende und unpassende. Denn Handlung ist eben nicht auf Übersetzung in Sprache angelegt. Trotzdem: Die Übersetzung muss sein. Mit Verlusten und Fehlern ist zu rechnen.

3. Weiterhin kommen die Fragen zum Zuge, welche in den vorhergehenden Überlegungen entwickelt wurden; es geht um Fragen im Umfeld der Problematik von »Effekt und Kommunikation«. Sind Handlungssequenzen noch auf einen Primäreffekt hin angeordnet oder ist wenigstens ein Primäreffekt noch sichtbar? Wie verhalten sich Primäreffekte und kommunikative Sekundäreffekte? Erhalten

---

[39] Vgl. Stolz, F.: Gott, Kaiser, Arzt, in: Elsas, Ch. u.a. (Hg.): Tradition und Translation. Festschrift für Carsten Colpe, Berlin/New York 1994, 113–130, bes. 129f.

Sekundäreffekte geradezu, wie gelegentlich im Christentum, eine Tendenz, die dem Primäreffekt zuwiderläuft? Wie sind Motivationen und Rangregelungen in die Handlungssequenzen einbezogen? Die Frage, wie ein religiöses Symbolsystem im Hinblick auf bedeutsame Handlungen im Hinblick auf »natürliche« Lebensprozesse verfährt und wie sie Motivationen kanalisiert, ist ausserordentlich wichtig. Häufig lassen sich daran Problemfelder wie Zu- oder Abwendung zur Welt, Geschlechtsrollenzuschreibungen usw. klären.

4. In engem Zusammenhang damit stellt sich die Frage, welche »Transformationsleistungen« des Symbolsystems eine konkrete Handlungssequenz unterstützt. Ich gehe davon aus, dass eine religiöse Botschaft die Menschen, die sie orientiert, in eine bestimmte Richtung hin in Gang setzt, sie mit Erwartungen, Motivationen und Handlungsweisen ausstattet, kurz also: dass sie sie irgendwie transformiert.[40] Welche »Transformationsleistungen« des Symbolsystems unterstützt nun also eine konkrete Handlungssequenz? Die Tragweite dieser Frage kann vielleicht an einem konkreten Beispiel verdeutlicht werden. Die Taufe besteht bekanntlich ursprünglich darin, dass man jemanden untertaucht – in einer ariden Welt vor dem Sport ohne Zweifel eine mehr als ungewohnte und unangenehme Erfahrung: Die Luft bleibt einem weg. Die Handlung ist also deutlich auf einen Primäreffekt hin ausgerichtet, auf das Töten, sie stoppt allerdings, bevor es so weit ist. Die Handlung entspricht einer elementaren Transformationsleistung christlicher Botschaft: Der Christ wird auf den Weg der Nachfolge gewiesen, wozu ein bestimmtes Sterben und ein bestimmter Gewinn von Leben gehören. Der Primäreffekt ist in der Taufhandlung sehr schnell zurückgetreten; heute achtet man auf wohltemperiertes Taufwasser, damit der Täufling ja nicht erschreckt werde durch die Handlung. Dafür traten Sekundäreffekte ein: »rite« ist die Taufhandlung nicht dann, wenn der Täufling Atemnot verspürt, sondern wenn sie trinitarisch vollzogen ist, d.h. der wesentliche Effekt ist auf Sprache verlagert. Immerhin ist man in der Regel der Meinung, die Handlung müsse doch noch sein. Natürlich kann man sich fragen, ob mit der Marginalisierung der Handlung eine Marginalisierung der durch sie bezeichneten Transformationsleistung eingetreten ist. Es lässt sich leicht einsehen, dass Transformationsleistungen eng mit der Behandlung von Primäreffekten in Handlungssequenzen zusammenhängen.

4. Noch einmal: Das Beispiel

Nur kurz möchte ich nochmals zum à-la-carte-Ritual der Ordinationsfeier zurückkommen, von dem ich ausgegangen bin. Wir wenden den entworfenen Fragenkatalog auf das Ausgangsproblem an:

[40] Die Überlegung ist in lockerem Anschluss an die Religionsdefinition von Geertz, C.: Religion als kulturelles System, in: ders.: Dichte Beschreibung. Beiträge zum Verstehen kultureller Systeme, Frankfurt a.M. 1983, 44–95 formuliert.

1. Der Stellenwert von Handlungen ist im Protestantismus, zumal in seiner schweizerisch-reformierten Variante, so gering wie möglich. Dies geht auf die Privilegierung der Sprache in der Reformation ganz allgemein, dann aber insbesondere auch auf den spiritualistischen Zug in Zwinglis Denken zurück. Im Gefolge der Aufklärung erlitt die Dimension der Handlung eine weitere Geltungseinbusse, denn Handlungen lassen sich in ihrem rationalen Gehalt nicht eindeutig fassen. Seit etwa einer Generation sind die bis dahin noch bestehenden liturgischen Gewohnheiten weitgehend in Verfall gekommen.

2. Dennoch kommt man um Handlungen nicht ganz herum – etwa eine Ordinationsfeier bedarf irgendeines Gestus. Die Wahlfreiheit der Ordinanden ist deutlicher Ausdruck für die erwähnte Beliebigkeit des Handelns, das jede Bedeutung verloren hat. Es muss deshalb von Fall zu Fall mit Bedeutung gefüllt werden, was sich darin spiegelt, dass die Ordinanden ihre je verschieden gewählten Handlungen je unterschiedlich erklären. Diese Problematik wird dadurch noch komplizierter, dass nicht genau klar ist, was die Ordination genau soll; so hat man begonnen, nicht nur Theologen ordinationsähnlichen Handlungen zuzuführen, sondern auch Organisten, Kirchendiener, Kirchenälteste usw. Sowohl hinsichtlich des *signifiant* als auch hinsichtlich des *signifié* besteht also Wahlfreiheit von Seiten aller Beteiligter; in linguistischer Terminologie könnte man sagen, dass an die Stelle einer gemeinsamen Sprache hochgradig akzentuierte Dialekte, wenn nicht gar Idiolekte getreten sind. Im Prinzip ist das liturgische Handeln in Gottesdiensten dieses Milieus grundsätzlich dadurch bestimmt, dass der Liturg von bestimmten (primär sprachlichen) Bedeutungen ausgeht, denen er nun ein nach seinem Geschmack möglichst passendes Handeln unterlegt – ob dies von den Gottesdienstteilnehmern entschlüsselt werden kann, ist natürlich eine andere Frage.

3. Es ist selbstverständlich, dass dieses liturgische Handeln in keiner Weise auf einen »Primäreffekt« im Sinne des oben entwickelten Sprachgebrauchs zielt; sogar der »kommunikative Sekundäreffekt« ist durch Individualisierung bzw. Pluralisierung fraglich geworden. Da diese Tendenzen die liturgischen Handlungen generell prägen, ist es nicht verwunderlich, dass sich zunehmend ein Bedürfnis nach »Körperlichkeit«, nach »Symbolen« usw. manifestiert; bedeutsame Handlungen werden aus fremden Symbolsystemen importiert und ergänzend oder alternativ in das gottesdienstliche Leben implementiert – allerdings wieder unter dem Vorzeichen der individuellen Wahlmöglichkeit (womit die Tragfähigkeit von vornherein problematisiert ist). So versucht man, wieder an ganz urtümlichen Primäreffekten anzuknüpfen. Die feministische Pfarrerin, welche die Handauflegung zum Streicheln benützt, schliesst nicht an kulturell Vermitteltes an, sondern gewissermassen an die Restbestände des biologisch Vorgeformten. Es ist durchaus unklar, in welchem Masse jene Restbestände wirklich deaktiviert sind – vielleicht sind sie nur durch die kulturell eingespielten Symbolsysteme domestiziert.

4. Es braucht nicht mehr eigens betont zu werden, dass eindeutige Transformationsleistungen für die christliche Botschaft des durchschnittlichen schweize-

risch-protestantischen Milieus nicht mehr auszumachen sind; vielmehr haben
sich unter dem Vorzeichen der Individualisierung fluktuierende, in sich widersprüchliche Transformationsleistungen eingestellt, welche nicht einheitlich kodiert werden; was also konkrete religiöse Handlungen im Kontext der Moderne
leisten, lässt sich auch im Einzelfall schwer abschätzen, da Produktion wie Rezeption religiöser Kommunikation im Zeitalter religiöser Dialekte und Idiolekte
schwer überblickbar geworden sind.

Es ist offensichtlich, dass in dieser Zeit frei flottierender Transformationsleistungen isolierte Handlungen an Gewicht gewinnen, die nicht in ein umfassende-
res Symbolsystem integriert sind, jedoch an »archaischen« religiösen Handlungen
orientiert sind – an Handlungen, welche mit einem Effekt verbunden sind. Der
Markt, welcher inzwischen anstelle autoritätsgeleiteter Mechanismen die Verteilung religiöser Güter reguliert, hält ein grosses Angebot bereit an Möglichkeiten
des Erlebens, Spürens, Tanzens usw. Mit dieser Isolation ist dann freilich die religiöse Formensprache ganz in den Bereich der Unterhaltungsbranche übergegangen.

II. WELTBILDER DER RELIGIONEN

DIE BÄUME DES GOTTESGARTENS AUF DEM LIBANON

An verschiedenen Stellen des Alten Testaments wird auf die Thematik eines Gottesgartens angespielt; es scheint sich dabei aber nicht um einen einheitlichen Vorstellungskreis zu handeln, sondern zwischen verschiedenen Vorstellungselementen einzelner Texte bestehen Spannungen. Entsprechendes ist zu den oft erwähnten religionsgeschichtlichen Parallelen alttestamentlicher Gottesgarten-Vorstellungen zu sagen: Diese Parallelen sind unter sich uneinheitlich und ergeben kein geschlossenes Bild. Lassen die Überlieferungen noch verschiedene Typen der Gottesgarten-Vorstellung erkennen? Lassen sich die religionsgeschichtlichen Abhängigkeiten zwischen alttestamentlichen Vorstellungstypen und entsprechenden altorientalischen Parallelen noch nachzeichnen? Diesen Fragen ist im Folgenden nachzugehen.

I.

Ausführlich ist von den Bäumen des Gottesgartens in Ez 31 die Rede; sie werden auch »Edenbäume« genannt (V. 9.16.18), einzelne Baumarten sind aufgezählt: *'æræez*, *bᵉrôš*, *'ärmôn*, V. 8. Diese Bäume scheint besondere Schönheit und Lebenskraft auszuzeichnen.

Die besondere Problematik von Ez 31 ist dadurch gegeben, dass ein einzelner Baum erwähnt wird, dessen Verhältnis zu den Edenbäumen nicht eindeutig geklärt werden kann; es handelt sich um eine »Zeder auf dem Libanon«,[1] welche bis zum Himmel wächst, durch die Wasser der Urflut genährt wird und die Völkerwelt bedeckt.[2] Der Baum hat also kosmische Dimensionen. Er erregt den Neid der Bäume des Gottesgartens: »Kein Baum im Gottesgarten war ihm zu vergleichen in seiner Schönheit ... und es beneideten ihn alle Edenbäume im Gottesgarten.« (V. 8f) Man könnte von daher vermuten, dass es um eine Konkurrenz zwischen den Edenbäumen und der kosmisch bedeutungsvollen Libanon-Zeder ginge.

Ab V. 10ff wird das Geschick des Baumes geschildert: Gott gibt ihn in die Hand »eines Starken unter den Völkern *'êl gôjîm*; er wird gefällt und liegt zerbrochen da, oder mit anderem Bild: Er fährt hinab in die Unterwelt (V. 15). Der ganze Libanon leidet mit unter dem Sturz (V. 15).

---

[1] In V. 3 ist *tᵉ'aššûr* »Hochzeder« zu lesen; *'æræez* ist wohl erläuternder Zusatz.

[2] Nach V. 3 wächst dieser Baum nur bis in die Wolken, nicht bis zum Himmel; religionsgeschichtliche Parallelen, von denen noch die Rede sein wird, setzen aber voraus, dass in der hier vorliegenden Vorstellung an einen bis in den Himmel ragenden Baum gedacht ist.

Schwierig zu verstehen sind V. 16bff: »Und es trösteten sich in der Unterwelt alle Edenbäume, die Pracht[3] des Libanon ... Auch sie waren mit ihr (sc. der Zeder) zur *š^e'ôl* herabgefahren...«. In V. 18 wird nochmals erwähnt, dass die Edenbäume in die Unterwelt verstossen worden seien.

Nach diesem Passus erleiden also die eine Zeder und die Edenbäume ein und dasselbe Geschick; auch die Edenbäume stehen auf dem Libanon, hier ist also der Gottesgarten zu suchen. Und man wird von daher vermuten müssen, dass die eine Zeder ein besonders hervorragender Baum des Libanon-Eden-Gottesgartens war – mindestens nach der Vorstellung Ezechiels.

Von diesem Befund her ist nach dem mythologischen Hintergrund zu fragen, der Ez 31 zugrunde liegt. G. Fohrer[4] vergleicht den einen Baum mit einem Welt- und Lebensbaum, der von der *t^ehôm*, also dem antikosmischen Chaoswasser, genährt wird, so zur Konkurrenz der Bäume des Gottesgartens wird und deren Neid erregt; die Gottheit vernichtet ihn deswegen, es handle sich demnach um ein Motiv, das dem Turmbau zu Babel zu vergleichen sei. Diese Deutung lässt jedoch ausser acht, dass der eine Baum und die (andern) Edenbäume zusammengehören, dasselbe Schicksal erleiden und daher nicht zu gegnerischen Kräften eines mythologischen Entwurfs gemacht werden können.

W. Zimmerli weist demgegenüber darauf hin, dass der mythologische Hintergrund des Kapitals nicht als Einheit verstanden werden dürfe.[5] Der eine Baum wird als Weltenbaum (und nicht als Lebensbaum!) gesehen: »Der durch alle drei Weltregionen reichende Weltenbaum will als imago mundi (Eliade) das Weltall in der Gesamtheit seiner Lebenskraft zur Darstellung bringen.«[6] Das Geschick dieses Weltenbaumes ist nach Zimmerli in V. 10ff durch »das Motiv vom Sturz des Hohen, das in 15–17 mit dem Traditionselement der Höllenfahrt konkretisiert wird« illustriert.[7] Zimmerli rechnet also damit, dass der »Sturz« nicht ursprünglich in den mythologischen Kontext des Weltenbaumes gehört, dass sich vielmehr hier »in einer eigentümlichen Wendung des Gedankens« die Vorstellung »vom Sturz des Hohen (vgl. etwa Jes 2,12ff)« zeige; Zimmerli hält die Verbindung beider Motive nicht für gelungen.[8]

Tatsächlich ist die Vorstellung von der Unterweltsfahrt in Ez 31,17ff bis in die Formulierungen hinein mit dem entsprechenden Passus in Ez 32,17ff, wo von der Unterweltsfahrt der »Helden der Vorzeit« die Rede ist, vergleichbar.[9] Der dort zum Tragen gebrachte mythologische Zusammenhang weiss davon zu berichten, dass jene »Helden der Vorzeit« sich einst gegen eine übergeordnete göttliche Autorität erhoben hatten, im Kampfe jedoch unterlagen und in die Unterwelt ver-

[3] Vgl. BH.
[4] Fohrer, G.: Ezechiel, Tübingen 1955, 176.
[5] Zimmerli, W.: Ezechiel, Neukirchen-Vlyun 1969, 754.
[6] Zimmerli: Ezechiel, 752.
[7] Zimmerli: Ezechiel, 754.
[8] Zimmerli: Ezechiel, 754.
[9] Vgl. vor allem 31,17 mit 32,24; 31,18b mit 32,25.

bannt wurden, wo sie für die Gegenwart göttliche Macht ausüben; sie gelten für Ezechiel als Typen mächtiger, überheblicher und untergehender Völker der historischen Dimension.[10] Es wäre also tatsächlich denkbar, dass dieses Motiv mit der Vorstellung vom Weltenbaum in einen recht unpassenden Zusammenhang gebracht worden wäre, vielleicht von Ezechiel selbst. Immerhin ist zu fragen, ob nicht vielleicht der Gedanke von der Fällung des Gottesgartenbaumes zum ursprünglichen mythologischen Zusammenhang gehörte; streng genommen passt er ja nicht zur Unterweltsfahrt.

So lässt sich also folgender Entwurf vermuten, der hinter Ez 31 steht: Auf dem Libanon befindet sich ein Gottesgarten; darin nimmt ein Weltenbaum eine besondere Stellung ein. Ob eine Vernichtung dieses Baumes zum ursprünglichen Zusammenhang gehörte und ob allenfalls das Motiv von der Unterweltsfahrt in irgendeiner Weise damit verbunden war, wird noch zu fragen sein.

In Jes 14,8 ist wohl derselbe Zusammenhang ins Spiel gebracht:

> Auch die Zypressen freuen sich über dich, die Libanonzedern:
> »Seit du dich schlafen gelegt, steigt keiner mehr herauf, uns zu fällen!«

Wie in Ez 31 dienen hier verschiedene mythologische Bilder dazu, das Schicksal eines feindlichen Königs zu illustrieren. In der Hauptsache wird das Motiv vom Versuch des Morgensternsohnes Helel, sich der Götterherrschaft zu bemächtigen, ausgeführt; der Versuch endet mit Niederlage und Verbannung in die Unterwelt.[11] Der in unserm Zusammenhang interessierende V. 8 befasst sich gewissermassen mit der Vorgeschichte der Helel-Episode: Der feindliche Herrscher fällte die Libanon-Zedern.

Der Vers lässt sich völlig »unmythologisch« verstehen. Man wird dann darauf hinweisen, dass die assyrischen und babylonischen Könige je und dann Holz für Bauten und Kriegsgeräte aus dem Libanon bezogen.[12] Doch es ist zu fragen, ob nicht derselbe Hintergrund anzunehmen ist, wie in Ez 31. Dann wären die Libanonzedern die Bäume des Gottesgartens; sie zu fällen, erschiene hier als überheblicher Frevel; und als Konsequenz wäre wieder das Motiv der Unterweltsfahrt zu beobachten, das hier freilich nicht für die umgehauenen Bäume gälte, sondern für den frevelnden Baumfäller. Dabei ist freilich zu beachten – und das kompliziert die Sache –, dass Helel, der hier Prototyp des Stürzenden ist, ursprünglich nichts mit den Libanonzedern zu tun hat.[13]

Unsere Vermutungen werden gestützt durch 2 Kön 19,23ff. Auch hier ist die Überheblichkeit eines Gewaltherrschers angesprochen :

[10] Vgl. Stolz, F.: Strukturen und Figuren im Kult von Jerusalem, Berlin 1970, 96ff.
[11] Vgl. Baumgartner, W.: Zum Alten Testament und seiner Umwelt, Leiden 1959, 157f; Grelot, P.: Isaïe XIV et son arrière-plan mythologique, Revue de l'histoire des religions 146 (1956), 18ff.
[12] So z.B. Fohrer, G.: Das Buch Jesaja I, Zürich 1960, 177f.
[13] Zum religionsgeschichtlichen Ursprung des Stoffes vgl. Stolz: Strukturen, 211f.

Durch deine Boten hast du den Herrn verhöhnt und gesagt:
»Mit der Menge[14] meiner Wagen übe ich Macht aus.[15]
Ich habe erstiegen die Höhe der Berge, die Spitze des Libanon;
ich will schlagen die Mauer seiner Zedern, seine auserlesenen Zypressen;
ich will eindringen bis zur obersten Behausung, ins Dickicht seines Baumgartens.«

Was sich der König von Assur nach diesem Textzeugnis vornimmt, ist genau das, was der in Jes 14,8 verspottete, gestürzte Herrscher ausgeführt hat: Er will den Libanon-Waldgarten fällen und bis zuoberst vordringen; dort ist eine Behausung – nach dem ursprünglichsten Zusammenhang wohl die Behausung eines Gottes. Dieses Vorhaben wird hier als Frevel Jahwe gegenüber verstanden. Man kann aus dem Zusammenhang aller bisher besprochener Stellen demnach vermuten, dass in gewissen Kreisen Jahwe als Besitzer des Libanon-Gottesgartens galt; ein Anschlag darauf tastet Jahwes Herrschaft an.

Weitere Stellen runden das Bild ab. In Ps 80,11 werden die Zedern Els *'ărzê 'el* genannt; die Zedern sind ja das Libanon-Gewächs kat'exochen. In V. 10ff. ist überhaupt die Vorstellung, ähnlich wie in Ez 31, die, dass der Weltenbaum, mit dem Israel verglichen wird, die Els-Zedern, also die übrigen Bäume des Gottesgartens, überragt.[16] Und wenn in Ps 104,16 erwähnt wird, dass »die Bäume Jahwes *'ăṣê jhwh*[17] sich sättigen, die Libanonzedern, die er gepflanzt«, dann ist damit derselbe Gottesgarten gemeint. Dass nach Jes 60,13 für die Endzeit vorgesehen ist, dass »die Pracht des Libanon, Zypresse, Platane und Hochzeder« nach Jerusalem kommen sollen, meint nichts anderes, als dass in der eschatologischen Erwartung Jerusalem zum Ort des Gottesgartens wird; ähnliche Erwartungen sind in Jes 51,3 belegt: Jerusalem soll zu Eden und zum Gottesgarten werden.[18] In jener Endzeit kann Israel selbst mit den Gewächsen des Gottesgartens verglichen werden; es heisst dann *'êlê hăṣṣædæq* und *măṭṭă' jhwh*.[19]

In anderen Texten haben die Bäume des Libanon-Gartens eine andere Symbolwertigkeit. Sie stehen unter dem Aspekt vom »Sturze des Hohen«, den Zimmerli schon zu Ez 31 als typisch israelitisch hervorhob.[20] Zuerst ist Jes 2,12 zu erwähnen:

[14] Vgl. BH.

[15] Ergänzt nach LXX.

[16] Der Ausdruck *'ărzê 'el* wird von Thomas, D.W.: A Consideration of Some Unusual Ways of Expressing the Superlative in Hebrew, Vetus Testamentum 3 (1953), 209ff, superlativisch aufgefasst: »gewaltige Zedern«. Doch ist es nach dem hier herausgearbeiteten Zusammenhang tunlich, ganz wörtlich zu übersetzen. Das Bild von Israel als einem Weinstock gehört ursprünglich nicht mit dem Libanon-Gottesgarten zusammen; dazu Kraus, H.J.: Psalmen I, Neukirchen-Vluyn 1961, 558; Zimmerli: Ezechiel, 328.

[17] Erwägenswert ist der Vorschlag der BH, nach LXX *'ăṣê šăddăj*, entstellt zu *'ăṣê ṣadaj*, als ursprünglich anzunehmen; der Besitzer des Libanon-Gottesgartens wäre dann der Gott Šaddaj gewesen.

[18] Zum Verhältnis zwischen Eden-Garten und Libanon-Garten s.u.

[19] Jes 61,3; hinter der Nennung von *ṣædæq* ist vielleicht ursprünglich auch ein Gottesname zu suchen, vgl. dazu zuletzt Schmid, H.H.: Gerechtigkeit als Weltordnung, Tübingen 1968, 75ff.

[20] Zimmerli: Ezechiel, 754.

Denn ein Tag des Jahwe Zebaot
kommt über alles Stolze und Hohe, über alles Ragende und Erhabene,[21]
über alle Zedern des Libanon, über alle Eichen des Basan.[22]

Die Libanonzedern sind hier offenbar – zusammen mit den Basaneichen – sprich-
wörtlich für stolze Überhebung.[23] Es ist kaum denkbar, dass Jesaja die Bäume in
ihrer biologischen Wesensart vor Augen hat. Vielmehr ist zu vermuten, dass auch
er die Geschichte von den Gottesgarten-Bäumen vor Augen hat und als bekannt
voraussetzt. Den Bäumen wird also eine gewisse numinose Macht durchaus zuge-
billigt – aber es ist eine Macht, die sich nicht mit der Wirksamkeit Jahwes verträgt,
insofern Inbegriff des sich gegen Gott Auflehnenden wird und dem Gericht des
jôm jhwh verfallen muss.[24]

Ähnliches findet sich in Jes 10,33f:

Siehe, der Herr, Jahwe Zebaot, zerschlägt die Äste der Krone mit Schreckensgewalt,
und die Hochgewachsenen sind gefällt, und die Hohen sinken nieder.
Zusammengehauen wird das Dickicht des Waldes mit dem Eisen,
und der Libanon fällt durch einen Gewaltigen.

Das Bild dient hier dazu, eine Gerichtsankündigung gegen Jerusalem zu illustrieren. Das bedeutet: Jerusalem entspricht in seinem überheblichen Hochmut dem
Libanongarten; Jahwe wird gerade nicht mit dem Besitzer des Gartens gleichgesetzt, sondern mit demjenigen, der die Bäume fällt, der nach Jes 14,8 und 2 Kön
19,23ff in ganz anderer Weise als Frevler gekennzeichnet ist.

Zwei Anspielungen in Jer 22 sind in diesem Zusammenhang anzufügen. In V.
23 wird Israel angesprochen:

Die du auf dem Libanon thronst und auf den Zedern nistest,
wie wirst du stöhnen,[25] wenn Wehen über dich kommen wie über eine Gebärende.[26]

Und in V. 7 wird Israel kurz angedroht, dass »seine schönsten Zedern gefällt werden«.

Endlich ist Sach 11,1f anzufügen:

[21] Der Ausdruck *šaphel* im hebräischen Text ist jedenfalls unrichtig, es ist ein im Sinn entgegengesetzter Begriff anzunehmen.

[22] Vgl. BH.

[23] Ähnlich in Ps 37,35.

[24] Kaiser, O.: Der Prophet Jesaja, Kap. 1–12, Göttingen 1963, 29, denkt an einen Gottessturm,
der über ganz Palästina hinwegfegt. Wildberger, H.: Jesaja. 1. Teilband: Jesaja 1–12, Neukirchen-
Vluyn ²1980, 106f, stellt die Sachparallele zu Ps 29 fest: »Jesaja hat also Elemente der jerusalemi-
schen Kultpoesie, die bis in die vorisraelitische Geschichte der Stadt zurückgeht, mit der Überlieferung vom Jahwetag verbunden.« Damit ist das Problem angedeutet, das hier zur Diskussion steht;
zu Ps 29 in diesem Zusammenhang s.u.; zur Vernichtung der Taršišschiffe ist Ps 48,8 zu vergleichen.

[25] 1. *nenāḥt* für *næᵉnaḥt*, vgl. BH.

[26] Zum traditionsgeschichtlichen Kontext des Geburtsmotives vgl. Lescow, Th.: Das Geburts-
motiv in den messianischen Weissagungen bei Jesaja und Micha, Zeitschrift für die Alttestamentliche Wissenschaft 79 (1967), 199ff.

Tue auf, Libanon, deine Tore, dass Feuer deine Zedern verzehre!
Heule, Zypresse! Denn die Zeder ist gefallen, die Gewaltigen sind vernichtet.
Wehklaget, ihr Basaneichen! Denn der Bannwald ist gefällt.

Wir fassen vorläufig zusammen: Es scheint deutlich zu sein, dass der Libanon Ort eines Gottesgartens ist; es wachsen besondere Bäume darauf, unter Umständen ein besonderer Weltenbaum; es wird erzählt, dass jemand diese Bäume (bzw. diesen einen Baum) einst fällte. Jahwe kann als Besitzer dieses Gottesgartens gelten, er kann aber auch mit dem verglichen werden, der den Waldgarten zerstört. Es handelt sich also um eine innerhalb der israelitischen Religion nicht verbindlich festgelegte Vorstellung.[27]

II.

Auch in Gen 2,4bff und in Ez 28 ist von einem Gottesgarten die Rede. Sein Name ist – wie dies in Ez 31 vorausgesetzt wird – Eden; auch hier wird der Garten (mindestens in der Vorstellung Ezechiels) auf einem Berge gesucht (Ez 28,14.16); die jahwistische Vorstellung dagegen scheint anders zu sein.[28]

Weder in Gen 2 noch in Ez 28 ist ein Hinweis darauf vorhanden, dass der Gottesberg oder der Gottesgarten auf dem Libanon zu lokalisieren sei. Nach Gen 2,8 befindet sich der Garten »im Osten«; Eden ist ohne Zweifel eine geographische Bezeichnung, es ist wohl an ein Land gedacht, das weit, in unbekannter Ferne, im Osten liegt.[29]

Beiden Eden-Geschichten ist die Person des Urmenschen, der sich verfehlt und dafür bestraft wird, zentral. Leider ist die ganz ursprüngliche Motivierung der Strafe des Urmenschen in keiner der beiden Erzählungen erhalten. Ezechiel nennt einen Frevel des Königs von Tyrus, mit dem der Urmensch verglichen wird (28,16).[30] Der Jahwist beschreibt, wie sich der Urmensch am Baume der Erkenntnis vergreift (Gen 2,16f; 3). Doch ist es wahrscheinlich, dass in einer ursprünglicheren Gestalt der Erzählung nur der Baum des Lebens eine Rolle spielte, der in der jahwistischen Erzählung jedoch nur noch am Rande bemerkbar ist. Jener andere Baum ist wohl vom Jahwisten selbst konzipiert.[31]

---

[27] Es ist dabei freilich zu bedenken, dass es allgemein und jederzeit verbindliche religiöse Vorstellungen in Israel überhaupt nicht gab; so konnte Hosea die Väter-, Amos die Exodus-Tradition in negativem Licht darstellen.

[28] Es ist hier an die Nachbarschaft von Wüste und Kulturland gedacht; vgl. v. Rad, G.: Das erste Buch Mose – Genesis, Göttingen ⁶1961, 60f; Westermann, C.: Genesis, Neukirchen-Vluyn 1970, 272.

[29] Westermann: Genesis, 287.

[30] Zimmerli: Ezechiel, 686, vermutet, dass die Sünde des Urmenschen ursprünglich in hochmütiger Überhebung bestanden hätte. Er vergleicht ausserdem die Szenerie, in welcher sich das Urmensch-Drama abspielt, mit Jes 14,13 und betont, dass dieser Gottesberg nicht mit dem Libanon zu identifizieren sei (Zimmerli: Ezechiel, 685).

[31] Westermann: Genesis, 288ff, weist mit Recht darauf hin, dass der »Baum des Lebens« im AT

Nur vermutungsweise kann geäussert werden, worin jener ursprünglichere Frevel des Urmenschen bestanden hatte. Hatte er vielleicht in unrechtmässiger Weise versucht, den Baum des Lebens in seinen Besitz zu bringen? Hatte er verbotenerweise dessen Früchte zu essen versucht, um der Unsterblichkeit teilhaftig zu werden? Jedenfalls endete sein Geschick mit der Vertreibung aus dem Gottesgarten hinaus in die karge Alltagswelt.

Die Erzählungen vom Urmenschen und seinem Gottesgarten und der Zusammenhang vom Libanon-Gottesgarten weisen Berührungspunkte auf. In beiden Fällen ist Jahwe in der Regel der Inhaber des Gartens (die Ausnahmen wurden erwähnt). Ezechiel scheint die Szenerie beider Gottesgärten zusammenzulegen: Die Bäume des Libanon in Ez 31 heissen Edenbäume, der Gottesgarten von Ez 28 findet sich auf einem Berg. Der Frevel des Urmenschen besteht aber offenbar nicht darin, dass einer der Bäume angetastet würde. In Gen 2 ist der Gottesgarten in weiter Ferne, nicht auf einem Berg lokalisiert. Das Unrecht des Urmenschen, das wir vermuteten, erinnert entfernt an den Libanon-Baumfrevler: Er will sich eines Baumes (eines Lebensbaumes? eines Weltenbaumes? oder des ganzen Baumgartens?) bemächtigen. Wie die verschiedenen Vorstellungen aufeinander eingewirkt haben könnten, lässt sich nur anhand religionsgeschichtlichen Vergleichsmaterials aufweisen. Zunächst jedoch ist die historische Einwirkung der Libanongeschichte auf die israelitische Traditionsbildung zu untersuchen.

III.

Wie ist Jahwe dazu gekommen, Besitzer des Libanon-Gottesgartens zu werden? Ein Hinweis ergibt sich aus Ps 80,11; hier ist von den *'ărzê 'el*, den Els-Zedern die Rede. Man wird also vermuten, dass ursprünglich, in vorisraelitisch-kanaanäischer Überlieferung, El als Besitzer des Baumgartens galt.

Durch Ps 29,5f wird dies in überraschender Weise bestätigt. Hier geht es um die Gewittertheophanie Els,[32] und zu den Folgen seiner Erscheinung gehört es, dass Libanon und Sirjon erschüttert werden und dass Libanon-Zedern zerbrochen werden: Es ist also eine Theophanie vorgestellt, die ihren Ort spezifisch im Libanon-Raum hat.[33] Die Erscheinung ist dabei so gewaltig, dass sogar einige Bäume im Garten dieses Gottes zerstört werden.

öfter genannt ist, wenn auch in übertragenem Sinn (z.B. Spr 3,18; 11,3 usw., auch »Baum der Unsterblichkeit« Sir 19,11), nicht aber ein »Baum der Erkenntnis«; für die jahwistische Geschichte jedoch ist gerade dieser Baum von zentraler Bedeutung.

[32] Vgl. dazu Stolz: Strukturen, 152ff.

[33] Der hier mit dem Libanon genannte Sirjon ist mit dem Hermon gleichzusetzen, vgl. Dtn 9,3. Dagegen liegt in 29,8 kaum ein Ortsname vor; statt *midbăr qadeš* »Wüste von Qadeš« ist eher *midbar qadeš* »heilige Trift« zu lesen, zu vergleichen ist der ugaritische Text SS Z. 65. Dass im israelitischen Umsetzungsprozess daraus »die Wüste von Qadeš« wurde, so dass mit Libanon und Qadeš die äussersten Begrenzungen Israels gegeben sind (vgl. Kraus: Psalmen I, 237), ist gut verständlich.

Man hätte demnach anzunehmen, dass El – in Ps 29 speziell der El von Jerusalem – Züge der Libanon-Gottheit angenommen hatte. Das ist nicht erstaunlich, weist er doch auch Züge anderer kanaanäischer Gottheiten auf: solche des Seefahrer-Baal[34] oder solche des Baal-Ṣaphon[35]. Manche göttlichen Eigenarten konnten eben ausgetauscht und auf andere Gottheiten übertragen werden.[36] In Jerusalem also machten die Israeliten offenbar Bekanntschaft mit dem Gott des Libanon-Gottesgartens.[37]

IV.

Das nächstliegende ausserbiblische Material, welches die Vorstellungen vom Libanon-Gottesgarten zu erhellen vermag, findet sich im *Gilgameš-Zyklus*, im Zedernwald-Abenteuer. Nach II, IV, 96ff schlägt Gilgameš seinem Freunde Enkidu vor:[38]

Im Wald wohnt der reckenhafte Ḫumbaba,
ich und du, wir wollen ihn töten,
aus dem Lande tilgen jegliches Böse!
Lass uns fällen den Zedernbaum!

Dieser Ḫumbaba, Wächter des Waldes, ist eine erschreckende Figur:

Ḫumbaba – sein Brüllen ist Sintflut,
ja Feuer sein Rachen, sein Hauch der Tod! (II, IV, 109f)

Die Zeder, welche Gilgameš fällen will, liegt inmitten eines riesigen Waldes, der eine Ausdehnung von zehntausend Doppelstunden hat (II, IV, 107). Der Wächter Ḫumbaba ist von einer ihm übergeordneten Instanz eingesetzt: Enlil hat ihn mit seiner Funktion betraut (II, V, 5).

Wo liegt der Wald Ḫumbaba? Die Wegstrecke von Uruk bis zum Wald wird mit 3 mal 50 Doppelstunden Weges angegeben (IV, 3ff). Nach Angabe eines altbabylonischen Bruchstückes zitterten vor Ḫumbaba Wort »Saria und Libanon« –

[34] Vgl. Hillmann, R.: Wasser und Berg, Diss. Halle/Saale 1965, 76ff.
[35] Hier ist auf die Identifikation des Jerusalemer Tempelberges mit dem Ṣaphon aufmerksam zu machen (Ps 48,3; Jes 14,13).
[36] Auf diese Tatsache hat im Bereich der ägyptischen Religionsgeschichte vor allem Otto, E.: Altägyptischer Polytheismus. Eine Beschreibung, Saeculum 14 (1963), 257, aufmerksam gemacht. In geringerem Masse haben seine Beobachtungen auch für den kanaanäischen und mesopotamischen Bereich Gültigkeit.
[37] Vielleicht nicht nur hier! Die besprochenen Stellen sind jedoch durch die Jerusalemer Tradition geprägt. Doch ist zu bedenken, dass El auch andernorts – z.B. in Ugarit – Libanon-Gottheit ist (s.u.).
[38] Übersetzungen: Schott, A./v. Soden, W.: Das Gilgamesch-Epos, Stuttgart 1988; Heidel, A.: The Gilgamesh Epic and Old Testament Parallels. A Translation and interpretation of the Gilgamesh Epic and related Babylonian and Assyrian documents, Chicago 1954; Pritchard, J.B. (Hg.): Ancient Near Eastern Texts Relationg to the Old Testament (³ANET), Princeton ³1963, 72ff, 503ff.

hier ist also der Ort des Waldes zu suchen.[39] Die Wegstrecke stimmt mit dieser Angabe überein.[40]

Die vierte und fünfte Tafel schildern die eigentliche Auseinandersetzung. Gilgameš und Enkidu treffen zunächst auf einen Wächter des Waldes, von Ḫumbaba eingesetzt; sie machen ihn unschädlich und gelangen an den Berg-Wald heran:

Still standen sie, betrachteten den Wald;
die Höhe staunten sie an der Zedern,
den Eingang staunten sie an des Waldes.
Wo Ḫumbaba gegangen, war eine Fussspur.
Die Wege sind gerichtet, gut ist ihre Bahn;
den Zedernberg sehn sie, die Wohnstatt der Götter, Irninis Weihesitz.
Doch vor diesem Berg trägt die Zeder ihre Fülle,
ihr Schatten, so wonnig, ist reich an Erquickung. (V, I, lff)

Ganz allgemein wird der Zedernberg »Wohnstatt der Götter« genannt; dass er im besondern Sitz der Irnini, einer Erscheinungsform Ištars,[41] sei, ist wohl Eintrag des Gilgameš-Dichters, für den Ištar einerseits und Šamaš andererseits die polaren Grössen bezeichnen, innerhalb derer sich das Gilgameš-Geschehen abspielt: der Zedernberg ist damit als Exponent einer der Šamaš-Ordnung entgegengesetzten Macht gekennzeichnet.[42] Dass der Zedernberg »Wohnstatt der Götter« sei, dürfte eine traditionelle, dem Gilgameš-Dichter bereits vorliegende Überlieferung sein.

Leider wird über die Funktion der Zeder, des offenbar wichtigsten Baumes im Waldgarten, nichts Näheres berichtet; hervorgehoben wird ihr erquickender Schatten. Warum sie ausgerechnet Zielpunkt der Unternehmung des Gilgameš ist, wird nicht deutlich.

Jedenfalls fällt Enkidu die Zeder, und der aufgebrachte Ḫumbaba wird, durch Šamaš in Verwirrung gesetzt, getötet, obwohl er sich nach der Einsicht in seine Niederlage ergeben will.

Das schon erwähnte altbabylonische Fragment[43] schildert den Tod Ḫuwawas; die Folge davon ist, dass das Gebirge zur Ruhe kommt; die beiden Helden schlagen die Zedern ab und dringen in den Wald ein:

Die verborgene Wohnung der Anunnaki öffnete er. (Z. 37)

[39] Das Stück ist publiziert von Bauer, J.: Ein viertes Altbabylonisches Fragment des Gilgameš-Epos, Journal of Near Eastern Studies 16 (1957), 254–262; vgl. Schott/v. Soden: Das Gilgameš-Epos, 51f; ³ANET, 504.
[40] Schott/v. Soden: Das Gilgameš-Epos, 43 Anmerkung 1; vgl. Edzard, D.O.: Mesopotamien. Die Mythologie der Sumerer und Akkader, in: Haussig, H.W. (Hg.): Wörterbuch der Mythologie I, Stuttgart 1965, 80, s.v. Ḫuwawa, 17–140.
[41] Vgl. Tallqvist, K.: Akkadische Götterepitheta, Leipizg 1938, 116.
[42] Dazu Böhl, F.M.Th. de Liagre : Das Problem ewigen Lebens im Gilgamesch-Zyklus, in: ders.: Opera minora. Studies en Bijdragen op Assyriologisch en Oudtestamentisch Terrein, Groningen/Djakarta 1953, 234ff; Stamm, J.J.: Das Gilgamesch-Epos und seine Vorgeschichte, Asiatische Studien 6 (1952), 22f.
[43] S. Anmerkung 39.

Auch hier ist also vorausgesetzt, dass der Zedernberg Wohnsitz der Anunna-Götter ist; die Bezwingung des Waldwächters und die Erstürmung des Berges ist identisch mit dem Eintritt in den Lebensraum der Himmlischen.

Die Berührungen des akkadischen Gilgameš-Epos mit dem vorher besprochenen alttestamentlichen Zusammenhang sind deutlich. In beiden Fällen ist von einem Gottesgarten auf dem Libanon die Rede; wie in Ez 31 ist der eine Baum als besonders Schatten spendend und insofern lebenserhaltend gedacht, er wird durch einen Eindringling gefällt. Libanon und Sirjon zittern vor dem Wort des im Gewitter erscheinenden Ḫuwawas[44], wie sie vor der Stimme Els (als Nachfolger der Libanon-Gottheit) erbeben.[45]

Differenzen und Unklarheiten sind ebenso deutlich. Nirgends im AT ist ein Hinweis darauf erhalten, dass der Frevler auf dem Libanon einen Gott getötet hätte. Nicht ganz klar ist in beiden Textzusammenhängen, mit welchem Ziel der Waldschänder seine Unternehmung beginnt. Allgemeines Thema des Gilgameš-Epos ist die Suche nach dem ewigen Leben und steter Verjüngung;[46] doch ist davon im Zedernwald-Abenteuer wenig zu spüren. Der Hinweis der oben zitierten Stelle, dass Gilgameš die Wohnung der Götter zugänglich gemacht hätte, könnte vermuten lassen, dass er die Absicht hatte, voller Göttlichkeit[47] teilhaftig zu werden. Das AT weiss davon nichts; es kennt aber die Konsequenz der Unternehmung des Frevlers: Dieser wird in die Unterwelt verbannt, das ist die Strafe seiner Untat. Davon hinwiederum schweigt die akkadische Gilgameš-Überlieferung.[48]

Ergeben sich weitere Klärungen von der *sumerischen Gilgameš-Dichtung* her? Zu betrachten ist der Text *Gilgameš und das Land der Lebenden*; so heisst hier das Zedernland (kur-lú-ti-la[49]). Die Motivation der Fahrt Gilgameš' ist hier deutlicher als in der akkadischen Fassung. Seinem Beschützer Utu gegenüber äussert Gilgameš:

---

[44] Zum »Wort« Ḫuwawas nach Z. 30 dieses Abschnittes vgl. das »Wort« Enlils in dessen Gewittertheophanie nach dem bei Meissner, B.: Babylonien und Assyrien II, Heidelberg 1925, 158f wiedergegebenen Enlil-Hymnus.

[45] Vgl. oben die Bemerkungen zu Ps 29.

[46] Vgl. Stamm: Das Gilgamesch-Epos, 24f.

[47] Nach I,II,1 ist Gilgameš zu zwei Drittel Gott und zu einem Drittel Mensch.

[48] Immerhin ist Gilgameš ausserhalb des Epos, vor allem in der Omenliteratur, sehr oft als Unterweltsgottheit erwähnt; vgl. Lambert, W.G.: Gilgamesh in Religious, Historical and Omen Texts and the Historicity of Gilgamesh, in: Garelli, P. (Hg.): Gilgameš et sa légende, Paris 1960, 39–56.

[49] Was dieser Name genau meint, ist leider unklar. Ist lú generell gemeint, so dass man mit »Land der Lebenden« übersetzen muss (so z.B. Kramer, S.N.: Geschichte beginnt mit Sumer. Berichte von den Ursprüngen der Kultur, München 1959, 134ff), oder ist an einen einzelnen »Mann des Lebens« gedacht, den man dann vielleicht mit Ḫuwawa gleichzusetzen hätte (so Stamm: Das Gilgamesch-Epos, 26f)? Die letztere Lösung findet am Text jedenfalls keine ausdrückliche Bestätigung. Stamms Vermutung, den »Mann des Lebens« mit dem Sintfluthelden zu identifizieren (Stamm: Das Gilgamesch-Epos, 26), scheint mir sehr fern zu liegen.

In meiner Stadt sterben die Menschen, bedrückt ist das Herz,
die Menschen vergehen, schwer ist das Herz.
Ich blickte über die Mauer,
sah die Toten ... im Fluss treiben.
Auch mir wird es so ergehen, fürwahr, es ist so.
Der Mensch, auch der höchste, kann nicht in den Himmel reichen,
der Mensch, auch der grösste, kann nicht die Erde bedecken.
Noch nicht haben Ziegel und Stempel das vorbestimmte Ende gebracht,
ich möchte das ›Land‹ betreten, ich möchte meinen Namen errichten.
An seinen Stätten, wo die Namen errichtet worden sind, möchte ich
meinen Namen errichten,
an seinen Stätten, wo die Namen nicht errichtet worden sind, möchte ich
die Namen der Götter errichten. (Z. 23ff)

Der Passus zeigt deutlich, dass es auch hier um Leben und Tod, Menschlichkeit
und Göttlichkeit geht. Angesichts des Todes möchte Gilgameš seinen und der
Götter Namen errichten – so dunkel der Text ist, er scheint doch aussagen zu
wollen, dass Gilgameš ewiges Leben und Göttlichkeit sucht.[50] Seine Fahrt ins
»Land der Lebenden« wäre dann nichts anderes als Lebenssuche.

Anders als in der akkadischen Fassung ist hier auf dem Zedernberg kein
besonders hervorgehobener Baum zu finden; Gilgameš und Enkidu fällen sieben
Bäume, bis es zur Auseinandersetzung mit Ḫuwawas kommt. Auch hier wird der
Berg-Gott getötet; die beiden Helden schneiden ihm den Kopf ab und bringen
ihn vor Enlil, offenbar zum Missfallen dieses Gottes.[51]

Die Fortsetzung der Erzählung ist abgebrochen. Bestechend ist jedoch die Vermutung von S. N. Kramer, dass der Text *Gilgameš' Tod* in denselben Zusammenhang gehört.[52] Tatsächlich geht es auch hier um des Helden Leben, Tod und
Göttlichkeit einerseits, und um Enlils Urteil andererseits: Zunächst wird dem
Helden mitgeteilt, dass Enlil ihn nicht zum ewigen Leben bestimmt hätte,[53] dann
wird der Tod des Helden berichtet,[54] und der noch erhaltene Schlussteil setzt of-

---

[50] Kramer: Geschichte, 134, sieht das Grundmotiv des Textes in der »Angst des Menschen vor
dem Tode und (im) Wunsch, diese Angst in den Begriff eines unsterblichen Namens zu sublimie-
ren«. An eine konkretere Suche nach ewigem Leben denkt – wohl zu Recht – Stamm: Gilgamensch-
Epos, 26f. Anders Edzard: Mesopotamien, 70.

[51] Der Ausgang des Textes ist umstritten. van Dijk, J.J.A.: Le dénouement de »Gilgameš au bois
des cèdres« selon LB 2116, in: Garelli, P. (Hg.): Gilgameš et sa légende, Paris 1960, 69ff, gibt den
Schluss folgendermassen wieder: Die beiden Helden werden verflucht, die sieben me-lám des Hu-
wawa (»Sphären«) werden andern Wesen übergeben, so dass statt der einen jetzt siebenfache Gefahr
droht. Anders aber Kramer, S.N.: Gilgamesh: Some New Sumerian Data, 59ff, desselben Sammelbandes.

[52] ³ANET, 50, Anmerkung 1.

[53] ³ANET, 50; A, 32ff.

[54] ³ANET, A, 60ff.

fenbar voraus, dass Gilgameš wenigstens in der Unterwelt, im Reich der Toten, eine Herrscherstellung und eine gewisse Vergöttlichung zugeteilt erhält.[55]

Sollten diese Vermutungen zutreffen, dann wäre das Thema des sumerischen Gilgameš-Zyklus (mindestens der beiden hier besprochenen Texte) durchaus mit dem der akkadischen Dichtung zu vergleichen: Gilgameš sucht ewiges Leben und Göttlichkeit; er will darum das »Land der Lebenden« in seine Gewalt bringen und vernichtet dessen Hüter Ḫuwawas. Trotzdem (vielleicht sogar: deswegen! Ein entsprechender Passus der Geschichte könnte verloren sein) verweigert ihm Enlil ewiges Leben und Göttlichkeit, Gilgameš stirbt, gerät in die Unterwelt und wird wenigstens hier gottähnlicher König. Es ist klar, dass unsere Vermutungen anhand des alttestamentlichen Materials gebildet sind. Die mannigfachen Berührungen unter den beiden Textzusammenhängen dürften jedoch ein solches Vorgehen rechtfertigen. Wir hätten demnach mit einer am Libanon beheimateten Grundgeschichte zu rechnen, welche beinhaltete, dass jemand versuchte, den Besitz des Libanon-Gottes, den Gottesgarten, in seine Gewalt zu bringen, um selbst höchster göttlicher Würde teilhaftig zu werden. Der Versuch scheiterte – der Frevler wurde strafweise in die Unterwelt verbannt.

Man kann diesen mythologischen Zusammenhang vielleicht noch einen Schritt weiter verfolgen. Die Vorstellung, dass jemand (meist ein untergeordneter Gott) den Götterherrscher zu stürzen versucht und selbst dabei zugrunde geht, ist als sagenartige, oft historisch lokalisierte Umsetzung des Chaoskampfmotives zu beurteilen: Die Bewältigung der Chaosmächte, welche die Ordnung der Gottheit bedrohen, wird zum Stoff von Erzählung und Sage[56].

Libanon- bzw. Sirjongottheit sind uns aus andern Zusammen hängen bekannt. Ein hethitischer Vertrag nennt als Garanten die Mächte *La-ab-la-ni* und *Sa-ri-ja-na,* zwei Berge göttlicher Wesenheit,[57] bekannt waren auch der *b'l lbnn* [58] und der *b'l ḫrmn* [59]. Wahrscheinlich bildeten beide Götter zusammen eine Einheit.[60] Sie dürften, wie noch zu zeigen sein wird, bald mit El identifiziert worden sein.

Der Gottesgarten-Frevler ist wohl frühzeitig mit Gilgameš gleichgesetzt worden, der vielleicht in politische Aktionen in Syrien verwickelt war.[61] Darauf deutet

[55] [3]ANET, 51; B, vgl. Anmerkung 48.

[56] Vgl. Stolz: Strukturen, 96ff.

[57] Vgl. Jirku, A.: Der Ba[a]al Lebanon in den Keilschriftunrkunden von Boghazköj, Orientalistische Literaturzeitung 26 (1923), 4–5; Gustavs, A.: Die syrischen Berge Ša-ri-ja-na und Bi-i-šá-i-šá in den Boghazköi-Texten, Zeitschrift für die Alttestamentliche Wissenschaft 42 (1924), 154f.

[58] KAI 31,1f; dazu Eissfeldt, O.: Kleine Schriften II, Tübingen 1963, 48f.

[59] Vgl. Ri 3,3; 1 Chr 5,23.

[60] Philo Byblius berichtet von vier zusammengehörigen Berggöttern Kanaans, die zu den Bergen Kasios (= Ṣaphon), Libanon und Antilibanon (= Sirjon oder Hermon) sowie Brathy – wohl Schreibfehler für Thabyr (= Thabor) – gehören; vgl. dazu Eissfeldt: Kleine Schriften, 43ff. Ausserdem berichten ägyptische Texte von Zedernholz aus dem »Gebirge des Gotteslandes« (vgl. Gressmann, H. [Hg.]: Altorientalische Texte zum Alten Testament, Berlin [2]1926, 93, Z. 17; vgl. 90, Z. 13; [3]ANET, 243b).

[61] Ein Hinweis darauf, dass es zu politischen Auseinandersetzungen zwischen früh-sumerischen

auch die Tatsache hin, dass es kleinasiatische Gilgameš-Dichtung gibt, die vom mesopotamischen Material unabhängig sein dürfte.[62]

V.

Die Abhängigkeiten und Zusammenhänge einzelner Vorstellungen im kanaanäischen und mesopotamischen Erzählzusammenhang sind schwer festzulegen. Vermutungsweise können dazu folgende Hinweise gegeben werden:

1. Dass sowohl Ezechiel als auch die akkadische Gilgameš-Dichtung davon wissen, dass im Zederngarten ein besonderer Weltenbaum steht, ist dem andern Material in beiden Traditionszusammenhängen fremd. Die Vorstellung vom Weltenbaum freilich, der im (als positive Macht aufgefassten) Urwasser steht und bis zum Himmel reicht, ist im mesopotamischen Raum wohl bekannt.[63] Man darf hier vielleicht vermuten, dass Ezechiel in irgendeiner Weise von der Schilderung im akkadischen Gilgameš-Epos Kenntnis hatte; es ist ja zu bedenken, dass dieses auch in Kanaan gelesen wurde.[64]

2. War der Weltenbaum vielleicht in einer ursprünglicheren Gestalt der Erzählung ein Lebensbaum, so dass eine gewisse Nähe zu Gen 2 zu vermuten wäre? Nichts deutet darauf hin. Zwar sucht Gilgameš offenbar das ewige Leben im »Land der Lebenden«, aber die Zedern, die er nach der sumerischen Dichtung fällt, sind keine Lebensbäume. An einer andern Stelle der akkadischen Dichtung ist zwar vom Lebenskraut die Rede,[65] aber dort ist kein Zusammenhang zwischen Zedernwald und Weltenbaum vorausgesetzt. Der Gottesgarten des Urmenschen in Eden (in dem vielleicht ursprünglich der Lebensbaum gar keine Rolle spielte[66])

Herrschern und dem syrischen Raum gekommen ist, dürfte der Text »Lugalbanda und der Berg Hurrum« sein, obwohl der Name des Berges natürlich einen Anachronismus darstellt (Text: Kramer, S.N.: Sumerische literarische Texte aus Nippur. Band 1: Mythen, Epen, Weisheitsliteratur und andere Literaturgattungen, Berlin 1961, Nr. 8–11). Zum historischen Problem vgl. Edzard, D.O.: Die frühdynastische Zeit, in: Fischer Weltgeschichte, Bd. II, Frankfurt a.M. 1965, 57–90, 68; Malamat, A.: Campaigns to the Mediterranean by Iahdunlim and Other Early Mesopotamian Rulers in: Güterbock, H.G. u.a. (Hg.): Studies in Honor of Benno Landsberger on his Seventy-Fifth Birthday, Chicago 1965, 365ff.

[62] Vgl. Otten, H.: Zur Überlieferung des Gilgameš-Epos nach den Bogazköy-Texten, in: Garelli: Gilgameš et sa légende, 139ff; v. Schuler, E.: Kleinasien. Die Mythologie der Hethiter und Hurriter, in: Haussig: Wörterbuch der Mythologie I, Stuttgart 1965, 165ff.

[63] Vgl. den Text vom Weltenbaum in Eridu, der im (auch hier positiv aufgefassten) Urwasser steht (Jeremias, A.: Das Alte Testament im Lichte des Alten Orients, Leipzig ⁴1930, 92); dazu den Beleg im Irra-Mythus, wonach der Baum im Wasser der Unterwelt wurzelt und bis in den Himmel reicht (vgl. Gressmann: Altorientalische Texte, 218). Die Vorstellung dieses Baumes wirkt auch in der Bibel bisweilen nach, vgl. vor allem Dan 41,7ff; Mt 13,32 par.

[64] Ein Bruchstück des Gilgameš-Epos wurde in Megiddo gefunden; Publikation von Goetze, A./Levy, S.: Fragment of the Gilgamesh Epic from Meggido, 'Atiqot 2 (1959), 121–128.

[65] In der 11. Tafel.

[66] Vgl. oben.

hat nichts mit dem Libanon-Gottesgarten zu tun; nur Ezechiel nennt die Libanon-Bäume »Edenbäume« und kombiniert beide Themen.

3. Vom Libanon- und Sirjongott war bereits die Rede. Ist viel leicht Ḫuwawa/Ḫumbaba der ursprüngliche Name des Gottes?[67] Jedenfalls wurde deutlich, dass die Wirkungsweise Ḫuwawas ganz ähnlich beschrieben wird wie diejenige Els nach Ps 29, sodass vermutet werden kann, dass El in die Stellung des Libanon-Numens einrückte.

Dies wird eindrücklich bestätigt durch einen ugaritischen Text. In III Rp B, 20ff heisst es:

> (Man schenkte ein) fürstlichen Wein,
> Wein des Landes ǧll, Wein von 'išrjt,
> den höchsten Stolz des Libanon,
> den der Tau benetzt, den El gepflanzt hat ...[68]

Die Vorstellung vom Libanon-Gottesgarten, den El gepflanzt hat, ist hier etwas anders erhalten: Sein Produkt ist ein besonders wertvoller Wein, den die Götter zu trinken pflegen. Neben El hat auch Baal Züge des Libanon-Gottes übernommen.[69]

Im mesopotamischen Bereich wurde Ḫuwawa/Ḫumbaba Enlil zugeordnet; dieser gilt, wie erwähnt, als Oberherr des Gartens, er ahndet wahrscheinlich nach sumerischer Version den Tod des Bergwald-Gottes. Es ist also hier eine ähnliche Position Enlils und Els zu beobachten, was auch sonst zu konstatieren ist.[70] Bezeichnend ist, dass die nächste altorientalische Parallele zu Ps 29 in einem Enlil-Hymnus besteht.[71]

4. Das Motiv der Suche nach dem ewigen Leben findet sich nur im mesopotamischen Stoff, hier jedoch, wenn unsere Vermutungen zutreffen, bereits in der sumerischen Fassung. Der Erzählzusammenhang, den das AT widerspiegelt, hat – und damit ist wohl die ursprünglichere Überlieferung festgehalten – die Konkurrenz verschiedener numinoser Mächte zum Inhalt.

Mit dieser Feststellung ist schon ein Hinweis auf die verschiedene Funktion beider Erzählzusammenhänge innerhalb der mesopotamischen bzw. der israelitischen Geistesgeschichte gegeben. Die mesopotamischen Gilgameš-Zyklen gewinnen dem Stoff ein *anthropologisches* Grundproblem ab: Wie verhalten sich Menschliches und Göttliches im Menschen? Wie verhalten sich Leben und ewiges Leben zueinander? Wie ist das Problem des Todes zu bewältigen? Macht sich diese

---

[67] Vgl. Edzard: Mesopotamien, 79, s.v. »Hurritische Götter«.

[68] Die Übersetzung folgt Aistleitner, J.: Die mythologischen und kultischen Texte aus Ras Schamra, Budapest 1959, 86. Vgl. dazu auch Hos 14,5ff.

[69] Dies ist anzunehmen, wenn nach II AB VII, 40 »die Zeder vor seiner (sc. Baals) Rechten ohnmächtig hinsinkt«.

[70] Vgl. Stolz: Strukturen, 145f, 159ff, 166f.

[71] Es handelt sich um den in Anmerkung 44 genannten Hymnus; vgl. Kraus: Psalmen I, 235.

Tendenz schon in der sumerischen Erzählung bemerkbar, so wird sie im akkadischen Zyklus erst recht deutlich.[72]

Ganz anders wird der Stoff im AT verwendet, und zwar in doppelter Weise: Entweder die Gottesgartenvorstellung wird positiv aufgenommen, dann tritt der Frevel des Menschen, der sich anmasst, Gottes Bereich für sich in Anspruch zu nehmen, in den Vordergrund.[73] Oder aber der Gottesgarten gerät unter den Aspekt der Jahwe entgegengesetzten Macht, die zu Unrecht göttliche Bedeutsamkeit für sich beansprucht und dadurch dem Untergang verfällt. Der »Frevler« am Gottesgarten wird dann gewissermassen zum Werkzeug Jahwes. Der Stoff gerät also in Israel in den Bereich *theologischer* Reflexion im Rahmen der Auseinandersetzungen um die Art des Gottseins Jahwes.[74] Der ezechielische Text, von dem wir ausgingen, stellt einen Sonderfall dar: Hier sind die verschiedenen Themen des Erzählkreises assoziativ zusammengefasst. Der Pharao wird zunächst mit den Gottesgartenbäumen, dem Symbol widergöttlicher Überheblichkeit, verglichen; er wird umgehauen und erleidet erst noch das Geschick, das dem Frevler am Gottesgarten bestimmt ist: Er wird zur Unterwelt geschickt. So sind hier alle negativen Aspekte der verschiedenen israelitischen Überlieferungsmöglichkeiten der Geschichte zusammengefasst und auf eine Person konzentriert.

[72] Vgl. Stamm: Das Gilgamesch-Epos, 23ff.

[73] So vor allem in 2 Kön 19,23ff.

[74] Der hier beschriebene Vorgang gehört damit allgemein in den Zusammenhang der Abgrenzung Israels zwischen Jahwe und dem kanaanäischen Verständnis von Göttlichkeit.

RELIGIONEN IN EINER SÄKULARISIERTEN WELT

In einem neueren Nachschlagewerk über Religion und Kirche hatte man, wie man nach Erscheinen feststellte, einen Begriff vergessen: den des Heidentums. Dies erschien den Herausgebern denn doch als ein Mangel – und in der jetzt erschienenen Neuauflage steht ein Artikel zu diesem Thema.

Der Vorgang ist symptomatisch. »Heidentum« ist offenbar der Sache nach nicht mehr von zentraler Bedeutung, wenn es um Religion und Religionen geht – und so kann es passieren, dass man auch den entsprechenden Begriff langsam aus dem Gedächtnis verliert.

Noch vor relativ kurzer Zeit war das »Heidentum« ein durchaus lebendiger Begriff; ich verbinde damit beispielsweise – wie wohl manche meiner Altersgenossen – Erinnerungen an die Sonntagsschule, in welcher man am Schluss der Unterweisung seine Gabe in ein Kästchen warf, worauf ein daran montierter Neger demütig-dankbar nickte – Musterbild eines bekehrten oder noch zu bekehrenden Heiden. Dies waren noch Relikte eines Bildes von Religion und Religionen, wie es Jahrhunderte lang die christliche Kirchengeschichte geprägt hat: Man unterschied zwischen der einen wahren Religion und den unzähligen anderen falschen oder eben heidnischen Religionen. Der Verlust des Begriffs des Heidentums zeigt, dass diese Unterscheidung kaum mehr in dieser Weise aktuell ist. Das Christentum ist – auch für den Christen – eine Religion unter anderen, man billigt gemeinhin jeder Religion einen gewissen Wert zu und meldet andererseits manche Vorbehalte an. Dieser Wandel im Verständnis eigener und fremder Religion ist bedingt durch eine Veränderung des »Weltbildes«, wenn man diesen Begriff einmal in einer nicht ganz gebräuchlichen Weise verwendet. Jahrhunderte lang hat das Christentum den Abendländer gelehrt, die Welt insgesamt als christliche Welt zu sehen; seit der Aufklärung jedoch ist die Welt zunehmend zu einem religiös neutralen oder, um den Fachterminus zu gebrauchen, säkularisierten Raum geworden, zu dem einzelne Wissenschaften Erklärungsbeiträge liefern, der jedoch nicht insgesamt in einer für alle verbindlichen Deutung erfasst werden kann. Entsprechend hat sich einerseits das Orientierungsvermögen des Christentums eingeschränkt, andererseits sind andere Religionen innerhalb dessen, was man einer Religion an Orientierungsvermögen überhaupt zutraut, zu Konkurrenten des Christentums geworden.

Der Zusammenhang zwischen dieser Veränderung des Weltbildes und dem damit neu umschriebenen Stellenwert von Religion soll uns hier beschäftigen. Dabei will ich zunächst kurz zurückblicken auf die Epoche, in welcher die Welt insgesamt noch als christliche verstanden werden konnte; dann geht es um die neutral gewordene Welt und die Rolle der Religion in dieser Welt; es folgt ein

Blick auf die Ausformung solcher Religion; und schliesslich möchte ich einen kurzen Blick auf Gegenwart und Zukunft der säkularen Welt und ihrer Religion werfen.

I.

Die »christliche Welt«, welche Jahrhunderte lang das Leben Europas geprägt hat, entstand im Ausgang der Antike, als das Christentum allgemein zur Staats- und Volksreligion wurde. Die christliche Orientierung umfasste schlechterdings alle Bereiche des Lebens. Die politische Ordnung war religiös sanktioniert: Die Kaiser und Könige regierten von Gottes Gnaden, und auch die alten Eidgenossen schlossen ihre Bündnisse im Namen Gottes. Es konnten also ganz verschiedene, in sich widersprüchliche politische Ordnungen als religiös gegeben verstanden werden, und auch die Erfahrung, dass christlichste und allerchristlichste Majestäten sich blutige Kriege lieferten, irritierte keineswegs. In der gleichen Weise waren andere Lebensbereiche religiös strukturiert, etwa der Berufs- und Wirtschaftsbereich sowie die Lebensform der Familie.

Natürlich bildete die Religion auch einen eigenen Bereich der Wirklichkeit, der von Theologen, Pfarrern, Mönchen, den religiösen Spezialisten also, verwaltet wurde, und der in erster Linie im gottesdienstlichen Handeln zum Ausdruck kam. Hier wurde der Mensch unmittelbar mit den Mächten, die sein Leben bestimmten, konfrontiert; er lernte mit ihnen umgehen, er wurde mit den Werten und Normen vertraut, welche die Religion vermittelte und empfing die lebensnotwendigen Einstellungen. Mittelbar waren alle diese Werte und Normen und Einstellungen für alle Bereiche des Lebens bestimmend; im Bereich des Religiös-Sakralen kam also besonders klar zum Ausdruck, was in der Welt ganz allgemein gültig war. Was überhaupt die »Welt« als Ganze in ihrem Wesen und in ihrer Einheit ausmachte, war durch die Religion bestimmt, und in diesem Sinne kann man davon sprechen, dass frühere Generationen ganz selbstverständlich in einer »christlichen« Welt gelebt haben.

Diese religiös vermittelte Einheit der Welt ist natürlich keine Spezialität des Christentums, sondern sie kennzeichnet die meisten Religionen. Am offenkundigsten ist dies für den Europäer der Gegenwart beim Islam, der eben nicht nur »Religion« in unserem Sinn ist, sondern der gleichzeitig eine umfassende Lebensordnung vermittelt: Er umfasst eine Rechtsordnung (vom Staatsrecht bis zum Strafrecht), einen Kodex familiären und gesellschaftlichen Verhaltens, Ansätze zu einer Wirtschaftsordnung (die allerdings in der Moderne wenig praktikabel sind) usw. Auch der Hinduismus ist bei weitem nicht nur Religion in unserem Sinn; was er »dharma«, »Pflicht« nennt, umfasst Obliegenheiten in allen Bereichen des Lebens. Religionen, die – wie etwa der Buddhismus – als elitäre Religion einer Minderheit ganz bewusst nur bestimmte Probleme des Lebens ihrer Orientierung unterzogen und anderes ausklammerten, entwickelten sich bald zu Volks- und

Staatsreligionen mit dem Anspruch auf die Vermittlung eines umfassenden Weltbildes.

Dass also der Bereich des Religiösen auf einen bestimmten Bezirk der Erfahrung eingegrenzt ist, und dass die Welt als Ganze nicht als von einer religiösen Ordnung geprägt verstanden wird, ist eine Eigenheit der christlichen oder vielleicht besser: der nachchristlichen Kulturgeschichte. Allerdings hat sich diese Kulturgeschichte als sehr dominant erwiesen; sie hat zu tief greifenden politischen Umwälzungen und zur technisch-industriellen Revolution geführt – und davon sind heute schlechterdings alle Völker der Erde betroffen. Wie die nichtchristlichen Religionen diesen Umwälzungen begegnen, wie sie sich dem Vordringen der säkularisierten Welt gegenüber behaupten, ist eine äusserst spannende Frage, auf die ich am Schluss nochmals zurückkommen werde.

II.

Mit der geistesgeschichtlichen Epoche der Aufklärung beginnt ein Prozess, der alle Lebensbereiche umfasst, in erster Linie aber die Religion betrifft. Bis dahin galt die traditionell überlieferte religiöse Ordnung als selbstverständliches Orientierungsmittel; freilich war diese Orientierung durch Renaissance, Humanismus und Reformation in mancher Hinsicht problematisch geworden. Mit der Aufklärung jedoch wurde die dem Menschen gegebene Vernunft zu einem neuen Orientierungsmittel, das eigenständige Geltung erlangte. Das Verhältnis zwischen Vernunft und Religion konnte harmonisch oder spannungsvoll sein; dieser Unterschied spielt eine geringe Rolle der Tatsache gegenüber, dass die Vernunft ein Mittel zu kritischer Distanzierung von der überlieferten Offenbarung zur Verfügung stellte. Wo die Religion schon als Orientierung in Geltung blieb, wurde sie doch zunehmend mit Distanz betrachtet, in ihrer historischen Relativität durchschaut und damit in ihrer unmittelbaren Geltung eingeschränkt.

Natürlich ist es mir hier nicht möglich, diese Entwicklung auch nur in groben Zügen anzudeuten. Ich kann lediglich einige Resultate nennen, die sich ergeben haben. Am wichtigsten ist dabei die Tatsache, dass sich zwischen der Religion und den anderen Bereichen der Kultur eine immer grössere Distanz ergibt. Religion bleibt wohl bestehen als ein Bereich neben anderen; aber ihr wird nicht mehr selbstverständlich auch Geltung für andere Gebiete zuerkannt, ihre Werte und Normen sind nicht die allgemein anerkannten Regeln in Alltag und Berufswelt, das Bild, das sie von der Wirklichkeit entwirft, ist nicht mehr durchwegs verbindlich. Man kann von einer zunehmenden Eigengesetzlichkeit kultureller Teilbereiche sprechen. Dies sei an verschiedenen Punkten kurz illustriert.

Der Staat ist heute konfessionell und religiös fast völlig neutral. Die Garantie der Glaubens- und Gewissensfreiheit, also die Neutralität zugunsten der individuellen Überzeugungen der Bürger, ist eine Selbstverständlichkeit. Viel schwieriger ist die Frage, ob der Staat die Grundwerte, die er selbst vertritt und verwirklicht, mit einer religiösen Legitimierung verwaltet oder ob er sie selbst setzt. Immerhin beginnt die Bundesverfassung noch immer mit der Präambel »Im Namen Gottes des Allmächtigen« – und die Diskussion um die Revision der Bundesverfassung scheint eine bleibende Aktualität einer derartigen Formel erwiesen zu haben. Auch das Grundgesetz der Bundesrepublik Deutschland ist durch seine Verfasser in der »Verantwortung vor Gott und den Menschen« verfasst worden. Hier stossen wir also auf letzte Reste einer Religion, welche auch den staatlichen Bereich umfasst und begründet; aber daraus leiten sich keine materiellen inhaltlichen Konsequenzen ab. Die religiöse Verankerung der letzten Begründung des Staates hat eher den formalen Charakter eines Postulats, als dass er einen sicheren und inhaltlich formulierbaren Ausgangspunkt bilden würde.

Schon längst hat sich die Berufs- und Wirtschaftsordnung von der Religion emanzipiert. Die traditionellen Berufe des Bauern und Handwerkers haben noch am längsten eine religiöse Verwurzelung bewahrt, doch in der Gegenwart ist auch dies weitgehend zersetzt. Die Rede eines Metzgermeisterverbandspräsidenten vor etwa 20 Jahren, welche mit dem Merkwort schloss: »Metzgerleben hat Gott gegeben« erntete unbeschreibliche Heiterkeit. Die seit der industriellen Revolution entstandenen Berufe, in welchen der bei weitem grösste Teil der Berufstätigen beschäftigt ist, ist nie in ein religiöses Orientierungsgefüge integriert gewesen.

Ein wichtiger Ort religiöser Praxis war früher die Familie. Sitte und Brauchtum waren religiös geprägt – man denke etwa an das Gebet, an die häusliche Andacht usw., lauter Dinge, die zum normalen häuslichen Alltag gehörten. Die Autoritätsstruktur der Familie war der religiösen Autoritätsstruktur analog, die Analogie zwischen himmlischem und irdischem Vater war bei aller quantitativen und qualitativen Differenz zwischen beiden Grössen doch gültig. Diese religiös geprägte Familie ist heute weitgehend verschwunden. Die fromme Sitte ist kaum mehr anzutreffen, und an die Stelle des früheren auf die väterliche Leitung angelegten Familienbildes ist das Leitbild einer partnerschaftlich entscheidenden Gemeinschaft, in welcher jeder nach seinem Vermögen mitwirkt, getreten. Aber dieses neue Leitbild ist nicht direkt von religiöser Bedeutsamkeit. Die Normen des Sexualverhaltens, früher ganz besonders einer religiös fundierten Moral unterworfen, haben sich von ihrer christlichen Tradition gelöst; die Lebensgemeinschaft, ihre Gestaltung und ihre Auflösung, wird durch Wertvorstellungen ohne direkten Zusammenhang mit religiöser Weltdeutung reguliert.

Die Religion hat sich also aus verschiedenen Lebensbereichen in zunehmendem Masse zurückgezogen; sie ist nicht mehr das durchgehend regulierende Prinzip, welches allen Bereichen ihren Ort und Sinn gibt, damit auch eine umfassende Wahrnehmung der Kultur insgesamt ermöglicht und schliesslich auch das Unabsehbare und dem Menschen Entzogene benennen und einordnen kann. Und sie ist auch nicht mehr eine Gemeinschaft, welche selbstverständlich alle Mitglieder der Gesellschaft umfasst, zu der zu gehören völlig selbstverständlich ist.

Freilich: Die Kirchen, welche die Religion in ihrem Handeln und ihrer Verkündigung zum Ausdruck bringen, bestehen noch immer in der Gestalt von Volkskirchen. Sie sind noch immer in einem bestimmten Umfang mit dem Staat verbunden, sie möchten für alle Gruppierungen der Bevölkerung da sein und möchten mit ihrer Verkündigung das Leben in seinem vollen Umfang treffen. Bei genauerem Hinsehen haben sich jedoch auch diese Kirchen stark gewandelt. Nur eine kleine Minderheit der Kirchenangehörigen beteiligt sich aktiv am Leben der Kirche – zu deren grosser Sorge. Zwar werden noch immer fast alle Gemeindeglieder kirchlich bestattet, ein grosser Teil getauft und immerhin die Mehrheit kirchlich getraut; offenbar ist für kritische Lebenslagen, welche eine Verunsicherung beinhalten und in denen man es besonders nötig hat, sich mit einer ungewohnten und unabsehbaren Situation neu zurechtzufinden, eine religiöse Orientierung und Begleitung notwendig. Aber im normalen kirchlichen Alltag, das heisst am Sonntag, findet sich nur eine kleine Minderheit zum Gottesdienst zusammen.

Auch diese Minderheit kann nicht als Einheit angesprochen werden. In den Kirchen zeigt sich ein zunehmendes Mass an Pluralismus. Früher hatte die Kirche eine einheitliche Lehre, welche den Jugendlichen in der familiären und kirchlichen religiösen Erziehung vermittelt wurde. Diese Lehre wurde im Erwachsenenalter durch den regelmässigen Gottesdienstbesuch dauernd eingeübt und in Erinnerung gehalten. Heute ist davon nicht mehr viel zu spüren. Es gibt aufschlussreiche Untersuchungen über die Meinungen und Einstellungen heutiger Menschen zu religiösen und weltanschaulichen Fragen, und da zeigt sich, dass sehr viele – auch kirchentreue! – Zeitgenossen völlig andere Ansichten haben, als sie von ihrer Kirche vertreten werden (wobei die Konformität bei Katholiken erheblich grösser ist als bei Protestanten). Aber es ist heute überhaupt schwierig, von den Meinungen *der* Kirchen zu sprechen; der Pluralismus der Meinung hat auch im Raum der Experten eine denkbar grosse Bandbreite. Und ähnliches zeigt sich auf anderen Gebieten kirchlicher Aktivität, etwa auf dem der liturgischen Gestaltung. So kann sich denn der Gläubige in der Kirche weitgehend à la carte bedienen; er hat die Wahl zwischen Glaubenseinstellungen, die ihm zusagen, zwischen Gottesdiensttypen, in denen er sich wohl fühlt, zwischen Geistlichen, welche ihm sympathisch sind. Religiöse Bedürfnisse werden heute individuell wahrgenommen und befriedigt; der Aspekt der personalen Beziehung spielt dabei eine grosse Rolle. Die allgemeine Verbindlichkeit, die sozial gegebene Plausibilität dagegen ist weitgehend geschwunden. Damit ist die Religion natürlich auch labil geworden; der Einzelne ist nicht automatisch durch eine vorgegebene Gemeinschaft, welche mit ihm dieselben religiösen Überzeugungen und Praktiken teilt, gestützt. Ferner ist zu bedenken, dass die Religiosität des heutigen Menschen nicht nur im Rahmen der traditionellen Kirchen zur Äusserung kommt, sondern auch ausserhalb derselben, in neu gebildeten religiösen Gruppen; neben innerkirchliche treten ausserkirchliche Formierungen. So ergibt sich ein buntes Bild konkurrierender Gruppen und Grüppchen.

Mit dem Gestaltwandel der Religion ergibt sich ein Wandel religiöser Erfahrung, die nicht nur aus den Bereichen Staat, Beruf, Familie usw. schwindet, sondern auch in kritische Distanz zu den institutionalisierten Formen der Darstellung des religiösen Symbolsystems, insbesondere im Gottesdienst, tritt. Religiöse Erfahrung ist zunehmend dem Einzelnen in seiner persönlich-privaten Sphäre, in welcher er mit individuell-zufälligen Partnern oder gegebenenfalls mit sich selbst allein ist.

Nun ist dieser Raum für den Menschen der gegenwärtigen hiesigen Kultur zunehmend wichtiger geworden. Dieser hat im differenzierten Sozialgefüge eine ganze Anzahl von Rollen zu spielen, die alle mit je verschiedenen Verhaltensweisen verbunden und durch je verschiedene Normen reguliert werden; so gewinnt für ihn ein Raum an Bedeutung, in welcher er sich von solchen Rollen distanzieren kann, und, wenigstens der Intention nach, ganz »er selbst« ist. Hier fragt er nach dem »Sinn des Lebens« (eine ganz und gar neuzeitliche Frage), hier gilt es, grundlegende Orientierung zu schaffen, ein Weltbild zu erlangen, in welchem sich die verschiedenen erfahrenen Teilbereiche der Kultur zu einem Ganzen zusammenfügen, hier heisst es unabsehbare Erfahrungen zu verarbeiten. Hier hat nun auch die Religion ihre alte Funktion elementarer Orientierung.

Es sind nun verschiedene Typen der Ausgestaltung moderner Religiosität festzustellen; ich will zwei besonders hervortretende herausgreifen und etwas ausführlicher darzustellen suchen.

III.

1. Eine erste typische Umformung traditioneller Religiosität besteht darin, dass die religiöse Botschaft in eine Zielvorstellung menschlichen Handelns umgesetzt wird. Hatte Religion ursprünglich die Aufgabe zu zeigen, wie die Welt ist, so zeigt sie jetzt wie die Welt sein soll, beziehungsweise wie sie durch den Menschen gemacht werden soll.

Diese Tendenz hat bereits eine lange Tradition. Je stärker die Aufklärung dem Christentum gegenüber wirksam wurde, desto mehr wurden die ethischen Prinzipien der Religion in den Vordergrund gerückt. Die Moral schien gegenüber der vernünftigen Kritik an der Religion am wenigsten angreifbar zu sein. Befragt man heute eine grössere Zahl von Menschen über das Wesentliche am Christentum, so wird regelmässig das Gebot der Nächstenliebe genannt. Ein Regulativ zwischenmenschlichen Verhaltens, ein sittliches Prinzip, wird zum Massstab des Religiösen. Man kann Varianten dieser Umformung seit dem 18. Jh. bis in die Gegenwart hinein aufzeigen. »Jemandem eine Predigt halten« ist umgangssprachlich Ausdruck für einen moralischen Appell, und tatsächlich ist auch in den Predigten, die man allsonntäglich hören kann, dieser Appell an ein bestimmtes Verhalten häufig dominant. Aus der religiösen Wirklichkeitsdarstellung ist eine Zielsetzung für eine jetzt noch nicht präsente Wirklichkeit geworden.

Bis in die jüngste Vergangenheit hinein ist als Verwirklichungsfeld dieser sittlichen Prinzipien ausschliesslich der personal-zwischenmenschliche Bereich im Blickfeld gewesen, und es hat sich weithin die Vorstellung einer Identität bürgerlicher und christlicher Verhaltensnorm ergeben. Neuerdings jedoch ist eine ganz neue Dimension dieser Spielart modern-christlicher Verwirklichungstendenz entstanden, und zwar im Bereich des Sozialen und Politischen. Bereits im 19. Jh. zwar erscheinen soziale und christliche Motive vereint in den Programmen der Religiös-Sozialen, gerade hier in Zürich; doch erst seit den 60er Jahren des letzten Jahrhunderts ist diese Bewegung zu grösserer Bedeutung gelangt. Ich erinnere an einige Brennpunkte: Die Bewegung »Christen für den Sozialismus«, die in Deutschland und anderen Ländern zu beobachten war und ist; dann die Verschränkung von Befreiungsbewegungen und Christentum, die sich im Schlagwort von der »Befreiungstheologie« verdichtet; und schliesslich, jetzt besonders aktuell, die religiös motivierte Friedensbewegung, die sich gegen weitere Rüstung wendet.

Natürlich wäre es weit verfehlt, alle diese Tendenzen auf einen Nenner bringen zu wollen – Befreiungstheologie kann sich sehr gewaltsam gebärden und damit recht anders akzentuiert sein als die Friedensbewegungen. In allen Fällen aber zeigt sich doch eine Gemeinsamkeit: Christliche Botschaft ist umgesetzt in eine Handlungsstrategie, die auf ein bestimmtes Ziel hin geht. Gerechtigkeit auf der ganzen Welt, Friede, Befreiung des Menschen: Dies waren immer christliche Themen, es waren immer Bestimmungen des Menschen vor Gott, die freilich immer in einer eigenartigen Dialektik zwischen Bestimmung und faktischer Wirklichkeit erschienen. Jetzt werden daraus einfache Handlungsziele. Dabei verbinden sich diese christlichen Bestrebungen mit Bewegungen, die nicht genuin christlich sind (bzw. sich allenfalls als säkulare Ableger des Christentums interpretieren lassen); natürlich darf man weder Sozialismus noch Befreiungsbewegungen noch Friedensbewegung grundsätzlich christlich vereinnahmen.

Diese Umsetzungen religiöser Symbolsysteme in politische Bewegungen sind übrigens nicht nur im Christentum zu beobachten. Analoges zeigt sich etwa in Afrika; ich erinnere nur an die berühmt-berüchtigte Bewegung der Mau-Mau in Kenya, in welcher eine ursprüngliche Stammesreligion in eine Befreiungsbewegung umschlug. Gerade in dieser Beziehung zeigt sich mannigfache Einwirkung aussereuropäischer Entwicklungen auf Europa.

Wo die Umsetzung der Religion ins Feld der Politik erfolgt, wo also versucht wird, die Eindämmung der Geltung des Religiösen auf einen Sonderbereich rückgängig zu machen, wird natürlich Widerspruch laut; einerseits von Seiten politisch anders Denkender: Die genannten Bewegungen geraten ins Schussfeld politisch eher konservativer Kreise. Andererseits meldet sich der religiös motivierte Protest derer, welche die Religion in ihrer eigentlichen Domäne gefährdet sehen und sich mit der Transformation des Symbolsystems in eine politische Ideologie nicht abfinden. Vielfach sind beide Motivationen miteinander verbunden.

2. Auf der anderen Seite zeigt sich eine in gewissem Sinn gegenläufige Tendenz, der Religion ganz ausdrücklich ihren eigenen Geltungsbereich zu lassen, diesen anderen kulturellen Teilbereichen gegenüber abzusetzen und in der Ausformung der religiösen Botschaft insbesondere die irrationale Seite zu betonen. Dies ist

bemerkenswert, denn in der ganzen abendländischen Tradition spielt das Rationale eine zentrale Rolle. Das Christentum hat seine Botschaft seit je insbesondere sprachlich verkündet (im Gegensatz zu anderen Religionen, in welchen nichtsprachliche Mittel unter Umständen einen mindestens ebenso wichtigen Ort einnehmen wie die Sprache); und seit frühester Zeit hat die Sprache christlicher Verkündigung das Denken gefördert. Das Christentum hat geradezu eine methodische Selbstbesinnung aus sich herausgesetzt, die Theologie. Wiederum ist diese Theologie im Protestantismus am meisten in den Vordergrund getreten, sodass eine Zeit lang der Eindruck entstehen konnte, das Christentum bestehe nur aus einer Lehre. Welche Impulse der Geschichte des Denkens auch immer entsprangen: Sie wurden christlicherseits rezipiert und theologisch fruchtbar gemacht. Es stellt sich die Frage, ob das Christentum seine Botschaft nicht streckenweise zu ausschliesslich sprachlich und rational zur Darstellung gebracht hat.

Jedenfalls sind in der Gegenwart mancherlei Gegenbewegungen gegen die rational durchdrungene Gestalt von Religion spürbar. Man kann zunächst an den Fundamentalismus evangelikaler Gruppierungen denken, welche sich ganz energisch jedem Anspruch der Vernunft entgegensetzten und sich streng an die unveränderten biblischen Aussagen halten wollen – wobei sie *freilich* unter der Hand auch in hohem Mass rationale Gesichtspunkte bei der Systematisierung biblischer Botschaft verwenden. Der Fundamentalismus ist heute im Vormarsch – er vermag in Massenveranstaltungen Publikumszahlen zu aktivieren, die vor einigen Jahren noch undenkbar gewesen wären. Ausserdem dringt er langsam auch in die Reihen der »Spezialisten« ein; manche Theologiestudenten sympathisieren mehr oder weniger mit einer fundamentalistischen Haltung.

Eine andere analoge Tendenz wendet sich gegen das Übergewicht des Intellektuell-Rationalen in der christlichen Tradition. Es wird der Ruf nach einer Frömmigkeit laut, in welcher wieder der ganze Mensch beteiligt ist, in welcher er seinen Alltag strukturieren kann usw. Damit verbunden ist nun in der Regel auch die Reaktivierung von Weisen der Verkündigung, welche sich nicht auf die Sprache der Reflexion beschränkt, sondern daneben andere Möglichkeiten der Weitergabe und Aufnahme religiöser Verkündigung aufgreift. Meditation und Exerzitien gewinnen im katholischen Raum erneute Aktualität und erobern sich zunehmend ihren Platz auch im Protestantismus. Man will die Botschaft nicht nur hören und verstehen, sondern hören, sehen, musikalisch wahrnehmen, spielen, fühlen, körperlich assimilieren – all dies sind Elemente des Religiösen, welche in anderen Religionen selbstverständlich sind, dem Christentum aber entweder seit je fremd waren oder aber abhanden gekommen sind.

Mit diesem Stichwort ist ein Phänomen berührt, welches in letzter Zeit zunehmend von sich reden macht: Die Attraktivität neuer Religionen, zumeist solcher aussereuropäischen Ursprungs, in Europa. Man spricht gern von »Jugendreligionen« – aber der Ausdruck ist unpräzis, denn diese Religionen richten sich nicht nur an Jugendliche. Es sind verschiedene Punkte, welche die Faszination dieser Religionen ausmachen.

Da ist zunächst sicher einmal das Element des Fremden und Exotischen, das fasziniert. Wer sich einer dieser neuen Religionen zuwendet, bricht völlig mit den Traditionen des Abendlands; und für viele ist das völlige Aussteigen aus der kulturellen Tradition ein Bedürfnis, das alle anderen Bedürfnisse übersteigt. Die Neureligionen bieten eine geordnete Möglichkeit des Aussteigens an, welche sich häufig schon ganz äusserlich, in Haartracht und Kleidung, abzeichnet.

Ein zweites Moment besteht darin, dass die religiöse Botschaft in den meisten dieser neuen Religionen nicht einfach in einer Lehre besteht, sondern in einem reichen Kult, der sich einer komplexen Reihe von Darstellungsmöglichkeiten bedient. Da wird nicht nur der Kopf angesprochen, sondern auch Herz, Körper, Sinne usw. Da erschliesst sich die Möglichkeit, Religion zu singen, zu tanzen, in geheimnisvolle Formeln zu kleiden.

Schliesslich aber vermitteln die meisten dieser Bewegungen ein ganz festes Autoritätsgefüge. Die kulturellen Institutionen der Gegenwart sind auf selbstverantwortliche Entscheidungen derer, die daran teilhaben, angelegt – und das ist für sehr viele eine Überforderung. So entsteht ein Bedürfnis nach Autorität, die man nicht hinterfragen muss, zu der man keine eigene Stellung beziehen muss. Meist bedeutet die Hinwendung zu einer der neuen Religionen zwar eine Befreiung von alten Abhängigkeiten, Verunsicherungen usw. – aber dafür eine vollständige Preisgabe der eigenen Entscheidungsmöglichkeit.

IV.

So zeigt sich heute ein vielfältiges Bild der Religion in einer säkularisierten Welt. Einerseits bestehen die grossen kirchlichen Organisationen mit ihren Wurzeln in einer Vergangenheit, da Volk und Kirche eine Einheit waren; sie veranstalten ihren traditionellen Gottesdienst und entfalten ihre traditionellen Aktivitäten, und noch immer findet man entsprechend traditionelle Frömmigkeit. Darüber hinaus aber sind teils inner-, teils ausserhalb dieser Kirchen, teils innerhalb und teils ausserhalb des Christentums, Gruppierungen entstanden, welche die unterschiedlichsten Gestaltungen von Religion verwirklichen. Sie konkurrenzieren sich vielfach, verändern sich schnell und gehen auf die Bedürfnisse ihrer potenziellen Anhänger ein. Ebenso vielgestaltig sind die Ausprägungen der Religiosität; einerseits begegnen Synthesen mit politischen und gesellschaftlichen Ideologien, andererseits werden Abgrenzungen dagegen deutlich; einerseits ist die Rationalität religiösen Redens und Handelns akzentuiert, andererseits wird ein Trend zum Irrationalen oder gar Antirationalen spürbar. Es ist unmöglich, alle diese Tendenzen auf einen Nenner zu bringen, und das ist gerade das Typische an der Religion in der säkularisierten Gesellschaft. Es stehen die verschiedensten Möglichkeiten, Religion auszuüben oder aber auf Religionsausübung zu verzichten, nebeneinander; der pluralistischen Gesellschaft entspricht die pluralistische Religiosität.

Ich habe bis jetzt praktisch nur vom Christentum gesprochen, da die Säkularisierung bisher nur im Bereich des Christentums wirklich zum Durchbruch gelangt ist. Aber ich habe schon angedeutet, dass auch andere Religionen mit dieser Problematik konfrontiert werden. Dazu nun noch einige abschliessende Gedanken.

Die Säkularisierung hat sich eng mit der technisierten christlichen Kultur verbunden; und in dieser Verbindung ist sie auch nichtchristlichen Völkern begegnet. Das Christentum hat also nicht nur die Mission in die Dritte Welt gebracht, sondern, gleichzeitig damit, auch die Möglichkeit demonstriert, Religion in einem Rahmen zu praktizieren, wie ich ihn skizziert habe. Und dies bedeutete natürlich eine radikale Infragestellung des bisherigen Selbstverständnisses der nichtchristlichen Religionen.

Die Begegnung zwischen der überlegenen Kultur der christlichen Kolonialmächte und den einheimischen Kulturen haben zunächst einmal ein Ungleichgewicht zutage gefördert: Entsprechend stellte sich einerseits ein christliches Überlegenheitsgefühl, andererseits ein nichtchristliches Minderwertigkeitsgefühl ein. Im 19. Jh. war es für alle, Christen wie Nichtchristen, klar, dass das Christentum jedenfalls den anderen Religionen überlegen sei und langsam die anderen Religionen zurückdrängen würde, wenn denn überhaupt die Religion ihren Platz in der menschlichen Kultur behalten sollte. Entsprechend ungünstig lauteten die Prognosen für andere Religionen. Dies kann man leicht nachprüfen, wenn man ältere Lexikonartikel über Fremdreligionen, z.B. den Islam, liest. Bis ungefähr zur Zeit des Ersten Weltkrieges wird da ein denkbar ungünstiges Bild über weitere Entfaltungsmöglichkeiten dieser Religion entworfen. Man ging davon aus, dass die »islamische Welt« im Grunde genommen bereits erledigt sei. Dies war nicht nur das Gefühl westlicher Spezialisten, sondern entsprach sogar der Überzeugung führender Muslime. Im 19. und zu Anfang des 20. Jh. gab es eine sog. »modernistische« islamische Bewegung, welche versuchte, Islam und einige Prinzipien westlicher Aufklärung in Einklang zu bringen.

Nach dem Ersten Weltkrieg schien diese Entwicklung des Islam zu einer Religion in säkularem Horizont einen grossen Schritt vorangekommen zu sein. Die Türkei, bis dahin der muslimische Staat par excellence, wurde in einen weltanschaulich neutralen Staat nach westlichem Muster mit einer profilierten Staatsideologie umgeformt, und die Religionen – inklusive Islam – wurden zu Privatmeinungen degradiert. Jeder religiöse Einfluss auf das gesellschaftliche und politische Leben sollte unterbunden werden.

Damals konnte man der Meinung sein, dass andere Länder in dieser Richtung der Umgestaltung staatlichen und gesellschaftlichen Lebens folgen würden – das Gegenteil ist der Fall. Mehr denn je besinnen sich die islamischen Länder heute auf ihre islamischen Grundlagen, sie haben ein neues Selbstbewusstsein erlangt gegenüber der westlich-säkularisierten Kultur. Und Entsprechendes könnte man auch im Hinblick auf andere nichtchristliche Kulturen zeigen.

Es ist heute also gar nicht ausgemacht, ob sich die säkularisierte Welt wirklich in Zukunft als *das* Weltbild durchsetzt und Religion entsprechend den Stellenwert behält, den ich zu skizzieren versucht habe. Es ist nicht einmal ausgemacht, dass die Religion hierzulande ihre pluralistische Gestalt behalten wird. Schliesslich ist zu bedenken, dass schon einmal, im Ausgang der Antike, eine ähnlich pluralistische Situation der Religionen bestand wie heute – die dann recht plötzlich durch die Alleinherrschaft eines einförmigen Christentums abgelöst wurde. Wenn man die Religionsgeschichte aufmerksam überblickt, wird man vorsichtig mit Prognosen.

DER MYTHISCHE UMGANG MIT DER RATIONALITÄT UND DER RATIONALE UMGANG MIT DEM MYTHOS

Aufgrund einer symmetrischen Überschrift erwartet man eine Symmetrie der Sache; und so könnte der Leser vermuten, dass ihm im Folgenden ein symmetrisches Verhältnis zwischen den Phänomenen des Mythos und der Rationalität vorgeführt werden solle. Das Gegenteil ist der Fall. »Mythos« und »Rationalität« sind auf verschiedenen Ebenen angesiedelt. Einen Mythos sollte man erzählen bzw. ihn sich anhören, sich ihm aussetzen; in der Folge jedoch geht es gar nicht um einen einzelnen Mythos, sondern um »den« Mythos, als ob es diesen gäbe, bevor man ihn durch Abstraktion selbst produziert hat. Über den Mythos distanziert nachzudenken und ihn gewissermassen von aussen zu betrachten, ist daher von vornherein nicht unproblematisch. Mit der Rationalität verhält es sich anders; ihr ist das Moment der Abstraktion ursprünglich eigen, und sie steht dem erörternden Diskurs daher sehr viel näher als der Mythos. Es geht im Folgenden gerade darum, die Asymmetrie, aber auch den ursprünglichen Zusammenhang zwischen Mythos und Rationalität zu rekonstruieren.

Dabei soll es nicht in erster Linie um das Wesen oder das Produkt, um die Denkformen oder die Ontologie des Mythos gehen, sondern um seine Produktion, seine Arbeitsweise, seine Operationsformen. Entsprechend soll auch die Rationalität nicht primär auf ihr Wesen und ihre Produkte, sondern auf ihre Arbeitsweise und auf ihre Operationsformen hin befragt werden. Traut man dem Mythos und der Rationalität orientierende und ordnende Macht zu, so interessieren hier weniger die Orientierung und die Ordnung, die dabei entstehen, als vielmehr die Art und Weise, wie Orientierung und Ordnung hergestellt werden.[1]

---

[1] Der Ansatz des vorliegenden Beitrags ist einer funktionalistischen Betrachtungsweise verpflichtet – einem typischen Produkt neuzeitlicher distanzierender Rationalität. Allerdings sollen die Überlegungen dann gerade auch an die Punkte geführt werden, wo sich die Grenzen solcher Analyse zeigen. – Die angegebene Fragestellung zeigt den Unterschied zu anderen Ansätzen der Mythenforschung an – etwa der klassischen Untersuchung von Cassirer, E.: Philosophie der symbolischen Formen. Teil 2: Das mythische Denken, Berlin 1925, [7]1977, und den vielen grundsätzlich gleich gearteten Untersuchungen nach dem Wesen mythischer Vorstellungs- und Denkformen. Insbesondere liegt hier auch eine grundsätzliche Differenz zur Fragestellung, wie sie K. Hübner in seiner 1985 publizierten umfangreichen Arbeit (Die Wahrheit des Mythos, München 1985) und auch in diesem Band (Der Mythos, der Logos und das spezifisch Religiöse. Drei Elemente des christlichen Glaubens, in: Schmid, H.H.: Mythos und Rationalität, Gütersloh 1988, 27–41) vertritt. Dazu Poser, H.: Die Rationalität der Mythologie, in: Lenk, H. (Hg.): Zur Kritik der wissenschaftlichen Rationalität. Zum 65. Geburtstag von K. Hübner, Freiburg i.Br. 1986, 121–132, wenngleich im Einzelnen manche Berührungspunkte zu verzeichnen sind.

I.

Will die Religionswissenschaft mit dem Begriff des Mythos umgehen, so braucht sie einen möglichst universal anwendbaren Ausgangspunkt.[2] Dabei hat sich in letzter Zeit die Kategorie der »traditionellen Erzählung«[3] zunehmender Beliebtheit erfreut (und das bedeutet schon recht viel – eine allgemein anerkannte Definitionsbasis ist angesichts der Komplexität der Probleme nicht zu erwarten). Die traditionelle Erzählung ist *eine* sprachliche Darstellungsform eines religiösen Symbolsystems, wobei natürlich ihr Stellenwert in der Hierarchie der Darstellungsmöglichkeiten ausserordentlich unterschiedlich sein kann.[4] Es gibt Religionen, in welchen die Erzählung eine zentrale, und andere, in denen sie eine marginale Rolle spielt.[5] Der Begriff der traditionellen Erzählung wäre nun zu erläutern. Innerhalb der einzelnen Kulturen hat das Erzählen recht unterschiedliche Gestal-

---

[2] Zum gegenwärtigen Stand der Mythenforschung vgl. u.a. Sebeok, Th.A. (Hg.): Myth. A Symposium, Philadelphia 1955; Baumann, H.: Mythos in ethnologischer Sicht, Studium Generale 12 (1959), 1–17, 583–597; Henninger, J.: Le Mythe en ethnologie, Dictionnaire de la Bible Suppl. VI (1960), 225–246; Fontenrose, J.: The Ritual Theory of Myth, Los Angeles 1966; Cohen, P.S.: Theories of Myth, Man NS 4 (1969), 337–353; Honko, L.: Der Mythos in der Religionswissenschaft, Themenos 6 (1970), 36–67; Di Nola, A.: Art.»Mito«, Enciclopedia delle Religioni 4 (1972), 485–530; Olson, A.M. (Hg.): Myth, Symbol, and Reality, Notre Dame/Indiana 1980; Day, M.S.: The Many Meanings of Myth, Lanham 1984; Bolle, K.: Myths and Other Religious Text, in: Wahling, F. (Hg.): Contemporary Approaches to the Study of Religion. I: The Humanities, Mouton 1984, 297–363; Schlesier, R. (Hg.): Faszination des Mythos, Basel u.a. 1985; Doty, W.G.: Mythography. The Study of Myth and Ritual, Alabama 1986; Kirk, G.S.: Myth. Its Meaning and Functions in Ancient and Other Societies, London 1978. – Die religionswissenschaftliche Kategorienbildung ist durch charakteristische Probleme gekennzeichnet: »Mythos« stammt aus dem griechischen Raum und ist durch die abendländische Geistesgeschichte geprägt; der Ausdruck trägt entsprechende semantische Qualitäten. Er muss als Begriff religionswissenschaftlicher Metasprache in einer Weise rekonstruiert werden, dass er Sachverhalte in einzelnen religiösen Objektsprachen zu umfassen vermag – ein nicht unproblematischer Vorgang (vgl. Detienne, M.: Mythologie ohne Illusion, in: Lévi-Strauss, C./Vernant, J.P. u.a. [Hg.]: Mythos ohne Illusionen, Frankfurt am Main 1984, 12–14). Damit solche Begriffe überhaupt brauchbar sind, müssen sie einerseits sehr weit und andererseits durch ein Geflecht von Differenzierungen zur Beschreibung der einzelkulturellen Phänomene spezifizierbar sein. Eine Definition wie die von»Mythos« hängt in hohem Masse vom systembildenden Willen des Definierenden ab – den Mythos »gibt« es nicht einfach, sondern man »macht« ihn. Deshalb sollte auch die wissenschaftliche Auseinandersetzung nicht die Frage betreffen, ob »der Mythos« so oder anders sei, sondern wie weit man mit dieser oder jener Definition kommt. Vgl. Stolz, F.: Grundzüge der Religionswissenschaft, Göttingen 1988, 111ff.

[3] Des Begriffs der »(traditionellen) Erzählung« bedienen sich z.B. Baumann: Mythos; Fontenrose: Ritual; Kirk: Myth; Burkert, W.: Mythisches Denken, in: Poser, H. (Hg.): Philosophie und Mythos, Berlin 1979, 16–39; Graf, F.: Griechische Mythologie. Eine Einführung, München 1985. (Vgl. auch den Beitrag von Oberhammer in seiner Eröffnungsrede des Wiener Kongresses: Oberhammer, G.: Mythos – Woher und wozu? Zur Rationalität des Mythos. in: Schmid: Mythos und Rationalität, 15–26).

[4] Stolz, F.: Hierarchien der Darstellungsebenen religiöser Botschaft, in Zinser, H. (Hg.): Religionswissenschaft. Eine Einführung, Berlin 1988, 55–72.

[5] Klassisches Beispiel einer Religion mit sehr spärlichen Mythen (im engen Sinne der Erzählung) ist diejenige der Römer.

ten, Themen und Funktionen, was dann zur Ausdifferenzierung einzelner Gattungen führt (man denke an Redeformen wie Mythos, Sage, Legende, Märchen usw.); doch so nötig solche Unterscheidungen im Einzelnen sind,[6] so wenig lassen sie sich generell transkulturell durchführen.[7] Wir fragen also nach den Regeln, denen traditionelles Erzählen *grundsätzlich* folgt, und nach den Leistungen, die damit verbunden sind. Das wesentlichste Merkmal des Erzählens ist, dass es einen *Vorgang* wiedergibt; einzelne bedeutungsvolle Szenen folgen sich in einer bestimmten Folge.

Diese Bestimmung ist nun freilich gleich nochmals zu problematisieren. Denn die Repräsentation eines bedeutungsvollen Vorgangs muss nicht notwendigerweise durch ein Erzählen im engeren Sinne des Wortes realisiert sein. Die Mythen Griechenlands sind zunächst in der Gestalt des Epos, der Lyrik und der Tragödie überliefert; diese Redeformen machen von traditionell bekannten Handlungssequenzen Gebrauch; immerhin mögen dieselben Stoffe auch als Erzählungen tradiert worden sein.[8] Aber der Vorgang muss nicht einmal unbedingt sprachlich in Erscheinung treten. In Ägypten sind die wesentlichen Vorgänge primär als Bild und als Bildersequenz, die von Sprache begleitet sind, dargestellt; wieweit diese bedeutungsträchtigen Vorgänge auch als Erzählung überliefert wurden, ist nicht klar.[9] Das Mahabharata in Indien wird – wiewohl sprachlich überliefert – vielerorts im Tanz zur Darstellung gebracht.[10]

Die hier zur Anwendung gebrachte Definition des Mythos erfolgt also auf zwei Ebenen. Dessen Tiefenstruktur[11] besteht in einer irreversiblen Anreihung von Bedeutungsträgern, welche einen Vorgang konstituieren. Diese Tiefenstruktur ist an der Oberfläche in besonders vielen Kulturen durch die Erzählung im engeren

---

[6] Das Problem wird vielfältig diskutiert; vgl. z.B. Aarne, A./Thompson, S.: The Types of the Folktale. A Classification and Bibliography, Helsinki ²1964, zu Märchentypen; Baumann: Mythos, zur traditionellen Erzählung in Afrika; Smith, P.: Stellungen des Mythos, in: Lévi-Strauss/Vernant, (Hg.): Mythos, 1984, 47–67.

[7] Gewiss gelingt es immer wieder, parallele Sachverhalte in einzelnen Kulturen zu erhellen und entsprechende Forschungen wechselweise fruchtbar zu machen. Ein Beispiel dafür ist der Gebrauch, den man von Jolles' Forschung an der nordgermanischen Erzählkultur (Jolles, A.: Einfache Formen, Tübingen 1930, Neudruck 1958) im Feld alttestamentlicher Exegese gemacht hat. Aber auch solche Parallelen dürfen nicht universalisiert werden.

[8] Zum Problem vgl. Graf: Mythologie, 58ff; Kirk, G.S.: The Nature of Greek Myths, Hammondsworth/Middlesex 1980, 95ff.

[9] Assmann, J.: Die Verborgenheit des Mythos in Ägypten, Göttinger Miszellen 25 (1977), 7–43, und ders./Burkert, W./Stolz, F.: Funktionen und Leistungen des Mythos. Drei altorientalische Beispiele, Freiburg (Schweiz)/Göttingen 1982.

[10] Dies gilt etwa für den Bereich der »primitiven« Stämme Indiens, welche zwar nicht an der Erzählkultur des Hinduismus teilhaben, das Mahabharata aber dennoch im Tanz zur Darstellung bringen.

[11] Ich lehne mich mit dieser Bezeichnung an das syntaktische Modell von Chomsky, N.: Aspekte der Syntax-Theorie, Frankfurt a.M. 1973, an: Ich rechne mit gewissen elementaren religiösen Orientierungsvorgängen und Sinnproduktionen, welche in einzelnen religiösen Symbolsystemen unterschiedliche Gestalt annehmen können.

Sinne des Wortes, allenfalls durch andere Redeweisen realisiert; doch gibt es auch andere, z.B. visuelle oder handlungsmässige, Realisierungsmöglichkeiten.[12]

Ein Mythos beinhaltet einen Vorgang, welcher von einem Anfang auf einen Schluss zuläuft. Der Vorgang ist nicht umkehrbar; die Veränderungen, welche sich im Hinblick auf Situationen und die daran beteiligten Personen abspielen, haben eine eindeutige Richtung. Der Ausgangspunkt des Mythos lässt Veränderungen zu; er ist also labil. Der Schluss des Mythos kennt keine weiteren Veränderungen mehr; er ist stabil.[13] Der Mythos beinhaltet demnach eine Transformation von der Labilität zur Stabilität. Dem stabilen Schluss kommt eine gewisse Gültigkeit zu; er macht vorhergehende Stationen ungültig.

Diese Transformation vom Ungültigen zum Gültigen ist häufig zu erläutern durch das Begriffspaar irreal – real.[14] Kosmogonische Mythen etwa entwerfen gern einen irrealen Urzustand ohne Differenzierungen, z.B. eine ungestaltete Wasserwelt, welche dann schrittweise in den jetzigen Zustand der differenzierten Realität überführt wird. Paradiesesmythen berichten von einer ursprünglichen Welt, in welcher gewisse prägende Faktoren der Gegenwart ausgeschaltet sind – z.B. der Tod, die Nötigung zur Arbeit, die Sexualität, die Zurechnungsfähigkeit. Was Welt ist, wird dadurch gezeigt, dass sie mit einer Gegenwelt oder mit mehreren Gegenwelten kontrastiert wird.[15] Die Irrealität kann übrigens durchaus ihren Platz ausserhalb des gültigen Kosmos behalten; das ungestaltete Meer, das in kosmogonischen Mythen gern erscheint, existiert weiter nach der Schöpfung, ebenso das chaotische Gemenge politischer Feinde. Dabei sind Mythen in der Regel nicht in der Weise umfassend, dass sie alle Bereiche der Wirklichkeit thematisieren; vielmehr beziehen sie sich auf einzelne Aspekte, sie stellen die Welt gewissermassen paradigmatisch dar. Sie rechnen mit einem Kosmos; aber sie erhellen ihn nur partiell.[16]

---

[12] An dieser Stelle zeigt sich besonders deutlich die begrenzte Möglichkeit der Verwendung eines Begriffs wie »Mythos«. Jedenfalls sind ergänzende Distinktionen ganz unabdingbar; vgl. Colpe, C.: Das Phänomen der nachchristlichen Religion in Mythos und Messsianismus, Neue Zeitschrift für Systematische Theologie 9 (1967), 42–87, 49ff. Geht man von der genannten Tiefenstruktur aus, so ist hinsichtlich der Ebene der Sprache festzustellen, dass der Mythos zur Narration, nicht zur Deskription gehört (zu dieser Unterscheidung vgl. Weinrich, H.: Tempus. Besprochene und erzählte Welt, Stuttgart 1964). Das Bild hat zunächst keine Affinität zum Vorgang, kann diese aber gewinnen, wenn es einen Ausschnitt aus einem Vorgang darstellt (also »vektoriell« angeschaut werden muss) oder Element einer Bildergeschichte ist. Die Handlung realisiert einen Vorgang; wird sie aber z.B. dauernd wiederholt, so bekommt sie eine Tendenz zum Statischen.

[13] Vgl. bereits die klassischen Äusserungen von Olrik, A.: Epische Gestze der Volksdichtung, Zeitschrift für Deutsches Altertum und Deutsche Literatur 51 (1909), 1–12.

[14] Dabei ist »Realität« je nachdem unterschiedlich lokalisiert; normalerweise fällt sie mit der gegebenen Welt zusammen. In gnostischen Mythen dagegen ist die gegebene Welt gerade als »irreal« entlarvt, den Mythos zu verstehen heisst, dies zu durchschauen. Mythen der Cargo-Kulte leiten an, die gegenwärtigen Machtverhältnisse als vorläufig und eigentlich irreal zu verstehen.

[15] Vgl. Stolz: Grundzüge, 94ff.

[16] Es ist bezeichnend, dass die antiken Hochkulturen vor dem Aufbruch der Philosophie keinen Ausdruck für das haben, was später »Kosmos« heisst. So richtig also alle Beobachtungen zum kos-

Eine Erzählung, welche vom labilen Ausgangspunkt zum stabilen Schluss verläuft, erzeugt Spannung.[17] Sie zielt auf die Identifikation des Hörers mit dem Geschehen; der Hörer wird in den Mythos hineingenommen, wird gefesselt. Dadurch teilt die Erzählung ihre Intentionen, d.h. ihr Orientierungspotenzial, mit. Wir können das Gesagte auf die Formel »Orientierung durch Identifikation« bringen.

Natürlich spielt sich dieser Orientierungsvorgang nicht immer auf derselben Ebene ab. Er kann relativ oberflächlich verlaufen, im Sinne blosser Unterhaltung.[18] Traditionelle Erzählungen können eine kathartische oder moralische Unterhaltungs- und Befriedigungsfunktion haben und etwa unerfüllbare Wünsche artikulieren, welche man im Erzählvorgang durchlebt – Wünsche nach dem Glück des zu kurz Gekommenen, nach brutaler Durchsetzung der Gerechtigkeit usw. Dergleichen ist im europäischen Märchen recht häufig.[19] Wesentlicher in unserem Zusammenhang ist die tiefer gehende Orientierung, die sich insbesondere bei Verwendung der Erzählung im Kontext eines religiösen Symbolsystems, in einem Ensemble mit anderen Kodierungsebenen der Botschaft wie Handlung, Bild usw. einstellt.[20] Der Vorgang der sprachlichen Prägung ist dann mit anderen

---

mischen Charakter altorientalischen Weltordnungsdenkens sind (vgl. etwa Topitsch, E.: Vom Ursprung und Ende der Metaphysik, München 1972, 13–123; Schmid, H.H.: Gerechtigkeit als Weltordnung, Tübingen 1968; ders.: Altorientalische Welt in der alttestamentlichen Theologie, Zürich 1974), sowenig ist doch der Kosmos auf den Begriff gebracht – trotz der Existenz umfassender Ordnungskonzepte wie *me* im Sumerischen, *ṣedaqa* im Hebräischen und *m³'t* im Ägyptischen.

[17] »Eine Erzählung dichtet ein Geschehen von einer Spannung zu einer Lösung«, Westermann, C.: Arten der Erzählung in der Genesis, in: ders.: Forschungen am Alten Testament I, Göttingen 1964, 9–91, 40; vgl. auch ders.: Genesis, Neukirchen-Vluyn 1966, 32ff). Hier sei bereits angemerkt, dass die hier angewandte Definition des Mythos auch auf die Erzählungen des Alten und Neuen Testaments angewandt werden kann.

[18] Colpe: Phänomen, 54ff, spricht von Mythos mit bzw. ohne mythische Valenz.

[19] Vgl. zum europäischen Volksmärchen Lüthi, M.: Das europäische Volksmärchen. Form und Wesen, Tübingen ²1960.

[20] An dieser Stelle ist auf weitverbreitete Zerrbilder einzugehen, welche sich im Gefolge der Mythenforschung der letzten Jahrzehnte eingestellt haben. Verschiedene Tatbestände, welche sich an einzelnen Orten haben beobachten lassen, sind zu Unrecht generalisiert und zum Wesen des Mythos schlechthin stilisiert worden. So ist z.B. die Meinung, dass Mythos immer mit parallel laufendem Ritual verbunden sei, wie dies Harrison, J.: Themis. A Study in the Social Origins of Greek Religion, Cambridge ²1927 (Wiederabdruck zus. mit Epilegomena to the Study of Greek Religion, 1962) für Griechenland und die kultgeschichtliche Schule für den Alten Orient (z.B. Mowinckel, S.: Religion und Kultur, Göttingen 1953; Gaster, Th.H.: Thespis. Ritual, Myth, and Drama in the Ancient Near East, New York ²1961) behauptet hatten, schon für diesen Bereich nicht vertretbar (vgl. Kluckhohn, C.: Myths and Rituals. A General Theory, Harvard Theological Review 35 [1942], 45–79 = ders., in: Georges, R.A. [Hg.]: Studies on Mythology, Homewood 1968, 137–167; Bascom, W.: The Myth-Ritual-Theory, Journal of American Folklore 70 [1957], 103–114; Fontenrose: Ritual); andernorts mag sie eher zutreffen (bestimmend für diese Sicht sind die Arbeiten von Malinowski, B.: Myth in Primitive Psychology, London u.a. 1926; Preuss, K.Th.: Der religiöse Gehalt der Mythen, Tübingen 1933; Jensen, A.E.: Mythos und Kult bei den Naturvölkern, München 1951). Einerseits gibt es z.B. in vielen Bereichen Mythen, die kaum rituell verwendet wurden, wie Riten ohne erläuternden Mythos; und andererseits laufen Mythos und Ritual

Kanälen der Sinneswahrnehmungen koordiniert, wobei durchaus offen bleiben kann, ob nicht eine sinnstiftende Handlung oder ein sinnstiftendes Bild tiefer geht als die Erzählung.[21] Bereits im Alten Orient nehmen Mythen ganz unterschiedliche Stellen innerhalb des Gesamtzusammenhangs der Darstellung eines religiösen Symbolsystems ein:[22] Manche Erzählungen sind eng mit Ritual[23] verbunden, andere stehen ihm ferner;[24] manche Mythen wirken – nach unserer Wahrnehmung – eher »seriös«, andere eher komisch;[25] und schliesslich werden Mythen im gesamten altorientalischen und ägyptischen Raum nicht nur im Feld der Religion (die ein Stück weit bereits als eigener gesellschaftlicher Bereich ausdifferenziert ist) verwendet, sondern auch im institutionalisierten Bereich der Bildung und Wissenschaft, d.h. in der Schule. Hier dient Mythos nicht in erster Linie der tief greifenden religiösen Orientierung, sondern er erfüllt andere Leistungen – er bildet (und langweilt gewiss häufig genug die armen Schüler, welche die Mythentexte kopieren müssen).[26]

In unserem Zusammenhang interessiert der *Stellenwert der Rationalität* dieser Mythen, die hier gewissermassen in einer *Grundstufe* gegeben ist. Sie lässt sich

---

manchmal nicht parallel, sondern komplementär (vgl. Lévi-Strauss, C.: Strukturale Anthropologie I, Frankfurt a.M. 1978, 255ff). Das Verhältnis von Ritual und Mythos, oder genauer: Zwischen erzählendem Sprechen und rituellem Handeln ist in jeder Einzelkultur genau zu bestimmen. – Ebenso unzutreffend sind generelle Bestimmungen, welche dem Mythos die Funktion zuweisen, das Geschehen einer Heiligen Urzeit anzusagen, welche in die profane Zeit und den profanen Raum einbricht (dies im Anschluss an zahlreiche Werke Eliades, z.B. Eliade, M.: Der Mythos der ewigen Wiederkehr, Düsseldorf 1953; ders.: Das Heilige und das Profane, Frankfurt a.M. 1957). Denn einerseits sind »heilig« und »profan« keine invarianten Differenzierungen: Zwar unterscheiden alle Religionen in dieser oder jener Weise einzelne Wirklichkeitsbereiche, aber diese Unterscheidungen können höchst unterschiedlich ausfallen, und das religiös relevante Reden kann in verschieden qualifizierten Wirklichkeitsbereichen angesiedelt sein (es gibt Erzählungen, die jeder zu jeder Zeit erzählen kann, andere, die nur der Spezialist zu einer bestimmten Zeit erzählen kann usw.). Und andererseits können Mythen höchst unterschiedliche Zeit- und Wirklichkeitsverständnisse implizieren oder herstellen. Auch hier gibt es also keine inhaltlichen Gemeinsamkeiten von Mythen verschiedener Kulturen.

[21] Vgl. Stolz: Hierarchien.

[22] Zur Vielfalt von Arten, Funktionen und Leistungen von Mythen im Bereich des fruchtbaren Halbmondes vgl. z.B. Frankfort, H. u.a. (Hg.): Alter Orient. Mythos und Wirklichkeit, Stuttgart ²1981; Xella, P.: Problemi del mito nel Vicino Oriente antico, Napoli 1976; Assmann/Burkert/Stolz: Funktionen.

[23] So etwa der bekannte babylonische Neujahrmythos *Enuma eliš*; jüngste Übersetzung der Ritualtexte bei Farber, W.: Rituale und Beschwörungen in akkadischer Sprache, in: Kaiser, O. (Hg.): Texte aus der Umwelt des Alten Testaments (TUAT) II/2, Gütersloh 1987, 212ff.

[24] Gänzlich losgelöst vom Ritual sind zweifellos die sog. »konstruierten Mythen«, welche nichts anderes sind als politische Propaganda in Mythenform (vgl. von Soden, W.: Einführung in die Altorientalistik, Darmstadt 1985, 209ff). Zum Wandel des Stellenwerts von Mythen in Mesopotamien vgl. Lambert, W.G.: Der Mythos im Alten Mesopotamien. Sein Werden und Vergehen, Zeitschrift für Religions- und Geistesgeschichte 26 (1974), 1–16.

[25] Vgl. bereits Gaster: Thespis 406ff, der den Mythos von »Šahar und Šalim« als »burlesque type« der Mythik vom Wechsel der Jahreszeiten bezeichnet.

[26] Zum Funktionswandel von Mythen in Schule und »Wissenschaft« vgl. Stolz: Hierarchien.

durch das Stichwort des »wilden Denkens«, das Lévi-Strauss geprägt hat, charakterisieren.[27] Klassifikationen erfolgen nicht durch Abstraktion, sondern anhand konkreter, sinnlich wahrnehmbarer Eigenschaften. Bestimmte Dinge, Verhaltensweisen usw. werden einander zugeordnet.[28]

Ich will dies nur andeutungsweise am sumerischen Mythos »Enlil und Ninlil« illustrieren.[29] Hier wird erzählt, wie Enlil ein junges Mädchen vergewaltigt und schwängert – zur Strafe wird er in die Unterwelt verbannt. Ninlil, mit dem Mondgott Sin schwanger geworden, folgt Enlil nach. Alle drei gehen den Weg des Todes – und gehören doch zu den Mächten, die das Leben bestimmen. Enlil begattet dann – in dreifach wechselnder Gestalt – Ninlil noch dreimal; die jetzt geborenen Söhne bleiben in der Unterwelt, als Ersatz für Sin und eventuell auch das Elternpaar, welche die Unterwelt verlassen dürfen. – Der Mythos behandelt eine ganze Anzahl von Problemen. Zunächst das der Heirat: Enlil begattet ganz illegitim ein minderjähriges Mädchen; eine solche Verbindung kann nicht problemlos sein, sie führt zum Tode. Leben und Tod sind ein zweites Problemfeld. Enlil geht den Weg ins Land ohne Wiederkehr; aber als Gott kehrt er dennoch wieder, allerdings nicht ohne Ersatz zu stellen. Der Gott kann also einen Weg gehen, den der Mensch nicht gehen kann; der Mond, welcher der Verbindung entstammt, verkörpert dauernd den Weg in die Unterwelt und wieder zurück; Welt und Unterwelt, oben und unten, werden also in Vermittlung gebracht.[30]

Wildes Denken ist implizites Denken; es macht Gebrauch von bestimmten Strukturierungsprinzipien, ohne darüber zu reflektieren. Es funktioniert analog der Beherrschung einer Sprache: Wer sich seiner Muttersprache bedient, kann auch dann korrekt sprechen, wenn er nicht über die Grammatik Auskunft zu geben vermag. Trotzdem macht er von einem Regelsystem Gebrauch. Auch die

---

[27] Lévi-Strauss, C.: Das wilde Denken, Frankfurt a.M. 1968.

[28] Lévi-Strauss würde im Hinblick auf eine »historische« Kultur wie die Mesopotamiens (und erst recht etwa Israels) seinen interpretatorischen Zugriff allerdings nicht anwenden – weil hier bereits eine Schriftkultur vorliegt und in solchen Fällen die »Mythen einer intellektuellen Operation unterworfen« sind (Lévi-Strauss, C.: Mythos und Bedeutung, hg. von A. Reif, Frankfurt a.M. 1980, 76f). – Lévi-Strauss und Ricoeur haben sich in ihrer Diskussion leider viel zu schnell wechselweise das Terrain der »schriftlos-ahistorischen« bzw. der »schriftlich-historischen« Kulturen überlassen.

[29] Vgl. zum Text Kramer, S.N.: Sumerian Mythology. A Study of Spiritual and Literary Achievement in the Third Millenium BC, New York 1961, 43ff; Jacobsen, Th.: Mesopotamien, in: Frankfort: Alter Orient, 136–241, 167ff; Kirk: Myth, 99ff. Letzte Bearbeitungen des Textes: Behrens, H.: Enlil und Ninlil. Ein sumerischer Mythos aus Nippur, Rom 1978; Civil, M.: Enlil and Ninlil. The marriage of SUD, Journal of the American Oriental Society 103 (1983), 43–66. – Der Text ist übrigens – wie die sumerischen Mythen fast durchwegs – kaum kultisch gebunden im engeren Sinne (trotz Behrens: Enlil und Ninlil, 254), er dient weitgehend der ästhetischen Unterhaltung im Kontext des religiösen Symbolsystems.

[30] Die Themen des Mythos werden auch in anderen Kompositionen variiert – besonders nah verwandt ist der Dilmun-Mythos, wo auch die Probleme von Heirat, Leben und Tod u.ä. variiert werden; vgl. Kirk: Myth, 101f; Stolz, F.: Das Gleichgewicht von Lebens- und Todeskräften als Kosmos-Konzept Mesopotamiens, in: Zweig, A./Svilar, M. (Hg.): Kosmos – Kunst – Symbol, Bern 1986, 47–67.

Rationalität des wilden Denkens lässt sich explizieren; es ist das Verdienst des Strukturalismus, diese Probleme formuliert, geklärt und vielleicht auch ein wenig verklärt zu haben.[31]

Wie verhält sich nun aber dieses wilde zu unserem »domestizierten« Denken? Wie verhalten sich implizite und explizite Rationalität? Wie kommt es dazu, dass rationale Strukturen expliziert werden und reflexive, auf sich selbst bezogene und sich selbst zur Darstellung bringende Gestalt annehmen? Das ist die entscheidende Frage, der ich nachgehen möchte.

II.

Dabei ist auffällig, dass es schon im Bereich des Erzählens zu einer bewussten und kritisch gestaltenden Bearbeitung traditioneller Stoffe kommt; wird haben es mit einer *ersten Explikationsstufe der Rationalität zu* tun.[32] Im Gilgameš-Epos beispielsweise sind die Verhältnisse zwischen Leben und Tod, zwischen Gott und Mensch explizit bearbeitet und nicht mehr implizit wie etwa in »Enlil und Ninlil«. Ausdrücklich wird gesagt, dass Gilgameš zu zwei Dritteln Gott, aber eben zu einem Drittel Mensch ist;[33] die Götter sind unsterblich, die Menschen aber sterblich. Die Klassifikation »Leben und Tod« – ein intellektuelles wie existenzielles Problem des Menschen! – wird nun nicht mehr erzählend gestaltet, sondern in eine quasi mathematische Bestimmung gebracht. Die Ausarbeitung des Problems ist dann freilich traditionell in Form der Erzählung gestaltet.

Hesiod lässt am Anfang der Theogonie die Musen sagen: »Wir wissen trügenden Schein in Fülle zu sagen, dem Wirklichen ähnlich, wir wissen aber auch, wenn es uns beliebt, Wahres zu künden« (Theog. 27). Dieser Anspruch hat eine kritische Funktion: Mythen können sich der Wirklichkeit in verschiedener Weise nähern. Hesiod geht es darum, einheitliche inhaltliche Prinzipien in seiner My-

---

[31] Am tragfähigsten ist m.E. die Interpretation der Asdiwal-Geschichte durch Lévi-Strauss, C.: Die Sage von Asdiwal, in: Schmitz, C.A. (Hg.): Religionsethnologie, Frankfurt a.M. 1964, 154–195 sowie in: Leach, E.: Mythos und Totemismus. Beiträge zur Kritik der strukturalen Analyse, Frankfurt a.M. 1973, 27–81, da sie sich noch in konkretem historischem und sozialem Terrain bewegt; zur Diskussion vgl. die Beiträge von Douglas, M.: Die Bedeutung des Mythos, mit besonderer Berücksichtigung von »La geste d'Asdiwal«, in: Leach: Mythos, 82–108; Yalman, N.: »Das Rohe: das Gekochte: Natur: Kultur«, Beobachtungen zu *Le Crut et le cuit*, in: Leach: Mythos, 109–131; Burridge, K.O.L.: Lévi-Strauss und der Mythos, in: Leach: Mythos, 132–163. In seinen späteren Arbeiten (insbesondere in den Mythologica) ist Lévi-Strauss primär an den Möglichkeiten mythischer und überhaupt symbolischer Darstellung interessiert, weniger an deren Wirklichkeit und Wirkung; dies ist einer der Ansatzpunkte von Ricoeurs Kritik, vgl. Ricoeur, P.: Die Struktur, das Wort und das Ereignis, in: ders.: Hermeneutik und Strukturalismus, München 1971, 101ff. – Vgl. die Darstellung der Mytheninterpretation von Lévi-Strauss durch Oppitz, M.: Notwendige Beziehungen, Frankfurt a.M. 1975, 177–326.

[32] Colpe: Phänomen, 60, spricht von »Mythos mit Logos«.

[33] Gilgamesch I,II,1, in: Schott A./von Soden, W.: Das Gilgamesch-Epos, Stuttgart 1966. Dazu Jacobsen, Th.: The Treasures of Darkness, New Haven 1976, 193ff; Kirk: Myth, 132ff.

thenzusammenstellung zu verwirklichen; die Herrschaft des Zeus, dessen durchsichtige und rationale Ordnung beherrscht den Gang der Dinge.[34]

Diese Explikation rationaler Ordnung wird bei den Anfängen griechischer Philosophie vollends deutlich; man könnte von einer *zweiten Explikationsstufe* sprechen. Deren Beheimatung in mythischen Konzepten ist immer wieder betont worden im Hinblick auf Vorstellungsinhalte;[35] im Folgenden soll es jedoch um die Denkformen gehen. Es ist zu zeigen, inwiefern die Rationalität, bis dahin implizites Strukturmoment mythischer Wirklichkeitsdarstellung, reflexive Gestalt gewinnt und zu einer eigenständigen Operationsform entwickelt wird.

Ich setze ein mit einer Äusserung, die von Anaximander überliefert ist, wonach die *arche* der Dinge im *apeiron* liege.[36] Die Elemente des Mythos sind deutlich. Am Anfang steht das *apeiron,* das Undifferenzierte. Der Vergleich mit dem Mythos *Enuma eliš* ist aufschlussreich. Auch hier ist am Anfang von einem Mangel an Differenzierungen die Rede: Salz- und Süsswasser sind gemischt, die Dimensionen oben und unten sind noch nicht existent; andere Mythen thematisieren weitere Mischungsverhältnisse konkreter, sinnlich wahrnehmbarer Qualität.[37] Im Lauf der mythischen Erzählung tritt dann eine Entmischung ein. An die Stelle dieser am Konkreten orientierten Klassifikationen treten die sehr allgemeinen Begriffe *apeiron* und *peras;* sie stellen die Zusammenfassung einer grösseren Zahl konkreter Klassifikationen dar. Man kann also von einem Summierungsprozess sprechen.

Der Mythos hat eine bestimmte Richtung: Er geht vom Anfang zum Schluss; interessant ist dieser Schluss, er hat orientierenden Charakter. Auch der sog. ätiologische Mythos ist weniger an den Voraussetzungen interessiert, die zu etwas Erklärenswertem geführt haben, als vielmehr an der Klärung des in Frage stehenden Sachverhalts. Die Philosophie dreht die Fragerichtung um; sie interessiert sich für die *arche,* die bei den Vorsokratikern durchwegs von Belang ist.[38] Aber die

---

[34] Zur Systematik Hesiods vgl. Jaeger, W.: Die Theologie der frühen griechischen Denker, Stuttgart 1953/1964, 19ff; Kirk: Myth, 226ff; Schmidt, J.-U.: Die Ehen des Zeus, Wort und Dienst NF 18 (1985), 73–92.

[35] Vgl. die klassische Arbeit von Nestle, W.: Vom Mythos zum Logos, Stuttgart ²1942.

[36] Mansfeld, J.: Die Vorsokratiker I/II, Stuttgart 1983/1986, Nr. 15.

[37] Vgl. Jacobsen: Treasures, 167ff. Zur Rationalität, mit der der mythische Stoff hier bearbeitet ist, vgl. Stolz, F.: Tradition orale et tradition écrite dans les religions de la Mésopotamie antique, in: Borgeaud, Ph. (Hg.): La mémoire des religions, Genf 1988, 21–35.

[38] Ob Anaximander – und die Vorsokratiker überhaupt – den Begriff der *arche* wirklich verwendet haben, ist allerdings nicht unumstritten (vgl. die Diskussion bei Jaeger: Theologie, 36ff), darf aber doch wohl angenommen werden. Sicher ist, dass der *arche*-Begriff seinen vollen Bedeutungsumfang (Prinzip, Prägekraft, Potenz usw.) erst bei Aristoteles erhält. Die Vorsokratiker haben gewiss nicht einen so gefüllten *arche*-Begriff – und doch ist *arche* für sie auch nicht einfach der blosse (labile und ungültige) Anfang einer Geschichte. Vgl. etwa Röd, W.: Die Philosophie der Antike 1. Von Thales bis Demokrit, München 1976, 38ff. – Die Interpretation von *arche* als »mythischem Urgeschehen« und geradezu »mythischer Substanz«, die Hübner: Wahrheit, 135ff, im Anschluss an Grönbech, V.: Hellas I, Reinbek 1965, 208f, vorlegt, scheint mir unzutreffend. Hier ist anhand von Aristoteles eine mythische Ontologie konstruiert.

Umkehrung der Betrachtungsweise geht bei Anaximander noch weiter; sie ist auf die Lebensvorgänge selbst angewandt: »Woraus sie entstehen, darein vergehen sie auch mit Notwendigkeit. Denn sie leisten einander Busse und Vergeltung für ihr Unrecht nach der Ordnung der Zeit.«[39] Traditionellerweise verbindet man dieses Zitat mit der vorher genannten Überlieferung.[40] Besteht diese Kombination zu Recht, dann bedeutet dies: Die Dinge entstehen aus dem *apeiron* – und sie gehen wieder ins *apeiron* zurück. Wahrscheinlich liegt eine zyklische Konzeption der Weltprozesse vor; man hat Anaximander die Annahme einer unendlichen Zahl von *kosmoi* zugeschrieben, was wohl zyklisch zu verstehen ist.[41] Damit ist eine Reversibilität sowohl für das Denken wie auch für die Lebensvorgänge konzipiert: Das Denken geht dem Geschehen entlang rückwärts bis zu seinem Ursprung; und das Geschehen selbst ist nicht »vektoriell« gesehen, sondern es unterliegt der Umkehrbarkeit, der Reversibilität.

Dabei läuft es nach festen Regeln ab – und zwar nach denen von Schuld und Sühne, was gewiss nicht nur als moralisches Prinzip, sondern als viel genereller wirksames Gleichgewichtskonzept zu verstehen ist.[42] Das *peras,* die Begrenzung, schafft Ungleichgewicht (das sittlich qualifiziert wird – was immer hinter diesem Konzept stehen mag), und das Ungleichgewicht tendiert wieder auf den ursprünglichen Zustand zu. Jedenfalls ist mit einer umfassenden und allgemeinen Ordnung zu rechnen – anstelle der konkreten Ordnung, die der Mythos setzt. Während die konkrete Ordnungssetzung des Mythos den Hörer direkt betrifft (es ist *seine* Ordnung, in die er eingewiesen wird), geht es jetzt um Ordnung ganz allgemein, wie sie immer und überall gilt. Man kann von einer Dezentrierung sprechen. Reversibilität also im Hinblick auf Zeitstrukturen, Dezentrierung im Hinblick auf den Raum; man könnte diese beiden Bewegungen unter den Begriff der Abstraktion subsumieren.[43] Was hier an Anaximander etwas ausführlicher gezeigt wurde, könnte ebenso gut an Heraklit oder anderen Denkern der frühen griechischen Philosophie demonstriert werden. Bei aller Unterschiedlichkeit der Konzepte finden sich analoge formale Umbildungen dessen, was sich im Mythos abspielt. Ich will noch einige weitere Elemente der Umschichtung nennen.

---

[39] Mansfeld: Vorsokratiker, Nr. 15; Diels, H.: Die Fragmente der Vorsokratiker, hg. von Kranz, W., Berlin ⁶1951 (Nachdruck 1972), 12 A 9, B 1; vgl. Mansfeld: Vorsokratiker, 4, 7; Diels: Fragmente, 12 A 1, 16.

[40] Die beiden Aussageelemente sind bei Simplikios bzw. Theophrast überliefert; vgl. Mansfeld: Vorsokratiker, 15.

[41] Zur Zyklik der Kosmoi bei Anaximander vgl. Mansfeld: Vorsokratiker, 12 (DK 12 A 14), 10 (DK 12 A 11, B 2); dazu Röd: Philosophie, 42f.

[42] Graeser, A.: Die Vorsokratiker, in: Höffe, O. (Hg.): Klassiker der Philosophie I, München 1981, 18.

[43] Die Begriffe von Dezentrierung, Reversibilität und Abstraktion entnehme ich der psychologischen Terminologie von Piaget, J.: Psychologie der Intelligenz, Olten 1971, wobei keineswegs behauptet sein soll, dass die individuelle kognitive Entwicklung und die kulturgeschichtliche Explikation der Rationalität genau parallel seien.

Die Gegenwelt, ein wesentliches Element des Mythos, ist kein Thema mehr. *peiron* ist bei Anaximander nicht Gegenwelt, sondern einfach Stoff, aus dem sich die einzelnen Dinge der Erfahrungswelt bilden. Das Thema der Einheitlichkeit des Seins ist dann aber vor allem bei Parmenides zentral. Seine Überlegungen kulminieren in der Aussage, dass das Nichtsein als nicht existent erklärt wird – gegen allen Anschein.[44] Entsprechende Folgerungen ergeben sich dann im Hinblick auf das Geschehen: Auf der Ebene der Wahrheit, welche den Schein der Sinneswahrnehmung transzendiert, kann von einem Werden gar keine Rede sein.[45] Die Bewegung des Mythos ist damit völlig ausgelöscht, das Werden ist eigentlich nicht existent. Sowohl Transformation als auch Irrealität sind auf den Begriff gebracht – und abgeschafft. Nur die Ebene der Wahrheit ist eindeutig reguliert – und zwar nach rationalen Gesetzen: Parmenides vertritt als Erster den Satz vom Widerspruch.[46] Bei Platon könnte man im Hinblick auf die Ideen schon eher von einer Gegenwelt sprechen; aber jetzt ist das Auffällige, dass der Welt der Erfahrung gerade die Orientierungskompetenz abgesprochen wird, sie ist also gewissermassen »irreal« im Hinblick auf die Ideen.

Auch im Hinblick auf die Sprachformen ergeben sich bedeutende Veränderungen. Parmenides teilt seine Einsichten noch in einem Offenbarungsgedicht mit, das sich an die Stilform Hesiods anlehnt, und auch Empedokles und noch Lukrez bedienen sich dieser Redeweise; im Westen spielt die Stilform der Epik in der Philosophie also noch eine gewisse Rolle. Schon Zenon aber formt die eleatische Lehre auch in Prosa um. Im Osten ist dies offenbar von Anfang an der Fall, ohne dass man die spezifischen Kommunikationsformen genauer bestimmen könnte.[47] In klassischer Zeit kommen dann Dialog und Abhandlung auf – beides Sprachformen der problematisierenden und argumentierenden Erörterung. An die Stelle der Erzählung tritt der Diskurs, der gleicherweise folgernd und begründend argumentiert; die Herausbildung der formalen Logik ist ein Symptom dieses Sprechverhaltens.

Im Hinblick auf den expliziten Umgang mit der mythischen Tradition ist Xenophanes' Religionskritik (bzw. sein »Monotheismus«) aufschlussreich.[48] Er geht von einer theologischen Position aus: Er postuliert die Einheit des Göttlichen, daher gelangt er zur Ablehnung des Polytheismus; er postuliert die Unanschaulichkeit des Göttlichen, daher gelangt er zur Ablehnung der Anthropomorphis-

[44] Mansfeld: Vorsokratiker, 11,1ff; DK 28 B 8,1ff.

[45] Mansfeld: Vorsokratiker, 11,15ff; DK 28 B 8,15ff.

[46] Vgl. Graeser: Vorsokratiker, 24. – Die explizite Formulierung des Satzes vom Widerspruch wird Antisthenes zugeschrieben; vgl. Graeser, A.: Die Philosophie der Antike 2, in: Röd, W. (Hg.): Geschichte der Philosophie, München 1983, 51.

[47] Zu den Redeformen vgl. Kranz, W.: Geschichte der griechischen Literatur, Bremen ⁴1960, 109ff. – Die Überlieferung weiss: »(Anaximander) hat als erster der Griechen, soweit wir wissen, den Mut gehabt, eine Prosaschrift über die Natur des Weltalls zu veröffentlichen« (Mansfeld: Vorsokratiker, 1,1; DK 12 A 7).

[48] Vgl. Röd: Philosophie, 75ff; Mansfeld: Vorsokratiker, 204ff.

men; er postuliert die Vollkommenheit des Göttlichen, daher gelangt er zur Ablehnung moralischer und anderer Defizite der Götter. Diese Prinzipien sind zwar in der Tradition angelegt, jedoch erst durch das Mittel der Generalisierung gewonnen. Sie werden dann auf die Tradition zurück und geradezu gegen sie verwendet.[49]

Die Kritik als Prinzip des Umgangs mit anderen Positionen wird hinfort Leitlinie der Philosophie überhaupt. Mythen können nebeneinander bestehen, auch wenn ihre Geschehenszusammenhänge sich nicht ohne weiteres vereinbaren lassen;[50] philosophische Argumentation geschieht in der Abgrenzung, Auseinandersetzung und Exklusion.

Dies hängt damit zusammen, dass philosophische Systeme von Anfang an umfassende und allgemein gültige Darstellungen der Wirklichkeit geben wollen, im Gegensatz zum Mythos, welcher zwar häufig auch die Welt insgesamt meint, aber trotzdem nur Ausschnitte aus deren Wirklichkeit thematisiert. Der umfassende Anspruch philosophischer Analyse duldet keinen Widerspruch. Durch den Abstraktionsprozess, wie er oben skizziert wurde, werden alle Aussagen verallgemeinert bis zur Allgemeingültigkeit. Damit kontrastiert eigentümlich die Tatsache, dass verschiedene derartige Entwürfe, die mit demselben Anspruch auftreten, nebeneinander bestehen. Man kann sagen: Der Orientierungshorizont wird zwar umfassend; und trotzdem wird die Orientierungsleistung der Philosophie im Vergleich mit der Religion insgesamt geringer, mindestens, wenn man die philosophische Szene von aussen betrachtet; denn es sind verschiedene gleichwertige Optionen möglich, was im Orientierungsvorgang irritiert.[51]

Mythos und Philosophie wollen Orientierung über die Wirklichkeit verschaffen. Der Mythos bedient sich impliziter Rationalität – die Philosophie entwickelt eine explizite, reflexive Rationalität, welche Prinzipien entwickelt und nach Regeln verfährt, diese schlussendlich sogar in der Logik expliziert. Gilt für den Mythos die Formel »Orientierung durch Identifikation«, so könnte man im Hinblick auf die Philosophie die Leitlinie »Orientierung durch Distanz« formulieren. Wie erfolgreich sind die beiden Typen von Orientierungsstiftung? Die Frage ist heikel – ich wage eine provozierende Antwort: Die Konkurrenz verschiedener und sich gegenseitig ausschliessender philosophischer Orientierungskonzepte,

[49] Entsprechende Beobachtungen wären anhand der Entstehung historischer Kritik der Tradition gegenüber anzustellen; vgl. Cancik, H.: Mythische und historische Wahrheit. Interpretationen zu Texten der hethitischen, biblischen und griechischen Historiographie, Stuttgart 1970, 24ff.

[50] Gewiss gibt es auch Gegensätze zwischen mythischen Komplexen – etwa in Ägypten zwischen den theologischen Systemen, die an einzelnen Kultzentren gepflegt werden, und entsprechend in Mesopotamien. Aber hier finden ganz vordergründige politische Konflikte ihren Ausdruck, nicht etwa eigentliche Lehrunterschiede.

[51] Dabei ist allerdings zu bedenken, dass für den Angehörigen einer Philosophenschule die »Lehre« nicht einfach intellektuelles Spiel ist, sondern mit bestimmten Lebensformen verbunden ist – am deutlichsten bei den Pythagoräern. Der philosophische Lehrer gleicht – nach heutiger Terminologie – also eher dem Guru als dem Professor.

die Entmächtigung des Mythos wirkt orientierungszersetzend. Distanz orientiert nicht ausreichend.

Dieser Entmächtigungsvorgang hat überraschende Parallelen in den Erfahrungen der Tiefenpsychologie. Ungeachtet der Theoriebildung, die damit verbunden ist, besteht der Erfolg dieser Therapieformen darin, dass sprachliche Bearbeitung störender Orientierungen diese aufzulösen vermag. Diese Orientierungen haben manches mit der Struktur des Mythos gemein; es handelt sich um Bedeutungskomplexe, welche durch die Lebensgeschichte angeordnet sind, mit eindeutigem Gefälle und eigener Logik. Sie prägen die Wahrnehmung der Wirklichkeit umfassend; der durch sie Bestimmte hat keine Distanz dazu und vermag sich ihnen deshalb nicht zu entziehen. Wir haben es freilich mit »stummen Mythen« zu tun; wir kommen auf diese Bezeichnung zurück. Die analytische Arbeit konfrontiert diese Orientierung mit einem bestimmten Typus von Sprache. Affektive und rationale Erinnerung an die orientierende, in diesem Fall: fehlorientierende, Geschichte macht die Steuerung unwirksam; Heilung bedeutet dann Distanzierung von den Bedeutungssetzungen und Sinngebungen der geltenden Orientierung, sodass ein neuer Zugang zur Wirklichkeit möglich wird. Dies lässt sich auf den Übergang von der mythischen zur philosophischen Orientierung übertragen: Die Explikation der Rationalität mit allen den genannten Begleitumständen führt dazu, dass die mythische Orientierung unwirksam wird. An deren Stelle tritt freilich keine äquivalente selbstverständliche und tragfähige Orientierung.

III.

Sind damit einige Leitlinien der Explikation von Rationalität im Bereich des Griechentums zur Darstellung gelangt, so geht es in den folgenden Überlegungen um einen analogen Überblick im biblischen und christlichen Raum. Die nachfolgenden Bemerkungen müssen sich auf einige Andeutungen beschränken, welche notwendigerweise ungenügend bleiben; ich habe mich zu diesen Phänomenen an anderen Orten ausführlicher geäussert.

Vorausgesetzt ist dabei, dass in der altisraelitischen Religion der Mythos – im hier vorausgesetzten weiten Sinne des Wortes – durchweg eine tragende Rolle spielt: Das Moment des Erzählens hat in fast allen religiösen Bereichen Altisraels einen hervorragenden Platz.[52] In die Kultur der noch nicht fest angesiedelten

[52] Die Äusserung steht im Gegensatz zu den gängigen Lehrmeinungen, welche von einem engen Mythosbegriff ausgehen (als Elemente des Mythos werden in der Regel angegeben: Bindung an den Kult, polytheistische Struktur, zyklisches Zeitverständnis, Bezogenheit auf Gegebenheiten der Natur, insbesondere den Vegetationskreislauf. – Dem werden die durch Geschichtstheologie und Ausschliesslichkeit Jahwes bestimmten alttestamentlichen Geschichten entgegengehalten). Von da aus sind die meisten Arbeiten zum Thema »Altes Testament und Mythos« bestimmt, z.B. – als Beispiel für viele andere – Childs, B.S.: Myth and Reality in the Old Testament, London 1960 (vgl. zur Forschungsgeschichte Cazelles, H.: Le mythe et l'Ancient Testament, Dictionnaire de la Bible Supp.

Gruppierungen vorstaatlicher Zeit weisen die Vätergeschichten, ursprünglich Familiensagen, zurück.[53] Besonders prägend sind die historischen Sagen der Zeit der Ausbildung israelitischen Selbstbewusstseins, Helden- und Kriegsgeschichten.[54] Dass im israelitischen Kult Mythen laut wurden, welche den in Ugarit überlieferten ähnelten, ist aus dem Psalter zu ersehen – diese Erzählungen sind freilich (in der Gestalt der Erzählung) durch die Zensur des Kanonisierungsprozesses ausgeschaltet worden.[55] Die geschichtstheologischen Schulen der späten Prophetie und Deuteronomistik sammeln und bearbeiten Erzählungen im Sinne umfassender Geschichtskonzepte;[56] und in der Spätzeit weiss man um künftige Vorgänge (auch apokalyptische Entwürfe sind als Erzählung im weiteren Sinne des Wortes zu werten).[57] Natürlich wurden diese Erzählungen in ganz verschiedenen Situationen gebraucht; der Sitz im Leben ist also recht unterschiedlich. Sie wurden

VI (1960), 246–261; Rogerson, J.W.: Myth in the Old Testament Interpretation, Berlin u.a. 1974). Ganz anders hat sich u.a. Müller, H.-P.: Mythos – Tradition – Revolution, Neukirchen-Vluyn 1973; ders.: Zum alttestamentlichen Gebrauch mythischer Rede. Orientierungen zwischen Strukturalismus und Hermeneutik, in: Strolz, W. (Hg.): Religiöse Grunderfahrungen, Freiburg i.Br. 1977, 67–93; ders.: Mythos – Anpassung – Wahrheit. Vom Recht mythischer Rede und deren Aufhebung, Zeitschrift für Theologie und Kirche 80 (1983), 1–25; ders.: Mythos und Kerygma. Anthropologische und theologische Aspekte, Zeitschrift für Theologie und Kirche 83 (1986), 405–435, verschiedentlich zum Mythos im Alten Testament geäussert, dem er eine konstitutive Funktion für die Ausrichtung alttestamentlicher Botschaft zuweist, dem er jedoch die Möglichkeit abspricht, »Transzendenz« im eigentlichen Sinne zur Sprache zu bringen. Ähnlich positiv beurteilt Pannenberg, W.: Christentum und Mythos, Göttingen 1972, den Mythos, um dann freilich auch dessen Defizite zur Formulierung des christlichen Wirklichkeitsverständnisses aufzuweisen. In beiden Fällen wird der Form des Mythos ein bestimmtes Wirklichkeitskonzept angelagert, was m.E. problematisch ist. – Viele Parallelen zu den hier dargelegten Ausführungen finden sich bei Westermann, der den Mythos unter das »Geschichtenerzählen« subsumiert und daraus Konsequenzen für die alttestamentliche und die systematische Theologie zieht. – Eine Aufnahme strukturalistischer Fragestellungen im Hinblick auf den Mythos im Alten Testament findet sich bei Jensen, H.J.L.: Mythenbegreben i den historik-kritiske og i den strukturalistiske forskning, Dansk teologisk tidsskrift 47 (1983), 1–19.

[53] Westermann: Erzählung in der Genesis, bes. 36ff; Koch, K.: Was ist Formgeschichte? Methoden der Bibelexegese, Neukirchen-Vluyn ³1974, 145ff.

[54] von Rad, G.: Der Anfang der Geschichtsschreibung in Israel, in: ders.: Gesammelte Studien zum Alten Testament, München 1964, 154ff; Koch: Formgeschichte, 169ff.

[55] Hier geht es um »Mythen« im engeren Sinn des Ausdrucks, wie er in der Regel durch die Alttestamentler verwendet wird. Vgl. z.B. Otzen, B./Gottlieb, H./Jeppesen, K.: Myths in the Old Testament, London 1980; Petersen, C.: Mythos im Alten Testament. Bestimmung des Mythosbegriffs und Untersuchung der mythischen Elemente in den Psalmen, Berlin u.a. 1982.

[56] Zur frühen Bearbeitung von Heldensagen u.ä. vgl. Rendtorff, R.: Beobachtungen zur altisraelitischen Geschichtsschreibung, in: Wolf, H.W. (Hg.): Probleme biblischer Theologie. Festschrift für Gerhard von Rad, München 1971, 428–439; die Literatur zur theologischen Bearbeitung alter Stoffe in der Deuteronomistik und späteren Bearbeitungsschichten ist unübersehbar.

[57] Meist wird lediglich darauf hingewiesen, dass die Apokalyptik Material aus dem Mythos schöpfe (z.B. in Jes 27,1), dass jedoch Zeitstruktur, Wirklichkeitsverständnis usw. in der Apokalyptik ganz anders seien als im (kultisch gebundenen) Mythos – was auch völlig richtig ist. Dass aber die Erzählstruktur und das Konzept eines narrativ repräsentierten wirklichkeitssetzenden Vorgangs erhalten bleiben, wird demgegenüber gern übersehen.

z.T. als volkstümliche, z.T. als elitäre Redeformen verwendet, sie implizieren ganz unterschiedliche Realitäts- und Zeitverständnisse. Gemeinsam ist jedoch, dass durch den Vorgang der Narration Wirklichkeit gesetzt und begründet wird. Insofern halte ich diese Redeformen insgesamt für mythisch.

Auch hinsichtlich der Explikation von Rationalität unterscheiden sich einzelne Erzählbereiche des alten Israel beträchtlich. Für die älteren Sagen darf durchwegs ein Typus »impliziter Rationalität« vorausgesetzt werden; allerdings hat die Überlieferung des Alten Testaments derartige Erzählungen kaum konserviert, sondern sie intensiver Bearbeitung unterzogen.[58] Wo aber kommt es zu einer Explikation der Rationalität, welche dann schliesslich zur theologischen Bearbeitung der Überlieferung geführt hat?

Sucht man im alttestamentlichen Material nach Äusserungen, welche Reflexionsleistungen aufweisen, die mit denen der Griechen einigermassen vergleichbar sind, so stösst man zunächst auf die Propheten des 8. Jh. Die Art und Weise, wie etwa ein Jesaja die faktischen sozialen Verhältnisse kritisch mit den Intentionen der religiös vorgegebenen gesellschaftlichen Ordnung vergleicht, erinnert in manchem an gewisse Tendenzen im philosophischen Aufbruch Griechenlands.[59] Zu breiter Auswirkung kommen solche Ansätze aber erst im Exil, in dem Moment, wo das bis dahin subkulturelle Wertsystem der Prophetie dominant wird und überhaupt nur das Überleben in israelitischer Identität gestattet. Reflexionsleistungen haben jetzt eine genau bestimmbare Aufgabe: Sie sollen es gestatten, die überlieferte religiöse Ordnung auch unter völlig veränderten Verhältnissen orientierungsfähig zu erhalten, sie also umzubilden bzw. Praktiken und Denkfiguren zu entwickeln, welche zwischen den jetzt dominierenden Realitätserfahrungen und dem überlieferten Symbolsystem vermitteln. Ich will diesen Vorgang an zwei Beispielen illustrieren.

Das Klage-Erhörungs-Paradigma funktioniert nicht mehr. Es gelingt dem Kult nicht mehr, die Defiziterfahrungen des Alltags wirksam aufzufangen und Integrationsleistungen in der Weise auszuüben, dass der Leidende mit seinen Problemen fertig würde. Das Thema entsprechender religiöser Literatur ist jetzt nicht mehr die sichtbare Gerechtigkeit Gottes, sondern das des leidenden Gerechten. In dem, was ich »nachkultische Psalmen« nenne, manifestiert sich Reflexion darüber, wie die Figur des leidenden Gerechten zu interpretieren und auf welche Weise das nicht zuhandene Heil dennoch zu vergewissern sei.[60]

Herrschaft und Ordnungssetzung Gottes in Analogie zu menschlicher Herrschaft und Ordnungssetzung sind ein altes Thema der Hymnen. Im Exil aber zerbricht diese Analogie. Die menschliche Herrschaftsstruktur ist zerstört – will

---

[58] Zum Problem mündlicher und schriftlicher Überlieferung vgl. Koch: Formgeschichte, 97ff; Westermann, C.: Genesis, Neukirchen-Vluyn 1964, 19ff.

[59] Stolz, F.: Der Streit um die Wirklichkeit in der Südreichprophetie des 8. Jahrhunderts, Wort und Dienst NF 12 (1973), 9–30, bes. 29. Die Reflexionsleistung der Propheten des 8. Jh. ist hier durch die Stichworte »Dezentrierung« und »Realitätsprüfung« gekennzeichnet.

[60] Stolz, F.: Psalmen im nachkultischem Raum, Zürich 1983.

man an der göttlichen Herrschaftsstruktur festhalten, so bedarf es eines neuen
Konzepts der Relation zwischen menschlicher und göttlicher Herrschaft. Aus der
relativen Unterschiedenheit Gottes und der Welt wird die absolute Unterschiedenheit; dies macht das Monotheismuskonzept Deuterojesajas aus.[61]
Als Grundzug dieser Art von Rationalität wird man formulieren können: Es
handelt sich nicht um eine Rationalität mit emanzipatorischem Charakter in dem
Sinne, dass die Rationalität sich von den vorgegebenen mythischen Orientierungskonzepten ablösen und sich kritisch gegen diese wenden würde; vielmehr
hat sie die Funktion, die traditionellen Orientierungskonzepte zu stützen, sie
gleichzeitig den neuen Verhältnissen zu adaptieren und sie gegen Infragestellun-
gen abzudichten.
    Diesen Ort behält die Rationalität dann wohl auch im Neuen Testament; H.
Weders Beitrag in diesem Band wäre einmal auf diese Gesichtspunkte hin zu befragen.[62] In der Begegnung zwischen Christentum und Antike, wie sie sich im
Neuen Testament und in der weiteren Geschichte der Kirche abzeichnet, wird die
Bewegung der Autonomisierung von Rationalität (die schon im Hellenismus problematisiert worden war) überholt. Das Christentum behält insofern mythische
Struktur im Sinne des hier gemeinten Sachverhalts, als seine Verkündigung durch
das Moment der Erzählung geprägt ist. Seine Wirklichkeitssetzung erfolgt im
Rahmen einer »Gesamterzählung«, welche bei Schöpfung und Fall einsetzt, dann
die Unheilsgeschichte der Menschen und die Heilsgeschichte Gottes berichtet,
um schliesslich auf eine Wirklichkeit hinauszublicken, in welcher die Herrschaft
Gottes aus dem Bereich der Zweideutigkeit in den der Eindeutigkeit übergeht.
Auch hier sind also irreale Gegenwelten der Wirklichkeit entgegengesetzt, um die
angestrebte Orientierung zu realisieren. Die biblische Gesamterzählung stellt einen Summierungsprozess dar, wie er bereits in altorientalischen Religionen strukturell angelegt ist; aber die Gesamterzählung hebt die Einzelerzählung in ihrer
vielfältigen Wirksamkeit nicht auf, und es kommt nicht dazu, dass Abstraktions-
und Generalisierungsprozesse das Erzählen zum Erliegen brächten. Auch die Be-
kenntnisformulierungen, welche die Gesamterzählung zusammenfassen, behalten erzählende Struktur, ebenso die dogmatischen Entwürfe der Theologen. Diese Erzählstruktur repräsentiert einen Vorgang, welcher den Christen prägen soll;
er wird in eine Orientierung hineingenommen, die ihm das Wesen dieser Welt
deutlich macht und ihn gleichzeitig darüber hinausführt. Natürlich verwendet
das gottesdienstliche Handeln der alten und der mittelalterlichen Kirche nicht
nur die Ebene der Sprache zur Auslösung des charakteristisch christlichen Trans-
formationsprozesses vom Unglauben zum Glauben, in den die Gläubigen regel-

    [61] Stolz, F.: Jahwes Unvergleichlichkeit und Unergründlichkeit. Aspekte der Entwicklung zum
alttestamentlichen Monotheismus, Wort und Dienst NF 14 (1977), 9–24.
    [62] Weder, H.: Der Mythos vom Logos (Johannes 1). Überlegungen zur Sachproblematik des
Entmythologisierung, in: Schmid: Mythos und Rationalität, 44–75.

mässig einbezogen werden, sondern auch die Ebene von ritueller Handlung und Bilderwelt.[63]

Die Theologie bleibt hier in den Bahnen des Mythos. Ihr Geschäft ist das Nach-Denken: Sie besorgt die Anwendung der Rationalität innerhalb des Rahmens, den die mythische Setzung bildet. Die Emanzipation der Rationalität, wie sie sich im Griechentum schon manifestiert hatte, ist noch einmal eingeholt.

IV.

Dies verändert sich allerdings allmählich. Seit dem Mittelalter machen sich Ten-denzen bemerkbar, der Rationalität und ihren Verfahrensweisen einen eigenstän-digen Platz,[64] unabhängig von den mythischen Orientierungskonzepten, einzu-räumen, und in der Aufklärung setzt sich dies allgemein durch.[65] Damit kommt es zu Vorgängen, welche den für Griechenland beschriebenen strukturell analog sind, wenngleich natürlich zahlreiche Unterschiede bedacht werden müssten. Es ist etwas völlig anderes, wenn sich die Rationalität aus der Frühzeit mythischer Prägung in Griechenland oder aus der theologisch durchreflektierten Phase von Mittelalter, Reformation und Gegenreformation emanzipiert. Zudem ist die Auf-klärung in ihrer Wirkung weit über das hinausgegangen, was die griechische Phi-losophie bewirkt hat; neu ist insbesondere das Aufkommen eines Subjektivismus, wie er in der Antike unbekannt ist. Trotzdem weist der Vorgang Parallelen auf. Es bilden sich Weltkonzepte aus, welche – abgekürzt ausgedrückt – nicht auf mythi-scher Setzung basieren, sondern auf einer autonomen Rationalität, die sich durch die Stichworte der Abstraktion, der Generalisierung und der Dezentrierung um-reissen lässt.

Wiederum kommt es zu nicht erzählenden Weltsetzungen: zu philosophi-schen, welche auf philosophische Prinzipien rekurrieren, später zu naturwissen-schaftlichen, welche Naturgesetze suchen. Diese Prinzipien und Gesetze werden mittels Abstraktion und Generalisierung gebildet; weder die Struktur der Trans-formation noch die der Gegenwelt spielen eine Rolle. Im Hinblick auf die Wahr-nehmung von Sachverhalten gewinnen diese neuen Orientierungen sehr bald mehr Gewicht als die religiösen Überlieferungen; letztere werden zunehmend auf den Bereich moralischer Orientierung eingeschränkt. Die zunächst geistigen,

---

[63] In der Geschichte der Alten Kirche manifestiert sich eine Umschichtung der Hierarchien der Darstellungsebenen religiöser Botschaft. Während ursprünglich die Sprache dominiert, gewinnen nun die visuelle und handlungsmässige Ebene an Gewicht. Wenn etwa Ignatius die Eucharistie als *pharmakon athanasias* bezeichnet, so führt nicht mehr nur das Hören von Sprache, sondern auch die Handlung des Essens zum ewigen Leben – was dann natürlich protestantischen Unwillen erregt.

[64] So etwa bei Wilhelm Ockham; vgl. Imbach, R.: Wihelm Ockham, in: Höffe, O. (Hg.): Klas-siker der Philosophie I, München 1981, 220ff.

[65] Zu den Transformationen, welche die Religion in und nach der Aufklärung durchläuft, vgl. Lübbe, H.: Religion nach der Aufklärung, Graz 1986; Stolz: Grundzüge, 135ff.

später sozialen und technologischen Umwälzungen im Abendland haben zur
Ausbildung eines Alltagsweltkonzepts geführt, welches in allen gesellschaftlichen
Teilbereichen dominiert und den Raum christlicher Orientierung weitgehend
verlassen hat. Der rational gesteuerte und steuernde Mensch erscheint als Schöpfer seiner Welt; die emanzipierte Rationalität ist das Regulativ dieser Welt. Im
Folgenden interessieren weniger die philosophische oder wissenschaftstheoreti-
sche Dimension von Wirklichkeitskonzepten, die sich aus der Aufklärung ergeben haben, sondern das daraus entstandene Weltkonzept, wie es sich im Alltagswissen, in den unreflektierten Selbstverständlichkeiten der Lebenspraxis, konstituiert.[66]

In welcher Gestalt begegnet das protestantische Christentum, auf das ich mich
konzentrieren will, den Herausforderungen der Aufklärung? In der Reformation
hatte sich eine entschiedene Konzentration auf die sprachliche Darstellung christlicher Botschaft vollzogen; die Ebenen der Handlung und der Ikonographie waren demgegenüber stark zurückgedrängt worden. Die Lehre wird auch für den
Nichtspezialisten *die* Form, in welcher man mit dem Christentum umgeht. Es ist
charakteristisch, dass die Konfirmandenprüfung den Übergang ins Erwachsenen-
stadium markiert; man vergleiche dies einmal mit den Initiationsriten anderer
Religionen, wo man das Symbolsystem auf den verschiedensten Ebenen durch-
erlebt, durchleidet, am Körper eingraviert bekommt usw.[67] Die Art und Weise,
wie der christliche Mythos im Protestantismus präsent ist, könnte man also als
»Erzählwissen« bezeichnen; ein Wissen, welches sich auf die Grundform des Erzählens stützt, aber diesem hochgradig reflektierte rationale Strukturen einver-
leibt.

Die Aufklärung propagiert demgegenüber eine andere Art des Wissens, wie
dies beispielhaft bei Spinoza zum Ausdruck kommt.[68] Das Erzählwissen der Religion verkörpert bloss historische Wahrheit, das wohl pädagogische Funktion haben kann, jedoch defizitär ist im Verhältnis zum Wissen, das sich der unmittelbaren Vernunft verdankt. Für den Ungebildeten mag das religiöse Wissen seinen
Stellenwert behalten; der Gebildete dagegen ist nicht darauf angewiesen. Was bei
Spinoza philosophisch reflektiert in Erscheinung tritt, findet einen breiten Nie-

[66] Die Fragestellung ist spezifisch anders als die von K. Hübner in Anwendung gebrachte: Dort
geht es um die wissenschaftstheoretischen Voraussetzungen moderner Wissenschaft, hier aber um
das Alltagswissen (vgl. z.B. den wissenssoziologischen Zugang von Berger P.L./Luckmann, Th.
(Hg.): Die gesellschaftliche Konstruktion der Wirklichkeit, Frankfurt a.M. 1969; von einer anderen
Seite her Geertz, C.: Common sense als kulturelles System, in: ders.: Dichte Beschreibung. Beiträge
zum Verstehen kultureller Systeme, Frankfurt a.M. 1983, 261–288, 261ff). M.E. sind wissen-
schaftstheoretische Erörterungen für die Selbstverständlichkeiten des Alltags, welche das primäre
Feld für die Bewährung religiöser Konzepte darstellen, eher von zweitrangiger Bedeutung.
[67] Vgl. die klassische Darstellung van Genneps, A.: Les rites de passage, Paris 1909; neuerdings
z.B. La Fontaine, J.: Initiation, Paris 1985; Limet, H./Ries, J. (Hg.): Les rites d'initiation, Louvain-
la-Neuve 1986.
[68] Spinoza, B. de: Theologisch-politischer Traktat (1670), hg. von Günter Gewlick, Hamburg
1976, Kap. 5, 79ff.

derschlag im allgemeinen Bewusstsein: Wissen, das sich religiöser Überlieferung verdankt, spielt im Verhältnis zu vernünftig oder wissenschaftlich gewonnenem Wissen eine geringere Rolle. In der Konkurrenz der beiden Wissensarten tritt normalerweise das ein, was Peter L. Berger als »reduktive Reaktion« bezeichnet hat:[69] Die Botschaft des Christentums wird auf einen Bestand reduziert, welcher das Wissen der Aufklärung nicht konkurrenziert und auch nicht einmal ergänzt. Es wird reduziert auf zeit- und erzählunabgängige Wahrheiten, etwa das Konzept eines vernünftigen Schöpfers, der eine gute Welt geschaffen hat, und eines vernünftigen Menschen, der diese Welt gut auszugestalten weiss. So ist es kein Wunder, dass das christliche Wissen beim durchschnittlichen Christen auf einen Nullpunkt geschrumpft ist.[70]

Diese Reduktion verschränkt sich mit einer moralischen Neuinterpretation der Religion. Wenn Religion schon nicht mehr zu zeigen vermag, was die Welt ist, so kann sie doch vielleicht einen Beitrag dazu leisten, sie zu dem werden zu lassen, was sie nach Massgabe der Vernunft sein sollte.[71] Religion soll jetzt dazu dienen, die Antriebsenergie bereitzustellen, um dieses oder jenes als vernünftig behauptete Konzept der Welt zu verwirklichen; ob dieses Konzept eher bürgerlich-liberal, sozialistisch, feministisch oder ökologisch geprägt ist, spielt eine geringe Rolle.

Der Transformationsvorgang, welcher dem Mythos (und überhaupt dem Symbolsystem) einer Religion elementar zukommt, verändert sich in auffälliger Weise. Traditionellerweise zeigt diese Transformation an, wie die Welt *ist* (allenfalls wie sie *wird); die orientierende Realität wird an irrealen Möglichkeiten zur Darstellung gebracht. Jetzt wird dem Menschen die Aufgabe zugemutet, die Welt in das zu transformieren, was sie eigentlich – vernünftigerweise – sein sollte.

V.

Die grundsätzliche Frage, welche sich in diesem Zusammenhang stellt, lautet: Wie erfolgreich war die Ablösung des mythischen, im Vorgang setzender Erzählungen geschehenden Orientierungsvorgangs?

Ich will diesem Problem probehalber kurz im Hinblick auf die Legitimation des Staates nachgehen. Die Staaten der vormodernen Zeit sind auf ihre Weise alle religiös legitimiert, ganz unabhängig von der Staatsform. Ob Könige von Gottes

[69] Berger, P.L.: Der Zwang zur Häresie. Religion in der pluralistischen Gesellschaft, Freiburg i.Br. 1980, 109ff.

[70] Dies zeigen nicht nur Erfahrungen der Praktiker, sondern auch Untersuchungen wie die von Schmidtchen, G.: Was den Deutschen heilig ist, München 1979, vgl. etwa 67ff, wenn auch relativ kirchentreue Protestanten völlig häretische und von keiner Kenntnis belastete religiöse Einstellungen zum Ausdruck bringen (wobei allerdings zuzugeben ist, dass die in den Umfragen verwendeten Items häufig relativ sinnarm sind).

[71] Klassisches Beispiel ist Kant (Kant, I.: Die Religion in den Grenzen der blossen Vernunft, hg.v. K. Vorländer, Hamburg [3]1951).

Gnaden eingesetzt sind oder die Eidgenossen ihren Ewigen Bund im Namen
Gottes des Allmächtigen abschliessen, spielt dabei keine Rolle. Die Legitimation
ist rein formaler Art und impliziert keine besondere Staatsform; wesentlich ist der
Rekurs auf die religiösen Setzungen.[72]

Diese Konzeption wird in der Folge der Aufklärung auf zwei Ebenen ersetzt.
Einerseits auf philosophischer Ebene durch das Modell des Gesellschaftsvertra-
ges.[73] Andererseits aber, und historisch viel wirksamer, durch das Aufkommen des
Nationalgefühls (oder des – nicht pejorativ verstandenen – Nationalismus).[74] Die
Nationen beginnen jetzt, sich als »Lebewesen« zu entdecken, ihre Sendung zu
artikulieren und historisch geltend zu machen. Diese »Sendung« ist nicht in einer
Weise begründbar wie der Gesellschaftsvertrag, sie wird nicht einmal ausdrücklich expliziert. Es wird zu fragen sein, welcher Art die Orientierung ist, welche sich
etwa im Nationalismus ausdrückt.

Ganz generell wird man sagen können: Wo sich die traditionelle religiöse Orientierung zurückbildet, kommt es in der Regel nicht zu einer ausreichenden
Orientierung durch die emanzipierte Rationalität. Wo entsprechende Modelle
auch zur Verfügung stehen – wie in der Legitimation des Staates – sind sie wenig
tragfähig. Es entstehen also »Leerstellen« der Orientierung. Natürlich ist dieser
Vorgang verstärkt durch die Bedingungen, unter welchen sich die Religion in der
Neuzeit entwickelt und die man gern durch das Stichwort der »Säkularisierung«
bezeichnet: Im Rahmen der funktionalen Ausdifferenzierung der Gesamtgesellschaft wird Religion in hohem Masse auf ihren Kernbereich der unmittelbaren
Darstellung ihres Symbolsystems beschränkt; sie verliert die Kraft, andere Gesell-
schaftsbereiche mit Sinn und Legitimation zu besetzen, sie hat keine zentrale
Deutungskompetenz mehr wie in der stratifizierten Form der Gesellschaft.[75] Religiöse Probleme, welche ausserhalb der traditionellen Deutungskonzepte liegen,
oder auch religiöse Probleme von Menschen, welche sich der Religion entfremdet
haben, werden nicht mehr benannt, gedeutet und bearbeitet. Zwischen der Fülle
religiöser Probleme und der Kompetenz, solche Probleme aufzufangen, besteht
ein gravierendes Ungleichgewicht. Es bildet sich ein latenter, frei flottierender

---

[72] Die christlich-religiöse Begründung der politischen Körperschaften ist entsprechenden Konzepten traditionaler Religionen analog – also etwa dem rituellen Königtum im Alten Orient (das
auch keine einheitliche Grösse darstellt, sondern ganz unterschiedlich realisiert sein kann). – Vgl.
die bei Biezais, H. (Hg.): The Myth of the State, Stockholm 1972, gesammelten Arbeiten.

[73] Zu diesem besonders von Hobbes zur Wirkung gebrachten und durch Rousseau weitergebil-
deten Thema vgl. Euchner, W.: Art. »Gesellschaftsvertrag«, Historisches Wörterbuch der Philosophie 3 (1974), 476–480.

[74] Vgl. Winkler, H.A. (Hg.): Nationalismus, Hanstein 1978; ders./Schnabel, Th.: Bibliographie
zum Nationalismus, Göttingen 1979; Dierse, V./Rath, H.: Art. »Nation, Nationalismus, Nationalität«, Historisches Wörterbuch der Philosophie 6 (1984), 405–414.

[75] Zu den Bedingungen der Religion in der abendländischen Gegenwart vgl. z.B. Luhmann, N.:
Funktion der Religion, Frankfurt a.M. 1977; Berger: Häresie.

religiöser Bedarf, welcher gewissermassen nur auf Formgebungen wartet.[76] So zeigt sich hier ein Aspekt der »Dialektik der Aufklärung«.[77]

Diese Formgebungen verdienen nun unser Interesse; es sind Formgebungen vom Typus »Nationalgefühl/Nationalismus«, d.h. eine Art von Religiosität, welche ihr Symbolsystem nicht mehr ausführlich zur Darstellung bringt und nicht mehr reflektiert. Ein theoretisches Konzept, um solche Phänomene zu bearbeiten, ergibt sich im Anschluss an das Bändchen mit den Titel »mythologies« von Roland Barthes.[78] Die »Alltagsmythen«, welche er rekonstruiert, präsentieren mythische Strukturen ohne vollständige Artikulation, ohne zugehörige Erzählung und natürlich ohne zugehörige Reflexionsleistungen. Die mythische Struktur besteht in einer Sequenz von bedeutungsvollen Elementen, die irreversibel angeordnet sind und eine Orientierungsmacht ausüben. Solche Sequenzen bleiben weitgehend latent und sind aus der Latenz heraus wirksam; sie sind »halb stumm«, sie werden nicht vollständig erzählt; man macht von ihnen Gebrauch, da mit einem Satz, dort mit einem Bild, dann wieder mit einer Zeremonie. Alltagsmythen artikulieren sich partiell, sie geben sich nicht in ihrer Gesamtheit preis und werden so nicht im Zusammenhang als Mythos identifiziert. Sie sind daher auch dem kritischen Zugriff des Diskurses und der emanzipierten Rationalität entzogen. Die Redeweise, dass dies oder jenes »zu einem Mythos geworden« sei, ist also in diesem Sinn durchaus sinnvoll. Die erfolgreichen latenten Mythen der Moderne faszinieren und prägen; für sie gilt wieder das Prinzip der »Orientierung durch Identifikation«. Die Wirkung dieser Mythen ist also vergleichbar mit denen, welche vor der Explikation der Rationalität erzählt wurden; im Unterschied zu jenen wird aber die Erzählung jetzt nicht mehr laut; sie wirkt etwa so wie die orientierende Prägung des Neurotikers, der nach seinem Mythos lebt und von ihm Gebrauch macht, ohne ihn zu kennen. Wer der Aufklärung verpflichtet ist, wird versuchen, latente Mythen zu rekonstruieren und zu erzählen.

Ich will einen solchen Versuch unternehmen und einen Mythos erzählen: Der Mensch kam mit allen Möglichkeiten eines vollen harmonischen Lebens auf die Welt. Dann aber erfuhr er Beschädigungen: Die Eltern wirkten auf ihn ein und

---

[76] Von diesem Tatbestand her legitimiert sich – mit einigem Recht – die Tendenz, alle möglichen Sachverhalte als »Religion« zu interpretieren, wie dies bei Luckmann, Th.: The Invisible Religion, New York 1967, geschieht.

[77] Horkheimer, M./Adorno, Th.W.: Dialektik der Aufklärung, Frankfurt a.M. 1947; im Anschluss daran Habermas, J.: Die Verschlingung von Mythos und Aufklärung. Bemerkungen zur Dialektik der Aufklärung – nach einer erneuten Lektüre, in: Bohrer, K.J. (Hg.): Mythos und Moderne, Frankfurt a.M. 1983, 405–431.

[78] Barthes, R.: Mythen des Alltags, Frankfurt a.M. 1964. – Barthes' bestechende Mythenanalyse ist insofern problematisch, als er nur nach dem (latenten) »Mythos heute« fragt (85), ohne sich um den »Mythos von gestern« – also den noch manifesten – zu kümmern. Als Aufklärer will er den Mythen auf den Leib rücken; aber vielleicht ist nur der manifeste Mythos dem latenten gewachsen, und nicht eine Aufklärung, die ihre eigenen Grenzen nicht zu überblicken vermag. Barthes will eine »Arbeit am Mythos« leisten, die derjenigen Blumenbergs (Blumenberg, H.: Arbeit am Mythos, Frankfurt a.M. 1979) verwandt ist – mit ebenso wenig Aussicht auf Erfolg.

verformten ihn; die Schule schränkte ihn ein, akzeptierte nur seinen Intellekt und bewirkte, dass er seine wertvollsten Teile abdrängte; die Gesellschaft schliesslich zwängte ihn in eine Laufbahn, die er eigentlich nicht gewollt hatte und die ihn nicht befriedigte. So fühlte er sich selbst nicht mehr in Ordnung – er wurde sich selber fremd. Und nun kam einer, der ihm sagte: Du bist okay – und da erwachte er. Er begann, sich selbst zu entdecken und sich selbst zu lieben. Er ging daran, sich selbst zu verwirklichen. Er entdeckte seine verborgenen schöpferischen Fähigkeiten, mobilisierte seine inneren Kräfte. Er fand sich selbst und machte sich zu einem ganzen Menschen.

Man verzeihe mir die platte Geschichte; sie ist voller Clichés, aber sie ist wirksam. Sie vereinigt eine Menge von Leitbegriffen heutiger Vulgäranthropologie: Autonomie, Integration, schöpferische Selbstverwirklichung. Es ist ein aufklärerisch gnostischer Mythos, welcher nie so erzählt wird, wie ich ihn erzählt habe – er wäre dann an jedem Punkt angreifbar und zersetzbar. Er bleibt stumm, ist so der emanzipierten Rationalität entzogen – und er wirkt. Der Mythos des ganzen Menschen ist in vielen Bereichen der Freizeitkultur wirksam, unter anderem auch im Bereich organisierter Religion: In der Alltagspraxis der Gemeinden übt er wohl mindestens soviel Faszination aus wie die traditionellen Erzählungen, welche die Geschichte des Heils zur Wirksamkeit bringen. Je stärker innerhalb der Kirche die traditionellen Mythen zum Erliegen kommen, desto stärker wird auch hier das Orientierungsdefizit mit dem Bestand latenter Mythen gedeckt.

Nun erleben wir allerdings in jüngster Vergangenheit auch ein Wiederaufleben expliziter Mythen, welche sich ganz direkt gegen das Alltagsweltkonzept der Aufklärung wenden (auch wenn sie häufig durchaus durch die Aufklärung geprägt sind). Evangelikale Kreise erzählen die Geschichten des Christentums, als ob die Aufklärung nie stattgefunden hätte, oder besser: Sie erzählen sie gegen die Aufklärung.[79] Neue Religionen östlicher und westlicher Provenienz erzählen nicht nur ihre Geschichte, sondern sie beziehen ihre Glieder durch rituelle Vorgänge in derart wirksame Transformationsprozesse ein, dass die Anhängerschaft gleichzeitig Ausstieg aus der Gesellschaft bedeutet. Die New-Age-Spiritualität entwirft Mythen und Rituale, welche eine weitreichende Faszination ausüben.

Der Erfolg dieser neuen expliziten Mythen hängt unmittelbar mit der Krise zusammen, in welche das aufklärerische Alltagsweltkonzept geraten ist; je geringer dessen Evidenz, desto grösser die Wirksamkeit dieser Mythen. Sie laden zum Aussteigen ein; sie beziehen ihre Kraft in erster Linie durch die Negation und basieren auf dem weitverbreiteten Orientierungsdefizit. Der obskurantistische Wildwuchs ist bekannt; ich will nicht auf ihn eingehen. So hat sich die Theologie heute mit einer Reihe von Problemfeldern auseinander zu setzen:

a) Das Christentum hat sich bei uns als Religion etabliert, die mit den Prinzipien der Aufklärung kompatibel ist. Es räumt einer distanzierenden, dezentrier-

[79] Stolz, F.: Fundamentalismus, Evangelikalismus und Enthusiasmus – Formen kommender Religiösität?, in: Dahinden, M. (Hg.): Neue soziale Bewegungen und ihre gesellschaftlichen Wirkungen, Zürich 1987, 127–145.

enden, generalisierenden Rationalität einen selbstverständlichen Stellenwert ein. Ob Christentum und Aufklärung auch in anderen Bereichen der Welt und in Zukunft notwendig zueinander gehören müssen, bleibe dahin gestellt.[80] Aber in unserer Gegenwart wäre eine Scheidung nur um den Preis gravierenden Realitätsverlusts zu haben. Wie weit unterzieht sich aber das Christentum dabei dem Alltagsweltkonzept der Aufklärung, welches der Rationalität wirklichkeitssetzende und begründende Funktion zuweist? Dies ist eine Aufgabe, welcher die emanzipierte Rationalität nie gewachsen war. Die Aufklärung muss sich auf sich selbst zurückbeziehen und auch die Grenzen der von ihr verwalteten Rationalität erkennen; sie muss sich bewusst werden, dass sie auf Voraussetzungen beruht, die sie nicht selbst geschaffen hat – und diese Voraussetzungen könnte man durchaus als »mythisch« gegeben bezeichnen.[81]

b) Die christliche Verkündigung der Gegenwart steht in Konkurrenz mit den stummen Mythen, welche sich der Aufklärung entziehen; dabei wirken diese Mythen nicht nur von aussen, sondern sie haben unter der Hand die kirchliche Praxis (und teilweise wohl auch die Theologie) in ihren Bann gezogen.[82] Hier stellt sich für die Theologie die Aufgabe rationaler Bearbeitung und Analyse.

c) Die christliche Verkündigung der Gegenwart steht in Konkurrenz mit den neuen Mythen, welche der Aufklärung spotten, welche ihre Wirklichkeitssetzungen und Transformationsmechanismen ohne jede Hemmung der neuzeitlichen Rationalität zum Trotz, aber recht erfolgreich anbieten. Während etwa die traditionelle christliche Theologie kaum mehr über ewiges Leben, Reich Gottes usw. zu sprechen vermag, während Himmel, Hölle und Teufel fast tabu sind, redet man andernorts ohne Skrupel und zur allseitigen Faszination von Wiedergeburt, vom Leben nach dem Tod usw.[83] Während also der christliche Mythos angesichts des Alltagsweltkonzepts der Aufklärung vielfach leise oder gar stumm geworden

---

[80] Hier stellt sich das Problem der »einheimischen Theologie«: Muss die reflektierende Verarbeitung des Christentums in Bereichen, welche nur äusserlich durch die Aufklärung berührt worden sind (nämlich in Form von Kolonialismus und Modernisierung der Lebensformen im Sinne westlicher Zivilisation und Technologie) die geistesgeschichtliche Problematik Europas (und Amerikas) mit verarbeiten? Ich kann die Frage nicht beantworten, und es wäre vermessen, sie von Europa aus beantworten zu wollen; viele theologische Beiträge etwa aus Indien nehmen zwar Ansätze der hiesigen theologischen Debatte auf, prägen sie aber charakteristisch um (vgl. z.B. Bürkle, H. [Hg.]: Indische Beiträge zur Theologie der Gegenwart, Stuttgart 1966). Die Zeit, da die europäische Theologie die Denkfiguren der Jungen Kirchen aufnimmt, ist noch nicht gekommen.

[81] Ich nehme hier eine Argumentation auf, wie Lübbe: Religion nach der Aufklärung, 322, sie im Anschluss an Böckenförde im Hinblick auf die Begründung des liberalen Rechtsstaates geltend gemacht hat: »Der liberale Staat lebt von Voraussetzungen, die er nicht selbst garantieren kann.«

[82] Es wäre aufschlussreich, einmal die Programme von Pfarrerfortbildungsveranstaltungen, von kirchlicher Akademiearbeit usw. daraufhin zu prüfen, in welchem Masse Themen des »christlichen« oder des »neugnostischen« Mythos zur Sprache kommen.

[83] Die Faszination der Beobachtungen und Mutmassungen von E. Kübler-Ross über das Geschick der Sterbenden und Gestorbenen, aber auch die Attraktivität des Themas von der Wiedergeburt, wie es durch New-Age-Kreise aufgeworfen wird, sind aufschlussreich. Diese Dinge sind wieder alltägliches Gesprächsthema geworden.

ist, erklingen neue Mythen recht ungehindert. Das Wiederfinden des christlichen Mythos hängt mit dem Programm »narrativer Theologie« zusammen.[84]

Die Grundfrage liesse sich demnach etwa folgendermassen formulieren: Wie kann das Christentum seine mythische Struktur geltend machen *und* in Distanz dazu treten? Wie kann es seine Erzählung durchhalten *und* die Erzählung einem Abstraktionsprozess unterwerfen? Wie kann es seine Transformationen zur Wirkung bringen *und* gleichzeitig diese Transformationen von aussen betrachten? Wie kann die Theologie dogmatisch *und* kritisch sein? Dieses »und« kann nicht einfach eine gleichrangige Zuordnung beinhalten; wirklichkeitsbegründende Kraft hat nur die religiöse Setzung der Welt. Im gegenwärtigen Theologiebetrieb dagegen dominiert wohl das jeweils zweite Element, und im christlichen Alltag ist von der setzenden Kraft christlicher Tradition nicht mehr viel zu spüren. Es ginge also darum, die Erzählpotenz des Christentums sowohl im kirchlichen Alltag als auch in dogmatischer Reflexion geltend zu machen, dadurch die Reichweite der emanzipierten (und eben doch nicht ganz emanzipierbaren) Rationalität zu bestimmen und diese so zu domestizieren. Oder, um zum Anfang zurückzukehren: Es ginge darum, die Asymmetrie zwischen Mythos und Rationalität denkend zu bearbeiten, obwohl die Symmetrie eine Grundform des Denkens ist.[85]

---

[84] Vgl. Metz, J.B.: Kleine Apologie des Erzählens, Concilium 9 (1973), 334–341; Weinrich, H.: Narrative Theologie, Concilium 9 (1973), 329–334; Wacker, B.: Narrative Theologie?, München 1977.

[85] Vgl. die Erwägungen von Mostert, W.: Religion als Verhältnis Mensch-Gott. Gleichgewicht im Ungleichgewicht, in: Stolz, F. (Hg.): Gleichgewichts- und Ungleichgewichtskonzepte in der Wissenschaft, Zürich 1986, 173–185.

VON DER WEISHEIT ZUR SPEKULATION

1. Problemstellung: Formen des Wissens

»Weisheit« und »Wissenschaft« haben es je mit Wissen zu tun; aber es handelt sich, nach unserem Sprachgebrauch, um ein recht unterschiedliches Wissen. Weisheit gründet auf lebenspraktischen Einsichten, Wissenschaft konstituiert sich nach methodischen Regeln. Weisheit verknüpft ihre Einsichten aufgrund von alltäglicher Evidenz, Wissenschaft die ihren mit logischen Operationen, usw. Es liesse sich eine Reihe analoger Oppositionen aufstellen. Ähnliche Begriffspaare kommen in anderen abendländischen Sprachen vor; wie der Weisheit die Wissenschaft gegenübersteht, so der sagesse die science, der sapientia die scientia. Wissenschaft ist heute nicht mehr denkbar ohne Wissenschaftstheorie, in welcher die Wissenschaft ihre eigenen Verfahrensregeln reflektiert und formalisiert. Diese muss angeben, welche Voraussetzungen eine Wissenschaft annimmt, wie sie ihre Erkenntnisse plant und gewinnt, wie sie Erkenntnisse nachvollziehbar und reproduzierbar macht, für welche Bereiche sie gilt und für welche nicht. Natürlich gibt es Wissenschaft von diesem Typ erst seit der Neuzeit, Wissenschaftstheorie im engeren Sinne erst seit unserem Jahrhundert.

Wie weit passt die altorientalische und damit die alttestamentliche Weisheit nun aber unter die anvisierten Begriffe »Weisheit« und »Wissenschaft«? Es ist ohne weiteres deutlich, dass in biblischen, ägyptischen und mesopotamischen Texten mancherlei vorkommt, was zur Weisheit im genannten Sinn zu rechnen ist; aber anderes weist bereits einige Züge geistiger Tätigkeit auf, die oben als »wissenschaftlich« charakterisiert worden ist. Schon hier gibt es Ansätze zu einer Methodisierung der Erkenntnis, zu einer Ausgrenzung des Wissensbereichs und zu einer Reflexivität des Erkennens. Die Weisheitsliteratur Mesopotamiens enthält Vorformen von Wissenschaft, die man probeweise unter das unbefriedigende Stichwort »Spekulation« stellen könnte.[1]

Ich möchte also im Folgenden fragen, welche Funktion die Weisheit im alltäglich-lebenspraktischen Kontext hat; welche Funktion sie im Kontext der Vorformen von Wissenschaft oder Spekulation gewinnt; wie sich diese Denkformen entwickeln, und welche religiöse Orientierungspotenz sie haben.

---

[1] Dabei kommt nur ein sehr beschränkter Ausschnitt dessen zur Sprache, was den Gegenständen nach unter heutigem Blickwinkel als Wissenschaft erscheint; vgl. dazu von Soden, W.: Leistung und Grenze sumerischer und babylonischer Wissenschaft, Darmstadt 1965; ders.: Einführung in die Altorientalistik, Darmstadt 1985, 138ff.

2. Volksläufige Weisheit und Schule

2.1 Primäre Leistung im Bereich der Mündlichkeit

Was wir als »Spruchweisheit« bezeichnen, ist eine Literaturform, die wohl eine gewisse Universalität aufweist. Überall auf der Welt gibt es bestimmte Redensarten, Sprichwörter, Regeln usw. Sie werden primär mündlich verwendet und mündlich tradiert. Jeder kann sie anwenden – jeder findet Möglichkeiten für die Anwendung. Es handelt sich also um Alltagsliteratur, Gebrauchsliteratur für jedermann.

Welches ist die Funktion derartiger Spruchweisheit? Jedenfalls ist sie in den weiten Bereich der Sinnstiftung einzuordnen: Wer sich weisheitlicher Redeformen bedient, schafft für sich selber und für andere eine gewisse Orientierung. Man kann diese Orientierung in die folgenden Elemente gruppieren, die sich z.T. unmittelbar in bestimmten sprachlichen Erscheinungen manifestieren: Konstatieren – Ordnen – Mahnen/Warnen – Fragen. Im Bereich alttestamentlicher Exegese ist z.T. eine eigene Gattungsnomenklatur für diese Teilfunktionen geschaffen worden; so spricht man z.B. von der Sentenz bzw. vom Wahrspruch, welcher einen typischen Sachverhalt festhält; vom Zahlenspruch, der verschiedene Phänomene einander zuordnet; vom Mahnspruch, der zu diesem oder jenem Verhalten rät oder davor warnt; und vom Rätsel, welches einem verborgenen Sachverhalt nachgeht.[2] Aber es ist doch offensichtlich, dass die verschiedenen Aspekte eng miteinander verschränkt sind. Nehmen wir zwei formal ganz analoge Sprichwörter deutscher Sprache: »Unkraut verdirbt nicht« – »Unrecht Gut gedeiht nicht«. Beides sind konstatierende Sprüche; der zweite impliziert aber gleichzeitig eine Mahnung. Die verschiedenen »Gattungen« gehen ineinander über und weisen auf die gleiche grundlegende Orientierung, die Basisorientierung hin, die sich dann an der Oberfläche so oder anders konkretisiert.

Diese Basisorientierung ist nun zu bestimmen. Nochmals ist daran zu erinnern, dass Weisheit ursprünglich im Bereich mündlicher Literatur angesiedelt ist. Dabei scheint mir ganz wesentlich zu sein, dass weisheitliches Konstatieren und Ordnen immer im Nachhinein aktuell wird. Wenn eine Sache passiert ist – vielleicht eine normale, aber auffällige Sache, oder aber eine abnormale und damit umso auffälligere Sache –, so wird sie konstatiert und eingeordnet. Hierbei stellt sich allerdings ein Problem. Nehmen wir das bekannte Sprichwort: »Wer andern eine Grube gräbt, fällt selbst hinein« (vgl. Spr 26,27). Nun trifft dies ja leider nicht immer zu. Wollte man den Satz empirisch überprüfen, so könnte ich mir etwa folgendes Ergebnis vorstellen: Von zehn gebauten Gruben bleiben fünf überhaupt leer, in drei fällt der hinein, für den sie gebaut ist, in eine ein unbeteiligter Dritter und nur gerade in die zehnte der Erbauer selbst. Dies ist natürlich irritierend; ein Gelände mit Gruben beunruhigt. Über die Prozentzahlen kann

---

[2] Vgl. die Darstellung des Sachverhalts in den verschiedenen Einleitungen zum Alten Testament.

man diskutieren, aber etwas ist ganz sicher: Ein Wort wie das hier diskutierte konstatiert nicht einfach eine Ordnung, sondern es postuliert sie in erster Linie. Wenn wirklich der in die Grube gefallen ist, welcher sie gebaut hat, dann wird dieser Vorgang festgehalten. Damit wird ihm Orientierungspotenz zugeschrieben: So ist das Leben, und man hat das eigene Verhalten dementsprechend zu regulieren und tunlichst das Ausheben von Gruben zuungunsten anderer zu unterlassen. Den vielfältigen Situationen menschlicher Verhaltensweisen, der chaotischen Welt überhaupt, wird also ein Stück Ordnung abgerungen.

In ganz unterschiedlichen irritationsträchtigen Zusammenhängen versucht die Weisheit, der Welt Ordnung abzuringen; sie schafft eine Ordnung, indem sie etwas konstatiert, Dinge einordnet und dann in diese Ordnung einweist. So entsteht ein Vorrat an Sprüchen, an Mahnungen, an Rätseln, in denen sich diese Ordnung ausspricht – natürlich nicht die Ordnung als Ganze (diese wird nicht thematisiert), sondern die Ordnung im konkreten Einzelfall.

Weisheitliches Spruchgut wird nun allerdings vielfach nicht nur in diesem Primärzusammenhang angewendet, sondern auch in Sekundärzusammenhängen. Vielfach wird es zu Unterhaltungszwecken verwendet. Bei den Senufo in Westafrika beispielsweise werden in der Werkstatt von Handwerkern in den Arbeitspausen und nach der Arbeit Rätsel vorgelegt und Dilemmageschichten erzählt, welche dann gelöst und u.a. mit Sprichwörtern kommentiert werden (wobei die Jugendlichen Rätsel vorlegen, die Erwachsenen Dilemmageschichten erzählen).[3] Das Erfahrungswissen summiert sich also, es bildet einen Erfahrungsschatz, den man anwenden und mit dem man spielen kann, der aber nicht systematisiert wird.

Weisheit bleibt aber nicht immer solche Alltagsliteratur. Sie kann sich davon lösen und erhält damit nochmals einen neuen, tertiären Verwendungszusammenhang. Ein bekanntes Beispiel findet sich wiederum in Westafrika, besonders bei den Akan. Hier sind die Goldgewichte ikonographische Gestaltungen von Sprichwörtern, Märchen u.a.[4] Ein typisches Motiv ist die Krabbenschere, zu der das folgende Sprichwort gehört: »Es sind die Scheren, die die Krabbe gefürchtet machen.«[5] Wird ein solches Gewicht im diplomatischen Verkehr übermittelt, so bedeutet das, dass der Absender in einem Konfliktfall unter keinen Umständen zum Nachgeben bereit ist. Das Sprichwort ist also zum Gegenstand geworden, und die Übermittlung dieses Gegenstandes beinhaltet eine ganze Botschaft. Oder ein anderes Beispiel: der rückwärts blickende Vogel.[6] Das zugehörige Sprichwort: »Rechne auch mit dem, was hinter dir geschieht.« Es handelt sich um ein Symbol

---

[3] Himmelheber, H./Himmelheber U.: Rätsel der Senufo/Elfenbeinküste, Dresden 1978; dies.: Dilemma-Geschichten der Senufo. In memoriam António Jorge Dias, Lissabon 1974.
[4] Kecskési, M.: Kunst aus dem alten Afrika. Sammlungen aus dem staatlichen Museum für Völkerkunde München, Bd. 2, Innsbruck/Frankfurt 1982, 91ff (hier Hinweise auf weitere Lit.).
[5] Dies.: a.a.O., 97 (Nr. 85).
[6] Dies.: a.a.O., 99 (Nr. 93).

des umsichtigen Königs. Die Spruchweisheit ist also in diesen Fällen in ein kompliziertes und hochgradig fixiertes Kommunikationssystem übergegangen.

Ich habe dieses Beispiel gewählt, weil es einen Kontrast abgibt zum tertiären Kontext, in den die Weisheit im alten Orient eingeht und welcher uns als so selbstverständlich erscheint – ohne es zu sein: den Kontext von Schriftlichkeit und Schule.[7] Diesem Übergang müssen wir unsere Aufmerksamkeit jetzt zuwenden.

2.2 Übergang in die Schriftlichkeit

Das Schreiben diente ursprünglich wohl ökonomischen Zwecken – man sah sich zu einem bestimmten kulturgeschichtlichen Zeitpunkt genötigt, gewisse wirtschaftliche Sachverhalte und Vorgänge in einer qualitativ neuen Weise festzuhalten.[8] Zählformulare, Lieferscheine und Quittungen dürften zu den frühesten schriftlichen Dokumenten gehören. Doch bereits nach den ersten Anfängen entfaltete die Schriftentwicklung eine ungeheure innere Dynamik. Die Möglichkeiten der Schriftverwendung über die ursprünglichen Zwecke hinaus zeigten sich sehr schnell; dies aber führte zu neuen Erfordernissen der Schrift gegenüber usw. Gleichzeitig entwickelte sich die Schrift, die dazu nötige Ausbildung, die dem entsprechende Bildung, die tragende Institution und der Stand, welcher diese Institution beschickte.

Ein Wort zunächst zur Ausbildung und Bildung, welche zur Schrift gehörte. Wie bereits erwähnt, diente die Schrift sehr bald nicht mehr ausschliesslich ihren ursprünglichen Zwecken. Unter den Stoffen, die in der Schule als Schreibstoff verwendet werden, kann man also unterscheiden: erstens die Dinge, für die man die Schrift ursprünglich verwendete, Wirtschaftsurkunden u.ä.; dann die Materialien, welche anderen Bereichen der Gesellschaft entstammten, also z.B. weisheitliche Texte, Hymnen, Mythen u. dgl.; und schliesslich Stoffe, die sich im Zusammenhang mit der Entfaltung und Einübung der Schrift selbst ergaben, also insbesondere Listen, welche durch den Charakter des Sumerischen, die Struktur der Keilschrift und die Zweisprachigkeit der Kultur Mesopotamiens bestimmt sind.[9]

Der Übergang mündlicher Literatur in die Schriftlichkeit ist in der Forschungsgeschichte unterschiedlich intensiv und kontrovers diskutiert worden, am ausgiebigsten gewiss im Hinblick auf das Alte Testament, mit z.T. recht zweifelhaften Resultaten. Man erinnere sich etwa daran, dass Gunkel die Meinung äusserte, die einfachsten und kürzesten Gestalten der Erzählungen, die im Alten

---

[7] Einen Überblick über die mesopotamische Weisheit in ihrem literarischen und kulturellen Kontext gibt Buccellati, G.: Wisdom and Not. The Case of Mesopotamia, Journal of the American Oriental Society 101 (1981), 35–47.

[8] Vgl. Schmandt-Besserat, D.: An Archaic Recording System and the Origin of Writing, Malibu 1977.

[9] Vgl. Cavignaux, A.: Art. »Lexikalische Listen«, Reallexikon der Assyriologie 6, (1980–1983), 609–641.

Testament vorliegen, seien die ursprünglichsten und könnten am ehesten als unmittelbarer Niederschlag mündlicher Überlieferung gelten.[10] Wenn man eine solche Geschichte nicht nur durch-, sondern auch vorliest, dauert sie keine zwei Minuten – da lohnt es sich kaum, sich zum Hören hinzusetzen. In traditionellen Kulturen wird in der Regel ausführlich erzählt, und dies ist auch für das alte Israel anzunehmen. Im Alten Testament ist ohne Zweifel ein tiefer Bruch zwischen mündlichem und schriftlichem Erzählen vorauszusetzen. Etwas anders mag es sich im Hinblick auf erzählende Literatur im sumerischen Bereich verhalten, die freilich nicht volkstümlicher, sondern spezialisierter Natur war.[11] Wie verhält es sich aber mit der Weisheit? In welcher Weise ist es um die Kontinuität zwischen mündlicher und schriftlicher Überlieferung der Weisheit bestellt, wie wird die grundlegende Orientierungsfunktion der Weisheit im Kontext von Schule und Schriftgebrauch modifiziert?[12]

Bevor wir uns dieser Frage etwas näher zuwenden, möchte ich das Verhältnis zwischen »Liste« und »Weisheit« etwas problematisieren. Die Liste gilt weithin als Charakteristikum mesopotamischer Weisheit.[13] Dies ist richtig, wenn man die Denkformen des Schulbetriebs insgesamt durch das Stichwort »Weisheit« charakterisiert. Anderseits ist unmittelbar einleuchtend, dass diese »Schulweisheit« nicht identisch ist mit dem, was oben im Rahmen einer funktionalen Definition von Weisheit festgelegt wurde. Listen können nicht einfach subsumiert werden unter alltägliche und unspezialisierte Redeformen des orientierenden Konstatierens, Ordnens, Fragens und Mahnens.

Zunächst haben diese Listen gewiss eine ganz simple und handgreifliche Aufgabe: Es geht darum, Schriftzeichen bzw. (bei zweisprachigen Listen) Vokabeln zu lernen. Aber darüber hinaus haben Listen – wie Sprichwörter – einen konstatierenden und ordnenden Charakter, sie erzielen also eine bestimmte Orientierung. Wenn Wörter zusammengestellt werden, die mit derselben Silbe (und d.h. mit demselben Schriftzeichen) beginnen – wie *muš, muš-maḫ, muš-gal, muš-ušumgal* usw. –, wird einerseits ein Bereich der Sprache unter einem ganz bestimmten Gesichtspunkt registriert, und andererseits wird ein Bereich der Welt (in unserem Beispiel: derjenige von Schlangen und verwandten Tieren) erfasst. Die Bearbeitung der Welt und der diese repräsentierenden sprachlichen Strukturen erfolgt also parallel. Dasselbe gilt natürlich für zweisprachige Listen, Vokabulare und grammatikalische Listen, welche die Welt in der Repräsentation grundlegend dif-

---

[10] Z.B. Gunkel, H.: Die Urgeschichte und die Patriarchen, Göttingen ²1921, 26.

[11] Zur mündlichen und schriftlichen Überlieferung im Bereich von Erzählung und Gebet in Mesopotamien vgl. Stolz, F.: Tradition orale et tradition écrite dans les religions de la Mésopotamie antique, in: Borgeaud, P. (Hg.): La memoire des religions, Genf 1988, 21–35.

[12] Dass wesentliche Elemente der primären Orientierungsfunktion erhalten bleiben, darf nicht übersehen werden; grundlegend dazu Schmid, H.H.: Wesen und Geschichte der Weisheit, Berlin 1966.

[13] Vgl. z.B. Schmid: Wesen, 88ff.

ferenter sprachlicher Systeme zeigen.[14] Und es gilt schliesslich für Götterlisten. Man kann auch hier sagen: Der Welt wird ein Stück Ordnung abgerungen. Allerdings sind einige Unterschiede wesentlich. Die Spruchweisheit ordnet die Dinge nachträglich. Wenn ein Ereignis als besonders orientierungsfähig gewertet worden ist, wird es als solches durch die Spruchweisheit benannt, und damit wird die Irritation der vielen desorientierenden Ereignisse bearbeitet. Die Listen gehen anders vor. Sie sammeln Dinge: Wörter, grammatikalische Phänomene, Städte, Götter. Sie haben damit ein methodisches, ja geradezu ein experimentelles Element an sich. Die aufgelisteten Dinge werden in einen ganz neuen Kontext gebracht – im Hinblick auf die Religion ist das Beispiel der Götter besonders deutlich.[15] Götter kennt man aus traditionellen Erzählungen – sie erscheinen dann z.T. in einem Geflecht von Verwandtschaftsbeziehungen und im Gefälle einer Handlung, wodurch sie ihre Orientierungspotenz gewinnen. Man kennt sie auch aus Hymnen, wo ihre Eigenheiten und Handlungsweisen gepriesen werden. Man kennt sie aus ikonographischer Gestaltung, wo sie die konventionelle visuelle Wahrnehmung in Anspruch nehmen. Werden Götter in einer Liste gesammelt, so erhalten sie einen neuen Kontext, eine neue Hierarchie und eine neue Ordnung überhaupt – eine Ordnung, welche durch den Menschen bewusst hergestellt ist und für verschiedene Wirklichkeitsbereiche ausprobiert wird.[16] Damit ergibt sich eine viel grössere Distanz zu diesen Göttern; die lebensbestimmenden Mächte werden nun einer ähnlich methodischen Handhabung unterworfen wie Elemente der Geographie, der Natur, der Sprache usw. Es ist ohne weiteres deutlich, in welcher Weise sich hier Vorformen der Wissenschaft ankündigen.

2.3 Schule und Schulbildung

Es ist bereits angedeutet worden, dass die Entwicklung von Schrift, Schule und Schulbildung im Zusammenhang mit einer hochgradigen sozialen Ausdifferenzierung zusammengeht. Das »Tafelhaus« (é-dub-ba) ist eine zentrale Institution in der mesopotamischen Gesellschaft.[17] Hier wird eine Elite herangebildet, welche später für den Bereich der Verwaltung und wohl auch denjenigen der Religion zuständig ist. Obwohl das Tafelhaus vom Tempel unabhängig ist, konnte mindestens ein Teil der Priester lesen und schreiben, und religiöse Stoffe wurden jedenfalls in der Schule überliefert und bearbeitet.

---

[14] von Soden, W.: Zweisprachigkeit in der geistigen Kultur Babyloniens, Wien 1960.

[15] Überblick über die Götterlisten bei Lambert, W.G.: Götterlisten, Reallexikon der Assyriologie 3 (1957–1971), 473–479.

[16] Vgl. Stolz: Tradition, 25f.

[17] Vgl. Falkenstein, A.: Die babylonische Schule, Saeculum 4 (1953), 125–137; Römer, W.H.Ph.: Iets over school en schoolonderricht in het oude Mesopotamie, Assen/Amsterdam 1977; Sjöberg, Š.W.: The old Babylonian eduba, in: Liebermann, S.: Sumerological Studies in Honor of Thorkild Jacobsen on his Seventieth Birthday, Chicago 1975, 159–179.

In der Schule entsteht so etwas wie »Bildung«. Man ist vertraut mit den Schätzen volksläufiger Weisheit; man ist vertraut mit mythischen Stoffen, mit Hymnen; man ist vertraut mit der Listenwissenschaft. Dazu kommen weitere Bildungsstoffe: Mathematik, Musik, Geographie usw.[18] Es ist klar, dass Weisheit jetzt nicht mehr ist, was sie einst war; es ist jetzt keine Volks-, sondern Bildungsweisheit, die Sprüche werden nicht in einer »natürlichen« Situation gelernt, weil sich ihre Anwendung nahe legt, sondern sie müssen abgeschrieben werden und prägen sich so ein; gewiss ein mühevolleres Lernen. Es ist ein Unterschied, ob man ein Theaterstück an einem Abend in einer überzeugenden Vorstellung im Schauspielhaus sieht oder ob man es im Deutschunterricht ein halbes Jahr lang Seite für Seite durchpflügt.[19]

Natürlich gilt Paralleles für die anderen Stoffe. Ein Mythos, der in der Schule gelesen und kopiert wird, ist nicht dasselbe wie ein Mythos, der in mündlicher Tradition weitergegeben und in seinem ursprünglichen Zusammenhang verwendet wird. Im Hinblick auf diese religiösen Texte zeigen sich dann Rückwirkungen: Die Priesterschaft wird selbst durch die Schule geprägt, für viele religiöse Texte sind Priester zuständig, was sich etwa in Kolophonen niederschlägt.[20]

Gewiss kommt es zu einer Interdependenz dieser verschiedenen Formen von schulischem Reden und Denken – ich formuliere dies jetzt zunächst als These, die später gestützt werden soll. Es entsteht also so etwas wie eine »Bildungskultur«, die man nicht einfach als »Weisheit« bezeichnen sollte, um nicht die Unterschiede zwischen dieser Denkform und der volksläufigen Weisheit einzuebnen. Diese Bildung ist international; sie kann über politische und sprachliche Grenzen hinweggehen. Die Internationalisierung setzt früh ein; bereits im 24. Jh. v.Chr. findet ein Kulturaustausch zwischen dem syrischen Ebla und dem sumerischen Süden Mesopotamiens statt (Listen, Beschwörungen, u.a.m.).[21]

Gewiss ging der Austausch weiter in den kanaanäischen Raum hinein. Noch in der Spätbronzezeit wurden in Ugarit sumerische Texte überliefert (wenngleich offenbar nur noch teilweise verstanden). Im ägyptischen Amarna ist neben der bekannten Korrespondenz auch literarisches Material aufgefunden worden,[22] und das Gilgameš-Epos hat eine weite Verbreitung bis nach Kleinasien hineingefunden.[23]

---

[18] Zum Bildungskanon zuletzt Sjöberg: Sumerological Studies.

[19] Ich danke meiner Tochter für diesen Hinweis.

[20] Hunger, H.: Babylonische und assyrische Kolophone, Kevelaer/Neukirchen 1968, 10.

[21] Biggs, R.D.: Ebla and Abu Salabikh, in: Cagni, L. (Hg.): La lingua di Ebla, Neapel 1981, 121–133.

[22] von Weiher, E.: Der babylonische Gott Nergal, Neukirchen/Kevelaer 1971, 48.

[23] Schott, A./von Soden, W.: Das Gilgamesch-Epos, Stuttgart 1958, 9ff.

Weisheit ist in der Schule zu etwas anderem geworden – wozu nun aber? Inwiefern verändern sich weisheitliche Stoffe, und wie kommt es zu dieser »Denkform der Schule«, welche ich behelfsweise durch den Begriff der »Spekulation« erläutert habe? Ich möchte nun im Folgenden einfach einigen Beispielen nachgehen, um das eine oder andere deutlich zu machen.

3. Transformationen in der mesopotamischen Schule

3.1 Formale und inhaltliche Entwicklungstendenzen der Spruchweisheit

Zunächst findet sich natürlich in den Spruchsammlungen der mesopotamischen Schreiber vieles, was unmittelbar volksläufiger Weisheit entstammt und nicht der geringsten Modifikation unterliegt; ich will dies wenigstens durch vier Textbeispiele andeuten.

>»Wer Hunger hat, bricht in ein gemauertes Haus ein.«[24]

Für uns ist Hunger der beste Koch, für den Mesopotamier der beste Einbrecher – der Unterschied ist nicht gross.

>»Wen du liebst, des Joch trägst du.«[25]

Die Erfahrung der Ambivalenz der Liebe ist so alt wie die Liebe selbst.

>»Er antwortete dem, der fluchte, nicht mit Flüchen;
>hätte er ihm mit Flüchen geantwortet, so wäre ihm wieder mit Flüchen
>geantwortet worden.«[26]

Dass es nicht klug ist, Böses mit Bösem zu vergelten, ist offenbar eine alte Einsicht.

>»Du findest etwas, aber es geht verloren.
>Du wirfst etwas weg, aber es bleibt für immer erhalten.«[27]

Wir kennen das alttestamentliche Gegenstück in Pred 11,1: »Schleudere dein Brot über's Wasser – und du findest es wieder, und sei's nach vielen Tagen.« Gewiss kein Regelfall, der hier anvisiert ist, im Gegenteil; aber so etwas passiert. Auch der Sonderfall wird eingeordnet, in einen Spruch gekleidet – die Kontingenz ist absorbiert, die Irritation beseitigt.

Manche Sprüche zeigen demgegenüber Besonderheiten. So werden etwa typische Werte, Normen und Eigenheiten im ausdifferenzierten Bildungsstand der Schreiber festgehalten. Häufig ist die Einbettung der Schule in die Institution des

---

[24] Lambert, W.G.: Babylonian Wisdom Literature, Oxford 1960, 235.
[25] Lambert: Wisdom, 230.
[26] Gordon, E.I.: Sumerian Proverbs. Glimpses of Everyday Life in Ancient Mesopotamia, Philadelphia 1959, 81 (1.82).
[27] Lambert: Wisdom, 267.

Königtums und damit des Staates thematisiert.[28] Was die Bildungsziele betrifft, so liegt ein besonderes Gewicht auf rhetorischen Kompetenzen – ein Wert, der übrigens schon in traditionellen Kulturen häufig sehr hoch eingeschätzt wird und also keineswegs erst in der griechischen Sophistik aufkommt. Interessant ist, dass die Rednergabe auch für Frauen wesentlich ist:

> »Die Frau eines Mannes, die nicht reden kann, ist ein weiblicher Sklave.
> Mein Mund macht mich mit Männern vergleichbar.
> Mein Mund macht, dass man mich zu den Männern zählt.«[29]

Die Frau, die nicht reden kann, hat nicht mehr zu sagen als eine Sklavin – diejenige aber, die das Reden beherrscht, gewinnt dieselben Einflussmöglichkeiten wie ein Mann. Die Schulbildung kann also zu emanzipatorischen Bewegungen der Frauen führen.

Dass Bildung nicht unbedingt zu sozialer Harmonie führen muss, ist schon den Sumerern deutlich:

> »Es gibt Streit unter Kollegen, Verleumdung unter Geistlichen.«[30]

Die Frage, wie man sich im komplizierten Gefüge der sozialen Stratifizierung bewegen müsse, wird immer wieder thematisiert:

> »Ein Skorpion stach einen Mann – was hatte er davon?
> Ein Denunziant hat den Tod eines Mannes verursacht – was hat er profitiert?«[31]

Interessant ist die Parallelisierung eines sozialen und eines natürlichen Phänomens: Skorpion und Verleumder werden miteinander verglichen.[32] Erscheinungen werden einander zugeordnet, die auf den ersten Blick nichts miteinander zu tun haben; man erinnert sich an alttestamentliche Zahlensprüche.[33]

Die kulturelle Ordnung in ihrer sozialen und landwirtschaftlichen Dimension ist in der folgenden Komposition thematisiert:

> »Ein Volk ohne König ist wie Schafe ohne Hirte.
> Ein Volk ohne Führer ist wie Wasser ohne Deichgraf.
> Arbeiter ohne Aufseher sind wie ein Feld ohne Bauer.
> Ein Haus ohne Besitzer ist wie eine Frau ohne Ehemann.«[34]

Es liegen vier zweigliedrige Sprüche vor; jeder ordnet zwei Phänomene zusammen, und überdies gibt die gesamte Reihung ein und dasselbe Grundphänomen

---

[28] Vgl. z.B. Vanstiphout, H.: Lipit-Eštar's Praise in the Edubba, Journal of Cuneiform Studies 30 (1978), 33–61.

[29] Lambert: Wisdom, 238.

[30] Lambert: Wisdom, 259.

[31] Lambert: Wisdom, 247.

[32] Dies schlägt sich dann auch in den zahlreichen Sprüchen nieder, in welchen Tiere mit typischen (bzw. typisch menschlichen) Zügen versehen werden. Vgl. z.B. die Sprüche bei Gordon: Sumerian Proverbs, 216ff.

[33] Spr 30,15ff.

[34] Lambert: Wisdom, 232.

wieder. Was passiert, wenn ein Volk ohne König, eine Schafherde ohne Hirt, ein Haus ohne Besitzer, eine Frau ohne Mann ist usw.? Diese Frage wird gar nicht beantwortet – es ist evident, dass ein solches Chaos schlechterdings unzulässig ist; ob unmöglich, ist eine andere Frage. Hier kommt ein postulativer Charakter der Deskription zum Zuge, wie er für die genuine Weisheit ganz ähnlich zu beschreiben war.

Die Reihung kann sich auch im Mahnwort etablieren:

> »Iss kein Fett, so gibt es kein Blut in deinem Stuhl.
> Begehe kein Verbrechen, so wird dich nicht die Furcht aufzehren.
> Tu nichts Böses, so wirst du nicht dauerndes Unheil erfahren.«[35]

Auffällig ist zunächst die Reihung analoger syntaktischer Strukturen: Tu das nicht, so wird die entsprechende böse Folge nicht eintreffen. Das erste Thema ist medizinisch: Zu viel Fettgenuss führt zu Darmerkrankungen. Dann folgt eine Wendung ins Moralische, wobei zuerst der subjektive, dann der objektive Aspekt betont wird: Eine Übeltat hat psychologisch subjektiv unangenehme Folgen, zieht aber auch objektiv Missgeschick nach sich. Die Ordnung des Lebens hat also verschiedene Aspekte; Tat und Tatfolge gelten als Regel durchwegs, vom Medizinischen bis hin zum Moralischen. Hier bahnt sich etwas von dem an, was H.H. Schmid »Systematisierung« der Weisheit genannt hat.[36]

Schauen wir uns ein letztes Beispiel eines aufreihenden Spruches an, das uns in die Naturkunde führt:

> »Der Esel von Anšan, der *margu* von Parahše, die Katze von Meluhha und der Elefant der Steppe sind es, die eine Eufratpappel wie Lauch abbeissen.«[37]

Tiere werden auf vielen Listen zusammengestellt; solches Listen-Wissen ist hier offensichtlich in einen Spruch umgesetzt. Wir haben eine eigenartige Reihung von Tieren vor uns, und der eigentliche Sinn des Spruchs ist nicht deutlich. Geht es um eine Aufreihung besonders gewaltiger, nicht einheimischer Tiere, welche den ṣarbatu-Baum einfach »abbeissen« können? (Diesen Baum kennen wir aus einem Streitgespräch, das aber nur ganz fragmentarisch erhalten ist.)[38] Oder schwingt ein Hintersinn mit?

Ein ganz wesentliches Problem ist mit den bisherigen Erwägungen noch nicht berührt: das des Aufbauplans ganzer Spruchsammlungen. Inwiefern sind über die genannten kleinräumigen Kompositionsmechanismen (und andere, mehr formale – etwa das der Stichwortassoziation) hinaus umfassende Ordnungsprinzipien zu beobachten? Eine pauschale Antwort darauf scheint mir unmöglich; während die Rede des Šuruppak an seinen Sohn Ziusudra gewisse Formungsmerkmale er-

[35] Lambert: Wisdom, 247.
[36] Schmid: Wesen, 79f u.ö.
[37] Lambert: Wisdom, 272.
[38] Lambert: Wisdom, 165f.

kennen lässt, scheinen andere Sammlungen doch eher willkürlich komponiert zu sein. An dieser Stelle sind noch manche Fragen offen.[39]

Wie dem auch sei – wir verlassen jetzt den Bereich der Sprüche und wenden uns Erzählungen zu.

3.2 Erzählung

Nicht nur Sprüche spielen in volksläufiger Weisheit eine Rolle, sondern auch Erzählungen; in Mesopotamien insbesondere auch Tiergeschichten, Fabeln.[40] Die Stossrichtung der einzelnen Texte ist häufig nicht klar; dies hängt nicht zuletzt am schlechten Erhaltungszustand vieler dieser Texte. Teilweise scheint es, als ob ein Thema sowohl als Sprichwort wie als Fabel hätte abgehandelt werden können. Hier zunächst das Sprichwort:

»Du bist gegangen – na und?
Du bist geblieben – na und?
Du bist stehen geblieben – na und?
Du bist zurückgekommen – na und?«[41]

Dem entsprechen die folgenden »Erzählungen« (wobei die erste diesen Namen noch kaum verdient):

»Ein Fuchs trat einem Wildochsen auf den Huf. – ›Es tat nicht weh‹ (sagte dieser).«[42]

»Als eine Mücke sich auf einen Elefanten setzte, sagte sie:
›Bruder, drücke ich dich in die Seite, so will ich weggehen zum Wasserplatz.‹
Der Elefant antwortete der Mücke:
›Wenn du dich hinsetzt, merke ich es nicht – was ist
es denn, dich zu haben? Und wenn du weggehst, merke ich es nicht.‹«[43]

[39] Beachtenswert ist der Versuch Alsters, mit strukturalistischen Fragestellungen an die Lehre des Šuruppak heranzuziehen (Alster, B.: Studies in Sumerian Proverbs, Kopenhagen 1975; Bearbeitung des Textes: ders.: The Instruction of Šuruppak. A Sumerian Proverb Collection, Kopenhagen 1974). Wohnt dieser und anderen Spruchsammlungen eine Ordnung inne, wie sie Lévi-Strauss analog in Mythen entdeckt hat, also eine Ordnung, die nicht bewusst hergestellt worden ist, sondern die sich gewissermassen von selbst, unmittelbar durch die Formierungsprinzipien des »menschlichen Geistes« bestimmt, durchgesetzt hätte? Nun sind die Strukturen des »wilden Denkens« jedoch an Bereichen traditioneller Literatur erarbeitet worden, und innerhalb des Bereichs traditioneller mesopotamischer Erzählungen scheint mir eine strukturalistische Fragestellung als heuristisches Mittel der Interpretation denn auch sinnvoll – vgl. z.B. Stolz, F.: Das Gleichgewicht von Lebens- und Todeskräften als Kosmoskonzept Babyloniens, in: Zweig, A./Silvar, M. (Hg.): Kosmos – Kunst – Symbol, Bern 1986, 47–67. Sind aber Spruchsammlungen wirklich in Analogie zu traditionellen Erzählungen u.ä. zu interpretieren, funktioniert ihre Orientierungspotenz nach impliziten Regeln, die zu explizieren wären?

[40] Abgrenzung und Funktionsbestimmung der Fabel in Mesopotamien sind noch immer ein schwieriges Problem; vgl. Ebeling, E.: Die babylonische Fabel und ihre Bedeutung für die Literaturgeschichte, Leipzig 1927.

[41] Lambert: Wisdom, 278.

[42] Gordon: Sumerian Proverbs, 221 (2.65).

[43] Lambert: Wisdom, 218f (51–54).

Die Fabel hat – wie entsprechende Texte – die Funktion, eine groteske Situation zu entwerfen. Schwingt ein didaktischer Unterton mit, in dem Sinne, dass man sich der eigenen Grenzen bewusst sein soll? Oder geht es nur um den Genuss des Grotesken? Und welches ist eigentlich die Funktion des Sprichwortes? Deutlich ist jedenfalls, dass ironische, satirische und groteske Töne verschiedentlich auftauchen; dergleichen gehört eben ins Repertoire der Bildungsschicht.[44]

Schärfere Konturen als die Fabel gewinnen die so genannten Rangstreiterzählungen; wir behandeln als Beispiel die Geschichte von Sommer und Winter. Das Thema ist aus dem Sprichwort bekannt:

»Winter ist schlecht. Sommer macht Sinn.«[45]

Zwei Dinge werden hier miteinander verglichen und gemessen – das eine ist besser, das andere schlechter. Im Alten Testament gibt es eine Reihe derartiger vergleichender Sprüche, zuweilen *ṭob-min*-Sprüche genannt. Oft ist das Kriterium ein moralisches – »Besser wenig mit Gerechtigkeit als grosses Einkommen mit Unrecht« (Spr 16,8) –, aber dies ist nicht obligatorisch: »Besser ein lebender Hund als ein toter Löwe« (Pred 9,4). In unserem Fall also werden Sommer und Winter miteinander verglichen, mit einem deutlichen Urteil: Sommer ist gut, Winter ist schlecht.[46]

Genau dasselbe Thema ist nun im Streitgespräch zwischen Sommer und Winter, *emeš* und *enten*, verarbeitet.[47] Diese Streitgespräche[48] haben eine stereotype Form. Eine kosmologische Einleitung bezeichnet den durch einen Gott eingesetzten Schöpfungsauftrag zweier Elemente, in unserem Fall: Enlil will Sumer mit Überfluss versorgen und schafft dafür zwei Figuren, nämlich *emeš* und *enten*, jede mit besonderen Fähigkeiten und Kompetenzen. Die Elemente kommen ihrem Auftrag nach – und geraten nun in Streit um den Rang. Der Konflikt wird in einem Streitgespräch entfaltet; schliesslich fällt ein Gott das Urteil: In unserem Fall ist es der Winter, welcher den Vorrang erhält. Der Sommer fügt sich, Ordnung und Harmonie sind wieder hergestellt.

Der formale Aufbau dieser Rangstreitgespräche kann mit dem Mythos verglichen werden;[49] es gibt einige Parallelen. Auch der Mythos hat eine kosmologische Dimension, auch hier werden kosmische Kräfte miteinander gemessen; sie gera-

---

[44] Vgl. Alster, B.: Paradoxical Proverbs and Satire in Sumerian Literature, Journal of Cuneiform Literature 27 (1975), 201–230 (mit einer etwas anderen Interpretation des Sachverhaltes).

[45] Lambert: Wisdom, 247.

[46] Zur jahreszeitlichen Gliederung in Mesopotamien vgl. Landsberger, B.: Die Jahreszeiten im Sumerisch-Akkadischen, Journal of Near Eastern Studies 8 (1949), 248–297.

[47] Vgl. van Dijk, J.J.A.: La sagesse suméro-akkadienne. Recherches sur le genres littéraires des textes sapientiaux, Leiden 1953, 43ff; Kramer, S.N.: Geschichte beginnt mit Sumer, München 1959, 105f.

[48] Sumerisch: *adaman-du₁₁-ga;* zu Begriff und Sache vgl. van Dijk vgl. La sagesse, 29ff.

[49] Zur vorausgesetzten Funktionsbestimmung des Mythos vgl. Stolz, F.: Der mythische Umgang mit der Rationalität und der rationale Umgang mit dem Mythos, in: Schmid, H.H. (Hg.): Mythos und Rationalität, Gütersloh 1988, 81–107.

ten in einen Konflikt, der gelöst wird, indem die Mächte in ein stabiles Gefüge gebracht werden.

Nun ist allerdings auf verschiedene Unterschiede hinzuweisen. Der Mythos enthält ein Geschehen; seine Dramatik fesselt den Zuhörer, welcher dadurch mit in die Geschichte hineingenommen wird. Auf diese Weise teilt der Mythos sein Orientierungspotenzial dem Hörer mit. Das Streitgespräch dagegen kennt praktisch keine Handlung, bzw. diese ist ganz auf eine Sprachhandlung, auf rationale Argumentation, reduziert. Die Rhetorik der Konfliktpartner ist von zentraler Bedeutung; erinnern wir uns an die Bedeutung der Rhetorik in der Bildung der Schule. Die Lösung des Konflikts ergibt sich nicht als Resultat eines spannenden Geschehens, sondern als Urteil nach sorgfältigem rationalem Abwägen. Dieses Urteil kommt von einer distanzierten Instanz her, vom Gott, der selbst nicht am Konflikt beteiligt ist, sondern ihn gewissermassen veranstaltet. Am Schluss wird die Hierarchie der Werte klar zum Ausdruck gebracht: Sommer und Winter haben ihr Gutes, aber die Qualitäten des Winters sind höher einzuschätzen. Das sieht der Sommer dann auch ein, er unterwirft sich und huldigt dem Überlegeneren. Rationalität und soziale Stratifizierung erscheinen in schönster und durchsichtigster Harmonie.

Wir sind vom Sprichwort ausgegangen: »Winter ist schlecht, Sommer macht Sinn.« Besonders auffällig ist, dass im Streitgespräch diese Wertung umgedreht ist. Hier ist der Winter überlegen. Dieselbe Wertung findet sich auch in einem anderen Streitgespräch, nämlich in dem von Dumuzi und Enkimdu, dem Hirten mit seiner hauptsächlichen Wirksamkeit im Winter und dem Bauern mit seiner sommerlichen Tätigkeit. Der Hirte wird dem Bauern vorgeordnet, was insofern erstaunlich ist, als die Wirtschaft Mesopotamiens zweifellos primär auf dem Ackerbau beruht. Ist es denkbar, dass die Kompositionen der Bildungsschicht die übliche Wertigkeit planmässig umdrehen – mit dem Motto: Der Gebildete weiss alles besser?!

3.3 Weitere Redeformen

Analogien zum Verhältnis von Mythos und Streitgespräch zeigen sich in anderen Literaturgattungen, welche in der Schule charakteristischen Umbildungen unterliegen. Ich will derartige Erscheinungen lediglich andeuten.

3.3.1 Lehrhymnen

W.G. Lambert hat in seinem Buch über *Babylonian Wisdom Literature* einen Abschnitt über »*preceptive hymns*«[50], Hymnen also, welche Charakteristika der Mahnung und Belehrung annehmen, so unter anderem den berühmten grossen Šamaš-Hymnus. Ähnliche Kompositionen sind aus dem Alten Testament unter dem Namen »Weisheitspsalmen« bekannt. Ich zitiere nur einige Zeilen aus dem genannten Šamaš-Hymnus:

---

[50] Lambert: Wisdom, 118ff.

»Bei deinem Aufgang kamen zusammen die Götter des Landes,
dein furchtbar grimmiger Glanz hält das Land niedergeworfen.
Von allen Ländern, die in ihrer Sprache so verschieden sind,
kennst du ihre Anschläge, siehst an ihren Wandel ...
Wer etwas Scheussliches anzettelt, dessen Horn vernichtest du;
dem raffiniert, voll Tücke Handelnden wird der Boden weggezogen.
Den ungerechten Richter lässt du das Gefängnis sehen,
den, der Bestechung annimmt, nicht recht handelt, die Strafe tragen.
Wer keine Bestechung annimmt, für den Schwachen Fürsprache einlegt,
der gefällt Šamaš wohl und gewinnt ein längeres Leben.
Der überlegte Richter, der ein gerechtes Urteil fällt,
wird sogar einen Palast fertig stellen; ein Fürstenhof ist seine Wohnung.«[51]

Liegt hier ein Hymnus oder eine Mahnrede vor? Man kann von einer »Mischgattung« sprechen, ein Ausdruck, welcher in der alttestamentlichen Exegese für entsprechende Phänomene gern verwendet wird. Der Hymnus hält fest, dass die Ordnungen des Lebens heil sind; aber der Text bleibt nicht beim Staunen und Loben, sondern diese Regungen werden der Lehre dienstbar gemacht. Das Gotteslob ist damit kein Unmittelbares mehr, sondern es hat eine didaktische Abzweckung. Die Weltordnung, von der die genuine Weisheit ganz unproblematisch ausgeht bzw. die sie ganz unproblematisch postuliert, wird hier gewissermassen zuerst rhetorisch aufgebaut, durch die Gattung des Hymnus; und hernach wird in diese Ordnung eingewiesen.[52]

3.3.2 Problemklage

Ganz Analoges liesse sich über die «Problemklagen» sagen, Kompositionen, welche häufig unter dem Stichwort »Hiob-Literatur« diskutiert werden. Hier ist das Klage-Erhörungs-Paradigma problematisiert, d.h. die durch den Kult bereitgestellten Integrationsmechanismen für Marginalisierte erscheinen aus irgendeinem Grund als ineffektiv. Gibt es einen Grund für das Leiden des Klagenden? Warum ist sein Verhältnis zu seinem persönlichen Gott gestört? Wie ist es mit seiner Verantwortung für das Leiden bestellt? Welche Einsichten sind zu fördern, damit man mit dem Problem fertig wird? Diesen Typus von Literatur gibt es seit früher Zeit; bereits sumerische »Hiob-Klagen« sind bekannt.[53] Im Bereich der Spekulation wird das Klage-Erhörungs-Paradigma problematisiert, der Reflexion unterzogen, dadurch aber neu in Kraft gesetzt und gegen konträre Erfahrungen abgedichtet.

[51] Falkenstein, A./von Soden, W.: Sumerische und akkadische Hymnen und Gebete, Zürich 1953, 47–50, 95–102 (B4).

[52] Zum Problem dieser didaktischen Mischgattungen Stolz, F.: Psalmen im nachkultischen Raum, Zürich 1983.

[53] Vgl. Müller, H.-P.: Das Hiobproblem. Seine Stellung und Entstehung im Alten Orient und im Alten Testament, Darmstadt 1978.

3.3.3 Listenartige Hymnen

Schliesslich ist auf eine Reihe von Hymnen hinzuweisen, welche seit langem Aufmerksamkeit auf sich gezogen haben, weil ihnen eine gewisse monotheistische Tendenz innewohnt.[54] In einer Beschwörung auf Marduk und die Plejaden heisst es z.B.:

> »Sin ist deine Göttlichkeit, Anu dein Herrschertum,
> Dagan dein Herrentum, Ellil dein Königtum,
> Adad deine überlegene Stärke, der kluge Ea dein Verstand,
> Nabu, der mit dem Schreibgriffel umgeht, deine Tüchtigkeit ...«[55]

Andere Kompositionen benützen die Metapher des Körpers, um die Vielheit der Götter auf eine Einheit hin transparent zu machen; so bilden die verschiedenen Götter Augen, Ohren, Mund usw. des einen Gottes.[56]

Was ist hier passiert? Zunächst kann man wieder ein stilistisches und formgeschichtliches Argument anwenden: Es liegt eine Gattungsmischung vor. Die Liste wirkt auf den Hymnus ein. Die Götter sind aufgelistet, damit auf eine Ebene gebracht; und so werden sie als Einheit verstanden, als Äusserungsformen oder Manifestationen des einen Gottes. Natürlich ist dies ein elitärer Umgang mit der religiösen Überlieferung. Gerade der Spezialist, welcher die vielen Götter im Einzelnen kennt und mit ihnen umgeht, kann in der Erkenntnis fortschreiten und in der Vielheit der Götter die Einheit des Gottes erkennen.

3.3.4 Kommentarliteratur

Damit sind wir bereits in die Nähe eigentlicher religiöser Spekulation gekommen. Besonders bemerkenswert für unseren Zusammenhang sind die Kommentarwerke, welche erhalten sind, u.a. zum Neujahrsmythos *Enuma eliš*. Die 50 Namen, welche Marduk in der Schlussakklamation zuteil werden, finden hier eine erklärende Kommentierung, wobei insbesondere sprachliche Assoziationen eine Rolle spielen.[57] Das Moment der Identifikation ist auch hier leitend. In späteren Kompositionen wird es in immer gewagterer Weise zur Anwendung gebracht, bis hin zu solchen Äusserungen:»Anu gleicht sich selbst, Ellil gleicht dem *lugal-du-kugga* und Enmešarra; Enmešarra ist Anu. Ea ähnelt dem Ozean; der Ozean ist das Meer, das Meer ist Ereškigal.«[58] Das Denken stiftet neue Beziehungen; zwischen Anu und Enlil, zwischen Ea, Apsu und Ereškigal werden Verbindungen und Gleichheiten entdeckt. Auch Opfervorgänge werden in dieser Weise bearbeitet, wie eine Opferinterpretation im Zusammenhang mit dem Neujahrsfest zeigt: Das

---

[54] Zuletzt Hartmann, B.: Monotheismus in Mesopotamien?, in: Keel, O. (Hg.): Monotheismus im Alten Testament und seiner Umwelt, Freiburg (Schweiz) 1980, 49–81; Stolz: Tradition, 31f.

[55] Falkenstein/von Soden: Hymnen, B45.

[56] Falkenstein/von Soden: Hymnen, B10.

[57] King, L.W.: The Seven Tablets of Creation I, London 1902, 159ff.

[58] Thureau-Dangin, F.: Un acte de donation de Marduk-Zakir-Šumi, Revue d'assyriologie 16 (1919), 117–156 (Anhang 2, 144ff, bes. 147).

Opfer, das wohl mit der getöteten Gottheit zu identifizieren ist, enthält identi-
fikatorische Beziehungen zu verschiedensten Elementen der Natur.[59] Hier kann
man von eigentlicher theologischer Spekulation sprechen. Ihr erschliessen sich
Zusammenhänge, von denen der gewöhnlich Sterbliche keine Ahnung hat.
Zuweilen erscheint das Arkangebot, die Verpflichtung, das Wissen als Geheimes
zu behandeln und niemandem auszuplaudern – allein der Eingeweihte darf über
das Wissen verfügen.[60] Die priesterliche Spekulation wird für die breite Masse der
Gläubigen unzugänglich: Es kommt zur Bildung einer »höheren Wahrheit«, die
der Elite vorbehalten bleibt.

4. Denkformen der Schule und deren religiöser Stellenwert

Ich breche hier ab und versuche, den Weg, den ich mit der Durchsicht der verschiedenen Texte zurückgelegt habe, etwas zu überblicken.

4.1 »Erfahrung« und ihr wissenssoziologischer Kontext

Wir sind davon ausgegangen, dass Weisheit es mit Erfahrung zu tun habe – so
unser Sprachgebrauch. Aber dies ist nun wissenssoziologisch zu präzisieren; Erfahrung geschieht ja stets in einem bestimmten Deutungskontext, auf den sie
dann wieder bestätigend oder modifizierend einwirkt. Die Erfahrung, welche der
»primären« Verwendung von Weisheit entspricht, ist die nicht spezialisierte, für
jeden zugängliche Alltagserfahrung. Zu einer gewissen Verdichtung kommt diese
Alltagsweisheit im Falle eines sekundären Verwendungszusammenhangs, wie er in
vielen Kulturen zu finden ist. Die Weisheit, welche uns aus dem Alten Orient und
auch im Alten Testament überliefert ist, gehört einem tertiären Verwendungszusammenhang an; dieser ist schicht- und bildungsspezifisch. Auch der Spruch
volksläufiger Weisheit hat, wenn er als Schulstoff verwendet wird, wenn er aufgeschrieben und gelernt, wenn er mit anderen Sprüchen zusammengestellt und
weitergegeben wird, eine neue Funktion. Er gehört jetzt zu einem Ensemble von
Wissens- und Bildungsstoffen, er spiegelt das soziale Selbstverständnis der Bildungsschicht und deren elitär geformten Zugang zur Welt wider. Zu dieser Welt
hat nur Zugang, wer lesen, schreiben und gut reden kann (und wer das Sumerische beherrscht).
   Die »Erfahrung«, welche der mesopotamischen Weisheit zugrunde liegt, ist
also spezifische Erfahrung: Schulerfahrung, Bildungserfahrung, eine bestimmte
soziale Erfahrung und dann natürlich die von diesen Aspekten her gesteuerte all-

---

[59] Ebeling, E.: Tod und Leben nach den Vorstellungen der Babylonier, Berlin 1931, Nr. 10,
Z. 1ff. – Man denkt an den indischen Puruṣa, welcher die Gesamtheit der Welt umfasst und durch
dessen Tötung das Leben in Gang gesetzt wird, vgl. Rig-Veda X,90.
[60] Vgl. Borger, R.: Art. »Geheimwissen«, Reallexikon der Assyriologie 3 (1957–1971), 188–
191.

gemeine Lebenserfahrung. Diese Erfahrung ist durch eine vielfältige Distanzierung gekennzeichnet. Die Schule hat Distanz zur nicht spezialisierten Alltagserfahrung; sie hat Distanz zu den religiösen Überlieferungen, die sie verwaltet; sie geht die Dinge in ihrer Listenwissenschaft methodisch-distanziert an; und sie hat schliesslich sogar Distanz zu sich selbst, was aus Schilderungen des Schulalltags hervorgeht, welche deutlich satirische Züge tragen.

Dies alles ist jetzt natürlich sehr global angedeutet. Gewiss hat sich die Schule in Mesopotamien in ihrer jahrhundertelangen Geschichte gewandelt und entwickelt, und man könnte den wissenssoziologischen Hintergrund einzelner weisheitlicher und schulischer Überlieferungen gewiss viel präziser bestimmen. Auch im Hinblick auf die alttestamentliche Weisheit scheinen mir hier noch viele Fragen offen zu sein.

4.2 Denkformen und Erfahrung

Menschliche Sprache, menschliche Erkenntnis und menschliches Wissen sind durch eine bestimmte Struktur gekennzeichnet. Sie stellen eine Repräsentation der Wirklichkeit dar, welche einerseits auf die Umwelt, andererseits auf sich selbst bezogen ist. Die Syntax einer Sprache enthält die Regeln, wonach Wörter verknüpft werden, Gattungsregeln verknüpfen Sätze zu Texten. Aber die Regelmässigkeit eines kulturellen Kommunikationssystems geht darüber hinaus; es enthält visuelle und handlungsmässige Elemente, durch welche die Welt mit Sinn besetzt ist. Die Kommunikation verarbeitet die Eindrücke der Umwelt durch ständigen Rückgriff auf die bestehenden Kommunikationsformen und produziert so das, was wir »Welt« nennen.

Dieser Rückgriff ist nun freilich nicht immer gleich beschaffen. Normalerweise werden die Regeln des Kommunikationssystems nicht thematisiert; wer eine Sprache korrekt spricht, denkt normalerweise nicht an die grammatikalischen Regeln, die er braucht. Ebenso verfährt die kommunikative Produktion der Welt. Wer ein Sprichwort im primären Verwendungszusammenhang der Weisheit anwendet, ordnet das, was passiert ist, ein; er bringt eine Regel zur Anwendung, die er voraussetzt, ohne über sie nachzudenken. Dass diese Ordnung postuliert ist, wurde erwähnt; das gesamte menschliche Orientierungssystem, das man durch den Ausdruck »Sinn« bezeichnen kann, hat diesen postulativen Charakter.

Auf den weiteren Verwendungsebenen der Weisheit verändert sich die Art des Rückgriffs auf die Kommunikationsregeln. Die Elemente der Spruchweisheit werden situationsunabhängig verwendet; Sprichwörter werden nun z.B. als Maximen gebraucht, nicht mehr als situationsqualifizierende Urteile zum Einzelfall. Das Element der »Dogmatisierung« zeigt sich im Ansatz bereits. Durch Zusammenstellung verschiedener Sprichwörter und durch deren Reihung ergibt sich die Tendenz, Phänomene zusammenzuordnen. Damit kommt also die postulierte Ordnung, die sinnstiftende Orientierung, ein Stück weit zu Gesicht: Es geht nicht mehr nur um die Qualifizierung eines »Falles« (der gar nicht konkret vorliegt), sondern um die Sichtbarmachung der Ordnung, die den potenziellen Fall zu benennen und mit Sinn zu besetzen weiss.

Diese Ordnung bekommt eine klare Struktur, welche sich etwa in einer Vorliebe für binäre Schematismen zeigt. Je zwei Elemente werden einander gegenübergestellt: Die Frau, die reden kann, und die, die nicht reden kann; das Volk, das hierarchisch strukturiert ist, und das, welches sich in chaotischer Anarchie befindet; der Sommer und der Winter. Damit wird die Orientierung vereinfacht, rationalisiert (in jedem Sinn des Wortes) – und schematisiert. Eine binäre Orientierung bedeutet eine extreme Komplexitätsreduktion. Der klassische Schematismus israelitischer Weisheit, welcher in Gerechte und Übeltäter bzw. in Fromme und Gottlose teilt, gibt dem Dualismus eine moralische und eine religiöse Qualität, welche ihre Funktion gewiss in der Sicherung der eigenen nationalen Identität hat.

Als Steigerung ist nur noch die Aussage möglich, dass alles dasselbe ist. Und selbst diese Identifikationstendenzen sind uns begegnet, in der Identifikationstheologie, wo alles alles sein kann. Natürlich ist dies nichts für den geistigen und religiösen Normalverbraucher, der eben sieht, dass die Sonne die Sonne und nicht der Mond ist.

Bei der dualistischen und erst recht bei der monistischen Orientierung des Denkens ist die Erfahrung immer weniger an einem unspezifischen Alltag orientiert, ja sie ist überhaupt fast nicht mehr an die Umwelt mit ihren Kontingenzen gebunden; vielmehr richtet sie sich weitestgehend auf das orientierende System selbst zurück, die Rekursivität und Reflexivität führt also zu einem geschlossenen Kreislauf. Dies bedeutet, dass ein geschlossenes, spekulatives und dogmatisches Denksystem explizit ausgearbeitet ist. Jede Erfahrung ist energisch auf dieses Denksystem bezogen und wird hier mit Bedeutung und Sinn versehen – möglicherweise gegen die alltägliche Bedeutung eines Phänomens. So kann sich in der theologischen Spekulation ein Komplex von Erfahrungen und Sinngebungen einstellen, der nur auf sich selbst bezogen ist, der gewissermassen eine »Einweihung« verlangt, damit er sich einem erschliesst; es kommt dann zur Bildung einer Elite, wie sie sich später in der Gnosis – und zum Teil ja auch in der zünftigen Theologie – etabliert hat.

FLUKTUATION UND BÜNDELUNG VON IDENTIFIKATIONEN – ASPEKTE DER INTER- UND MULTIKULTURALITÄT IM HORIZONT VERGLEICHENDER RELIGIONSGESCHICHTE

> Da ist nicht Jude noch Grieche, da ist nicht Sklave noch Freier, da ist nicht Mann noch Weib; denn ihr alle seid *einer* in Christus Jesus.
>
> (Gal 3,28)

> Ich kenne keine Parteien und auch keine Konfessionen mehr; wir sind heute alle deutsche Brüder und nur noch deutsche Brüder.
>
> (Wilhelm II.) [1]

> Ökumene muss heute mehr denn je ... im ursprünglichen Wortsinn verstanden werden: Ökumene meint den gesamten »bewohnten Erdkreis«, meint ganz realistisch betrachtet diese bewohnte, doch zunehmend unbewohnbar werdende Erde, meint also diese in ihrem Zusammenleben und den Frieden so vielfältig gefährdete und bedrohte *Gemeinschaft der Menschen und Völker überhaupt.*
>
> (Hans Küng) [2]

1. Einführung

Die vorangestellten Zitate stammen von unterschiedlichen Persönlichkeiten in unterschiedlichen Situationen. Gemeinsam ist ihnen, dass sie in einer vielfach geschichteten Gesellschaft leben. Paulus ist Bürger des Römischen Reiches, das durch viele Kulturen (u.a. die der Juden und der Griechen), unterschiedliche soziale Klassen (z.B. Sklaven und Freie) und differenzierte Geschlechterrollen geprägt ist. Alle diese Unterscheidungen – so die Botschaft des Paulus – fallen dahin oder werden zumindest relativiert durch die Einheit in Christus; neuzeitlich könnte man sagen: durch die Einheit in der Religion. Wilhelm II. herrscht über ein Reich, das durch Unterschiede der Parteien und Konfessionen (und viele andere Unterschiede, etwa der Länder und Klassen) gekennzeichnet ist; die Unterschiede gelten nichts angesichts der Einheit der Nation, die sich mit dem Kriegsausbruch manifestiert. Hans Küng schliesslich lebt in einer Welt religiöser, kultu-

---

[1] Montgelas, M./Schücking, W.: Die deutschen Dokumente zum Kriegsausbruch 1915, Berlin 1927, 48.

[2] Küng, H.: Weltreligionen und Weltfriede, in: Braun, H.J. (Hg.): Weltreligionen – heute herausgefordert, Zürich 1984, 12.

reller und wirtschaftlicher Grenzen und Gegensätze; angesichts der Herausforderungen der Zukunft müssen diese Grenzen ihre trennende Kraft verlieren. Jetzt geht es um das Mensch-Sein an sich, da dessen Überleben gefährdet ist.

Die Vorgänge, welche in den drei Zitaten intendiert sind, haben eine Gemeinsamkeit: Bestimmte Gliederungen und Ausgrenzungen innerhalb der jeweiligen Gesellschaft sollen relativiert werden zugunsten einer entscheidenden Bindung. Im ersten Fall relativiert die religiöse Zugehörigkeit des »Seins in Christus« alle anderen Zugehörigkeiten. Im zweiten Fall relativiert die Grösse »Nation« alle anderen Zugehörigkeiten und Bindungen: konfessionelle, kulturelle, soziale. Im dritten Fall relativiert die Zugehörigkeit zur Spezies des *homo sapiens* alle Partikularidentifikationen, wobei die *sapientia* des *homo* ganz besonders gefordert ist angesichts der anstehenden Probleme.

Kennzeichnend für alle Gesellschaftsformen, in welchen die drei Vorgänge zu lokalisieren sind, ist das Vorhandensein unterschiedlicher und vor allem nicht koordinierter Zugehörigkeiten. Zur Zeit der entstehenden Kirche kann man als Jude, als Grieche, aber auch als Ägypter Christ sein; unter den Isis-Verehrern finden sich Sklaven und Freie usw. Anders als in klassischen stratifizierten Gesellschaften, in welchen Zugehörigkeiten und Bindungen in einen Zusammenhang gebracht sind, finden sich hier ansatzweise »Querlagen« – ein Sachverhalt, wie er in der funktional ausdifferenzierten Gesellschaft der Neuzeit zum Normalfall werden sollte.

Solche Querlagen können natürlich zu Konflikten führen, wie Beispiele aus der Gegenwart unmittelbar deutlich machen; man denke etwa an die sozialistischen und christlich-demokratischen Parteien im flämischen und wallonischen Teil Belgiens. Welche Bindung trägt mehr, die sprachlich-kulturelle oder die politisch-ideologische? Mit genau dieser Problematik sind die durch die Zitate belegten Vorgänge befasst. Hier bestehen bestimmte konkurrierende Zugehörigkeiten; sie werden relativiert durch eine Bindung, für welche grundlegende Bedeutung postuliert wird.

Die »Zugehörigkeiten« und »Bindungen« lassen sich nicht leicht in eine kultur- und zeitunabhängige Klassifikation einreihen. Zwar wurden soeben die Begriffe wie »Religion«, »Nation«, »Menschheit«, »Kultur«, »Klasse« verwendet; aber es ist klar, dass beispielsweise »Klassenbegriffe« wie »Sklaven und Freie« bzw. »Arbeiterschaft und Bürgertum«, aber auch entsprechende Klassifikationen im Hinblick auf Religionszugehörigkeit und andere gesellschaftliche Aspekte im Hinblick auf die Antike anachronistisch gebraucht werden. Dennoch bleibt die Gemeinsamkeit unterscheidbarer Zugehörigkeiten, die parallel oder quer zueinander verlaufen können. Diese Zugehörigkeit wird in dieser oder jener Weise zur Darstellung gebracht werden, äussert sich also in einer bestimmten Symbolik, und sie gestattet eine emotionale Vergewisserung. Man kann dies durch den Begriff der *Identifikation* zusammenfassen.[3] In den drei Ausformungen von Gesellschaft, die

---

[3] Ich schliesse damit an Überlegungen von Mol, H.: Identity an the Sacred. A Sketch for a New Social-Scientific Theory of Religion, Oxford 1976, und die darauf folgende Diskussion an; vgl. Es-

durch die Zitate repräsentiert sind, kommen ganz unterschiedliche Identifikationen in vielfach unkoordinierter Weise zum Tragen, der Einzelne kann sich u.U. sogar in einem bestimmten Masse seine Identifikationen wählen; ich spreche daher von *fluktuierenden Identifikationen*. Andererseits bringen die Zitate zum Ausdruck, dass in diese Fluktuation eine Ordnung gebracht werden kann, und zwar dadurch, dass eine Identifikation zu dominieren beginnt.

Pluralität und Fluktuation von Identifikationen sind ein typisches Merkmal in praktisch allen gegenwärtigen Formen menschlicher Gesellschaft. Stichworte wie »Interkulturalität« und »multikulturelle Gesellschaft« belegen dies; sie besagen, einmal mehr normativ, einmal mehr deskriptiv, dass unterschiedliche Identifikationen nebeneinander und miteinander wirksam sein sollen oder jedenfalls sind. Von politischer Brisanz sind Situationen, in welchen solche Identifikationen offensichtlich unverträglich sind und zum offenen Konflikt führen. Die nachfolgenden Überlegungen versuchen, die gegenwärtige Problematik in einen weiteren historischen Rahmen einzuzeichnen.

2. Zugänge

Wer Sachfragen wie »Multikulturalität« oder »Interkulturalität« berührt, betritt schwieriges Gelände. Die Aktualität der Thematik hat zur Folge, dass darauf bezogene Arbeit in Konfliktfelder hineingerät. Um so wesentlicher ist eine methodische Besinnung auf Ausgangspunkt und Fragehinsichten. Der hier versuchte Zugang wird im Horizont vergleichender Religionsgeschichte gesucht; heutige Probleme um konkurrierende und konfligierende Identifikationen werden also in einem allgemeinen historischen Rahmen lokalisiert. Dies ist ein eher unüblicher Zugang; viel geläufiger sind alternative Ansätze:

Verbreitet sind heute zunächst dialogisch-pädagogische Gesichtspunkte in der Bearbeitung von Multikulturalität und Interkulturalität[4] – mit gutem Grund. Das gemeinsame Zusammenleben verschiedener Kulturen und Religionen ist eine Tatsache, und dass sich aus diesem Zusammenleben Probleme ergeben, mit denen man in irgendeiner vernünftigen Weise fertig werden muss, leuchtet unmittelbar ein. Die hier erwachsenden Aufgaben stellen sich im Kleinen wie im Grossen. Alle Länder mit hohem Lebensstandard sind Einwanderungsländer geworden, und damit entstehen fremdkulturelle Minderheiten. Der Migrationsdruck wird in absehbarer Zeit mit Sicherheit nicht abnehmen; je nach politischen

tel, B.: Art. »Identität«, in: Cancik, H. u.a. (Hg.): Handbuch religionswissenschaftlicher Grundbegriffe III, Stuttgart 1993, 193–210.
[4] Stellvertretend für viele andere Literatur nenne ich Publikationen wie die von Boulding, E.: Building a Global Civic Culture. Education for an Interdependent World, New York 1988; Micksch, J.: Deutsch sein heisst multikulturell sein, in: Micksch, J. (Hg.): Deutschland. Einheit in kultureller Vielfalt, Frankfurt a.M. 1991; Boehncke, H./Wittich, H.: Bundesdeutsch. Ansichten zu einer multikulturellen Gesellschaft, Reinbek 1991.

und wirtschaftlichen Verhältnissen in Gebieten der Dritten Welt werden sich Kolonien dieser oder jener Bevölkerungsgruppe bilden. Umgekehrt hat der Fremdenverkehr längst dazu geführt, dass in touristisch erschlossenen Gegenden Afrikas, Asiens und Südamerikas Inseln westlich »entwickelter« Kultur entstanden sind; die reversible Migration der Touristen und die irreversible der Auswanderer schafft vergleichbare Probleme, mit denen man umzugehen lernen muss. Neben diesem eher kleinräumigen Aspekt des Zusammenlebens hat der wechselseitige Kulturkontakt aber auch eine globale Dimension: Die Welt ist zum »gemeinsamen Haus« geworden; schon vor Jahren sprach C.F. v. Weizsäcker von einer »Weltinnenpolitik«, die an die Stelle der traditionellen Aussenpolitik einzelner Staaten treten müsse.[5] Dieser Gedanke ist von religiösem Pathos gefüllt worden – etwa in Hans Küngs »Projekt Weltethos«: Der anzustrebende Weltfriede setzt Religionsfrieden voraus, wobei »Friede«, in biblischer Tradition, nicht einfach Abwesenheit von Krieg bedeutet, sondern allgemeines Wohlergehen und Heil, *common wealth* in globaler Dimension.[6]

Jedenfalls führt die erhöhte Mobilität auf allen Ebenen zu einem ständigen globalen Kulturkontakt mit verschiedensten Berührungspunkten; Identifikationen unterschiedlichster Natur stossen laufend aufeinander, und der einzelne muss sich mit solchen unterschiedlichen und querliegenden Identifikationen auseinandersetzen. Diese Herausforderung bedarf der wissenschaftlichen Reflexion, die unmittelbare erzieherische Relevanz hat. Dementsprechend ist in den letzten Jahren recht viel pädagogische Literatur zum Thema erschienen. Die Religion spielt in diesem Zusammenhang eine gewichtige Rolle, zumal in Kulturen, die stark durch religiöse Tradition geprägt sind. Insofern könnte man hier von einer Art »angewandter Religionswissenschaft« sprechen.

Mit einem derartigen Zugang zu den in Frage stehenden Problemen ist der dialogischtheologische Ansatz verwandt. Im Hintergrund dieser Sicht stehen verschiedene Entwicklungen: die systematische Verarbeitung der Einsicht in die historische Relativität des Christentums,[7] die Wandlung der Missionstheologie zur Dialogtheologie,[8] schliesslich dann die Etablierung einer eigentlichen »Theologie der Religionen«.[9] Auseinandersetzung mit Fremdreligionen kann nicht länger monologisch geführt werden, sondern sie muss im Dialog geschehen. Die »Enkulturation« des Christentums ist zu einem theologischen Ziel geworden: Die Botschaft soll Ausdruck finden in neuen kulturellen Kontexten – Kontexten, die

[5] von Weizäcker, C.F.: Das Friedensproblem, in: ders.: Der Garten des Menschlichen, München 1977, 41.
[6] Küng, H.: Projekt Weltethos, München ³1991.
[7] Vgl. Tillich, P.: Das Christentum und die Religionen der Welt, Stuttgart 1964.
[8] Vgl. z.B. Margull, J./Samartha, S.J. (Hg.): Dialog mit den anderen Religionen, Frankfurt a.M. 1972; Friedli, R.: Fremdheit als Heimat. Auf der Suche nach einem Kriterium für den Dialog zwischen den Religionen, Freiburg 1974, und viele spätere Beiträge dieses Autors.
[9] Bürkle, H.: Einführung in die Theologie der Religionen, Darmstadt 1977; seit den 1980er Jahren sind dann zahlreiche Arbeiten zu dieser Thematik erschienen.

ihrerseits durch fremde Religionen geprägt sind. So entsteht das Modell einer Begegnung, die durch Geben *und* Nehmen charakterisiert ist; das missionierende Christentum empfängt auch Impulse aus anderen Religionen, wobei natürlich die schwierige Frage bleibt, was denn dem Tausch entzogen bleiben müsse, also die unverwechselbare Identität einer Religion ausmache. Dies zu bedenken ist Aufgabe einer »Theologie der Religion«, einer unverzichtbaren fundamentaltheologischen Aufgabe gegenwärtiger Theologie.

Hier soll ein anderer Ansatz versucht werden. Unmittelbares Ziel der nachfolgenden Ausführungen ist weder die Befähigung zu interkulturellem Verhalten im Sinne einer angewandten Religionswissenschaft noch die Förderung des Dialogs als einer religionstheologischen Aufgabe. Der Dialog, oder genereller: Austauschprozesse und die damit entstehenden Identifikationsfragen sind vielmehr Gegenstand der Analyse. Interkulturalität wird nicht als Aufgabe, sondern als Problem konzeptualisiert. Wir wollen versuchen, Distanz zu gewinnen von der Aktualität gegenwärtiger Problemlagen.

Das methodische Mittel zur Distanzierung soll im Vorgang des *Vergleichens* gesucht werden.[10] Verglichen werden dabei nicht einfach »ähnliche« Problemlagen; wir streben keine phänomenologisch orientierte »Wesensschau« an (im Unterschied zu anderen Ansätzen vergleichender Religionsgeschichte). Analogie *und* Differenz interessieren gleichermassen; so soll ein klassifikatorisches Instrumentarium hergestellt werden, das verschiedene historische Situationen vergleichbar macht und das sich auf geographisch und historisch entfernte wie nahe Konstellationen anwenden lässt. Dass dieser Distanzgewinn mittelbar dann durchaus von Belang sein kann für das konkrete Zusammenleben und den Dialog, wird sich herausstellen.

3. Ordnungsmuster von Identifikationen

Die drei Eingangszitate repräsentieren Beispiele komplexer Gesellschaften mit unterschiedlicher Gliederung. Besonders auffällig ist, dass die Grenzen einzelner Gliederungselemente z.T. quer zueinander laufen. Es liegt also nicht einfach eine klare, koordinierte Stratifikation der Gesellschaft vor, sondern es bestehen vielfache Beziehungsmöglichkeiten; Mehrfachidentifikationen sind möglich – vielleicht sogar die Regel. Von Beispielen war bereits die Rede. Die Bedeutung des Sachverhalts wird klar, wenn man verschiedene Modelle des Gesellschaftsaufbaus im Hinblick auf unsere Problematik vergleicht.[11]

[10] Probleme vergleichender Religionsgeschichte hat Kurt Rudolph vielfach und wegweisend bearbeitet (z.B. in: Geschichte und Probleme der Religionswissenschaft, Leiden 1992, passim). Die hier vorgelegten Überlegungen wollen einen Beitrag zur Methodologie vergleichender Verfahrensweisen bilden.

[11] Der folgenden Skizze liegt ein evolutionäres Modell gesellschaftlicher Entwicklung zu Grunde, wie es etwa von Bellah, R.N.: Religiöse Evolution, in: Seyfarth, C. (Hg.): Seminar. Religion und

a) *Traditionelle* Gesellschaften sind dadurch gekennzeichnet, dass »kulturelle«, »nationale« und »religiöse« Grenzen aufeinander liegen; die sozialen Beziehungen sind weitgehend auf die Primärgruppe beschränkt. Eine Ausdifferenzierung eigenständiger Orientierungs- und Identifikationsbereiche liegt nicht vor. Die Grenzen der Gesellschaft und diejenigen der Lebensgemeinschaft sind identisch, die kulturelle Kommunikation ist einheitlich. Das heisst nicht, dass keine Binnengrenzen zu finden wären; es finden sich beispielsweise Grenzen zwischen den Identifikationsbereichen von Männern und Frauen, zwischen Eingeweihten und Nichteingeweihten, zwischen exogamen Segmenten usw. Aber diese Grenzziehungen sind durch ein kohärentes Symbolsystem definiert. Was ausserhalb liegt, ist Bereich der Unordnung und des Chaos. Den Menschen jener Umwelt wird in der Regel sogar die Qualifikation des Mensch-Seins abgesprochen.[12] Die verschiedenen Identifikationen, welche die Identität des Menschen in diesem Typus von Gesellschaft (bzw. Gemeinschaft, um die Begrifflichkeit von Tönnies aufzunehmen) ausmachen, sind einander zugeordnet und *parallelisiert*.

b) In der *Römischen Antike,* in der das Christentum gross wird, liegt eine völlig andere Situation vor. Hier liegt eine Vielzahl von Kulturen und Kulten vor, von Religionen und Religionstypen; alle sind sie in einen umfassenden politischen Rahmen eingeordnet, in die Organisationsform des Römischen Reiches.[13] Dieses Gebilde wird legitimiert und symbolisch zur Darstellung gebracht durch den Herrscherkult, dessen Vollzug die Identifikation mit dem Staatswesen und die politische Loyalität dokumentiert.[14] In heutiger Terminologie könnte man sagen: Der Herrscherkult ist eine »Zivilreligion«, welche die politische Einheit und Ordnung garantiert. Innerhalb dieses zivilreligiösen Rahmens ist alles möglich – solange es nicht ernstlich mit der Zivilreligion des Staates in Konflikt kommt. Das Selbstbewusstsein des frühen Christentums orientiert sich an diesen Friktionen, auch wenn historisch die Einpassung als Verhaltensweise dominierte.

Wenn vom Pluralismus von »Religionen« die Rede war, so ist dieser Ausdruck anachronistisch. Traditionelle Lokalkulte, Mysterienvereine, fremde Kulte (insbesondere orientalische, geheime und öffentliche), philosophische Orientierung,

gesellschaftliche Entwicklung, Frankfurth a.M., 1973ff, entworfen worden ist. Zur Problematik auch Stolz, F.: Begrenzung der Welt und Abwehr der Un-Welt, in: Stolz, F. (Hg.): Religion zu Krieg und Frieden, Zürich 1986, 131–149.

[12] Hasenfratz, H.-P.: Krieg und Frieden in archaischen Gemeinschaften, in: Stolz, Religion, 13–29.

[13] Einen vergleichenden Überblick zu den Reichsbildungen der alten Welt vermittelt Breuer, S.: Imperien der Alten Welt, Stuttgart 1987 (zu Rom 158ff). Bemerkenswert ist, dass die wirtschaftliche, soziale und religiöse Strukturierung des Reiches nur teilweise mit dessen politischer Organisation zusammenhängt. Hier lässt sich also ein Ausdifferenzierungsprozess beobachten, der durch verschiedene Faktoren bestimmt ist.

[14] Zum Herrscherkult zusammenfassend Fears, J.R.: Art. »Herrscherkult«, Reallexikon für Antike und Christentum 14 (1988), 1047–1093.

Magie vom Hausierer stehen nebeneinander;[15] sie werden durch verschiedene Mechanismen verteilt (z.T. werden sie den gewachsenen Autoritätsstrukturen entsprechend übernommen, z.T. werden sie in Analogie zum Warentausch gehandelt). Feste Grenzen bildet lediglich der Römische Staat; entsprechend fest liegt die Identifikation durch den Herrscherkult. Daneben werden *fluktuierende* religiöse Identifikationen wirksam, je nach Herkunft, persönlichem Bedarf, Bildung, sozialem Status usw.

c) Die *Konstantinische Wende* brachte eine – historisch gesehen völlig unerwartete – Vereinheitlichung der bisher so pluralistischen Gesellschaft: Die Christianisierung des Römischen Reiches brachte eine Ideologie, welche nicht nur die zivilreligiöse Funktion innehatte, welche bis dahin durch den Herrscherkult wahrgenommen worden war, sondern die das Leben in allen Bereichen prägte. »Alle sind einer in Christus« – das Paulswort hatte eine ungeahnte Realisierung erfahren. Das *eine* christliche Reich war auch nach dem Zerfall des römichen Staates im Konzept des christlichen Abendlandes wirksam: Es bewirkte den Aufbau einer Gesellschaft mit weitgehender Parallelität der Identifikationen, insbesondere der politischen und der religiösen. So ergaben sich grösste Probleme mit abweichenden kulturellen Identifikationen. Die Behandlung der Juden ist symptomatisch; deren Existenz war zunehmend gefährdet, wovon etwa die Verdrängung der mitteleuropäischen Juden nach Osteuropa und die Verdrängung der Sepharden aus Spanien nach der Reconquista Zeugnis ablegen. Im gleichen Zusammenhang ist die rücksichtslose Liquidation der »Häretiker« durch die Inquisition zu sehen. Die Reformation stürzte diesen Hang zur uniformen Identifikation in eine tiefe Krise. Aber selbst nach der Etablierung verschiedener Konfessionen war ein politischer Herrschaftsbereich ohne religiöse Einheitlichkeit kaum vorstellbar, wie die Bestimmungen des Augsburger Religionsfriedens zeigen. Im Prinzip liegen also politisch-nationale und religiöse Identifikation im vormodernen Abendland ineinander. Die Identifikationsprozesse sind einer Parallelisierung unterworfen.

d) Die durch den *Islam* bestimmte Gesellschaft ist demgegenüber nochmals anders geprägt. Muhammad stiftet die muslimische Volksgemeinschaft, die *umma,* welche religiöse Minderheiten toleriert: Die Juden und Christen haben als Besitzer heiliger Schriften ihren geschützten Raum, wenngleich ihnen nicht dieselben Rechte zukommen wie den Muslimen (obwohl der einzelne Christ durchaus Verantwortungsträger im muslimischen Staat werden kann – man denke etwa an Figuren wie Johannes von Damaskus). Die Stellung dieser Minderheiten ist juristisch genau definiert: Es handelt sich um den *dimma*-Status;[16] nach Juden und

---

[15] Diese Bereiche sind in der Antike kaum als einheitliches Erfahrungsfeld verstanden, die summierende Kategorie »Religion« ist also primär durch den Konstruktionswillen des Religionsgeschichtlers konstituiert (vgl. Stolz, F.: Gott, Kaiser, Arzt, in: Elsas, Ch. u.a.: Tradition und Translation. Festschrift für C. Colpe zum 65. Geburtstag, Berlin 1994, 113–130).

[16] Vgl. Cahen, C.: Art. »dhimma«, Enzyklopädie des Islam II (1913–1934), 234–238.

Christen gelangten auch Angehörige anderer schriftbesitzender Religionen in diese Position. Der Staat ist also durch den Islam geprägt, welcher durch die šarī 'a
das ganze Leben bestimmt. Diese dominante Identifikation regelt die Bereiche
von Religion, Politik, Wirtschaft, Religion, Familie usw. in wechselseitiger Zuordnung. Aber daneben bestehen offiziell anerkannte Subkulturen oder besser Sub-
gesellschaften, welche in ähnlicher Weise durch Parallelisierung der Identifikationen geprägt sind wie die dominierende Kultur.

Mit diesen Bemerkungen sind lediglich Ansätze zu einer Typologie von Gesellschaftstypen mit je spezifischer Anordnung der Identifikationsprozesse skizziert.
Diese müssten weitergeführt und formalisiert werden, um den historischen Ein-
zelheiten gerecht zu werden. In unserem Zusammenhang interessiert nun jedoch
insbesondere die Entwicklung von Gesellschaft und Identifikationslage in der
Moderne.

4. Die Einwirkungen der Moderne auf traditionelle Identifikationen

Die Moderne hat in verschiedenen Bereichen der Welt völlig unterschiedliche
Wirkungen ausgelöst. Zu unterscheiden ist insbesondere zwischen »aufklärungs-
bestimmten« und »nicht-aufklärungsbestimmten« Bereichen. Von besonderem
Interesse sind sodann die Interferenzen im Kontakt unterschiedlicher Bereiche.

a) Aufklärungsbestimmte Kulturbereiche
Im Europa der Neuzeit hat die religiöse Identifikation ihre grundlegende Bedeutung zunehmend eingebüsst. Die Religion dient nicht mehr zur Legitimation
und Interpretation aller Bereiche der Gesellschaft; diese Stelle wird vielmehr
durch die Vernunft eingenommen, welche zunächst eine quasireligiöse Wertung
erfährt (man denke etwa an den Kult der Vernunft in der französischen Revolution). Sie wird in dieser Phase vom Staat verwaltet, der Einfluss nimmt auf die
Wirtschaft, die Erziehung und die Religion. Der revolutionäre Liberalismus des
19. Jahrhunderts vertritt den aufgeklärten Staat in einer ausgesprochen totalitä-
ren Weise; etatistische Tendenzen lassen sich überall feststellen. Diese Frühform
des aufgeklärten Staates liess sich noch bis vor kurzer Zeit in den sozialistischen
Ländern beobachten, die im Prinzip nichts anderes als eine konservierte Frühform des neuzeitlich aufgeklärten Staates darstellten.

Insgesamt aber verändert sich die Vernunft je länger je deutlicher zur Zweckra-
tionalität. Sie vermag immer weniger Inhalte zu vermitteln und bestimmt
nurmehr Ablaufregeln, im Bereich des Staates etwa im Prozess der Demokratisie-
rung und Bürokratisierung.[17] Die instrumentalisierte Vernunft des Staates stellt
also Vorgänge der Entscheidungsfindung und der Verwaltung sicher, nicht aber
Staatsziele. Der Staat ist damit nicht mehr vernünftig-religiös legitimiert; die Sou-

---

[17] Vgl. Weber, M.: Wirtschaft und Gesellschaft, Tübingen (1922) 1985, 815ff.

veränität der Menschen, welche nach dem Modell des Gesellschaftsvertrags die Macht ausüben, setzen die Staatsziele willkürlich. Demokratische Legitimation ist gewährleistet, wenn die Mechanismen des Aushandelns und Durchsetzens zweck-rational strukturiert sind. Welche Werte der Staat zu verwalten hat, welche Staatsziele anzustreben sind, ist von nachgeordneter Bedeutung. Es ist offensichtlich, dass hier eine »Leerstelle« entsteht, die durch Fluktuation von Werten gekennzeichnet ist. Die zu einer bestimmten Zeit dominierenden Werte und Orientierungen durchlaufen dann einen rational regulierten, demokratischen Selektionsprozess und gelangen so zur Durchsetzung. Legitimation, Wesensbestimmung und Auftrag des Staates sind wandelbar, ungeordnete und vielfach gegenläufige Fluktuation ist das Kennzeichen der geltenden Werte und Normen.

Insgesamt ist die gesellschaftliche Entwicklung durch eine allmähliche Verselbständigung verschiedener gesellschaftlicher Teilbereiche gekennzeichnet – ein Prozess, den man gemeinhin mit dem Stichwort der »funktionalen Ausdifferenzierung« kennzeichnet.[18] Die Religion, einstmals grundlegende Legitimations- und Interpretationsinstanz für die Gesellschaft insgesamt, hat sich aus Staat und Politik, aus der Wirtschaft, aus Schule und Erziehung, sogar weitgehend aus der Familie zurückgezogen. Tendenziell sind aber auch die Einwirkungen des Staates immer mehr eingeschränkt. Die etatistischen Tendenzen, welche einst eine Rolle spielten, wurden zunehmend ausgemerzt, politisch-nationale Grenzen spielen eine immer kleinere Rolle; Deregulierungen und Privatisierungen bewähren sich im Bereich der Wirtschaft ganz offensichtlich.

Allerdings bestehen auch Tendenzen, welche der hier skizzierten Entwicklung entgegenlaufen. Bereits in der Entstehungsphase des demokratisch-aufgeklärten Staates erwächst der Vernunft als grundlegendem Staatsgedanken eine Konkurrenz in der Idee der Nation. Totalitär geformte rationalistische wie nationalistische Ideologien sind in den letzten beiden Jahrhunderten immer wieder in bestimmten Bereichen der durch die Aufklärung bestimmten Welt wirksam geworden. Diese gesellschaftlichen Einbrüche sind durch einen abrupten Umschlag von fluktuierenden zu parallelisierten Identifikationen gekennzeichnet: Totalitäre Orientierungen gleich welcher Art versuchen, alle Subsysteme der Gesellschaft mit einer konsistenten Ideologie zu prägen, wobei einzelne Bereiche unterschiedlich resistent sind. Offenbar bildet die Fluktuation von Orientierungen kein allzu stabiles Gleichgewicht; je grösser die »Ausschläge« auf verschiedene Seiten hin, desto unstabiler wird der Zustand und desto grösser die Möglichkeit eines »Umkippens«. Die letzte Zeit der Weimarer Republik ist ein Beispiel für dieses »Umkippen« des Gleichgewichts in Krisenzeiten.

Wenngleich solche Einbrüche immer wieder zu verzeichnen sind, stellt doch die funktionale Ausdifferenzierung der Gesellschaft und die damit vielfältig verbundene Fluktuation von Identifikationen den Normalfall dar. Die Rückwirkun-

---

[18] Vgl. Luhmann, N. (Hg.): Soziale Differenzierung. Zur Geschichte einer Idee, Opladen 1985.

gen dieser Entwicklung auf die Religion sind vielfach beschrieben worden und brauchen hier nur stichwortartig in Erinnerung gerufen zu werden. Einerseits wird die traditionell organisierte Religion auf die Institution der Kirche zurückgedrängt; und andererseits entstehen unzählige neue Organisationsformen für Religion, und zwar innerhalb und vor allem auch ausserhalb der herkömmlichen Kirchen, welche Religion nach dem Muster des Marktes, nach den Regeln von Angebot und Nachfrage verteilen. Die »Kommunikationslinien« von Religion verschieben sich also: Sind sie im traditionellen Organisationsmuster noch an der Autoritätsausübung orientiert (Untertanen übernehmen die Religion des Landesherrn, Kinder die der Eltern), so folgen sie nun dem Muster der Warenverteilung, Religion lehnt sich nicht mehr ans Subsystem »Politik«, sondern an den Bereich »Wirtschaft« an. Pluralisierung und Individualisierung der Religion sind selbstverständliche Begleiterscheinungen. Das Angebot wird dabei nicht nur aus traditionellen Ressourcen gespeist, sondern bei Mangel an einheimischen Produkten auch durch Importe bereichert. Dass die Lücke an protestantischen Meditationstechniken durch Zen-Praktiken kompensiert werden kann, ist schon beinahe selbstverständlich.

Diese Umformung der Religion führt zu einer ständigen *Fluktuation* von religiösen Orientierungen. Individuelle Biographien sind kaum mehr durch eine konstante Religiosität gekennzeichnet; Brüche sind normal, Konversionen und Dekonversionen geläufig. Aber darüber hinaus sind sogar Mehrfachorientierungen möglich. Interreligiöse Gottesdienste stellen unterschiedliche Orientierungen zur Wahl (ich habe einmal den Dalai Lama, Drewermann und einen protestantischen Theologen und Philosophen gleichzeitig erlebt). Auch Institutionalisierungen von religiösem »Multi-Tasking« werden angestrebt: Vor einiger Zeit wurde im Bereich der Landeskirchen des Kantons Zürich eine (allerdings erfolglose) Volksinitiative lanciert, welche eine kirchliche Doppelmitgliedschaft ermöglichen sollte.

Das Stichwort der Fluktuation betrifft nicht nur religiöse Orientierungen, sondern geistige Orientierungen überhaupt. Im Bereich der Politik ist ein Schwund der Stammwähler zu beobachten – zur grossen Sorge der politischen Parteien. Die Berufswahl stellt keine lebenslängliche Entscheidung mehr dar. Die Institution der Ehe verliert immer stärker den Charakter der Dauerhaftigkeit; Scheidungen werden selbstverständlich, tun vielleicht auch weniger weh als früher.

Bei aller Fluktuation ist doch ein gewisser kultureller Konsens über Grundwerte vorauszusetzen. Es gibt gewisse »bürgerliche Selbstverständlichkeiten«, deren Geltung nicht in Frage gestellt wird. Menschenrechte als Grundnorm, Individualität als Persönlichkeitsideal, Fairness als Regulativ individuellen und Solidarität als Regulativ gemeinschaftlichen Verhaltens sind solche Werte, Elemente der »Zivilreligion«, die sich unschwer als aufklärungskompatibles Transformat christlicher Werte bestimmen lassen.[19] Wie weit der Bestand solcher Zivilreligion reicht

---

[19] Zur Zivilreligionsdebatte vgl. Kleger, H./Müller, A.: Religion des Bürgers. Zivilreligion in

und wie tragfähig er ist, ist schwierig zu beurteilen; im Wandel der Zeit scheint sich eher ein Schwund der Selbstverständlichkeiten an Werten und Normen abzuzeichnen. Immerhin: Die latente Zivilreligion ist so etwas wie eine »regulative Idee«, ohne die man sich ein Funktionieren der Gesellschaft nicht vorstellen könnte.

Der Vergleich der Situation im Römischen Reich zeigt gewisse Analogien. Die Orientierungsprozesse in beiden Gesellschaften sind durch eine Fluktuation diffuser Identifikationen gekennzeichnet, die je durch einen zivilreligiösen Rahmen stabilisiert sind. Allerdings ist dieser Rahmen in der Antike explizit, während die implizite Zivilreligion der Gegenwart viel weniger präzis bestimmbar ist als der römische Herrscherkult.

b) Nicht-aufklärungsbestimmte Kulturregionen

Die Gebiete der »Dritten Welt« wurden mit der Aufklärung in der Gestalt der Kolonisierung konfrontiert. Dies hatte Folgen auf sämtlichen Ebenen: Die wirtschaftlichen Prozesse wurden auf die Bedürfnisse der Kolonialmächte hin umgeformt, die Machtausübung fremder Kontrolle unterworfen, die symbolische Kommunikation durch Einwirkungen der Mission gestört oder zerstört. Die Begrenzung der Lebensräume wurde meist neu geregelt: Die Kolonialgrenzen nahmen kaum je Rücksicht auf traditionelle Grenzlinien. In vielen Fällen wurden bis dahin sehr beschränkte traditionelle Lebensräume eingebettet in grossräumige Verwaltungseinheiten, sodass die meisten heutigen Staaten der dritten Welt künstliche, von aussen willkürlich geschaffene Gebilde multikultureller und multireligiöser Regionen sind.

Der radikale Traditionsabbruch löste praktisch überall eine tiefe Identitätskrise aus, die sich allerdings in ganz unterschiedlicher Weise äussern konnte. Regressive Tendenzen führten zum Rückzug in eine traditionelle Kultur vom Typus der Reservat-Existenz. »Progressive« Tendenzen drängten zur Anpassung, zur kulturellen Identifikation mit westlicher Zivilisation, z.B. durch Bekehrung zum Christentum oder die Übernahme westlicher Werte. Von grösster unmittelbarer Wirkung waren sicher eskapistische Reaktionen, die sich in Formen des Krisenkults[20] manifestierten. Dabei wurde das traditionelle religiöse Symbolsystem un-

---

Amerika und Europa, München 1986; Schieder, R.: Civil Religion. Die religiöse Dimension politischer Kultur, Gütersloh 1987; Schwarke, Chr.: Jesus kam nach Washington, Gütersloh 1991.

[20] Zum Krisenkult vgl. insbesondere die Arbeiten von Lanternari, V.: Religiöse Freiheits- und Heilsbewegungen unterdrückter Völker, Neuwied/Berlin 1960; Mühlmann, W.E.: Chiliasmus und Nativismus. Studien zur Psychologie, Soziologie und historischen Kasuistik der Umsturzbewegungen, Berlin ²1964; La Barre, W.: Materials for a History of Studies of Crisis Cults. A Bibliographical Essay, Current Anthropology 12 (1971), 3–44; Hesselgrave, D.S.: Dynamic Religious Movements. Case Studies of Rapidly Growing Movements around the World, Grand Rapids, 1978, und Laubscher, M.: Krise und Evolution. Eine kulturwissenschaftliche Theorie zum Begriff »Krisenkulte«, in: Eicher, P. (Hg.): Gottesvorstellungen und Gesellschaftsentwicklungen, München 1979, 131–149. Ausdrücklich unter dem Begriff der Identitätsthematik behandelt Ahrens, Th.: Unterwegs nach der

ter Übernahme von Elementen aus der dominierenden Kultur umgeformt. Vielfach erfolgte eine Zukunftsorientierung; Heilserwartungen mit der Aussicht auf eine Umkehrung der Herrschafts- und Abhängigkeitsverhältnisse kamen auf, mit der aktivistischen Variante der Befreiungsbewegungen. Hier flossen vielfach nationalistische Ideen aus der 1. und 2. Welt ein, wobei häufig Personen führend waren, welche sich der westlichen Kultur weitgehend angepasst hatten. In den Befreiungsbewegungen etablierten sich nationalistische, »negative« Identifikationen gegen die Kolonialmacht, die aber in der Regel nicht ausreichten zur Herstellung einer positiven Identifikation mit dem neugeschaffenen »Nationalstaat« der nachkolonialen Zeit. Dies führte dann zu den bekannten inneren Problemen vieler afrikanischer Staaten: In der Regel dominiert eine Ethnie, die anderen haben keinen gesicherten Lebensraum.[21]

Auf unsere Frage nach Identifikationsprozessen hin beleuchtet, stellt sich der skizzierte Sachverhalt wie folgt dar: Während traditionelle Gesellschaften in vorkolonialer Zeit durch eine hochgradige Parallelität der Identifikationen gekennzeichnet sind, kommt es in der kolonialen Phase zu unterschiedlichen Entwicklungen. Rückzug in die Reservatexistenz heisst, dass ein bestimmtes Feld der Erfahrung, nämlich das der Machtausübung nach aussen, aus der Orientierung ausgespart wird und überhaupt nicht mit Identifikationen besetzt ist. Anpassung bedeutet Übernahme einer fremden Identifikation. Die eskapistischen Reaktionen aber bedeuten, dass eine (zumindest partielle) Gegen-Identifikation zustande kommt, welche eine hohe Dynamik auslöst. Mit solchen dynamischen Prozessen haben wir uns jetzt zu beschäftigen.

5. Dynamik und Umkippmechanismen

In unseren Überlegungen sind wir verschiedentlich auf Umschichtungsprozesse, auf schnelle Neuordnungen von Identifikationsprozessen gestossen. Ein erstes Beispiel stellt die Christianisierung des Römischen Reiches dar, welches in vorkonstantinischer Zeit durch eine vielfältige Fluktuation unkoordinierter Identifikationen gekennzeichnet ist; die Christianisierung beinhaltet deren »Parallelisierung«. Der nationalistische Aufbruch zu Beginn 1. Weltkrieges lässt sich analog verstehen: Die nationale Identifikation erhält eine Dominanz, welche alle anderen Identifikationen zur Bedeutungslosigkeit herabmindert. Die historischen Prozesse unterliegen also unvermittelt einer sehr schnellen Dynamik, und es kommt zu einer neuen Ordnung der Orientierung. Im Nachhinein kann man natürlich zeigen, dass das Christentum in der Antike und der Nationalismus im 19. Jahrhun-

verlorenen Heimat. Studien zur Identitätsproblematik in Melanesien, Erlangen 1986, Akkulturationsprobleme Melanesiens.
[21] Zur Situation in Afrika vgl. etwa Stahn, E.: Das Afrika der Vaterländer. Entwicklung und Bilanz nach 25 Jahren Unabhängigkeit, Frankfurt a.M. 1985.

dert ständig an Bedeutung zunahmen; aber das »erklärt« den plötzlichen Umbruch nicht. Sucht man nach Bildern zur Erläuterung des Vorgangs, so bieten sich Modelle der naturwissenschaftlichen Chaosforschung an – wobei dahingestellt bleibe, ob der Vergleich mehr als einen assoziativen Wert hat: In Zuständen fern vom Gleichgewicht treten plötzlich selbstorganisatorische Prozesse ein, die eine neue Ordnung bilden; wird das Gleichgewicht diffus fluktuierender Orientierungen zu labil, so können sehr schnell neue, kräftige Ordnungsbildungen entstehen.

Die Orientierungslabilität kann in ganz unterschiedlichen historischen Konstellationen entstehen. Im Hinblick auf die Christianisierung des Römischen Reiches und den Ausbruch des 1. Weltkrieges ist häufig von der »inneren Erschöpfung« der antiken Zivilisation bzw. des Bürgertums des 19. Jh. die Rede – was immer mit einer solchen oder ähnlichen Metaphern gemeint ist. Von ganz anderer Art ist das Orientierungsvakuum nach dem Zusammenbruch der Dominanz des Kommunismus im Bereich des ehemaligen Ostblocks oder der Kolonialherrschaft. In allen Fällen jedoch kommt es im Umbruch mindestens tendenziell zu neuen *Bündelungen und Parallelisierungen* von Identifikationen, mit scharfen Abgrenzungs- und Ausschlussmechanismen: Im Bereich des spätantiken und mittelalterlichen Christentums etwa prägt die christliche Identifikation alle Partikularidentifikationen, und in den Problemfeldern der Gegenwart bündeln sich in analoger Weise ethnische und religiöse Identifikationen. Im islamischen Bereich gerät bei entsprechender Dynamisierung der *ḏimma*-Status der geschützten kulturellen bzw. religiösen Minderheit ins Wanken: »Ethnische« Minderheiten in der Türkei wurden mit der Etablierung des Nationalstaates blutig verfolgt, und unter einem ganz anderen Vorzeichen wurden jüdische Kolonien, die bis zur Entstehung des Staates Israel ganz selbstverständlich zur gesamten islamischen Welt gehört hatten, zunehmend gefährdet und »repatriiert«. Von »Repatriierungen« und »ethnischen Säuberungen« kann man täglich in der Zeitung lesen; sie bilden eine traurige Signatur der Gegenwart. Bündelungen von Identifikationen sind gefährlich; Umkippmechanismen lassen häufig ein unkontrollierbares aggressives Potential wirksam werden.

Die aufklärungsbestimmten Kulturbereiche Mitteleuropas sind, wie oben ausgeführt wurde, zur Zeit noch durch eine relativ gleichgewichtige Fluktuation von Orientierungen im Rahmen zivilreligiöser Selbstverständlichkeiten bestimmt. Allerdings zeigen sich auch in diesen Regionen heute Probleme, insbesondere im Zusammenhang mit der Immigration. Wenn die Einwanderung aus einer bestimmten Herkunftsregion ein gewisses Mass erreicht, kommt es zur Bildung von Subkulturen, innerhalb derer die Identifikationen weitgehend parallel verlaufen; die relative Einheitlichkeit von Nationalität, sozialer Schicht, Sprache, Religion, Essgewohnheiten usw. sorgt dafür. Innerhalb eines Kontextes von fluktuierenden Identifikationen ergibt sich eine zunehmende Akzentuierung der Abgrenzung zwischen Subkultur und dominierender Kultur. Auf der anderen Seite ist das Gleichgewicht der fluktuierenden Identifikationen labil geworden; einerseits durch den Verlust zivilreligiöser Selbstverständlichkeiten, andererseits wohl auch durch die gegenwärtige Wirtschaftskrise, welche Polarisierungen fördert. Die Tendenz zu Bündelungen von Identifikationen kristallisiert sich dann typischerweise in politisch rechtslastigen, nationalistischen Orientierungen, im Gegenüber zu den entstehenden Subkulturen, die sich (aus ganz anderen Gründen) auch durch gebündelte Identifikationen auszeichnen.

6. Der Umgang mit Identifikations-Bündelungen: Ethische Perspektiven

Mit den Beobachtungen zur eigenen kulturellen Umgebung wurden unmittelbar ethische Perspektiven berührt; insbesondere die Bereiche von Politik und Pädagogik sind in diesem Zusammenhang mit Fragen konfrontiert.[22]

Politische Akzente können unterschiedlich gesetzt werden. Ist bei Einwanderern primär die Erhaltung der angestammten kulturellen Identität zu fördern oder vielmehr die Anpassung an die umgebenden Verhältnisse? Bei beiden Strategien drohen problematische Folgen. Bei einer Förderung der subkulturellen Identifikation droht eine Vertiefung der Abgrenzung, was aggressive Reaktionen der Umgebung fördern dürfte. Bei einer Förderung der Assimilation, der sozialen und kulturellen Anpassung, setzt man darauf, dass die Fluktuation der Identifikationen auf die ausländischen Bevölkerungsteile übergreift. Dies bedeutet aber eine tiefgreifende Umformung der Identifikationsprozesse, der sich die Einwanderer unterziehen müssen. Eine islamische religiöse Identifikation beispielsweise müsste dann zu einer in den Rahmen der hierzulande üblichen, fluktuierenden religiösen Identifikationen werden und sich in den zivilreligiösen Rahmen einpassen, im Widerspruch zum traditionellen Islam; dies könnte wieder zu einer Quelle von Identifikationsverlust werden. Alle kultur- und strukturpolitischen Entscheidungen führen also auf eine Gratwanderung.

Was die Pädagogik betrifft, so ist das Stichwort der »interkulturellen Erziehung« zur Zeit besonders aktuell. Sie leitet dazu an, die Sichtweisen einer fremden Kultur nachzuvollziehen und nachzuerleben. Dies entspricht einem kulturellen Leitbild, das durch fluktuierende Identifikationen bestimmt ist; ein kulinarisches Beispiel mag dies verdeutlichen: In jeder Stadt der Schweiz oder Deutschlands kann man sich überlegen, ob man italienisch, serbisch, griechisch, chinesisch oder indonesisch essen will. Jeder kann in jeder Küche zu Gast sein, und mehr als das: Man macht sich den fremden Geschmack sogar in einer gewissen Weise zu eigen. Dementsprechend gelten Verständnis und Sinn für andere Kulturen und Religionen als Wert. Dies setzt allerdings Spielregeln voraus: Alle Angehörigen aller beteiligten Kulturen müssen an diesem Austausch, an der Neugier, am wechselseitigen Respekt Anteil haben. Der zivilreligiöse Rahmen, den die Aufklärung als Leitlinie produziert hat, ist vorausgesetzt. Daraus geht hervor, dass eine »Erziehung in der Zivilreligion« mindestens dasselbe Gewicht haben muss wie eine »in-

---

[22] Vgl. dazu die in Anmerkung 2 und 5 genannte Literatur.

terkulturelle Erziehung«. Die christlich-nachchristlichen Werte und Ziele sind wohl nicht mehr problemlos gegeben; der Konsens darüber muss erarbeitet werden.

Kann für diese zivilreligiösen Werte Universalität vorausgesetzt werden? Dies ist der Ausgangspunkt von Hans Küng, der eingangs zitiert worden ist. Der globale Austausch zwischen Kulturen und Religionen soll im Rahmen allgemeinmenschlicher Identifikation zu Gemeinsamkeit, Kooperation und damit zu umfassendem humanem Verhalten führen. Küng – und mit ihm viele andere – proklamieren also so etwas wie eine »Weltzivilreligion«.[23] Dabei ist zu bedenken, dass von den traditionellen religiösen Identifikationen kein unmittelbarer Weg zu dieser anvisierten allgemein humanen Religiosität führt. Die Verstärkung religiöser Identifikationen scheint in der Gegenwart eher in gesellschaftliche Abdichtung oder, weit gravierender, in Bündelungstendenzen hineinzuführen[24] als in die Öffnung zu universalmenschlicher Identifikation.

Was legitimiert die Universalisierung unserer Zivilreligion? Diese erscheint heute nicht mehr so selbstverständlich, was auch schon die Diskussion um die Menschenrechte belegt.[25] Die aufklärerischen Selbstverständlichkeiten sind eben nur im Wirkungsbereich der Aufklärung selbstverständlich. Bis jetzt hat der Mensch Grenzen gebraucht, Identifikation wird nicht zuletzt durch Abgrenzung erzielt.[26] Weltoffenheit musste bis jetzt durch kulturelle Schranken reguliert werden, damit Orientierung möglich war; das scheint bisher eine anthropologische Konstante gewesen zu sein, gewissermassen der Preis für die Weltoffenheit. Aber »Weltoffenheit« könnte natürlich auch heissen, dass eine solche Konstante entfällt. Die Vergangenheit formt bekanntlich nicht das Gesetz der Zukunft.

[23] Vom »Weltbürger« ist historisch nicht zum ersten Mal die Rede; schon die Stoa kennt ihn, und einmal mehr wird die verblüffende Ähnlichkeit der Ära des hellenistischen Synkretismus mit der Gegenwart deutlich. Der Kosmopolit der damaligen Zeit erwies sich aber als intellektuelle Konstruktion ohne grosse Auswirkung auf die realen Verhältnisse.

[24] Als Beispiel einer umfassenden Konfliktanalyse, in welcher neben anderen auch religiöse Faktoren gebührend gewürdigt werden, vgl. Hanf, Th.: Koexistenz im Krieg. Staatszerfall und Entstehen einer Nation im Libanon, Baden-Baden 1990.

[25] Zu erinnern ist an die Diskussionen der Wiener Menschenrechtskonferenz im Frühjahr 1993.

[26] Zu den Problemen der Universalisierung moralischer Regeln, die ursprünglich in beschränkteren Sozialformen gültig sind, vgl. Gehlen, A.: Moral und Hypermoral, Wiesbaden ⁵1985.

»FUNDAMENTALISMUS«, RELIGION DER JUGEND UND JUGENDKULTUREN – VERGLEICH DREIER FORSCHUNGSLAGEN

Gibt es eine »fundamentalistische« Jugendkultur? Von Fundamentalismus ist in der Gegenwart zur Genüge die Rede, von Jugendkulturen spricht man auch – aber gibt es eine »Schnittmenge« der beiden Phänomene? Die Überschrift der Tagung (»Fundamentalistische« Jugendkultur), die hier dokumentiert ist, ist weniger als Behauptung eines Sachverhalts denn als Nachfrage zu verstehen.

Fundamentalismus ist ein Schlagwort des Alltags, vor allem des politischen Alltags; die Fundamentalismusforschung im Bereich von Soziologie, Religionswissenschaft, Psychologie und Theologie hat ihre Mühe, sich diesem politischen Sog zu entziehen (wenn sie das überhaupt will) und Distanz zu wahren. Mit den Jugendkulturen verhält es sich völlig anders: Dies ist ein Thema der Pädagogik und der Soziologie; der entsprechende wissenschaftliche Diskurs ist lebhaft, hat aber kaum nennenswerte Publikumswirksamkeit. Der Bereich der Religion spielt übrigens in dieser Diskussion kaum eine Rolle. Wo andererseits im Bereich der (vor allem soziologischen) Religionsforschung die spezifische Religiosität der Jugend untersucht wird, fehlt weitgehend eine Thematisierung von »Jugendkulturen«.

Wir berühren also, wenn wir nach fundamentalistischer »Jugendkultur« fragen, ganz verschiedene Gegenstandsbereiche mit je unterschiedlicher Forschungslage, wobei natürlich auch innerhalb der einzelnen Diskurse eine verwirrende Vielfalt von Zugängen und Konzeptualisierungen der jeweiligen Problematik anzutreffen ist.

So soll zunächst der Versuch einer gewissen Auslegeordnung gewagt werden: Typische Problemstellungen innerhalb der einzelnen Forschungslagen (also nicht einmal die Darstellung der Forschungslagen selbst) sind das Ziel der folgenden Ausführungen.

1. Fundamentalismusforschung

1.1 Das Problem der Nomenklatur

Die Wörter »Fundamentalismus« und »fundamentalistisch« werden zumeist als deklassierendes Allostereotyp verwendet; in der Tageszeitung beispielsweise, die ich zu lesen pflege, wird der jeweils aktuelle politische Gegner gern als »fundamentalistisch« bezeichnet. Der Ausdruck wird fast nie als Eigenbezeichnung verwendet, zumindest nicht in Europa. Im Vorfeld der Tagung, die hier dokumentiert ist, erhoben eingeladene Vertreter eines evangelikalen Protestantismus Protest gegen die Verwendung des Wortes »fundamentalistisch«. Fundamentalisten wollten sie gerade nicht sein, und ich habe Verständnis für derartige Stellungnahmen.

Sollte man den Ausdruck aus dem Wörterbuch von Religionswissenschaft und Theologie streichen? Dies lässt sich schwerlich bewerkstelligen; denn der Begriff wird nun einmal gebraucht, inflationär sogar, und dem Alltagssprachgebrauch kann man sich nicht einfach entziehen. Wissenschaftliche Arbeit hat nicht zuletzt die Funktion, alltäglichen Sprachgebrauch historisch und sachlich zu rekonstruieren. Geschichte und Inflation des Wortes »Fundamentalismus« sind also bereits ein Gegenstand der Fundamentalismusforschung. Allerdings ist diese in sich vielfältig und widersprüchlich. Versuchen wir also eine kurze Typologie dieser Forschung.

1.2 Normative Fundamentalismusforschung

Thomas Meyer gibt in seinem einleitenden Essay eines Sammelbandes über den Fundamentalismus die folgende griffige Definition des Begriffs: »Fundamentalismus ist der selbstverschuldete Rückfall aus den Zumutungen des Selberdenkens, der Eigenverantwortung, der Begründungspflicht und der Offenheit aller Geltungsansprüche, Herrschaftslegitimationen und Lebensformen in die Sicherheit selbstfabrizierter Fundamente. Vor ihnen soll alles Fragen Halt machen, damit sie absoluten Halt geben können.«[1] Das alle Beiträge des Buches leitende Interesse bestimmt er folgendermassen: »Die Autoren verbindet der Wille, Dämme gegen die fundamentalistische Flut wider die Aufklärung in einer Zeit zu errichten, in der immer neue Methoden und Moden der Aufklärungsfeindschaft populär werden, nicht weil die Aufklärung erfüllt wäre, sondern sie zu langweilen beginnt.«[2] Das ganze Werk versteht sich also als Programmschrift gegen den Fundamentalismus und als Plädoyer für die Aufklärung; der Gattung nach haben wir es mit einem Pamphlet zu tun.

Meyer (und wohl auch seine Mitautoren) orientiert sich also am aufgeklärten Menschen bzw. an einer aufgeklärten Gesellschaft, die es zu verteidigen gilt – wobei das Verhältnis zwischen dem »aufgeklärten Menschen« und der »aufgeklärten Gesellschaft« noch zu erörtern wäre. Besonders bemerkenswert erscheint mir, dass deskriptive und normative Aspekte in diesem Ansatz untrennbar miteinander verbunden sind.

Meyers Ziel ist es also, den Fundamentalismus zu bekämpfen; entsprechende Fundamentalismusforschung versucht, ihren Forschungsgegenstand zu beseitigen – eine wissenschaftliche Verfahrensweise, die in den Geisteswissenschaften

---

[1] Meyer, Th. (Hg.): Fundamentalismus in der modernen Welt. Die Internationale der Unvernunft, Frankfurt a.M. 1989, 18.
[2] Meyer: Fundamentalismus, 9.

sonst nicht üblich ist und die eher an die Medizin erinnert, welche Krankheiten beseitigen will (und vielleicht mit dem ethisch orientierten Philosophen, der das Böse bekämpft).[3]

Man kann sich andere Annäherungen vorstellen, welche eher Distanz von normativen Festlegungen suchen. An die Stelle eines wertenden Zugriffs treten dann deskriptive, analytische und komparative Modelle und Theoriebildungen. Man versucht dann, Fundamentalismus zu verstehen, zu erklären, zu analysieren und zu vergleichen – wie immer diese Begriffe im Einzelnen zu erläutern sind.[4]

1.3 Deskriptive und analytische Annäherungen an den Fundamentalismus

1.3.1 Prototypische Annäherung

Der historische Zugang scheint am unverfänglichsten zu sein: Fundamentalismus lässt sich als Geschichte, Wirkungsgeschichte und Begriffsgeschichte einigermassen deutlich fassen. Man hat dann einzusetzen am »Prototyp« des Fundamentalismus, am nordamerikanischen. Dann hat man einen doppelten Weg zu beschreiben: Den Weg der »Sache« in ihrer Wirkungsgeschichte; und den Weg des Begriffs. Die wesentlichen Stationen dieser Wege sind bekannt.[5]

– Die Bezeichnung »Fundamentalismus« gilt zunächst einer Strömung des nordamerikanischen Protestantismus, die sich um diesen Begriff herum in den Zehner und Zwanziger Jahren dieses Jahrhunderts aus dem weiten Spektrum konservativ-regressiver Religiosität herauskristallisiert; die Begriffe *fundamenta-*

---

[3] Zu diesem Typus »apotropäischer« Fundamentalismus-Literatur gehören – in grösserem oder geringerem Masse – die meisten der zahlreichen Werke, welche in jüngster Zeit zum Thema erschienen sind; vgl. etwa Kochanek, H. (Hg.): Die verdrängte Freiheit. Fundamentalismus in den Kirchen, Freiburg 1991; Jäggi, Chr.J./Krieger, D.: Fundamentalismus. Ein Phänomen der Gegenwart, Zürich 1991; Pfürtner, S.H.: Fundamentalismus. Die Flucht ins Radikale, Freiburg/Basel/Wien 1991; Halter, H. (Hg.): Verunsicherungen, Zürich 1991; Deinzer, K.: Sicherheit um jeden Preis? Fundamentalistische Strömungen in Religion, Gesellschaft und theologischer Ethik, St. Ottilien 1990; Birnstein, U. (Hg.): »Gottes einzige Antwort ...«. Christlicher Fundamentalismus als Herausforderung an Kirche und Gesellschaft, Wuppertal 1990; Grabner-Haider, A./Weinke, K. (Hg.): Angst vor der Vernunft? Fundamentalismus in Gesellschaft, Politik und Religion, Graz 1989; Niewiadomski, J. (Hg.): Eindeutige Antworten? Fundamentalistische Versuchungen in Religion und Gesellschaft, Thaur 1988. Auch die mittlerweile bald zum Klassiker avancierte Schrift von Barr, J.: Fundamentalismus, München (1977) 1981, ist hier zu nennen.

[4] Um distanzierte und nicht vorverurteilende Haltung dem »Fundamentalismus« gegenüber bemühen sich z.B. die Beiträge bei Caplan, L. (Hg.): Studies in religious Fundamentalism, London 1987; Ammerman, N.T.: Bible Believers. Fundamentalists in the Modern World, New Brunswick/ London 1988; Colpe, C./Papenthin, H. (Hg.): Religiöser Fundametalismus. Unverzichtbare Glaubensbasis oder ideologischer Strukturfehler?, Berlin 1989; Lawrence, B.B.: Defenders of God. The Fundamentalist Revolt Against the Modern Age, San Francisco 1989; Riesebrodt, M.: Fundamentalismus als patriarchalische Protestbewegung. Amerikanische Protestanten (1910–1928) und iranische Schiiten (1961–1979) im Vergleich, Tübingen 1990. – Vgl. auch den jüngsten kultur- und religionsvergleichenden Sammelband von Marty, M.E./Appleby, R.S.: Fundamentalism Observed, Chicago 1992, zum Thema (die Arbeit ist Frucht eines umfassenden interdisziplinären Fundamentalismus-Forschungsprojekts).

[5] Vgl. Pfürtner: Fundamentalismus, 43ff.

lism und *fundamentalistic* werden hier häufig auch als Selbstkennzeichnung verwendet.[6]

– Amerikanischer Fundamentalismus wirkt dann auf Europa ein, besonders nach dem Zweiten Weltkrieg. Er trifft hier auf pietistisch-erweckliche Traditionen, und es entsteht eine Bewegung, die man gern als *neopietistisch* oder *evangelikal* bezeichnet; die Dortmunder Bekenntnisbewegung ist ein Beispiel solcher Wirkung. Dieser Prozess ist kirchengeschichtlich noch nicht genügend untersucht worden.[7]

– Besonders seit dem Umsturz im Iran kommt es zu einer Übertragung der Begrifflichkeit auf den Islam. Die revolutionären Bewegungen, welche unter islamischer (oder, mit pejorativem Unterton: islamistischer) Losung die Macht ergriffen, sind jetzt plötzlich *die* Fundamentalisten. Als Basis für diese Übertragung mögen verschiedene vergleichbare Qualitäten gedient haben: die Berufung auf eine heilige Schrift, die Militanz, die Ablehnung von Verhaltensweisen moderner Lebensart.[8]

– Auch im Hinblick auf den Katholizismus findet der Begriff zunehmend Verwendung, und zwar für konservativ-integristische Bewegungen unterschiedlicher Stellung, sowohl für marginale und marginalisierte (z.B. die aus dem organisatorischen Verband der Kirche ausgeschiedene Gruppierung um Erzbischof Lefebvre und sein Priesterseminar in Écône) als auch für zentrale (zu denken ist an die verschiedenen »konservativen« Bischöfe, welche in letzter Zeit durch den Vatikan gezielt eingesetzt wurden). Der im zweiten Vaticanum ausgelöste Erneuerungsprozess (unter dem Stichwort »aggiornamento«) hat Reaktionen ausgelöst, welche

[6] Zur Geschichte des amerikanischen Fundamentalismus geben die Arbeiten von Marsden, G.M.: Fundamentalism and American Culture. The Shaping of Twentieth Century Evangelicalism 1870–1925, New York 1980; ders.: Understanding Fundamentalism and Evangelicalism, Grand Rapids 1991, einen guten Überblick; vgl. auch Geldbach, E.: Der frühe Fundamentalismus, in: Dressler, B./Ohlemacher, J./Stolz, F. (Hg.): Fundamentalistische Jugendkultur, Loccum 1995, 60–80.

[7] Einiges dazu in der von G. Sauter verfassten Einführung zur deutschen Übersetzung des Buches von Barr: Fundamentalismus; Geldbach, E.: Evangelikalismus. Versuch einer historischen Typologie, in: Frieling, R. (Hg.): Die Kirchen und ihre Konservativen. »Traditionalismus « und »Evangelikalismus« in den Konfessionen, Göttingen 1984, 52–83; Marquardt, M.: Strukturen evangelikal-fundamentalistischer und traditionalistsicher Theorie und Frömmigkeit, in: Frieling: Kirchen, 84–103; Ohlemacher, J.: Zum Thema »Frömmigkeit« – Werden die Pietisten evangelikal?, Der evangelische Erzieher 38 (1986), 324–339; Greschat, M.: Verwandte oder Fremde? Der Pietismus und die Evangelikalen, Der evangelische Erzieher 38 (1986), 315–324.

[8] Zum islamischen Fundamentalismus vgl. Dekmejian, R.H.: Islam in Revolution. Fundamentalism in the Arab World, Syracuse/New York 1985; Ghaussy, G.A.: Der islamische Fundamentalismus in der Gegenwart, in: Meyer, Fundamentalismus, 83–100; Hyman, A.: Muslim Fundamentalism, London 1985; Jargy, S. (Hg.): Le défi du fondamentalisme islamique. Regards sur l'occidentalisation, Genf 1988; Watt, W.M.: Islamic Fundamentalism and Modernity, London 1988; Tibi, B.: Der Islam und das Problem der kulturellen Bewältigung sozialen Wandels, Frankfurt a.M. 1985; ders.: Die Krise des modernen Islam. Eine vorindustrielle Kultur im wissenschaftlich-technischen Zeitalter, Frankfurt a.M. 1991.

den protestantisch-fundamentalistischen vielfach entsprechen, wobei die konfes-
sionsspezifischen Unterschiede der beiden Bewegungen charakteristisch hervor-
treten.[9]
  – Eine überraschende neue Nuance gewinnt der Ausdruck in politischer Verwendung. Die ökologische Szene (insbesondere die Grünen in der Bundesrepublik Deutschland) gruppiert sich in einen ideologischeren und einen pragmatische-
ren Flügel; »Fundis« und »Realos« streiten sich um den Vorrang von reiner Lehre
bzw. grösserer Durchsetzungskraft.[10]
  – Damit ist die Inflation des Begriffs besiegelt: Von nun an kann jeder, welcher
»ideologisch«, «kompromisslos« u.Ä. für ein politisches Ziel kämpft, von seinem
Gegner als «fundamentalistisch« diffamiert werden.

Ist also im alltäglichen Sprachgebrauch von »Fundamentalismus« die Rede, so
kann sich seine Verwendung auf irgendeine Station der Geschichte des Ausdrucks
beziehen. Will man den Begriff religionswissenschaftlich in irgendeiner Verwendung brauchen, die über den nordamerikanischen Raum hinausreicht, so ist zu
fragen, in welcher Weise die verschiedenen Übertragungen des Begriffs Vergleichbares treffen, d.h., man wendet funktionale Fragestellungen an. Die Herstellung
von Vergleichbarkeit ist auf einen Theorierahmen angewiesen; man hat die Gesichtspunkte anzugeben, unter denen verglichen wird, und man hat in Korrelation dazu anzugeben, was vergleichbar ist.[11]

1.3.2 Fundamentalismus als Reaktion auf Modernisierung

Häufig wird Fundamentalismus unter die vielfältigen Reaktionen auf Probleme
der Modernisierung subsumiert, wobei dieser Begriff meist unscharf bleibt.[12] Wir
wollen ihn behelfsmässig als den Prozess verstehen, der sich in den geistigen, politischen, wirtschaftlichen und technologischen Wirkungen der Aufklärung manifestiert. Tatsächlich sind die Aufklärung und deren Folgen in irgendeiner Weise
in den meisten (jedenfalls den »religiösen«) Spielarten des Fundamentalismus
thematisiert.

---

[9] Zum katholischen »Fundamentalismus« vgl. z.B. Ebertz, M.N.: Fundamentalismus im Katholizismus. Religionssoziologische Thesen und Notizen, Die Neue Gesellschaft/Frankfurter Hefte 36
(1989), 223–233; ders.: Treue zur einzigen Wahrheit. Religionsinterner Fundamentalismus im
Katholizismus: in: Kochanek: Freiheit, 30–52; Deinzer: Sicherheit, 84ff; Niewiadomski, J.: »Wohl
tobet um die Mauern ...«. Fundamentalistische katholische Gruppierungen, in: Kochanek: Freiheit,
156–180.
[10] Die fundamentalistische ökologische Position wird wohl am deutlichsten markiert durch
Bahro, R.: Logik der Rettung. Wer kann die Apokalypse aufhalten? Ein Versuch über die Grundlagen ökologischer Politik, Stuttgart/Wien 1987; vgl. Meyer: Fundamentalismus, 272ff; Renolder, S.:
Fundamentalismus bei den Grün-Alternativen, in: Niewandomski: Antworten, 89–108.
[11] Ein an solchen Gesichtspunkten orientierter Versuch der Operationalisierung des Fundamen-
talismus-Begriffs findet sich bei Stolz, F./Merten, V.: Zukunftsperspektiven des Fundamentalismus,
Freiburg 1991, 23ff.

Peter L. Berger hat eine einfache Typologie der Reaktionen auf die Aufklärung im Bereich der Religion vorgeschlagen: Er unterscheidet einen deduktiven, einen reduktiven und einen induktiven Reaktionstyp; der deduktive verfährt rein abwehrend, der reduktive reduziert Religion auf die mit der Aufklärung kompatiblen Grundsätze (und verlagert ersatzweise die religiöse »Energie« auf das Feld der Moral), und der induktive sucht nach einer Umbildung der Religion unter den Bedingungen der Aufklärung, aber unter Wahrung der spezifischen Intentionen religiöser Botschaft.[13] Wie lässt sich nun beispielsweise nordamerikanischer Fundamentalismus hier einordnen? Einerseits lässt sich die Abwehrtendenz gegen die Modernisierung der Gesellschaft mit Händen greifen, aber doch nur partiell, etwa im Glaubenssystem, in der personalen Ethik und, damit zusammenhängend, in bestimmten Fragen der Lebensformen. Aber andererseits übernimmt gerade dieser Fundamentalismus Eigenheiten der Moderne; im Hinblick auf die »Verteilung« der Botschaft, also auf die Verkündigungsformen, auf Organisations- und Managementfragen ist dieser Typus von Fundamentalismus ausgesprochen modern. Es handelt sich also um eine »Mischreaktion« auf die Modernisierung; beim katholischen Integrismus würde sich eine ganz andere Mischung deutlich machen lassen.

Analoge Beobachtungen ergeben sich, wenn man die differenzierungstheoretische Variante des Modernisierungstheorems in Anwendung bringt.[14] Der prototypische amerikanische Fundamentalismus akzeptiert die funktionale Ausdifferenzierung der Gesellschaft partiell (etwa die »Eigengesetzlichkeit« der Wirtschaft), aber andere Aspekte dieser Entwicklung werden scharf bekämpft. Protestantischer Fundamentalismus ist also gleichzeitig »antimodern« und »modern«; als Ansatz für die Herstellung von Vergleichbarkeit ist also nur eine diffe-

---

[12] Modernisierungsprobleme werden in der Fundamentalismus-Literatur variationsreich abgehandelt; grundsätzliche Überlegungen z.B. bei Pfürtner: Fundamentalismus, 86ff, und (ohne Bezug auf den Fundamentalismus, aber mit sehr wichtigen Überlegungen zur Problematik des Modernitätsbegriffs in Relation zur Religion) Kaufmann, F.-X.: Religion und Modernität. Sozialwissenschaftliche Perspektiven, Tübingen 1989, 32ff. – Grosse Beachtung hat im französischen Sprachraum das Buch »La revanche de Dieu« (Kepel, G.: La revanche de Dieu. Chrétiens, juifs et musulmans à la reconquête du monde, Paris 1991) gefunden, welches Revitalisierungstendenzen seit Mitte der siebziger Jahre im europäischen Katholizismus, im Islam, im nordamerikanischen Protestantismus und im Judentum relativ locker zusammenstellt. Kepel konzentriert sich auf die »religions ›abrahamiques‹« als »religions du Livre« (15) und deutet damit an, dass die »fundamentalistische« Reaktion auf die Moderne typisch für die monotheistischen Religionen des Buches seien (obwohl er ausdrücklich auf Parallelerscheinungen in anderen Religionsräumen hinweist, ebd.). Die monotheistische Tendenz zum Fundamentalismus ist denn auch ein Thema verschiedener Publikationen; vgl. etwa Odermatt, M.: Der Fundamentalismus. Ein Gott, eine Wahrheit, eine Moral?, Zürich 1991, 174ff, welcher ganz ausdrücklich eine »Überwindung des monotheistischen Bewusstseins« als Therapie gegen Fundamentalismus verordnet. Dabei wird übersehen, dass anders strukturierte Religionen analoge Modernisierungsprobleme haben.
[13] Berger, P.L.: Der Zwang zur Häresie. Religion in der pluralistischen Gesellschaft, Frankfurt a.M. 1980, 80ff.
[14] Vgl. vor allem die systemtheoretischen Nachzeichnungen der Entwicklung von Religion innerhalb der Gesellschaft (Luhmann, N.: Funktion der Religion, Frankfurt a.M. 1977).

renzierte Modernisierungstheorie tauglich, welche die Gleichzeitigkeit von modernem und antimodernem Verhalten in Rechnung stellt.

Nochmals andere Probleme zeigen sich, wenn man nicht-abendländische Bereiche mit in Betracht zieht. Zwar kann man auch hier Modernisierung ganz generell als »Wirkung der Aufklärung« bestimmen. Aber im Verhältnis zu Europa sind diese Wirkungen in einer ganz anderen Reihenfolge zum Zuge gekommen: In Europa zeigen sie sich zunächst im geistigen Bereich, als Anspruch geistiger Autonomie; dann im politischen Bereich, als Anspruch auf politische Autonomie; schliesslich im wirtschaftlichen Bereich (»Eigennutz« als Leitmotiv, freier Wettbewerb und Markt, im Anschluss daran technologische Revolution). In Bereichen der Dritten Welt ist eine Umkehrung zu beobachten: Schmerzlich spürbar werden hier zunächst einmal die überlegenen Formen kolonialer Wirtschaft und Technologie (auch militärischer Technologie – man denke an den Schock, den Napoleons Exkursion nach Ägypten ausgelöst hat). Sodann werden politische Wirkungen deutlich (meist in Form von Nationalismus, der sich in Europa an die bürgerlichen Revolutionen und deren Nachwirkungen angelagert hatte), und noch kaum oder erst ansatzweise spielt die geistige Autonomie des Einzelnen eine Rolle.

Der modernisierungstheoretische Ansatz im Hinblick auf Fundamentalismus wird meist ethnozentrisch in Anwendung gebracht – als ob die Wirkungen der Aufklärung überall so verlaufen wären wie in Europa. Modernisierungsmodelle müssten auf einer sehr abstrakten Ebene formuliert werden, damit sie über die westliche Kultur hinaus Anwendung finden und Vergleichbarkeit etwa zwischen nordamerikanischem Fundamentalismus und iranischem Islamismus gewährleisten könnten.

1.3.3 Fundamentalismus als Krisenkult

Krisenkultmodelle sind nicht primär an Ereigniskonstellationen der westlich-abendländischen Kulturgeschichte orientiert, sondern an Völkern der Dritten Welt.[15] Soziale Umbrüche, d.h. sehr schneller sozialer Wandel führt zu Orientierungskrisen auf der ganzen Breite des sozialen Lebens. Das religiöse Symbolsys-

---

[15] Es seien nur einige wesentliche Arbeiten aus der unübersehbaren Literatur zum Krisenkult genannt: Lanternari, V.: Religiöse Freiheits- und Heilsbewegungen unterdrückter Völker, Neuwied/Berlin 1960; Mühlmann, W.E.: Chiliasmus und Nativismus. Studien zur Psychologie, Soziologie und historischen Kasuistik der Umsturzbewegungen, Berlin 1964; Worsley, P.: Die Posaune wird erschallen. »Cargo«-Kulte in Melanesien, Frankfurt a.M. 1973; Wilson, B.: Magic and Millenium. A Sociological Study of Religious Movements of Protest among Tribal and Third-World Peoples, London 1973; Hesselgrave, D.J.: Dynamic Religious Movements. Case Studies of Rapidly Growing Religious Movements Around the World, Grand Rapids 1978; Laubscher, M.: Krise und Evolution. Eine kulturwissenschaftliche Theorie zum Begriff »Krisenkult", in: Eicher, P. (Hg.): Gottesvorstellung und Gesellschaftsentwicklung, München 1979, 131–149; Kandil, F.: Nativismus in der Dritten Welt. Wiederentdeckung der Tradition als Modell für die Gegenwart, St. Michael 1983; Trompf, G.W. (Hg.): Cargo Cults and Millenarian Movements. Transoceanic Comparisons of New Religious Movements, Berlin/New York 1990.

tem ist durch solche Veränderungen natürlich mitbetroffen; häufig stellen sich »eskapistische« Neuorientierungen ein, d.h., man wendet sich insbesondere der Zukunft (und/oder der Vergangenheit) zu. Schübe eschatologischer Erwartungen sind besonders auffällig, wobei deren historische Realisierung keine besonders wichtige Rolle spielt; häufig wird das Erwartungspotenzial politisch-militärischem Handeln dienstbar gemacht, sodass aus Krisenkulten Befreiungsbewegungen entstehen.

Das Krisenkultmodell lässt sich nicht nur für Phänomene der neueren und gegenwärtigen Religionsgeschichte verwenden, sondern es eignet sich auch zur Erläuterung religionsgeschichtlicher Vorgänge in weit zurückliegenden Zeiten. Die eschatologisch orientierte Prophetie Altisraels beispielsweise (besonders Deuterojesaja), aber auch die Deuteronomistik erhalten unter diesen Gesichtspunkten ganz überraschende Konturen.[16] Im Hinblick auf die zahlreichen eschatologischen Schübe der amerikanischen Religions- und Kirchengeschichte legt sich der Einsatz eines Krisenkultmodells nahe, und tatsächlich erhält auch der nordamerikanische Fundamentalismus von derartigen Zugängen her deutliche Konturen.[17] Allerdings ist »Krisenkult« im Nordamerika des 19. Jh. oder in einem Land der Dritten Welt natürlich etwas anderes; die Modellbildung müsste also verschiedene Gesellschafts- und Kulturtypen berücksichtigen.[18]

Allerdings ist festzuhalten, dass derartige Modelle meist für die besonders dynamischen Anfänge und Umbildungen fundamentalistischer Phänomene wirklich greifen.[19] Religiöse Bewegungen pflegen sich zu etablieren und entfalten dann eine historische Eigendynamik; Züge der religiösen Botschaft, die sich zunächst von einem Krisenkultmodell her ohne weiteres verständlich machen lassen, bleiben erhalten, verändern aber ihre Leistung.[20] Manche Spielarten religiöser Bewegungen, die man gemeinhin dem Fundamentalismus zuordnet, sind also nicht mehr als aktueller, sondern als »ehemaliger« Krisenkult anzusprechen.

[16] Hier liegt ein ungenutztes Potential für die Interpretation von religionsgeschichtlichen Prozessen im Bereich Altisraels. Einige Andeutungen bei Stolz, F.: Entsprechung und Widerspruch zwischen Mensch, Gott und Welt im Monotheismus, in: Weder, H. (Hg.): Gerechtigkeit, Friede, Bewahrung der Schöpfung, Zürich 1990, 165–181, 175ff.

[17] So macht z.B. McLaughlin, W.: Revivals, Awakenings, and Reforms, Chicago 1978, von der Revitalisierungstheorie Wallaces (Wallace, R.F.: Revitalisations-Bewegungen, in: Schmitz, C.A. [Hg.]: Religionsethnologie, Frankfurt a.M. [1956] 1964, 404ff) Gebrauch, um die amerikanischen Awakenings – unter Einschluss der fundamentalistischen Aufbrüche – zu interpretieren.

[18] Riesebrodts Ansatz (Fundamentalismus als patriarchalische Protestbewegung, 18ff) kann man in gewissem Sinn als Fortbildung einer Orientierung am Krisenkult ansprechen.

[19] Bezeichnenderweise behandelt Riesebrodt den amerikanisch-protestantischen Fundamentalismus nur in seiner Anfangsphase (der iranisch-schiitische ist darüber noch gar nicht hinausgelangt).

[20] Zu überlegen wäre immerhin, ob »fundamentalistische« Strömungen in nichtakuten Krisenlagen gewissermassen »latente« Desorientierungen aufnehmen und im Hinblick darauf Anhänger seligieren. Vgl. die sozialpsychologischen Beobachtungen bei Denz, H./Zulehner, P.M.: Fundamentalismus. Eine Herausforderung für die Alltagspraxis in der Kirche, in: Kochanek: Freiheit, 181–197.

Das Fazit des kurzen Überblicks (1.2.2 und 1.2.3) lautet: Als fundamentalistisch bezeichnete Phänomene sind in verschiedener Weise vergleichbar; die Gesichtspunkte des Vergleichs betreffen immer wieder andere Aspekte, die sich teilweise überlappen. Eine Reduktion auf *einen* vergleichenden Gesichtspunkt ist jedenfalls nicht möglich. Prototypisch-historische (»substanzialistische«) und (mehrfach ansetzende) funktionale Betrachtungsweise sind parallel anzulegen,[21] um die unter »Fundamentalismus« mit einiger Plausibilität firmierenden Phänomene zu analysieren.

1.4 Der Argumentationshorizont

Jede Theoriebildung muss von bestimmten Selbstverständlichkeiten ausgehen. Die Selbstverständlichkeiten aller genannten deskriptiv-analytischen Zugänge zum Komplex »Fundamentalismus« sind aufklärungsbestimmt; sowohl die historische Frage nach Prototyp und Entwicklungen von Sache und Begriff, als auch die Spielarten funktionaler Fragestellung im Hinblick auf Modernisierungs- oder Krisenkulttheorie beruhen unterschiedslos auf den Distanzierungsmechanismen, die die Aufklärung bereitgestellt hat; die Aufklärung ist also nicht nur möglicher Gegenstand der Betrachtung (etwa bei den verschiedenen Varianten der Modernisierungsthese), sondern auch deren Horizont (man kann sich diese Argumentation von »Horizont« und »Gegenstand« in einer gewissen Analogie zum Figur-Grund-Problem der Gestaltpsychologie denken).

Auch die diffizilste, vorsichtigste, möglichst empathische Darstellung einer fundamentalistischen Bewegung kann von deren Anhängern nicht als Selbstdarstellung anerkannt werden; dies zeigt sich spätestens bei der Herstellung von Vergleichbarkeit. Ich erinnere mich an zwei Gespräche, die das für mich sehr eindrücklich machten. In einem Rundgespräch über die Ereignisse in Écône konnte Pater Schmidberger, der Obere der Gruppierung, meine Darstellung der Bewegung auf weite Strecken durchaus akzeptieren. Als ich aber das Verhalten der Bewegung mit einer protestantischen Sekte verglich, welche sich von der Kirche trennt, war es mit dem Einverständnis vorbei. Dasselbe passierte in einem Gespräch über Campus für Christus – mein punktueller Vergleich mit Opus Dei löste einen scharfen Protest meiner Gesprächspartner aus.[22]

Der Horizont, in den man Phänomene einzeichnet, bestimmt die Wahrnehmung dieser Phänomene; er bildet die Basis von methodischen Verfahrensweisen und Theoriebildung. Insofern erscheint die Unterscheidung zwischen den oben genannten normativen Zugriffen, welche den Fundamentalismus austrocknen wollen, und analytischen Annäherungen im Nachhinein als weniger prinzipiell, als dies zunächst suggeriert wurde. Immerhin: Ein analytischer Zugang kann die

---

[21] Grundsätzlicheres dazu: Stolz, F.: Komplementarität in Zugängen zur Religion, Sociologia Internationalis 30 (1992), 159–176.

[22] Was hier vom Fundamentalismus ausgesagt wird, gilt m.E. generell; methodische Überlegungen hierzu bei Stolz, F.: Grundzüge der Religionswissenschaft, Göttingen 1988, 38ff.

Analyse stets auch auf sich selbst anwenden. Dies verhindert eine vorschnelle Festlegung. Trotzdem kommt man von den aufklärerischen Voraussetzungen nicht los; eine wirkliche Verständigung zwischen Fundamentalisten und denen, die sich analytisch mit diesen beschäftigen, dürfte – vorsichtig ausgedrückt – schwierig sein.

1.5 Fundamentalismus als theologisches Problem

Die Fundamentalismusdebatte hat natürlich auch ihre innerkirchliche Ausprägung. Dabei dominieren in der Regel kirchenpolitische Auseinandersetzungen: »Fundamentalisten« fordern die Kirche heraus, und zwar einerseits protestantisch, andererseits katholisch, natürlich auf je spezifische Art und Weise. Es geht primär um organisatorische Fragen, um Disziplin, Geschlossenheit, Kooperation und Toleranz im Sinne der lebenspraktischen Fähigkeit, miteinander umgehen zu können. Dabei spielt es natürlich eine grosse Rolle, wer wo Fundamentalismus diagnostiziert, konkret, ob vom (Macht-)Zentrum einer religiösen Organisation aus in der Peripherie »Fundamentalismus« wahrgenommen wird oder ob ein Zentrum von der Peripherie aus als »fundamentalistisch« eingeschätzt wird. So gerät die Diskussion gern zur Machtprobe; wenn man den Kontrahenten unter Druck setzt, ihm Räume oder Mittel sperrt oder wenn man ihm gar die Stelle kündigt, dann ist für die Diskussion von Grundsatzproblemen kein Raum mehr.

Die Auseinandersetzung müsste zunächst eine fundamentaltheologische sein; und zwar müsste es genau um die vorher gestellte Frage nach dem Horizont von Argumentation gehen, nach den Selbstverständlichkeiten, welche Erfahrung und Wahrnehmung bestimmen. Die Kirche der Neuzeit ist mit zwei solchen Horizonten konfrontiert: einerseits mit der Aufklärung, die das neuzeitliche Leben durchgängig prägt, auch wenn man ihr gegenüber unterdessen misstrauisch geworden ist; andererseits mit der Offenbarung der überlieferten christlichen Botschaft.

Die Theologie benützt häufig die Aufklärung als Horizont (und Gegenstand), die Offenbarung als Gegenstand ihrer Argumentation. Die entsprechende Frage lautet dann: Wie ist die (fraglich gewordene) Offenbarung angesichts der (selbstverständlichen) Aufklärung noch denkbar? Traditionell – etwa in der Diskussion des Mittelalters, aber auch im Islam – war die Offenbarung Horizont (und Gegenstand) des Denkens, die Vernunft Gegenstand.

Fundamentalistische Argumentation schliesst nun keineswegs einfach an die Denkweise einer voraufklärerischen Phase an. Dadurch, dass die »Objektivität« der Heilstatsachen betont wird, erweist sich die Aufklärung als Horizont: Die Diastase zwischen einem Bereich der Objekte, welche durch naturwissenschaftliche Gesetze reguliert sind, und einem Raum des »Subjektiven« ist erst in der Neuzeit zu beobachten.[23] Während also die aufklärungskompatible Theologie (etwa des Liberalismus) den »Gegenstand« der Offenbarung im Bereich der Sub-

---

[23] Zur Abhängigkeit fundamentalistischer Positionen des nordamerikanischen Protestantismus von der Aufklärung vgl. auch Marsden: Understanding, 122ff.

jektivität ansiedelt, wird er fundamentalistisch im Bereich der Objekte festgemacht.

Die wesentliche fundamentaltheologische Frage ist, in welcher Weise man mit
Offenbarung und Aufklärung gleicherweise als Horizont *und* Gegenstand umgehen kann. Einerseits ist es deutlich, dass die Offenbarung nicht mehr selbstverständlicher Ausgangspunkt der Argumentation sein kann; ebenso wenig kann
aber die Aufklärung einen solchen selbstverständlichen Ausgangspunkt bilden. In
diesem Horizont der Fraglichkeit wäre die Problematik von Offenbarung und
Aufklärung erneut zu thematisieren, und von da aus wären die konkreten Themen in der Auseinandersetzung mit »Fundamentalisten« zu klären.

2. Religion der Jugend

Im Jahre 1986 fand eine Tagung zum Thema »Jugend und Religion in Europa«
statt, in welcher Berichte über die Verhältnisse in einzelnen Ländern gegeben
wurden.[24] In der Regel stellten die Referenten empirische Untersuchungen der
letzten Jahre (oder Jahrzehnte) vor. Man kann diesen Band »querlesen«, indem
man nicht nur auf die Ergebnisse, sondern (und vielleicht noch mehr) auf die
Fragestellungen der Arbeiten achtet. Damit stellt sich die Forschungslage einigermassen dar. Auffällig ist zunächst der Vorrang quantitativ orientierter Arbeiten;
dies scheint die *via regia* zur Religion der Jugend zu sein. Ich werde im Folgenden
also die Arbeiten insgesamt nach bestimmten Gesichtspunkten ordnen, unter
Beizug einiger anderer Arbeiten zum Thema.[25]

2.1 Alter/Generationszugehörigkeit als Determinante von Religiosität

Sehr häufig wird nach dem Verhältnis zwischen der Religiosität der älteren und
derjenigen der jüngeren Generation gefragt. Dabei zeigt sich mit grosser Regelmässigkeit, dass die ältere Generation noch stärker, die jüngere bereits schwächer
religiös gebunden ist. Dies konkretisiert die Säkularisierungsthese in einer bestimmten Hinsicht: Die gesellschaftliche Relevanz der kirchlich organisierten
Religion nimmt ab – eine Tendenz, die offenbar weiter anhält.

In Deutschland ist beispielsweise der Rückgang der Gottesdienstbeteiligung
Jugendlicher im Vergleich zur Elterngeneration deutlich. Aber schon innerhalb
des Jugendalters geht die Gottesdienstbeteiligung zurück: Vergleicht man die 15/
16-Jährigen mit 21–24-Jährigen, so nehmen die Nichtkirchgänger um 1/3 zu.[26]

---

[24] Publikation durch Nembach, U.: Jugend und Religion in Europa, Frankfurt a.M./Bern/New
York/Paris 1987.
[25] Einen Überblick über die religionssoziologische Jugendforschung hat jüngst Barz, H.: Religion ohne Instituion? Eine Bilanz der sozialwissenschaftlichen Jugendforschung, Opladen 1992, vorgelegt; hier finden sich auch umfassende Literaturangaben.
[26] Lukatis, I./Lukatis, W.: Jugend und Religion in der Bundesrepublik Deutschland, in: Nembach: Jugend, 107–144, 110.

Analoges wird aus Österreich gemeldet: Die jugendlichen Sonntagsmessbesucher haben von 1980 bis 1986 um 1/3 abgenommen, der Anteil der Nichtkirchgänger ist von 29% auf fast die Hälfte gestiegen. 67% gehen nie, fast nie oder nur an hohen Feiertagen zur Kirche.[27] Dem entsprechen nochmals Umfrageergebnisse, welche in einer vergleichenden Studie zu Deutschland und den Niederlanden erzielt worden sind.[28] Dieser geringeren Bindung an die Kirchen entspricht eine höhere Kirchenaustrittsneigung der Jugendlichen.[29] Auch die geringe Bereitschaft zu einer kirchlichen Laufbahn könnte in diesen Zusammenhang gestellt werden.[30]

Gibt es bei diesem Generationenwandel einen deutlichen Einschnitt? Die Frage stellt Schreuder im Hinblick auf die Niederlande; er gelangt zum Ergebnis, dass ein fliessender Übergang zu beobachten ist (und zwar nicht nur im Hinblick auf die religiöse Einstellung, sondern auch im Hinblick auf soziale Attitüden und Werthaltungen). Die »Entchristlichung« verläuft also kontinuierlich.[31] Dabei ist dieser Prozess in Deutschland im Vergleich zu den Niederlanden etwas verzögert (wohl wegen der christlichen Restauration nach dem Kriege, es scheint fast, als ob Deutschland jetzt nachholt).[32]

An verschiedenen Stellen finden sich Hinweise, dass der Religionswandel nicht kontinuierlich, sondern in Sprüngen verläuft, und dass er dann die ganze Gesellschaft, jüngere wie ältere Generation, umfasst. Schreuder weist etwa daraufhin, dass zwischen 1966 und 1979 insgesamt eine Distanzierung zur traditionellen Religiosität eingetreten ist, wobei die junge Generation eine Vorreiterrolle eingenommen hat.[33] Auch in Italien sind entsprechende Umbrüche festzustellen. Während 1963 noch »religiöse Ungläubigkeit« als gravierendstes moralisches Manko eingeschätzt wurde, erschien dieses *item* nur vier Jahre später nur noch an 5. Stelle.[34] Gleichzeitig ergaben sich Verschiebungen im Gottesbild (Umfrage unter Stu-

[27] Bogensberger, H./Richter, M.: Zur Religiösität und Kirchlichkeit von Jugendlichen in Österreich, in: Nembach, Jugend: 15–23.

[28] In der BRD bilden die 18–40-Jährigen 42% der Befragten, machen aber nur 25% der Kernmitglieder bzw. Kirchgänger aus, dafür 57 bzw. 60% der Konfessionslosen und Ausgetretenen. Demgegenüber machen die über 50-Jährigen 36% des Samples aus; sie stellen etwa die Hälfte der Kernmitglieder bzw. Kirchgänger, aber nur 21% der Ausgetretenen (Felling, A./Peters, J./Schreuder, O.: Religion im Vergleich. Bundesrepublik Deutschland und Niederlande, Frankfurt a.M. 1987, 80).

[29] Lukatis/Lukatis: Jugend, 125.

[30] Im Hinblick auf einen katholischen Bereich Frankreichs Boutinet, J.P.: Die schwierige Vermittlung der religiösen Anschauungen und Bräuche zwischen den Generationen, in: Nembach: Jugend, 25–33, 26.

[31] Schreuder, O.: Religiösität und Wertorientierungen in der Niederländischen Jugend, in: Nembach: Jugend, 271–295, 279ff.

[32] Das scheint eine »Spiegel«-Umfrage im Sommer 1992 (»Nur noch jeder vierte ein Christ«, Der Spiegel 25/1992 (=15. Juni), 36–57), zu zeigen.

[33] Schreuder: Religiösität, 285ff.

[34] Cipriani, R.: Jugend und Religion in Italien, in: Nembach: Jugend, 35–51, 37f.

denten der Uni Mailand): Gott ist in geringerem Masse Richter, sondern eher Vater.[35]

2.2 Soziale Herkunft, Bildung, Geschlecht, lebenspraktische Orientierung

Seit langem hat man nach bestimmten Variablen gefragt, die Religiosität und Kirchlichkeit mitbestimmen; insbesondere soziale Herkunft, Bildung und Geschlecht haben in dieser Hinsicht immer wieder eine Rolle gespielt. So hat man immer wieder betont, dass sich die Unterschicht der Arbeiter im 19. Jh. von den Kirchen entfremdet hätte; allerdings gibt es diesen Typus von Unterschicht kaum mehr.[36] Ebenso selbstverständlich ist die Meinung, dass Frauen kirchlicher und religiöser seien als Männer; hier scheint sich in der jungen Generation ein Wandel abzuzeichnen,[37] der Bedeutungsverlust der Geschlechterrollen zeigt sich verschiedentlich.

Welche Rolle spielt der Faktor Bildung im Hinblick auf die Kirchlichkeit? In einer Untersuchung von 1974 war man in Hinblick auf den deutschen Protestantismus zum folgenden Schluss gekommen: »Je höher der formale Bildungsstand, desto wahrscheinlicher wird, statistisch gesehen, ein kritisch-distanziertes bis abständiges Verhältnis zur Kirche.«[38] Dem entsprechen neuere Untersuchungsergebnisse aus den Niederlanden und aus Deutschland.[39] Felling/Peters/Schreuder formulieren provokativ[40]: »Ob Religion für die Dummen ist, sei dahingestellt, aber zu Anfang der achtziger Jahre waren christlicher Glaube und Kirchlichkeit keineswegs eine bevorzugte Angelegenheit der mehr gebildeten Bürger, das Gegenteil trifft zu.« Allerdings sind in den Kerngemeinden untere Schichten doch untervertreten;[41] sie bilden also so etwas wie eine träge Masse traditioneller, aber nicht allzu engagierter Anhängerschaft.

Nun scheint sich allerdings an einem Fallbeispiel in Goslar ein anderes Resultat zu ergeben.[42] Man hat hier 10% der Jugendlichen nach ihrer religiösen Orientie-

---

[35] Cirpriani: Jugend, 37.

[36] Zu Geschichte und Theorie der sozialen Schichtung vgl. Giddens, A.: Die Klassenstruktur fortgeschrittener Gesellschaften, Frankfurt a.M. 1979.

[37] Die Relevanz des Geschlechtsunterschiedes im Hinblick auf die Religiosität kommt in einzelnen Studien unterschiedlich zur Darstellung; teils wird die höhere Tendenz der Mädchen bzw. Frauen zu religiösen Vorstellungen und Verhaltensweisen bestätigt (z.B. Lukatis/Lukatis: Jugend, 110, 113); teils in Frage gestellt (z.B. Felling/Peters/Schreuder: Religion, 78f; Cirpriani: Jugend, 42).

[38] Hild, H. (Hg.): Wie stabil ist die Kirche? Bestand und Erneuerung. Ergebnisse einer Meinungsbefragung, Gelnhausen/Berlin 1974, 24.

[39] Felling/Peters/Schreuder: Jugend, 88, geben z.B. für die Niederlande folgende Zahlen: Die Absolventen von Volks- und Berufsschulen machen 48% der Befragten, aber nur 37% der Ungläubig-Unkirchlichen aus. Die Abiturienten/Hochschüler machen 24% der Befragten, aber 36% der Ungläubig-Unkirchlichen aus; für die Bundesrepublik wurden ähnliche Zahlen ermittelt.

[40] Felling/Peters/Schreuder: Jugend, 89.

[41] Felling/Peters/Schreuder: Jugend, 89.

[42] Nembach, U./Griep, H.-J.: Religiöse Orientierung Jugendlicher, in: Nembach: Jugend, 205–232.

rung befragt, und zwar unter formalem, intellektuellem und sozialem Aspekt (Fragen der Zugehörigkeit, der Ideologie und der praktischen sozialen Konsequenzen). Dabei zeigt sich, dass Hauptschüler weniger zu religiösen Deutungen und Problemlösungen neigen als Realschüler und Gymnasiasten. Die Konsequenz: »Je stärker Identitätskrisen als Sinnkrisen reflexiv bewusst werden, desto eher besteht für die befragten Jugendlichen die Neigung, Religiosität als Möglichkeit der Sinnstiftung in ihr Alltagsleben einzubeziehen.«[43] Es ist zu bedenken, dass hier Jugendliche im Schulalter befragt wurden. Die verschiedenen Studien müssen also nicht im Widerspruch zueinander stehen. Es gibt zwei Möglichkeiten der Interpretation: Entweder wird die Religiosität während der Schulzeit »abreagiert«, d.h. mit höherem Bildungsstand tendiert man im Jugendalter zu einer relativ hohen, später zu einer relativ niedrigen Bereitschaft, die Wirklichkeit religiös zu deuten; oder aber es bahnt sich hier tatsächlich unter Jugendlichen ein neues Paradigma »religiöseren« Verhaltens an. Die zweite Lösung erscheint allerdings angesichts anderer Forschungsergebnisse als wenig wahrscheinlich. Insgesamt werden »transzendente« Weltkonzepte bei Jugendlichen weniger akzeptiert als bei Erwachsenen, Jugendliche schätzen sich selbst als weniger religiös ein im Vergleich mit Erwachsenen, Gespräche über »religiöse Probleme« sind bei 14–24-Jährigen signifikant seltener als bei der Gesamtbevölkerung; dabei ist die »Abnahme des Religiösen« bei Protestanten weiter fortgeschritten als bei Katholiken.[44]

Aufschlussreich ist die Frage der Korrelation von Religiosität und Kirchlichkeit einerseits, Lebensstil und Wertorientierung andererseits. Insgesamt tendieren Kirchgänger eher zu »konventionellen Lebensentwürfen«, ihre Freizeitaktivitäten sind eher kulturangepasst (Sport, Musik); sie sind im Hinblick auf ihren Lebensentwurf eher optimistisch eingestellt. Nichtkirchgänger neigen eher zu »neuen Werten«, leben eher unverheiratet in eheähnlicher Gemeinschaft zusammen. Mit einem Wort: Kirchgänger neigen eher zu traditionellen Verhaltensweisen, was entsprechenden Halt gibt.[45] Was für Kirchlichkeit gilt, trifft auch für »Religiosität« allgemein zu, wenn man das Gebet als Indikator dafür nehmen will. Wer nicht betet, ist eher »jugendzentriert«, neigt eher zu »neuen Werten«, nimmt Distanz vom Streben nach einer konventionellen Biographie, lebt weniger »asketisch« (Rauchen, Alkohol), ist weniger kulturangepasst und hat häufiger Konflikte mit Eltern.[46] Insgesamt aber heben sich »kirchlich« und »religiös« orientierte Jugendliche offenbar nicht besonders deutlich von ihrer Umgebung ab.

[43] Nembach/Griep: Religöse Orientierung, 231.
[44] Lukatis/Lukatis: Jugend, 119ff.
[45] Lukatis/Lukatis: Jugend, 111ff; vgl. Bogensberger/Richter: Religiosität, 17f.
[46] Lukatis/Lukatis: Jugend, 112ff.

2.3 Ausprägung allgemeiner Trends in der Religionsentwicklung

Die Individualisierung und Pluralisierung der Religion ist ein Standardthema der Religionssoziologie, welches z. T. gegen die Säkularisierungsthese geltend gemacht wird: Religion schwindet nicht einfach, sondern sie transformiert sich;[47] sie ist demnach nicht mehr primär kirchlich institutionalisiert (damit auch nicht mehr mit den Verfahrensweisen einer Kirchensoziologie erfassbar), sondern sie findet anderswie Gestalt. Von einer Wiederkehr des Religiösen in neuen Formen war seit den siebziger Jahren immer wieder die Rede – wie zeichnet sich dies in den Untersuchungen ab? Zunächst ist festzuhalten, dass derart »privatisierter« Religiosität empirisch natürlich schwerer beizukommen ist als kirchlich normiertem Glauben und Verhalten.[48] Vergleicht man die Thematisierung dieser Problematik in verschiedenen Untersuchungen, so zeigt sich ein uneinheitliches Bild, wobei die Uneinheitlichkeit in erster Linie auf ein ungenügendes Instrumentarium zurückgeführt werden dürfte.

Wenden wir uns nun einzelnen Ergebnissen zu. Eine Frage in einer deutschen Untersuchung betraf beispielsweise die Einschätzung der Wichtigkeit verschiedener Lebensbereiche (eigene Familie und Kinder, Beruf und Arbeit, Freizeit und Erholung, Freunde und Bekannte, Verwandtschaft, Religion und Kirche, Politik und öffentliches Leben). Erwachsene und Jugendliche unterschieden sich in der Platzierung des Bereiches »Religion und Kirche« nicht wesentlich; bei den Jugendlichen rangierte diese Grösse mit Abstand am Schluss, bei den Erwachsenen an zweitletzter Stelle, kurz vor der Politik.[49] Aber was meint hier »Religion und Kirche«? Liegt der Akzent auf »Kirche«, und wird religiöse Thematik möglicherweise gar nicht mehr religiös identifiziert? Nach der Selbsteinschätzung gefragt, hält sich offenbar die jüngere Generation selbst für weniger »religiös« als die ältere; aber auch hier könnte »religiös« für »kirchlich« gehalten werden.[50] Bleibt die bereits erwähnte Tatsache, dass auch Gespräche über religiöse Themen seltener zu werden scheinen. Dazu kommt, dass das Thema »Sinn des Lebens« offenbar zunehmend ohne Bezugnahme auf eine transzendente Grösse bearbeitet wird (wenn es überhaupt bearbeitet wird).[51]

---

[47] Vgl. Luckmann, Th.: Die unsichtbare Religion, Frankfurt a.M. (1967) 1991; theologisch rezipiert durch Rendtorff, T.: Christentum ausserhalb der Kirche. Konkretionen der Aufklärung, Hamburg 1969; kritisch dazu z.B. Blumenberg, H.: Säkularisierung und Selbstbehauptung, Frankfurt a.M. 1974.

[48] Vgl. dazu die theoretischen Überlegungen von Feige, A.: Kirchenmitgliedschaft in der Bundesrepublik Deutschland. Zentrale Perspektiven empirischer Forschungsarbeit im problemgeschichtlichen Kontext der deutschen Religions- und Kirchensoziologie nach 1945, Gütersloh 1990, 341ff.

[49] Lukatis/Lukatis: Jugend, 121.

[50] Lukatis/Lukatis: Jugend, 119.

[51] Zum Profil der Jugend, welche auf religiöse Interpretationen der Wirklichkeit ganz verzichtet, vgl. die Ergebnisse der Studie von Barz, H.: Postmoderne Religion am Beispiel der jungen Generation in den alten Bundesländern, Opladen 1992, im Hinblick auf die »Jugendlichen ohne offene religiöse Praxis«.

Schwindet die traditionsbildende Kraft der Kirche und wird die Religiosität fragmentiert und individualisiert, so kann die Kirche doch eine neue Funktion übernehmen, nämlich die einer »Anbieterin«, welche frei wählbare Identifikationsmöglichkeiten bereitstellt. Wesentlich sind dann neue kirchliche Organisationsformen wie Vereine und Vereinigungen, welche emotionale Beheimatung gewähren können – ein Vorgang, welcher in Italien untersucht worden ist.[52] Allerdings wird festgestellt, dass dieser Typus von Jugendreligiosität eine geringe Dynamik entfalte. Solche Gruppierungen kristallisieren sich dann gern um bestimmte Sachinteressen: moderner Katholizismus nach dem Konzil; traditionell-katholische Religion; ausserkirchliche Religion der Moderne; politisch-sozial ausgerichtete Religion. Sie sind häufig kurzlebig, neigen zu Informalität und Indifferenz.[53]

Eine Untersuchung aus Frankreich spricht ausdrücklich von einer »Rückkehr des Religiösen« – allerdings aus einem Bereich des katholischen Schulwesens, also in einem Spektrum der Bevölkerung, in welchem wahrscheinlich auf religiöse Sozialisierung besonderes Gewicht gelegt wird.[54] Hier ist zunächst aufschlussreich, in welchem Masse die religiöse Sozialisierung das Verhalten der Kinder prägt, wobei die elterliche religiöse Praxis in einem höherem Masse bei den Kindern Fortsetzung findet als das *belief system*. Bei einer grossen Zahl von Kindern ist eine Abnahme der (kirchlichen) Religiosität festzustellen; aber 10 bis 20% der Jugendlichen behaupten, im Hinblick auf Praxis und Glauben den Eltern gegenüber »authentischer« zu sein.[55] Könnte es sein, dass traditionelle religiöse Milieus in der Umbruchsituation der Gegenwart zumindest partiell einen neuen, intensiveren Typus von Religiosität erzeugen?

In einer anderen Arbeit aus Frankreich wird festgehalten, dass 1968 bis 1970 religiöse Impulse eher im Hinblick auf eine Veränderung des gesellschaftlichen Umfeldes wirksam sind, dass dann aber von 1978 bis 1980 eine gegenläufige Bewegung wirksam wird – ein Hinweis auf die vielgenannte »konservative Welle«.[56] Das Interesse an gesellschaftlichen und politischen Fragen tritt im selben Masse zurück wie die Interpretationskompetenz der traditionellen Religion. Vielmehr wendet sich die religiöse Aufmerksamkeit also dem Binnenraum der privaten Erfahrung zu und sucht hier nach neuem Ausdruck.

Die neue Individualität und Intimität kann auch in Massenveranstaltungen Gestalt finden – etwa im Deutschen Evangelischen Kirchentag. Dessen Teilnehmer sind zu 2/3 Jugendliche, die meisten kirchlich integriert, und zwar nicht in evangelikalen Kreisen. 5% aller Jugendlichen waren schon einmal bei einem Kirchentag (8% der Evangelischen insgesamt).[57] Hier dominieren nichttraditionelle

---

[52] Cipriani: Jugend, 42.
[53] Cipriani: Jugend, 44ff.
[54] Boutinet: Vermittlung.
[55] Boutinet: Vermittlung, 27f.
[56] Cousin, P.: Religiöse Bestrebungen junger Gymnasiasten, in: Nembach: Jugend, 53–67, 64f.
[57] Lukatis/Lukatis: Jugend, 129f.

kirchliche Formen; *happening, action* und *performance* geben den Ton an; Kirchentage sind offenbar für Nichtevangelikale, was Christus-Festivals u.Ä. für Evangelikale sind.

Sind quantitative Untersuchungen überhaupt geeignet für die Suche nach individueller Religiosität? Es ist nicht untypisch, dass Arbeiten zu dieser Thematik in typischen Aussprüchen von Befragten kulminieren. Ein 17-jähriges Mädchen aus Frankreich beispielsweise sagt: »Meine Freundin hat mich gefragt, was Gott für mich bedeutet. Ich habe ihr gesagt, das ist das Leben. Ich glaube an etwas, ich weiss wirklich nicht, wie es beschaffen ist, aber das hilft mir.«[58] Über das Unsagbare kann man in der Tat wenig oder nichts sagen – wie schon Wittgenstein festgestellt hatte.

2.4 Entwicklungskonzepte

Eine völlig andere Untersuchungsanlage als bisher diskutiert findet sich in Arbeiten zur religiösen Entwicklung von Jugendlichen. Pionierarbeit haben in dieser Hinsicht Fritz Oser und Paul Gmünder[59] geleistet; ähnliche Fragestellungen haben in den USA Fowler[60] und in Deutschland Nipkow u.a.[61] verfolgt. Oser und Gmünder versuchten, im Anschluss an Piagets und Kohlbergs Entwürfe zur kognitiven und moralischen Entwicklung von Jugendlichen, entsprechende (invariante) Stufen religiöser Entwicklung zu erarbeiten und empirisch zu belegen: Den Probanden wurden Dilemmata mit spezifisch religiöser Problematik vorgelegt; die Reaktionen darauf wurden klassifiziert, daraus ergab sich ein Entwicklungsschema, für welches anthropologische Universalität angenommen wird. Die fünf Stufen variieren das Gott-Mensch-Verhältnis in charakteristischer Weise: Auf Stufe 1 agiert ein *Deus ex machina;* auf Stufe 2 wird Gott in einem *do-ut-des*-Verhältnis berechenbar; auf Stufe 3 zieht sich Gott als *deus otiosus* vom Alltagsgeschäft zurück, die Autonomie des Menschen wird ganz in den Vordergrund gerückt; Stufe 4 ist an Verantwortung und Freiheit des Menschen, unter möglichem Einschluss Gottes, orientiert; die fünfte und letzte ist schon so komplex, dass man sie kaum belegen und beschreiben kann. Überhaupt sind empirisch wirklich fassbar nur die Stufen 1–3. Dies bedeutet aber, dass vorwiegend ein Abbau geprägter Religiosität zu beobachten ist, eine Entkonkretisierung religiöser Konzepte; Transformation und Neuaufbau religiöser Orientierungen sind dagegen viel weniger klar zu belegen, als dies etwa im Bereich der kognitiven Entwicklung nach Piagets Beobachtungen der Fall ist. Es herrscht also eine Asymmetrie zwischen Destruktion und Konstruktion. Dieser Eindruck entsteht auch bei der Lektüre

[58] Cousin: Religiöse Bestrebungen, 67.
[59] Oser, F./Gmünder, P.: Der Mensch – Stufen seiner religiösen Entwicklung. Ein strukturgenetischer Ansatz, Olten 1984.
[60] Fowler, J.W.: Stages of Faith. The Psychology of Human Development and the Quest of Meaning, New York 1981.
[61] Nipkow, K.E./Schweitzer, F./Fowler, J.W. (Hg.): Glaubensentwicklung und Erziehung, Gütersloh 1990.

von Nipkows Untersuchung zu Gotteskonzepten von Jugendlichen.[62] Es werden charakteristische »Einbruchstellen« für den Verlust des Gottesglaubens registriert: die enttäuschte Erwartung an Gott als Helfer und Garant des Guten; die enttäuschte Erwartung an Gott als Schlüssel zur Erklärung der Welt und des Sinns von Leben und Tod; die enttäuschte Erwartung an Gottes Realität gegen die Vermutung blosser Fiktivität und die enttäuschte Erwartung an das glaubwürdige Zeugnis über Gott in der zwischenmenschlichen Umgebung und in der Kirche. Demgegenüber wird die »Ausbildung einer individualisierten, persönlichen Gottesbeziehung« weit weniger deutlich.

Eine »Entkonkretisierung« des religiösen Konzepts wird durch eine Untersuchung in Finnland bestätigt, die in ihrem Theorierahmen am Modell von Glock und Stark orientiert ist.[63]

2.5 Qualitativ-biografische Studien

Neben quantitativen finden sich auch einige qualitative Studien zur Religion Jugendlicher. Cipriani bringt deren Religiosität auf den Begriff des »jugendlichen Problematisierens«.[64] Charakteristisch ist die Distanz zu den Institutionen und der Hang zur »Selbstverwirklichung«; die Jugendlichen sind mit fragmentarischen Lösungen ihrer Probleme zufrieden, die nicht auf Dauer angelegt sein müssen.

Aus Grossbritannien legt Bernice Martin[65] eine qualitative Studie vor, die auf hundert Interviews beruht – eine im Hinblick auf Geschlecht, Region, Gesellschaftsschicht und Alter angeblich repräsentative Auswahl von Jugendlichen zwischen 13 und 23 Jahren (man ist etwas erstaunt, dass mit einer so geringen Anzahl von Probanden im Hinblick auf eine so grosse Zahl von Gesichtspunkten Repräsentativität erzielt werden kann). Bezeichnend ist zunächst, dass die Jugendlichen – bis auf drei Evangelikale – weder klare Glaubensmuster noch kirchliche Bindungen haben – ein Spiegel der amorphen Religiosität der Erwachsenen. Interessant ist dabei eine ganz analoge Bestimmung des »Christlichen« bei Evangelikalen und Nichtevangelikalen; ein nichtevangelikales Christentum erscheint somit gar nicht vorstellbar. Auffällig ist weiter, dass auch Themen aus dem Wertsystem der 1968er Gegenkultur keine Rolle spielen. Was das Verhalten betrifft, so haben offenbar relativ viele Befragte Erfahrungen mit der Sonntagschule, welche als zunächst interessant, dann aber zunehmend langweiliger in Erinnerung ist. Niemand kann sich emotional mit einer liturgischen Tradition identifizieren; ein regelmässiger Kirchgang, im Kindesalter im Zusammenhang mit der Mitglied-

---

[62] Nipkow, K.E.: Erwachsenwerden« ohne Gott? Gotteserfahrung im Lebenslauf, München 1987.

[63] Tamminen, K.: Religion und Jugend in der finnischen Forschung, in: Nembach: Jugend, 305–337, 307ff.

[64] Cipriani: Jugend, 47ff.

[65] Martin, B.: Jugend und Religion in Grossbritannien, in: Nembach, U. (Hg.): Jugend und Religion in Europa, Paris 1987, 177–204.

schaft bei Jugendgruppen (Pfadfindern u.Ä.) eventuell noch praktiziert, hört praktisch immer mit 12–14 Jahren auf; man ist der Meinung, dass Gottesdienstbesuch für gesunde Jugendliche nicht normal sei, ist immerhin weitgehend bereit, die Dienste der Kirche für bestimmte Rituale (Hochzeit, Taufe) in Anspruch zu nehmen – z.T. mit einigem Unbehagen, da man dies doch als Heuchelei wertet. Das *belief system* ist vage, inkohärent und fragmentarisch, was sich zunächst in ganz verschwommenen Vorstellungen von Gott niederschlägt; Jesus wird allenfalls als Modell eines guten Menschen akzeptiert. Der traditionelle Glaube wird mit naturwissenschaftlichen Argumenten kritisiert, gleichzeitig manifestiert sich ein grosses Zutrauen zur Astrologie, zu »Wundern« der Science-Fiction usw. Dabei zeigen sich gewisse geschlechtsspezifische Differenzen; Jungen sind eher »wissenschaftsgläubig«, Mädchen trauen der Religion noch eher emotionale Beheimatung, Trost u.Ä. zu.

Die Referate über qualitative Arbeiten hinterlassen ein eher zwiespältiges Gefühl im Hinblick auf deren Aussagekraft. Es ist schwer vorstellbar, dass die religiöse Wirklichkeit so uniform ist, wie es hier zur Darstellung kommt. So wird man sich fragen, ob nicht eher die Vorstellungen der Untersucher am Projektionsfeld des Untersuchungsmaterials zum Ausdruck kommen als die Vorstellungen der Untersuchten selbst.

2.6 Wo kommen Fundamentalisten vor?

Beim bisherigen Überblick über die Forschungslage hat sich das Thema »Fundamentalismus« (und übrigens auch das der »Neuen Religiösen Bewegungen« im engeren Sinn, also der sog. »Jugendreligionen«) überraschenderweise überhaupt kaum bemerkbar gemacht.[66] Tatsächlich finden sich kaum je *items*, welche die

---

[66] Zur Bedeutung von neuen religiösen Bewegungen in diesem Sinne immerhin Lukatis/Lukatis: Jugend, 133f. Insgesamt kann man sicher sagen, dass das Gewicht dieser religiösen Szene gering ist. Vgl. dazu auch Schmidtchen, G.: Sekten und Psychokultur. Reichweite und Attraktivität von Jugendreligionen in der Bundesrepublik Deutschland, Freiburg 1987, 20, wonach 4,1% der Bevölkerung in der (damaligen) BRD gegenwärtige (1%) oder ehemalige (0,7%) »Sektenmitglieder« waren oder engeren Kontakt zu solchen Gruppierungen hatten (2,4%). Gleichzeitig wird aber deutlich, dass die Bedürfnisse, auf denen diese Bewegungen beruhen, eine recht grosse gesellschaftliche Tragweite haben (39ff). – In einem weiteren Sinn gebraucht Barz: Postmoderne Religion, den Begriff der neuen religiösen Bewegungen. Er versteht darunter Anhänger der »neuen Spiritualität« (von New-Age-Anhängern bis hin zum Okkultismus) – eine wohl zu breit konzipierte Gruppe (die jüngste repräsentative Untersuchung der Religiosität in der Schweiz hat deutliche Unterschiede zwischen einem meditations- und körpertechnikorientierten Segment und einem an okkulten Praktiken orientierten Segment erbracht; vgl. Krüggeler, M.: »Nenn's wie du willst ...«. Religiöse Semantik unter der Bedingung struktureller Individualisierung, Schweizerische Zeitschrift für Soziologie 17 [1991], 455–472, 466ff). Auch Evangelikale kommen bei Barz leider nicht deutlich zu Gesicht. Zwar differenziert er: »Die Unterteilung der kirchennahen Quote in politisch-diakonisches und missionarisch-biblisches Christentum wurde vom Auftraggeber wohl noch vor dem Hintergrund der berühmt-berüchtigten Polarisierungsdebatte vorgegeben. Auch diese Quotendefinition bestätigte sich im Zuge des Forschungsprozesses als fruchtbar und trennscharf.« (Barz: Postmoderne Re-

spezifischen Eigenarten beispielsweise evangelikaler Befragter erfassen würden. Lediglich in einer Untersuchung von Feige kommen entsprechende Fragen vor; etwa die folgende: »Das Christentum war und ist immer gültig. Es kann vom Menschen gar nicht in Frage gestellt werden.« Darauf reagieren 14,8% der jungen Erwachsenen mit Zustimmung.[67] Noch »härter« ist die folgende Aussage: »Ich bin überzeugt: die Aussagen der Glaubensbekenntnisse sind wortwörtlich wahr.« Hier wird also nach Verbalinspiration gefragt, einem fundamentalistischen Konzept, das aber vielleicht auch ein traditioneller Katholik bejahen könnte. 5,9% stimmen in Deutschland zu[68] – vergleichbar mit den 2–3 Fällen von Bekehrten, die in der englischen Studie erscheinen.

2.7 Fazit

Wir halten einige Resultate dieses Durchgangs fest:

1. Die quantitativen, vorwiegend kirchensoziologisch geprägten Zugänge zur Religiosität der Jugend zeigen den Rückgang der kirchlich gebundenen bzw. einer irgendwie noch christlich orientierten Religiosität an. Dieser Rückgang ist zwar einerseits als Transformation zu informeller, individueller, emotional geprägter und kurzfristig orientierter Religiosität interpretierbar, aber darüber hinaus zeichnet sich wahrscheinlich ein Rückgang von identifizierbarer Religiosität überhaupt ab: Die »Grundprobleme« des Lebens, die Fragen einer »*ultimate reality« müssen* nicht thematisiert werden, sondern sie lassen sich in der Moderne (vielleicht erstmalig in der Menschheitsgeschichte) auch ausklammern – oder verdrängen?

2. Es ist eine Interferenz von spezifisch jugendlicher religiöser Entwicklung und gesamtgesellschaftlicher Entwicklung festzustellen. Erstere tendiert zu einer Entkonkretisierung und zu einer Festigung der Autonomie des Jugendlichen, der erwachsen wird; dies verbindet sich mit der unter 1. genannten Tendenz des Rückgangs von Religiosität überhaupt.

3. Christlicher »Fundamentalismus« im weitesten Sinne des Wortes kommt in den einschlägigen Untersuchungen praktisch nicht vor; wir haben es mit einer Minderheit von vielleicht 5% zu tun, die quantitativ kaum zu Buche schlägt. Ob diese tendenziell zunimmt oder nicht, lässt sich nicht feststellen.

Zu bedenken ist jedenfalls, dass Veränderungen nicht von der ausbalancierten statistischen Mitte her ausgehen, sondern gerade von Gruppierungen, die »fern vom Gleichgewicht« angesiedelt sind.

---

ligion, 29ff). Die spärlichen Bemerkungen über diese Vertreter eines »missionarisch-biblischen« Christentums (z.B. 130f, 152f) verweisen z.T. deutlich auf evangelikale Merkmale – aber selbstverständlich sind nicht alle Jugendlichen, die sich nicht einer »politischen Theologie« zuneigen, automatisch evangelikal. – Die Studie von Barz erweist sich an dieser (und leider nicht nur an dieser) Stelle als viel zu wenig differenziert; Differenzierung müsste aber gerade die Stärke einer qualitativen Arbeit sein.

[67] Lukatis/Lukatis: Jugend, 122.
[68] Lukatis/Lukatis: Jugend, 123.

3. Jugendkulturen

3.1 Zu Begriff und Geschichte

Bis vor einiger Zeit sprach man gern von *Jugendsubkulturen*; man setzte eine dominante Kultur voraus, von der man Subkulturen verschiedener Art abgrenzen konnte. Inzwischen ist die westliche Industriegesellschaft in einem Masse durch eine Pluralisierung der sozialen Lebenswelten gekennzeichnet, dass man eine solche Kultur nur mehr schwer ausmachen kann. Aus diesem Grunde hat sich eine neue Sprachregelung eingestellt; man spricht nun von Jugendkulturen. Parallel dazu wird auch der Ausdruck »Jugend« zunehmend im Plural gebraucht: Es ist nicht mehr von einer »Jugend«, sondern von «Jugenden« die Rede.

Jugend(sub)kulturen haben sich im Laufe der letzten Jahrzehnte in ganz unterschiedlicher Weise manifestiert, und sie sind auch unterschiedlich wissenschaftlich thematisiert worden. Insofern lohnt sich ein kurzer Blick in diese Geschichte.

3.2 Historische Reminiszenzen

Wandervogel und Jugendbewegung kennzeichnen im deutschen Sprachbereich eine erste Ausformung dessen, was man in gewissem Sinne als Jugendsubkultur ansprechen könnte: Hier konkretisieren sich Versuche des Ausbruchs aus bürgerlichen Lebensformen, wenngleich nicht aus bürgerlichen Idealen; es sind vielfach Unstimmigkeiten zwischen bürgerlichen Idealen und Realitäten, welche hier bearbeitet werden, z.T. in Opposition zu etablierten jugendlichen Lebensformen (z.B. studentisches Verbindungsleben): Naturverbundenheit, Askese u.Ä. bilden Akzente eines Lebensstils, welcher sich in Opposition zu den dominierenden Verhaltensweisen versteht.[69] Von Anfang an ist die Wandervogelbewegung mit pädagogischem Sendungsbewusstsein verbunden; die Leitfiguren sind »Berufsjugendliche«. Das pädagogische Pathos ist auch im Nachgang zur Jugendbewegung zu finden, etwa bei den Pfadfindern; die Pädagogik nimmt in den zwanziger Jahren Impulse der Bewegung auf.

Ein völlig anderer Typ von Jugendkultur wird in den USA zum Thema. Seit den zwanziger Jahren wurden die typischen Verhaltensweisen und Vergesellschaftungsformen devianter Jugendlicher untersucht: In Jugendgangs bildete sich ein normiertes Verhalten heraus, welches deutlich von den Normen der dominierenden Kultur abwich. Die Soziologie, welche sich mit diesem Phänomen beschäftigte, gelangte von da aus zu einer entsprechenden Konzeptualisierung von Jugendsubkulturen.[70] Nach dem Kriege haben sich jugendbestimmte »Gegenkulturen«

---

[69] Vgl. die enthusiastische Würdigung durch Uhsadel, W.: Art. »Jugendbewegung I. Geschichte und Bedeutung«, Die Religion in Geschichte und Gegenwart (RGG³) 3 (1959), 1013–1018; dazu Ferchhoff, W.: Jugendkulturen im 20. Jahrhundert. Von den sozialmilieuspezifischen Jugendsubkulturen zu den individualitätsbezogenen Jugendkulturen, Frankfurt a.M./Bern/New York/Paris 1990.
[70] Thrasher, F.M.: The Gang, Chicago 1927.

aufgebaut, die nicht kriminell sind, in ihren Normen und Werten aber dennoch wesentlich von der dominierenden »Normalkultur« der Erwachsenen abweichen.[71] Besonders seit den sechziger Jahren sind immer wieder neue subkulturelle Wellen wirksam geworden. Während also die Ideale und Normen der Jugendbewegung in der Vor- und Zwischenkriegszeit in Deutschland mit denen der bürgerlichen Welt in wesentlichen Punkten übereinstimmen (unterscheidend sind in erster Linie Stilfragen), sind die Subkulturen der Nachkriegszeit radikaler von der dominierenden Kultur unterschieden.

Wieder andere Gesichtspunkte kommen in Betracht, wenn Jugendkultur als Stadium eines »transitorischen Übergangs« konzipiert wird.[72] Zwischen der Kindheit und dem Erwachsenenleben dehnt sich immer mehr eine Phase der »Jugend« aus. Ist das Kind noch primär im System der Familie integriert, der Erwachsene in dem des Berufs, so sind Jugendliche einerseits in Institutionen der Erziehung, andererseits aber in *peer groups* beheimatet, was zu vielfältigen und flexiblen Rollenzuschreibungen führt. Von einem kulturanthropologisch vergleichenden Gesichtspunkt aus könnte man also von einer modernisierten und säkularisierten Variation der Initiationsphase sprechen.[73] In dieser Phase des Lernens mit Gleichaltrigen werden verschiedene Verhaltensweisen eingeübt, die allerdings – und das ist der Unterschied zu traditionellen Kulturen – nicht auf die Erwachsenenwelt hinzielen müssen. Wesentlich ist, dass dieser Typus von Jugendkultur ein immer wichtigeres wirtschaftliches Gewicht hat; Jugendliche sind potente Konsumenten. Das schnelle Aufblühen von Teenagerkulturen, Popkulturen usw. ist ohne diese wirtschaftliche Dimension nicht vorstellbar.

Seit dem Zweiten Weltkrieg sind verschiedene Arbeiten erschienen, welche Eigenheiten der jeweils heranwachsenden Jugend festzuhalten suchten; für Schelsky[74] war die kommende Generation in erster Linie »skeptisch«, für Blücher[75] »unbefangen«. Offenbar hatte man damals den Eindruck, die Jugend habe »typische« Züge, sie liesse sich entsprechend durch *einen* charakteristischen Zug kennzeichnen. Tatsächlich hatten die Wellen von Rock 'n' Roll, Flower Power usw. eine recht umfassende Prägekraft – wenn ich meiner Erinnerung trauen darf. Auf jeden Fall stellten die 1968er einen Wellenschlag dar, dem sich so leicht keiner entziehen

---

[71] Hall, S./Jefferson, T. (Hg.): Resistance Through Rituals. Youth Subcultures in Post-war Britain, London 1977. – Das theoretische Modell, das hier im ersten Teil der Studie entworfen wird (Kultur der dominierenden Klasse – Kultur der *working class* – Subkultur) ist wohl in hohem Masse an (damaligen?) britischen Verhältnissen orientiert und lässt sich jedenfalls nicht ohne weiteres auf andere bzw. spätere Stadien postindustrieller Entwicklung übertragen.

[72] So bei Ferchhoff: Jugendkulturen, 23ff, unter Hinweis auf Parsons u.a.

[73] Es würde sich lohnen, neuere Arbeiten zu Übergangsritualen (z.B. Turner, V.W.: The Ritual Process. Structure and Anti-Structure, New York 1969; La Fontaine, J.S.: Initiation. Ritual Drama and Secret Knowledge across the World, Harmondsworth 1985) auf Strukturparallelen zu Jugendkulturen hin zu befragen.

[74] Schelsky, H.: Die skeptische Generation. Eine Soziologie der deutschen Jugend, Düsseldorf/Köln 1957.

[75] Blücher, V.G.: Die Generation der Unbefangenen, Düsseldorf/Köln 1966.

konnte und der sich tief in die kulturelle Erinnerung eingegraben hat. Nachher scheinen sich Wellen nicht mehr ausmachen zu lassen, vielmehr überlagern sie sich; Schickimickis, Yuppies, Öko-Freaks haben ihre Blüte nebeneinander. Das Ende der Ideologien und die von Habermas diagnostizierte »neue Unübersichtlichkeit«[76] scheinen es schwerer zu machen, Konturen von Jugendkulturen zu erkennen; nur gerade ganz am Rande gibt es noch wirklich akzentuierte Gruppierungen.[77] Die Jugend geht ähnlich in die neue Unübersichtlichkeit ein wie die darauf bezogene Forschung.[78]

Zinnecker stellt einen aufschlussreichen Rückblick auf die ideelle Konzeptualisierung von Jugend einerseits und deren »Realgeschichte« andererseits an.[79] Jugend wurde seiner Darstellung nach konzipiert als gesellschaftlicher Wert – die »unverbrauchte« Jugend hat alles vor sich, sie verkörpert Vitalität und Lebensfreude; als Feld pädagogischen Handelns – Jugend muss geformt und erzogen werden; als Moratorium – Jugend hat Zeit, sie ist noch nicht dem Stress und den Festlegungen des Erwachsenenalters ausgesetzt; und als produktive Entwicklungsphase – die Jugend bildet den Raum, in dem Krisen durchgestanden und bewältigt werden können. Zinnecker stellt dann aber fest, dass die fünfziger Jahre einen historischen Wendepunkt bringen: Die »Ideengeschichte« der Jugend hört auf, deren »Realgeschichte« beginnt – diese aber bringt teilweise ganz andere Dinge zur Realisierung als die zuvor leitenden Ideen. Die Formung der Jugend unterliegt nicht primär pädagogischer Verantwortung, sondern den anonymen Einflüssen der Massenmedien; der »gesellschaftliche Wert« der Jugend ist primär ein Element der Werbung; Jugendliche beginnen zwar das Erwachsenenleben später, werden aber viel früher eingebunden in die Lebensplanung der Moderne; und die »produktive Entwicklungsphase« ist für die Erwachsenen fast wichtiger als für die Jugendlichen: Die Lernprozesse kehren sich vielfältig um, indem Erwachsene von Jugendlichen lernen, deren Vorstellungen und Verhaltensweisen übernehmen. Sie lernen z.B. ökologisches Bewusstsein, verlernen den Optimismus der fünfziger und frühen sechziger Jahre.[80]

---

[76] Habermas, J.: Die neue Unübersichtlichkeit, Frankfurt a.M. 1985.

[77] Vor allem die Punks grenzen sich so deutlich ab, dass sie immer wieder dankbares Objekt für Studien abgeben; vgl. z.B. Hebdige, D.: Subculture. The Meaning of Style, London/New York (1979) 1991, 25ff und passim; Soeffner, H.-G.: Stil und Stilisierung. Punk oder die Überhöhung des Alltags, in: ders.: Die Ordnung der Rituale. Die Auslegung des Alltags 2, Frankfurt a.M. 1992, 76–101, 76ff.

[78] Einen expliziten Bezug zwischen der Situation der Jugend und den Erscheinungen der Postmoderne stellen Ferchhoff, W./Neubauer, G.: Jugend und Postmoderne. Analysen und Reflexionen über die Suche nach neuen Lebensorientierungen, Weinheim/München 1989, her.

[79] Zinneker, J.: Jugend der Gegenwart. Beginn oder Ende einer historischen Epoche?, in: Baacke, D./Heitmeyer, W. (Hg.): Neue Widersprüche. Jugendliche in den achtziger Jahren, Weinheim/München 1985, 24–45.

[80] Dieses gesellschaftliche Lernen ist nicht nur an der Jugend, sondern grundsätzlich an »neuen sozialen Bewegungen« orientiert, in welchen Ungleichgewichte und Ungleichzeitigkeiten der Gesellschaft zum Ausdruck kommen. Vgl. dazu Siegenthaler, H.: Soziale Bewegungen und gesell-

3.3 Charakteristika gegenwärtiger Jugend

Sowenig man also über »die Jugend« aussagen kann, so gibt es doch einige gesellschaftliche Rahmenbedingungen, die vielfach anzutreffen sind.[81] In der Familie gelten zunehmend egalitäre Lebensformen; die Vaterrolle wird eher abgebaut, die Mutterrolle eher aufgewertet, bzw. es handelt sich zunehmend um Funktionen, die unterschiedlich und flexibel verteilt und wahrgenommen werden können. Erziehung ist nicht mehr auf bestimmte Tradierungen aus, sondern zielt auf Kompetenzen zu individueller Lebensgestaltung. Die ältere Generation ist nicht mehr ungebrochen Orientierungspunkt; die Kinder lernen mehr als Erwachsene, sind ihnen z.T. überlegen; daraus ergibt sich dann der schon mehrfach erwähnte Sachverhalt, dass Erwachsene z.T. Orientierungen der Jugendlichen übernehmen. Die Ablösungsprozesse von der Familie setzen – trotz Emotionalisierung und Intimisierung der Beziehungen – immer früher ein; im Verhältnis zu früher kommt es zu neuen, entdramatisierten Beziehungen zwischen Jugendlichen und Erwachsenen. Kinder und Jugendliche finden sich sehr früh in altershomogenen Gruppen, in denen sich neue Formen des Zusammenlebens mit *peer-group*-spezifischer Normierung des Verhaltens ergeben. Die entsprechende soziale Kontrolle übersteigt an Wirksamkeit die der Familie und ist höchstens mit derjenigen der Schule (Kontrolle der Leistung) zu vergleichen. Ein hedonistisch-genussvoller Lebensstil dominiert; neue Formen der Sexualität werden ausprobiert. Die Geschlechterrollen gleichen sich an.

Dabei verliert diese Jugendphase immer mehr den Charakter eines Übergangs; es erscheint durchaus nicht unbedingt erstrebenswert, sie zu verlassen. Dies hängt auch mit der derzeitigen Situation der Arbeitswelt zusammen: Lange Ausbildungen, die in die Jugendphase fallen, führen nicht unbedingt zu einer Berufstätigkeit. Die knappere und unanschaulich gewordene Arbeit der normalen Arbeitswelt verliert als Leitbild an Gewicht. Stattdessen ist die Ausbildungsphase mit Phasen des »Jobbens« durchsetzt, um Bedürfnisse eines möglicherweise schon recht gehobenen Lebensstandards befriedigen zu können. Ansprüche wirtschaftlicher, sozialer und politischer Teilhabe werden nicht auf eine spätere Phase verschoben, sondern bereits angemeldet.

Der Lebensstil hat vielfach Identität stiftende Funktionen. Die Abschlussmechanismen einzelner Gruppierungen sind verschieden ausgeprägt. Teilweise sind sie stark akzentuiert, eine Gruppierung hebt sich dann sehr spezifisch von der Umgebung ab, und es kommt zu einer hochgradigen internen Kontrolle, sodass gut konturierte Subkulturen entstehen. Andere Gruppierungen aber sind wenig abgegrenzt und bilden unscharfe Kristallisationspunkte im amorphen Gemenge der Jugendkultur.

---

schaftliches Lernen im Industriezeitalter, in: Dahinden, M. (Hg.): Neue soziale Bewegungen – und ihre gesellschaftlichen Wirkungen, Zürich 1987, 251–264.

[81] Ferchhoff: Jugendkulturen, 126ff.

3.4 Typologie der Verhaltensmuster

Ferchhoff hat versucht, verschiedene Ausformungstendenzen der Jugendkultur einer Typologie zu unterziehen. Dabei stellt er die folgenden Profile fest: [82]

1. Regredierende Formen sozialen Rückzugs sind dokumentiert durch Verhaltensmuster wie Rückzug »(...) in Drogen, in religiöses, spirituelles Sektierertum, in die neoromantische Sehnsucht nach der kosmologisch-mystischen Weltharmonie, in andere (zuweilen auch politisch geprägte) einfache, klare und eindeutige Heilsgewissheiten, die auf die ›dualistische Gegenüberstellung von Gut und Böse, Gerettet und Verdammt fixiert sind‹ (...)«. [83]

2. Die gegenkulturelle progressive jugendliche Szene ist repräsentiert durch die spärlicher gewordenen Erben der 1968er mit sozialem und grünem Engagement.

3. Cooler gesinnungsloser dekadenter Zynismus zeigt sich bei den Schickimickis, Yuppies und ähnlichen Gruppierungen, wo Verhaltens- aber nicht Normenanpassung an die Lebensformen des Establishments vorliegen.

4. Auffälligkeit durch Aggressivität kommt zum Ausdruck in Phänomenen wie Hooligans, Skinheads, Neonazis oder Aktivisten der linken Szene.

5. Weitaus den grössten Teil aber machen angepasste familienorientierte Jugendliche aus – also einfach der unauffällige Rest, der unter Punkt 1–4 nicht zu verorten ist.

Wo treffen wir Fundamentalisten an? Am ehesten, wie das Zitat deutlich macht, unter Punkt 1 – aber da ist in einem Atemzug etwas gar viel aufgezählt: vom Satanismus bis New Age, von den Tischerückern bis zu Anthroposophen. Die Typologie ist etwas zu grob, als dass sie einen wirklichen Leitfaden zur Klassifikation der Jugendkulturen ergäbe. Damit ist allerdings die Frage nach Konstruktionsmöglichkeiten einer solchen Klassifikation nicht erledigt. Eskapistische, regressive, abdichtende Verhaltensweisen müssten aber schärfer differenziert werden, um wirklich zu greifen. Auch wäre beispielsweise Anschluss an die Forschung von »Jugendreligionen« (bei aller Problematik dieser Bezeichnung!) zu suchen. [84]

4. Offene Fragen

Im Zusammenhang mit Arbeiten über die »Religiosität der Jugend« kam das Thema des Fundamentalismus kaum vor; in Arbeiten über Jugendkulturen spielt »Religion« praktisch keine Rolle. [85] So zeigt sich nochmals, dass wir es mit drei ver-

---

[82] Ferchhoff: Jugendkulturen, 145ff.

[83] Ferchhoff: Jugendkulturen, 146, z.T. im Anschluss an Nipkow: Erwachsenwerden, formuliert.

[84] In den klassischen »Jugendsubkulturen« fehlen religiöse Bewegungen weitgehend – abgesehen etwa von den Rastas (Hebdige: Subculture, 30ff).

[85] Dies gilt jedenfalls für einen Typus von Religion, welcher an traditioneller Kirchlichkeit oder auch nur schon an expliziter Thematisierung von »religiösen Fragen« (Transzendenz, Kontingenz) orientiert ist.

schiedenen Forschungslagen ohne Querverbindungen zu tun haben. Immerhin lassen sich aus diesem Nebeneinander verschiedene Fragen entwickeln, denen weiter nachzugehen wäre; ich formuliere lediglich sieben weiter zu bearbeitende Probleme:

1. Die Gegenwart zeichnet sich durch einen starken Religionswandel aus. Nehmen »fundamentalistische« Tendenzen eher zu, oder handelt es sich lediglich um eine neue Profilierung eines bereits bestehenden Spektrums von Religiosität, das deshalb deutlicher in Erscheinung tritt, weil der Kontext amorpher und diffuser wird?

2. Wie steht es mit dem Religionswandel innerhalb »fundamentalistischer« Gruppierungen? Zeichnen sich Generationenunterschiede ab, und wenn ja, welche? Erfasst der Wandel auch die zentralen ideologischen Elemente des Glaubenssystems (und des im Protestantismus kanonischen Bekehrungserlebnisses), oder betrifft er lediglich periphere Bereiche, sodass man gegebenenfalls von einem »Stilwandel« sprechen könnte?

3. Pluralisierung und Individualisierung sind Signaturen des neuzeitlichen Religionswandels, beide Phänomene prägen in hohem Masse bereits die Geschichte »fundamentalistischer« Bewegungen (insbesondere im Protestantismus) insofern, als vielfältige Gruppierungen auf die individuelle religiöse Entfaltung (z.B. Bekehrung) des Einzelnen zielen. Aber Pluralisierung und Individualisierung sind hier implizite Rahmenbedingung und nicht explizites Programm religiöser Botschaft. Wie weit zeigen sich in fundamentalistischen Gruppierungen Tendenzen einer Explikation der Individualisierung?

4. Das »gesellschaftliche Lernen« der älteren Generation von der jüngeren scheint ein typisches Merkmal der Gegenwart zu sein. Ist dies auch in »fundamentalistischen« Kreisen zu beobachten, und wenn ja, in welcher Beziehung?

5. Religiosität scheint sich altersspezifisch zu entwickeln – so problematisch die vorgelegten Modelle im Einzelnen sind. Wie sieht diese Entwicklung bei evangelikalen Jugendlichen aus? Welchen Stellenwert hat die Bekehrung in der Biographie eines Jugendlichen vor dem Hintergrund der typischen Entwicklungen?

6. Die Konzepte von Modernisierung und von Krisenkult tragen einiges zur Klärung der Entstehung »fundamentalistischer« Bewegungen bei. Wie verhält sich dies einerseits bei heute in Westeuropa etablierten Gruppierungen dieses Typs, und inwiefern greifen diese Modelle insbesondere im Hinblick auf Jugendliche, d.h. welche Muster von Modernitäts- bzw. Krisenbewältigung liegen vor?

7. Jugendliche haben häufig Anteil an verschiedenen »Jugendkulturen«, oder präziser: Sie können in unterschiedlichen Kontexten je situationsspezifische Lebensstile praktizieren (was allerdings weit über blosse »Stilfragen« hinausgeht und auch Werthaltungen impliziert). Inwiefern lassen sich solche postmoderne Tendenzen auch bei Jugendlichen mit fundamentalistischen Tendenzen feststellen?

WESEN UND FUNKTION VON MONOTHEISMUS

1. Fragen nach Gott: Die Wer-, die Wie-, die Wozu-Frage

Die Monotheismus-Diskussion der letzten Jahre verlief an zwei Fronten: Einerseits wurde die historische Frage nach dem Aufkommen des Monotheismus neu gestellt. Und andererseits legten sich Neuorientierungen im Verhältnis zu Judentum und Islam nahe – nach der Fülle leidvoller Erfahrungen des Zusammenlebens im 20. Jh. Diese letztere Neuorientierung hat vor allem systematisch- und praktisch-theologische Aspekte. Es geht darum, das Verhältnis der abrahamitischen Religionen untereinander neu zu bestimmen.

Der historische und der systematisch-praktische Diskurs liegen auf ganz unterschiedlichen Ebenen. Zu fragen ist nach Beziehungen zwischen diesen beiden Diskursen und einem möglichen religionswissenschaftlichen, nichttheologischen Beitrag dazu; das ist das Ziel dieses Artikels.

Die erste der beiden Problemlagen ist bestimmt durch einen forschungsgeschichtlichen Umschwung.[1] Vor einer Generation galt das Erste Gebot einerseits als historisches Grunddatum der altisraelitischen Religionsgeschichte und andererseits als systematisches Grunddatum der alttestamentlichen Glaubensgeschichte. Es hatte in dieser Beziehung immer kritische Stimmen gegeben; aber man hatte sie nicht wahrgenommen. Das Erste Gebot war ein Ursprungsdatum, eine *arche* in jeder Beziehung des Wortes. Allerdings war die historische Lokalisierung dieser *arche* bereits umstritten, nachdem Martin Noth Mose als historische Figur in den 1930er Jahren demontiert hatte. Man wich dann auf strukturelle Argumentationen aus und reklamierte die monolatrisch geprägten Vätergötter als Vorläufer für den späteren Jahwe, der jedenfalls exklusiv dem vorstaatlichen Stämmebund zugeordnet wurde. Das alles gilt nun historisch nicht mehr. Statt dessen verweist man auf epigraphische Belege, die »Jahwe und seine Aschera« nennen, dazu kommen ikonographische Irritationen usw. Die Folgen dieser Umorientierung sind umstritten. Kühnere Kollegen sprechen unverblümt vom »Polytheismus« des vorstaatlichen Israel, andere drücken sich vorsichtiger aus. Klar ist, dass die Konzentration auf Jahwe erst mit dem Exil zu einer Breitenwirkung kommt, nach einem Vorspiel in der vorexilischen Prophetie, vielleicht auch im Deuteronomium, wenn man überhaupt mit einem vorexilischen Kern des Deuteronomiums rechnen will. Das Ausschliesslichkeitsgebot Jahwes ist jedenfalls eine späte Erscheinung der altisraelitischen Religionsgeschichte.

---

[1] Für Details verweise ich summarisch auf: Stolz, F.: Einführung in den biblischen Monotheismus, Darmstadt 1996; Köckert, M.: Von einem zum einzigen Gott. Zur Diskussion der Religionsgeschichte Israels, Berliner Theologische Zeitschrift 15 (1998), 137–175.

Die Revision des Geschichtsbildes kann sich auf einige neue Daten stützen – allerdings nicht zu viele. Wesentlicher ist eine neue Beurteilung des Datenbestands. Das genannte epigraphische Material wird stärker gewichtet, ebenso die archäologische Arbeit. Bis dahin hatte man sich primär am kanonisch überlieferten Traditionsbestand orientiert und die übrigen Quellen zur kritischen Illustration dieses Bestandes verwendet. Jetzt haben sich die Hilfsdisziplinen emanzipiert, die Ikonografie hat sich als historisch wohlfundierte Konkurrenz zur Interpretation der Schriften etabliert. Was an Schrifttum früher als vorexilisch galt, wird inzwischen meist spät datiert, man muss bald froh sein, wenn es noch vorchristliche Bestandteile des Alten Testaments gibt: Die Geschichtsschreibung Altisraels ist revidiert worden, David ist heute eine so undurchsichtige Figur wie vor vierzig Jahren Mose, und die Religionsgeschichtsschreibung der vorexilischen Zeit ist so unsicher geworden wie die des Zoroastrismus.[2]

Die Grunddaten altisraelitischer Religionsgeschichte und alttestamentlicher Glaubensgeschichte fallen also auseinander. Das ist ein Problemtypus, der von der neutestamentlichen Theologie her nur zu bekannt ist; es sei an die Frage nach dem historischen Jesus erinnert. Auf wie viel historisches Wissen von Jesus kann das Wissen des Glaubens verzichten? Reicht Bultmanns Radikallösung einer Reduktion auf das blosse Dass seiner Existenz? Die Frage des Verhältnisses von historischen und ewigen Wahrheiten, wie Lessing sie formuliert hat, wird einmal mehr sichtbar:[3] Historische Einsichten sind nur mit Wahrscheinlichkeitsurteilen zu versehen und stets revidierbar, damit grundsätzlich unzuverlässig. »Ewige« Wahrheiten – man würde sie heute wohl anders bezeichnen – sind demgegenüber Einsichten, denen ein wie auch immer zu bestimmender Transzendenzcharakter zukommen soll. Die Entstehung des Monotheismus ist heute historisch einigermassen plausibel zu machen; aber was bedeutet das theologisch? Das alles sind alte Fragen, die erneut bedacht werden müssen.

Die zweite Problemlage nimmt sich zunächst ganz anders aus. Die abrahamitischen Religionen sind seit einiger Zeit in eine wachsende Dynamik des Austauschs, der Konfrontation und der Konfusion geraten. Die Grenzen zwischen den drei Religionen erscheinen einerseits als schärfer akzentuiert, was Aggressionen auslöst; andererseits sind die Kontakte intensiviert, Gespräche werden gesucht, Migrationen und Kulturaustausch führen zu neuen Formen der Nachbarschaft und der Vermischung. Dabei stellen sich auch religiöse und theologische

[2] Die heiligen Schriften der Zoroastrier sind in einem ähnlichen Sammlungs- und Kanonisierungsprozess entstanden wie das Alte Testament, die daraus resultierenden historischen Unsicherheiten sind vergleichbar und womöglich deshalb noch weniger durchschaubar, weil Hinweise auf historische Sachverhalte weitgehend fehlen. Ob Zarathustra im 10. oder im 7. Jh. v.Chr. gelebt hat, ist nach wie vor umstritten, und dementsprechend ist auch die literarische Überlieferung des Avesta in ihrem Wachstumsprozess schwer durchschaubar. Zum Stand der Forschung vgl. Gnoli, G.: La religione dell'Iran antico e Zoroastro, in: Filoramo, G. (Hg.): Storia delle religioni I, Roma-Bari 1994, 455–489.
[3] Lessing, G.E.: Über den Beweis des Geistes und der Kraft (1777), in: Schilson, A. (Hg.): Werke und Briefe 8, Frankfurt 1989, 437–445.

Fragen – z.B. ganz naiv: Haben die Christen denselben Gott wie die Juden und die Muslime? Das ist die ganz einfache Wer-Frage: Wer steht dem Muslim und dem Christen etwa beim Beten gegenüber? Ist es derselbe Gott oder ist es je ein anderer? Kann man etwa zusammen beten?

Die Frage ist historisch leicht zu beantworten. Das Christentum ist aus dem Judentum entstanden, und die muslimische Gottesvorstellung leitet sich aus dem Judentum bzw. Christentum ab. Aber die historische Antwort genügt natürlich nicht. Der israelitische Jahwe steht schliesslich in einer Kontinuitätslinie mit Baal und El, auch wenn das später in Abrede gestellt wurde. Ist demnach der christliche Gott mit El von Ugarit identisch? Vielleicht schon, aber wenn ja: Ist der christliche Gott mit El von Ugarit in derselben Weise identisch wie mit dem Jahwe des Alten Testaments und dem Allah des Muhammad?

Es ist unmittelbar deutlich, dass diese Frage nicht historisch zu klären ist; sie ist als systematisch-theologisches Problem, genauer: als religionstheologisches Problem zu stellen. Die Traditionen der abrahamitischen Religionen privilegieren ihren Zugang zu Gott in einer je exkludierenden Weise. Der Gott des Judentums ist auf dem Weg der Tora zu finden, der Gott des Christentums in Christus, und für den Islam ist der von Muhammad – dem Siegel der Propheten – vermittelte Koran wegweisend. Dabei bestehen zeitliche und sachliche Asymmetrien; Offenbarungen rechnen wohl mit früheren, überholten Offenbarungen, nicht aber mit späteren. Der Islam rechnet mit Christentum und Judentum und weist diesen Religionen auch eine beschränkte Gültigkeit zu, den *ḏimma*-Status.[4] Das traditionelle Christentum hat theologisch keinen Platz für den Islam (Muhammad konnte nur als falscher Prophet gewertet werden[5]), wohl aber für das Judentum, allerdings vorwiegend in einer negativen Beleuchtung: Das Judentum hat exemplarisch Christus *nicht* angenommen und sich dem Ruf des Glaubens verschlossen. Das Judentum rechnet weder mit Christentum (Jesus erhält seinen jüdischen Platz in der Interpretationsgeschichte der Tora)[6] noch mit dem Islam. Aufgrund welcher Einsichten lassen sich diese Festlegungen eigentlich revidieren?

Man könnte mit der »Ähnlichkeit« der Gotteskonzepte in Judentum, Christentum und Islam argumentieren; es gibt vielleicht genug gemeinsame Merkmale, um eine Identifikation zu ermöglichen. Die Argumentation bedient sich dann der Verallgemeinerung. Die Wer-Frage nach Gott wird in eine Wie-Frage umgeformt, was nicht unproblematisch ist, wie Bonhoeffer eindringlich betont hat.[7] Diese Fragestellung ist übrigens nicht beschränkt auf die Familie der abrahamitischen Religionen. Sie stellt sich modifiziert im Hinblick auf andere Religionen wie den Zoroastrismus, der zwar monotheistisch ist, aber ohne historischen ge-

⁴ Dazu Cahen, C.: Art. »dhimma«, Enzyklopädie des Islam II (1913–1934), 227–231.
⁵ So z.B. noch Kellerhals, E.: Der Islam, Gütersloh 1981, 38ff.
⁶ Eventuell: Lapide, P./Moltmann, J.: Jüdischer Monotheismus – christliche Trinitätslehre, München 1979. Generell: Jesus im Judentum.
⁷ Bonhoeffer, D.: Vorlesung »Christologie« (Nachschrift) in: Nicolaisen, C./Scharffenorth, E.-A. (Hg.): Werke Bd. 12, München 1997.

meinsamen Ursprung mit abrahamitischen Religionen; auch hier stellt sich die Frage, wie viel denn dieser Gott mit dem Gott der Christen gemeinsam habe, obgleich sie wenig aktuell ist angesichts der spärlichen Zahl von Zoroastriern. Die Religionen des Ostens haben deutlich andere Orientierungskonzepte; von Gotteskonzepten kann man nur z.T. sprechen. Aber vielleicht gibt es auch hier einen gemeinsamen Grund menschlicher Glaubenshaltung? Dies ist die Basis pluralistischer Religionstheologie, wie sie heute vor allem im angelsächsischen Raum dominiert; Cantwell Smith und John Hick haben besonders zu diesen Fragestellungen beigetragen.[8] Die Ultimate Reality, das Supreme Being (das im übrigen verblüffend an die Gottheit des Neuprotestantismus erinnert) ist das Resultat einer Verallgemeinerung, einer Generalisierung eigener Erfahrungen.

Dies also sind die theologischen Brennpunkte der gegenwärtigen Diskussion. In beiden Fällen geht es um die Qualitäts- und Wesensbestimmungen Gottes; in beiden Fällen gehen historische Einschätzung und systematische Bewertung mit mehr oder weniger methodischem Bewusstsein ineinander über.

Im Folgenden soll nun eine nochmals grundsätzlich andere Fragestellung zur Anwendung gelangen. Die skizzierten Probleme sollen mit funktionalen Fragestellungen angegangen werden. In starker Vereinfachung könnte man sagen: An die Stelle der Wer- oder der Wie-Frage tritt die Wozu-Frage, oder präziser: Nicht die Identität Gottes, auch nicht die Qualität eines Gotteskonzeptes soll im Vordergrund der Betrachtung stehen, sondern die Beziehungen, die ein monotheistisches Gotteskonzept, insbesondere ein exklusives (bzw., am Rande, ein inklusives) Gotteskonzept konstituieren.[9] Zu fragen ist nach den Beziehungen innerhalb des religiösen Symbolsystems und darüber hinaus zu weiteren Systemen der Kommunikation im Bereich von Macht- und Warenverteilung, also von Politik und Wirtschaft. Am Schluss ist zu fragen, was dieses Verfahren zu den in der Theologie aktuellen Problemen beiträgt.

2. Monotheismus als Symbolsystem

2.1 Der Hintergrund: Organisation der Vielheit

Der Polytheismus ist erstaunlicherweise relativ wenig systematisch erforscht.[10] Zwar proklamiert man heute eine Renaissance des Polytheismus. Er wird propa-

---

[8] Smith, W.C.: The Meaning and End of Religion (1962), Minneapolis 1991; Hick, J.: An Interpretation of Religion. Human Responses to the Transcendent, Basingstoke/London 1989.

[9] In den Anfangszeiten funktionalistischer Theorie herrschte die simple Wozu-Frage in der Theoriebildung tatsächlich vor vgl. Malinowski, B.: Die Funktionaltheorie, in: ders.: Eine wissenschaftliche Theorie der Kultur, Frankfurt a.M. 1975; später glich sich der Funktionsbegriff mehr dem der Mathematik an vgl. Luhmann, N.: Funktion der Religion, Frankfurt a.M. 1982.

[10] Brelich, A.: Der Polytheismus, Numen 4, 1960, 123–136; Rudhardt, J.: Considérations sur le polythéisme, Revue de théologie et de philosophie 99 (1966), 353–364; Gladigow, B.: Strukturprobleme polytheistischer Religionen, Saeculum 34 (1983), 292–304; ders.: Polytheismus. Akzente,

giert gegen einen Monotheismus, dem gegenüber man misstrauisch geworden ist. Diese Aktualität ist jedoch nicht durch wissenschaftliche Arbeit unterfangen, obwohl *polytheos* und *polytheia* als Ausdrücke bereits in der Antike vorkommen, während »Monotheismus« u.Ä. neuzeitliche Gebilde sind. Polytheismus bleibt jedenfalls eine Hintergrundstruktur für den Monotheismus, im Alten Testament ganz offensichtlich: Das erste Gebot richtet sich gegen den Polytheismus. Dasselbe gilt im Islam: Die Polytheisten sind die eigentlichen Gegner des Propheten.[11] Wenn der manifeste Polytheismus verschwunden ist, wird er uminterpretiert, wie die Exegese des Ersten Gebots durch die ganze Kirchengeschichte zeigt: Der Dienst an anderen Göttern wird identifiziert mit allem, was eine quasi-religiöse Abhängigkeit impliziert, was beispielsweise noch an Luthers Auslegung des Gebots im Grossen Katechismus beobachtet werden kann.[12]

Mit »Polytheismus« kann man eine Struktur des Göttlichen bezeichnen, welche vielfach wiederkehrt und in der Pluralität nur ein Merkmal bildet. Was im Folgenden kurz am altmesopotamischen Polytheismus demonstriert werden soll, hat exemplarischen Charakter.

Die Konstruktion des polytheistischen Symbolsystems stellt einen Aspekt menschlicher Orientierungssysteme überhaupt dar; und zu dieser Orientierung gehört zunächst die Raumorientierung. Sumerisch unterscheidet man *An* und *Ki,* Himmel und Erde, oben und unten. Der räumlichen Polarität wird eine andere elementare Polarität zugeordnet, nämlich die Geschlechterpolarität. Diese Zuordnung verschiedener Klassifikationen ist ein Beispiel wilden Denkens à la Lévi-Strauss.[13] Himmel und Erde, Mann und Frau gehören also zusammen (man kann auch umgekehrt zuordnen, wie etwa in Ägypten, wo der Himmel weiblich, die Erde männlich ist; solche Zuordnungen sind eben nicht »natürlich«, sondern kulturell geregelt). Die Vereinigung der Geschlechter ist kreativ, in Mesopotamien wie in Griechenland – leider sind es vorwiegend Monster, die da entstehen.[14]

Es gibt andere Leitunterscheidungen in der Wahrnehmung der Welt, etwa die Unterscheidung zwischen Bekanntem und Unbekanntem; Kosmos und Chaos, Kultur und Natur.[15] Diese Unterscheidungen haben sehr konkrete Bedeutung.

Perspektiven und Optionen der Forschung, Zeitschrift für Religionswissenschaft 5 (1997), 59–77; Stolz: Einführung, 32ff.

[11] Zu Muhammad, dem vorislamischen Polytheismus, dessen Verwerfung und Umbildung vgl. Paret, R.: Mohammed und der Koran, Stuttgart ²1972, 92ff; Nagel, T.: Der Koran, München ²1991, 216ff.

[12] Luther, M.: Der Grosse Katechismus, hg.v. O. Clemen, ⁵1959, 4ff.

[13] Lévi-Strauss, C.: Das wilde Denken, Frankfurt 1973.

[14] In Mesopotamien ist der Krankheitsdämon Asag eine Frucht dieser Verbindung; er wird glücklicherweise von Ninurta (gemäss dem Mythos Lugal-e, vgl. Jacobsen, T.: The Harpes that Once … . Sumerian Poetry in Translation, London 1987, 233ff) erschlagen, muss aber immer wieder in Beschwörungen gebannt werden. – In Griechenland ist an die Titanen zu denken.

[15] Während man im Hinblick auf den Alten Orient häufig von Kosmos und Chaos spricht, ist die Unterscheidung von Kultur und Natur eher einer strukturalistischen Ethnologie im Umfeld von Lévi-Strauss geläufig; es gibt durchaus Beziehungen zwischen den beiden Unterscheidungen. Vgl.

Der zivilisierte Mensch verlässt gelegentlich die Stadt, das bewässerte Feld, die Gemarkungen des eigenen Raumes, er kommt in die Steppe, wo die Dämonen hausen, nähert sich dem Land der Feinde, wo Verderben droht. Er verlässt stufenweise den Bereich der kulturellen Kontrolle, den Lebensraum, und gerät in einen Raum des Unkontrollierbaren, des Todes. Warum verlässt man überhaupt die Stadt? Man treibt schliesslich Handel, führt Krieg, erleidet Todesfälle (Begräbnisse finden in der Steppe statt, dort hat man Platz für Gräber).

Himmel und Erde, Mann und Frau, Stadt und Steppe, Kosmos und Chaos: Das sind Beispiele einer binären Klassifikation mit elementarer lebenspraktischer Bedeutung. Sie dienen dazu, die Erfahrung zu ordnen. Daneben gibt es andere Klassifikationen, neben binären vor allem triadische. Die räumliche Orientierung berücksichtigt dann etwa Himmel – Erde – Unterwelt oder Himmel – Erde – Meer usw. Dazu kommen weitere Unterscheidungen wie Sonne – Mond, Licht des Tages, Licht der Nacht (beide sind übrigens männlich in Mesopotamien). Die Sonne strukturiert den Tagesrhythmus und den Jahresrhythmus, aber auch das Raumschema Westen und Osten. Der Mond besorgt den Monatsrhythmus; er vermittelt eine weitere elementare Zeitorientierung. Zudem verschwindet der Mond in regelmässigen Abständen völlig, er ist offenbar der Unterwelt verhaftet, in viel höherem Masse als die Sonne. Vielfach gesellt sich zu Sonne und Mond als drittes Element der Morgenstern (Inanna/Ištar).

Die häufigste Göttertriade: Anu – Enlil – Enki hat allerdings weniger kosmologische als vielmehr soziale Aspekte.[16] Anu verkörpert die Autorität, Enlil die Macht, Enki die Findigkeit und Produktivität. Als drittes Glied erscheint aber auch gern die Göttermutter oder eine junge Göttin; auch sie verkörpern Produktivität, Energie u.Ä. Die Götter repräsentieren also elementare anthropologische Funktionen – ein Aspekt, den Dumézil im indogermanischen Bereich beobachtet und in extremem Ausmass überinterpretiert hat.[17]

Götter haben auch einen geographischen Aspekt. Man findet sie an bestimmten Heiligtümern, in bestimmten Bereichen. Anu ist natürlich im Himmel, er ist der Himmel; aber man findet ihn auch (und besonders) in Uruk und an vielen anderen Stellen ebenfalls. Der geographische Raum ist damit der Orientierung erschlossen, einer Orientierung, die an die Kosmologie anschliesst.

Ein polytheistisches Symbolsystem überzieht die Welt also mit vielfältigen orientierungsfähigen Strukturen. Diese lassen sich zunächst beschreiben im Hinblick auf ihren Klassifikationsmodus; es gibt binäre, triadische und komplexere Klassifikationen. Diese Klassifikationen schaffen Raum- und Zeitorientierungen,

---

bes. Kirk, G.S.: Myth. Its Meaning and Functions in Ancient and Other Societies, Cambridge ³1978.

[16] Allgemein zur Ordnung der Götter in Zweier-, Dreier und Viererordnungen vgl. Bottéro, J.: La plus vieille religion en Mésopotamie, Paris 1998, 108ff.

[17] Dumézil, G.: L'idéologie tripartie des Indo-européens, Bruxelles-Berchem 1958; dazu Belier, W.W.: Decayed Gods. Origin and Development of George Dumézil's Idéologie Tripartite, Leiden 1991.

und sie schaffen Orientierungen im Hinblick auf soziale und naturhafte Ordnungen des Lebens; sie schaffen Klarheit darüber, was es mit Autorität, Macht, Kreativität auf sich hat, was Landwirtschaft und Kriegshandwerk bedeuten, was Fruchtbarkeit, Liebe und Tod sind. Höchst konkrete Lebensvollzüge werden gedeutet und eingeordnet. Die Leistung polytheistischer Religionssysteme besteht in der Koordination verschiedenster Orientierungsleistungen.

Natürlich gehen die Götter nicht in ihren Orientierungsfunktionen auf. Šamaš, der Sonnengott, ist nicht beschränkt auf seine Funktion, die Welt hell zu machen und auch das Verborgene, nicht zuletzt das verborgene Unrecht, ans Licht zu bringen; er erschöpft sich nicht in seiner Leistung, Tage und Jahre zu strukturieren. Er ist mehr als die Summe seiner Funktionen, er ist eine transzendente Grösse, und er vermittelt diese Transzendenz. Solche Überlegungen gehen allerdings über die hier gewählte Beschränkung der Reichweite funktionalistischer Fragestellung hinaus.

2.2 Einheit als Regulativ

Steht hinter der Vielheit orientierender Elemente eine Einheit der Orientierung? Dies ist eine Frage, welche bereits im polytheistischen Milieu Mesopotamiens aufkommt: Die Vielfalt der Orientierungsleistungen, welche in Ritualen, Mythen, Bildern durch immer wieder andere Klassifikationskonstellationen Ausdruck fand, wurde durch eine Priesterschaft verwaltet, ein Spezialistentum, welches über eine kulttechnische Ausbildung verfügte, das Wissen professionell verwaltete und (in mündlicher wie schriftlicher Form) weitergab, wobei vielfach zwischen frei zugänglichem und geheimem Wissen unterschieden wurde. In diesen Milieus begann man, über die blosse Anwendung kultischer Praktiken hinaus diese Anwendung zu reflektieren; und damit kam die Frage auf, ob hinter den vielfältigen göttlichen Mächten nicht letztlich eine einzige Gottheit stehe. Man kann Reflexionen dieser Art als »Theologie« bezeichnen; das Phänomen spielt in allen Hochkulturen des Alten Orients eine beträchtliche Rolle.[18]

Es gibt verschiedene Textsorten, anhand derer die Einheit Gottes thematisiert worden ist; als Beispiele sollen zwei Hymnen genannt werden, ein Typus von Kultliteratur, der entstehender Reflexion und Spekulation als Vehikel dienen konnte. In beiden Fällen wird die Vielheit der Götter auf einen Gott hin transparent gemacht. In einem Hymnus an Ninurta heisst es:

> Herr, dein Gesicht ist die Sonne, dein Scheitel ...
> deine beiden Augen, Herr, sind Enlil und (Ninlil) ...[19]

---

[18] Immerhin hat Assmann, J.: Ägypten. Theologie und Frömmigkeit einer frühen Hochkultur, Stuttgart 1984, mit Nachdruck auf die ägyptische Entwicklung hingewiesen; zu Mesopotamien: Stolz, F.: Von der Weisheit zur Spekulation, in: Klimkeit, H.-J.: Biblische und ausserbiblische Spruchweisheit, Wiesbaden 1991, 45–64; auch Stolz, F.: Einführung, 53ff.

[19] Falkenstein, A./v. Soden, W.: Sumerische und akkadische Hymnen und Gebete, Zürich 1953, 258f.

Die Gesamtheit ist hier mit Hilfe der Metapher des Körpers thematisiert. Dies ist keineswegs besonders originell; in vielen Weltbildkonstruktionen bedient man sich dieser Metapher. Das Universum als ganzes wird gern anthropomorph mit einem Menschen insgesamt verglichen.[20] Hier ist das Bild des menschlichen Leibes auf die Welt der Götter angewendet, wobei Eigenheiten dieser Götter dann gern in Beziehung gebracht werden zu Funktionen des Körperteils oder Organs; dass der Sonnengott das leuchtende Gesicht markiert, ist nicht verwunderlich. Auffällig ist, dass man hier bewusst mit dem Bild zu arbeiten beginnt, dass man die einzelnen Glieder reflektiert benennt, dass also gewissermassen aus dem Bild eine Allegorie wird. Die Metapher des Leibes hat bekanntlich Karriere gemacht bis in die christliche Kosmologie und Ekklesiologie hinein. Jedenfalls gestattet es das Bild, den einen Gott in seinem Wesen und seiner Wirksamkeit auszudehnen; und das Mittel dieser Ausweitung ist das Denken. Das Denken entlang dieses Bildes bringt den einen Gott in einen universalen Geltungsbereich.

Eine zweite Technik ist im folgenden Text belegt:

> Sin ist deine Göttlichkeit, Anu dein Herrschertum,
> Dagan dein Herrentum, Ellil dein Königtum,
> Adad deine überlegene Stärke, der kluge Ea dein Verstand,
> Nabu, der mit dem Schreibgriffel umgeht, deine Tüchtigkeit ...[21]

Hier sind einzelne Qualitäten des einen Gottes mit den verschiedenen Gottheiten des Pantheons gleichgesetzt. Auch dies ist traditionell vorgeformt; dass man ein wesentliches begriffliches Element der Weltordnung anthropomorph interpretiert und dementsprechend als »Gott« oder »Göttin« behandelt, ist wohlbekannt; man denke nur an die ägyptische, israelitische, griechische oder römische Verkörperung der Weltordnung, also *Maʿat, Ṣædæq, Themis* und *Justitia*. Wieder wird diese traditionelle Möglichkeit jetzt aber zu einem Feld reflektierter geistiger Arbeit. Hervorragende Züge der einzelnen Götter werden zu Eigenheiten des Gottes schlechthin. Besonders ausgeprägt ist diese Tendenz im alten Iran: Ahura Mazdah ist von sechs weiteren göttlichen Wesen umgeben, die aber nicht mehr durch eine menschenanaloge Personalität charakterisiert sind, sondern durch Qualitäten oder Begriffe; da finden sich die rechte Ordnung, der gute Sinn, die rechte Herrschaft, die gebührende Gesinnung, die Gesundheit und die Unsterblichkeit.[22] Allerdings verdankt sich diese Umformung des polytheistischen Traditionsbestands dem religionsgeschichtlichen Umbruch, der mit dem Namen Zarathustras verbunden ist und der weit über das Normalmass polytheistischer Strukturen hinausführt.

Insgesamt bleibt festzuhalten, dass die Vielheit polytheistischer Weltdeutungen in gewissen Milieus auf eine Einheit hin hinterfragt wird. Man hat diese Tenden-

---

[20] Vgl. Baumann, H.: Das doppelte Geschlecht, Berlin 1955, 277ff.

[21] Falkenstein/v. Soden: Hymnen und Gebete, 301.

[22] Zum religionsgeschichtlichen Hintergrund vgl. Widengren, G.: Die Religionen Irans, Stuttgart 1965, 79ff; Narten, J.: Die Amesha Spentas, Wiesbaden 1982.

zen, die in allen Bereichen der antiken Hochkulturen nachzuweisen sind und die sich dann vor allem in Indien und in Griechenland artikuliert haben, gern als »monotheistisch« bezeichnet. Man müsste präzisieren: Es handelt sich um einen inkludierenden Monotheismus, um ein elitäres Einheitsdenken, welches die Vielheit polytheistischer Orientierung umfasst.

Die Spekulation ist nur ein Motor für die Ausbildung von Tendenzen, welche die Privilegierung eines Gottes befördern. Daneben wäre etwa die Bildung von Grossreichen zu nennen. Dass politische Dominanz mit der Dominanz eines bestimmten Kultes einhergeht, ist ein Phänomen, welches sich seit der Frühgeschichte Mesopotamiens belegen lässt und das mit der Bildung von Grossreichen stark akzentuiert wird. Vor allem der babylonische Stadtgott Marduk macht als Reichsgott Karriere, Assur folgt später auf seinen Spuren, und das Paradigma bleibt über die Antike hinaus wirksam.[23]

Ein weiteres Element der Modifikation polytheistischer Systeme ist durch Individualisierungsprozesse gegeben. Die »persönliche Religion«, welche in Mesopotamien und, noch ausgeprägter, in Ägypten allmählich aufkommt, konzentriert sich auf den »persönlichen Gott«.[24] Die gesellschaftliche Entwicklung verschafft dem Einzelnen (natürlich nur, wenn er einer entsprechenden Schicht angehört) einen Freiraum, der auch in religiöser Hinsicht gestaltet wird.

Spekulation, politische Universalisierung und Individualisierung können zusammenwirken; gewisse Götter wie Marduk oder der Himmelsba'al werden, besonders im 1. Jahrtausend, zu weit herum verehrten Gottheiten. Aber dadurch ist doch die polytheistische Orientierung nicht grundsätzlich in Frage gestellt, sondern lediglich ergänzt.

2.3 Bruch mit polytheistischer Orientierung: Exklusiver Monotheismus

Die vorexilische Religion Israels war mehr oder weniger polytheistisch. Das ist das bewusst vage formulierte Resultat der Monotheismusdebatte, wie sie in den letzten zwei Jahrzehnten geführt wurde; auf Details soll hier nicht eingegangen werden.[25] Strukturell lässt sich jene Religion einigermassen mit dem vergleichen, was

---

[23] Zu Marduk vgl. Sommerfeld, W.: Der Aufstieg Marduks. Die Stellung Marduks in der babylonischen Religion des zweiten Jahrtausends v.Chr., Neukirchen/Kevelaer 1982. Zur Problematik in der Antike (und in den 1930er Jahren) Peterson, E.: Der Monotheismus als politisches Problem, Leipzig 1935. Zu diesem Typus von »Universalisierung« eines Gotteskonzepts vgl. Stolz, F.: Ausbreitungsstrategien und Universalisierungstendenzen in der europäischen Religionsgeschichte, in: Dalferth, I.U./Luibl, H.-J./Weder, H.: Europa verstehen. Zum europäischen Gestus der Universalität, Zürich 1997, 39–63.

[24] Zum Phänomen in Mesopotamien vgl. Albertz, R.: Persönliche Frömmigkeit und offizielle Religion. Religionsinterner Pluralismus in Israel und Babylon, Stuttgart 1978.

[25] Charakteristische Positionen: Lang, B.: Die Jahwe-allein-Bewegung, in: ders. (Hg.): Der einzige Gott. Die Geburt des biblischen Monotheismus, München 1981, 47–83,130–134; Weippert, M.: Synkretismus und Monotheismus. Religionsinterne Konfliktbewältigung im alten Israel, in: Assmann, J./Harth, D.: Kultur und Konflikt, Frankfurt 1990, 143–179; Gnuse, R.K.: No Other Gods. Emergent Monotheism in Israel, Sheffield 1997.

über Mesopotamien auszusagen war. Das Exil bringt Einschnitte, die es zu würdigen gilt. Diese Einschnitte verändern die Struktur religiöser Orientierung, welche das Judentum, das Christentum und den Islam betreffen. Wir beobachten die Umschichtungen im Exil also nicht unter historischen, sondern unter strukturellen Gesichtspunkten.

a) Der Verlust der geographischen Dimension

Bis zum Exil gibt es Kulte landauf, landab; wahrscheinlich nicht durchwegs Jahwekulte, die Elephantine-Texte lassen einiges andere vermuten.[26] Jedenfalls hatten die Kulte ihr lokales Aussehen und Eigengewicht, wie noch z.B. Marienkulte des traditionellen Katholizismus. Natürlich bildet Jerusalem das Zentrum dieser räumlichen Orientierung, der Staatskult bündelt die verschiedenen Raumorientierungen.

Mit dem Exil geht diese geographische Dimension verloren. Allerdings verschwindet die räumliche Dimension nicht einfach; sie bleibt im Gedächtnis und wird im Gedächtnis bearbeitet. Daraus entsteht beispielsweise die Konstruktion eines idealen davidischen Reiches, das historisch offensichtlich nie bestanden hatte.[27] Andererseits wird der ideale Raum in die Zukunft projiziert; Landbesitz ist zugesagt, bis in die Gegenwart hinein, die Idee von Eretz Israel ist eines der emotional am meisten aufgeladenen Themen in Israel.[28] Die Projektion kann ein aggressives Potenzial entfalten. In diesem Kontext ist die Seligpreisung der Sanftmütigen zu sehen, denen das Land verheissen ist. Damit ist gerade dem nicht aggressiven Verhalten das Land zugesagt.

Die Arbeit des Gedächtnisses besteht also in Transformationen in die Vergangenheit oder in die Zukunft oder in ein wie auch immer zu bestimmendes Jenseits. Man denke an das himmlische Jerusalem, an den Gottesdienst in Geist und Wahrheit und in einem Tempel, der nicht mit Händen gebaut ist. Die Geographie ist imaginär, aber keineswegs unwirksam.

Stets bleibt die Möglichkeit zur partiellen Rücktransformation. Neues geographisches Zentrum des Christentums wird Rom. Aber die Heilige Stadt ist eben doch nicht das Himmlische Jerusalem; die Kreuzzüge machen sich daran,

[26] Zum Stand der Diskussion van der Toorn, K.: Anat-Yahu, Some Other Deities and the Jews of Elephantine, Numen 39 (1992), 80–101; Bolin, T.M.: The Temple of YHW at Elephantine and Persian Religious Policy, in: Edelman, D.V. (Hg.): The Triumph of Elohim. From Yahwisms to Judaisms, Grand Rapids 1996, 127–142.

[27] Davids (und Salomos) historische Rollen und der Stellenwert der »ungeteilten Monarchie« sind heute ausserordentlich umstritten. Vgl. z.B. Garbini, G.: History and Ideology in Ancient Israel, London 1988, 21ff; Redford, D.B.: Egypt, Canaan, and Israel in Ancient Times, Princeton 1992, 283ff; Dietrich, W.: Die frühe Königszeit in Israel. 10. Jahrhundert v.Chr., Stuttgart 1997, 148ff; Halpern, B.: The Construction of the Davidic State, in: Fritz, V./Davies, P.R. (Hg.): The Origins of the Ancient Israelite Sates, Sheffield. 1996, 44–75; Handy, L.K. (Hg.): The Age of Solomon Scholarship at the Turn of the Millennium, Leiden 1997.

[28] Dazu z.B. Lustick, I.S.: The Land and the Lord. Jewish Fundamentalism in Israel, New York 1988.

wenigstens das irdische Jerusalem zurückzugewinnen. Aber inzwischen ist diese Stadt auch ins Raumkonzept des Islam übergegangen, sie ist auch durch einen imaginären Vorgang geheiligt, durch die Himmelfahrt des Propheten, einer Konkurrenzidee der Himmelfahrt Jesu. Im übrigen hat Mekka, die Stätte Abrahams, Vorrang, jeder muss nach Möglichkeit einmal in seinem Leben die Wallfahrt zur Ka'ba in Angriff nehmen, obwohl Gott natürlich überall zu finden ist. Die Raumkonzepte haben sich im Bereich des Monotheismus also nach eigenen Regeln weiter entwickelt. Sie haben sich mit der Transformation ins Imaginäre vervielfältigt, sie sind flexibel – und sie lassen sich stets wieder verdinglichen und räumlich realisieren.

b) Der Verlust der ikonographischen Dimension
Die Ikonografie ist im Lauf der letzten 30 Jahre zu einem wesentlichen Thema der Alttestamentler geworden. In Israel gab es Bilder, trotz dem Bilderverbot.[29] Die Botschaft des vorexilischen Israel war nicht nur sprachlich, sondern auch in Bildern, in Architektur, in Handlungen, Musik, Gerüchen kodiert; Jahwe nimmt Opfer in Geruchsform auf, das beruhigt ihn. Die Symbolik des Kultus ist im vorexilischen Israel so vielfältig sinnenfällig wie in anderen Bereichen des Vorderen Orients auch. Davon ist nicht viel geblieben; erhalten ist vor allem Gebrauchskunst im Kleinformat. Alle nichtsprachlichen Kodierungen religiöser Botschaft sind im Exil weitgehend verloren gegangen. Die Sprache bleibt; Erzählungen kann man weiter überliefern und fortschreiben, auch die Zionslieder kann man zur Not noch an den Strömen Babels singen.

Das bedeutet allerdings nicht, dass Bilder verschwinden; sie überleben in der Sprache und werden zu einem Element der Erinnerung. Sogar Architektur bleibt als sprachliche Erinnerung, an der man arbeiten kann; man denke an den Tempel des Ezechiel, aus dem ein Sturm entspringt, der das Tote Meer lebendig macht (Ez 47). Das Beispiel ist vielsagend; wenn Bilder Gegenstand von Sprache werden, treten sie in den Bereich des Metaphorischen ein. Dieser Vorgang ist immer wieder zu beobachten. Zwischen der Ebene der Sprache und der Ebene des Bildes besteht ein Austausch; in Mesopotamien werden bei Heilungsritualen z.B. Fackeln verwendet, und die Texte reden vom Licht, das dem Kranken erscheint – natürlich mehr Licht als nur das Licht der Fackeln.[30] Der Austausch zwischen bildlicher Darstellung und Bildersprache ist also normal. Aber im Zeitraum des babylonischen Exils findet ein abrupter und schneller Wechsel von der Ebene der

---

[29] Vgl. bes. Keel, O.: Die Welt der altorientalischen Bildsymbolik und das Alte Testament, Göttingen ²1977; Schroer, S.: In Israel gab es Bilder, Freiburg (Schweiz) 1987. – Speziell zu ikonographischen Aspekten der Gotteskonzepte vgl. Keel, O./Uehlinger, Ch.: Göttinnen, Götter und Gottessymbole, Freiburg (Schweiz) 1992.
[30] Dazu Stolz, F.: From the Paradigm of Lament and Hearing to the Conversion Paradigm, in: Assman, J./Stroumsa, G.: Transformations of the Inner Self in Ancient Religions, Leiden 1999, 9–29.

Bilder zu derjenigen der Sprache statt; und dies ist ein ganz aussergewöhnlicher religionsgeschichtlicher Wandel.

Der Verlust der Bilder wurde sicher als Not empfunden; aber es gelang, daraus eine Tugend zu machen. Das Bilderverbot bleibt prägend für Judentum und Islam; das Christentum ist den Bildern gegenüber am tolerantesten, aber auch hier besteht ein bilderkritisches Potenzial, das jederzeit aktiviert werden kann. Die Nachfahren der reformierten Bilderstürmer, die in kahlen Kirchen sitzen müssen, wissen, wovon die Rede ist.

Die Unsichtbarkeit Gottes wird zum Programm des Monotheismus. Natürlich weiss jeder, der mit Gottesbildern umgeht, dass der Gott mit dem Bild nicht einfach identisch ist; aber er ist doch daran identifizierbar. Die Unsichtbarkeit Gottes im Monotheismus stellt den stärksten Gegensatz zur Sichtbarkeit der hiesigen Welt dar; Gott ist mit Elementen dieser Welt schlechterdings nicht identifizierbar. Wie ist er dann identifizierbar? Diese Frage wird sich als entscheidend erweisen.

c) Der Verlust der sozialen Analogie

Der vorexilische zentrale Jahwekult in Jerusalem ist primär ein Kult des Königs. Zwischen der Herrschaft Jahwes und der des Königs besteht eine Analogie, das Königtum Gottes, wie immer es im Einzelnen konzipiert ist, wird durch den irdischen König vermittelt.[31] Nationale und religiöse Identität fallen zusammen, die Religion ist analog zur Machtverteilung im menschlichen Raum strukturiert, der göttliche Hof wird in Analogie zum menschlichen Königshof gesehen.

Diese Analogie wird bereits in vorexilischer Zeit in Frage gestellt, insbesondere durch die oppositionelle Prophetie. Jahwe kann sich gegen den König, gegen den Staat und das Volk Israel richten. Die radikalen Unheilsankündigungen erwarten als Erweis der Machtausübung Gottes geradezu die Vernichtung des Gemeinwesens. »Herrschaft Gottes« geschieht nicht mehr in Analogie zur Herrschaftsübung auf der Welt.

Damit lässt sich der Zusammenbruch Israels verarbeiten. Die Vernichtung des Staates tangiert jetzt die Herrschaft Jahwes nicht; die Vorstellung der Herrschaft Gottes wird immunisiert gegen widersprechende Erfahrungen; sie kann natürlich auch nicht mehr durch solche Erfahrungen gestützt werden. Der Triumph der Babylonier bedeutet nichts im Hinblick auf die Herrschaft Jahwes. Die göttliche Macht ist von anderer Art. Gerade Allmacht ist unsichtbar, man kann nur paradox, gegen den Anschein, von ihr reden. Dies lässt sich auf die Spitze treiben: Macht wird dann *sub contrario,* unter dem Gewand der Ohnmacht, sichtbar – man sieht, wie die Kategorien paulinischen Redens von der Macht hier vorbereitet werden.

Der Abbruch der Analogie zwischen dem Religiösen und dem Sozialen hat noch einen anderen Aspekt. Die vorexilische Religion Israels ist Gemeinschaftsan-

[31] Zur Institution des menschlichen und des göttlichen Königtums vgl. Schmidt, W.H.: Alttestamentlicher Glaube in seiner Geschichte, Neukirchen-Vluyn [7]1990, 170ff.

gelegenheit. Der Kult wird im Haus betrieben, also im familiären Rahmen, oder an der lokalen Kultstätte im Rahmen der Sippe, schliesslich auch in Jerusalem im nationalen Rahmen. Zu diesen Kulten gehört man selbstverständlich, man hat keine Wahl zu treffen. Nur marginalisierte Milieus wie die oppositionelle Prophetie entziehen sich dem selbstverständlichen Kult (wie die Pythagoräer in Griechenland); aber Propheten wie Hosea oder Amos sind Einzelgänger, Hosea gilt als verrückt. Ihre Schüler sind Sektierer; stösst man zu ihnen, so trifft man eine Wahl.

Mit dem Exil wird die Wahl zu einem Paradigma religiösen Verhaltens. Man kann z.B. wählen zwischen den mesopotamischen Göttern und dem Gott Israels. Aber auch da gibt es verschiedene Varianten, der Jahwismus des Ezechiel, des Deuterojesaja oder des Tempels auf Elephantine sind recht unterschiedlich. Wahl bedeutet Individualisierung – der Einzelne ist nach seiner Entscheidung gefragt; das wird Israel von Ezechiel eindringlich eingeschärft (Ez 14,12ff;18). Allerdings darf man »Individualisierung« nicht zu modern verstehen. Die faktischen Wahlmöglichkeiten sind sicher beschränkt, entscheiden für die eine oder andere Spielart des Judentums konnten sich faktisch wohl primär Wohn- und Siedlungsgemeinschaften.

Individualisierung und Wahl bleiben entscheidend für monotheistische Religionen. Das Wahlverhalten ist nur möglich dank der Ablösung der religiösen Orientierung von der sozialen Strukturierung, von den Regeln der Machtverteilung. Natürlich erfolgt diese Ablösung nicht auf einmal, sondern partiell und schubweise.

Innere Widersprüche bleiben. Jude ist man zunächst durch Zugehörigkeit zu einem Volk – aber gleichzeitig wird eine Entscheidung gefordert. Das Christentum wird vor der Frage stehen, ob es Sekte bleiben will, eine Gemeinde von Bekehrten und Reinen, von den Donatisten bis zu den Evangelikalen – oder ob es sich zur Gross- und Volkskirche entwickeln will. Auch der Islam kennt das Problem seit der frühesten Zeit: Schon eine Generation nach dem Tode des Propheten ziehen die Ḫariǧiten, Rigoristen, welche es mit dem Koran und der göttlichen Führung genau nehmen, aus, um eine Modellgemeinde zu bilden.[32]

d) Die Neukonstitution des religiösen Symbolsystems

Die Einzahl Gottes, das Kernstück des Monotheismus, ist bis jetzt überhaupt nicht berührt. Es ist unbestritten, dass die deuterojesajanische Schrift die Idee des Monotheismus zum ersten Mal mit aller Schärfe formuliert. Dieser Sachverhalt ist hier im Kontext der Klassifikationsproblematik zu bedenken.

Gewisse traditionelle Klassifikationen machen im Exil keinen Sinn mehr; beispielsweise die Unterscheidung von Inland und Ausland. Diaspora bedeutet Heimat im Ausland. Kosmos – Chaos, die bis jetzt elementare Unterscheidung, wird damit fraglich. Jahwe ist jetzt im Ausland wirksam, in chaotischem Gelände,

---

[32] Levi della Vida, G.: Art. »Kharidjites«, Enzyklopädie des Islam IV (1913–1934), 1074–1077.

allerdings unsichtbar und verborgen. Die anderen Götter sind sichtbar; aber ihre Wirksamkeit wird bestritten; hier liegt der Grund der Götzenpolemik Deuterojesajas. So unterscheidet man jetzt zwischen einem wirklichen Gott und der Menge der scheinbaren Götter, welche nur Menschenwerk sind.[33] Damit entsteht das Konzept des einen paradoxen Schöpfers, auf den alles zurückzuführen ist – Licht und Finsternis, Gut und Böse; dies sicher der Spitzensatz aus Jes 45,7. Die bis dahin elementare Unterscheidung zwischen Kosmos und Chaos ist also obsolet; an deren Stelle tritt die Unterscheidung zwischen Gott und Nicht-Gott, zwischen Gott und seiner Schöpfung. Nur anmerkungsweise sei betont, dass natürlich auch die Geschlechterpolarität keine Rolle mehr spielt, es ist auffällig, dass überall im AT, wo die Exklusivität Jahwes betont wird, weibliche und mütterliche Metaphorik für Gott verwendet wird.[34]

Das hat nun verschiedene Folgen – etwa die, dass der Eigenname Gottes keine Bedeutung mehr hat.[35] Wenn es nur einen Gott gibt, braucht er keinen Eigennamen; dies ist für Judentum, Christentum und Islam selbstverständlich. Allerdings hat Jahwe noch seinen Eigennamen; man darf ihn allerdings nicht mehr brauchen, man würde Gott sonst zu nahe treten. Gott ist in die Ferne gerückt, in ein Jenseits; jetzt wird Transzendenz in einer Schärfe konzipiert, die neu ist. Der ganz transzendente Gott ist abgedichtet gegen widerständige Alltagserfahrung, er ist nicht widerlegbar: Ein solches Gotteskonzept ist von grosser Flexibilität, das ist ein Marktvorteil; aber es ist nicht ohne weiteres erfahrungsgestützt, bzw. die stützenden Erfahrungen bedürfen eines ständigen Trainings, Frömmigkeit muss methodisiert werden.

Das eigentliche Problem des Monotheismus besteht in der Frage, wie die Transzendenz zu erschliessen, wie Kommunikation mit Gott möglich ist. Die drei monotheistischen Religionen präsentieren unterschiedliche Lösungen des Problems – wenn man überhaupt von Lösungen sprechen kann. Religionen pflegen eben die Widersprüchlichkeit und Paradoxie menschlichen Lebens zu thematisieren, und wenn man die religiöse Botschaft auf einen Punkt konzentriert, werden die Widersprüche um so sichtbarer. Monotheismen neigen zur Rationalisierung, sie machen die Paradoxien des religiösen Symbolsystems überscharf, und das befördert dann neue Schübe rationaler Arbeit, um die aufgeworfenen Probleme zwar wiederum nicht zu lösen, aber doch zu behandeln.

Die Vermittlung zwischen dem Jenseits Gottes und der hiesigen Welt, die Überbrückung des unüberwindlichen Grabens: Das ist das Problem. Es bedarf einer Vermittlung; wie ist diese im Jenseits Gottes, wie im Diesseits dieser Welt

---

[33] Holter, K.: Second Isaiah's Idol-Fabrication Passages, Frankfurt a.M. 1995.

[34] Jüngling, W.: »Was anders ist Gott für den Menschen, wenn nicht sein Vater und seine Mutter?« Zu einer Doppelmetapher der religiösen Sprache, in: Dietrich, W./Klopfenstein, M.A. (Hg.): Ein Gott allein?, Freiburg (Schweiz)/Göttingen, 1994, 365–386.

[35] Stolz, F.: Determinationsprobleme und Eigennamen, Theologische Zeitschrift 53 (1997), 142–151; Rösel, M.: Adonaj. Warum Gott »Herr« genannt wird, Tübingen 2000.

festgemacht? Die Vermittlung verläuft natürlich vom Jenseits zum Diesseits; wir
sprechen von Offenbarung. Die Offenbarung wird nun zum Kernpunkt der
Orientierung – zunächst zu einer zeitlichen Orientierung. Sie teilt die Zeit vor der
Offenbarung, der Finsternis und Unwissenheit, und die Zeit danach. Geschichte
bekommt ein Zentrum und wird von da aus neu bewertet, traditionelle Elemente
werden relativiert und neu konfiguriert.

Im Offenbarungsgeschehen kann man unterscheiden zwischen dem Offenba-
rungsträger und dem Offenbarungsprozess. In Israel sind zunächst Propheten
Träger dieses Prozesses der Neuorientierung, und schon bei Deuterojesaja ist dies
reflektiert, ja das Prophetenbild ist bis hin zur Mittlerfigur des Gottesknechtes
ausgezogen. Später wird die Rolle des Mittlers in die Frühzeit projiziert, und Mose
wird zum Propheten schlechthin. Israel konzentriert sich nicht auf einen Mittler,
sondern es rechnet mit verschiedenen Mittlern unterschiedlicher Art und Funktion.

Auch im Umfeld Gottes werden Mittlerfiguren konzipiert, um die Distanz
zum ferner gerückten Gott zu überbrücken. Eine Engelwelt entsteht mit diversen
Spezialisierungen, sie bildet das selbstverständliche Vorstellungsmaterial frühjüdischer Weltbilder. Aber auch andere Figuren kommen auf: die Weisheit, welche
das Erbe der ägyptischen *Ma'at* angetreten hat, und ihr tritt der Logos zur Seite.

Der Offenbarungsprozess gestaltet sich als Arbeit an der Tora, an der Ausarbeitung und Realisierung des Heilsweges. Der Artikulationsgrad und Rigorismus
dieses Heilsweges ist bekanntlich umstritten; es gibt stets engere Interpretationen,
welche der scharfen Unterscheidung zwischen Gott und Welt Rechnung tragen,
und weitere, »liberalere« Auffassungen.

Die Attraktivität des Judentums im paganen hellenistischen Raum wird offenbar gerade durch die Möglichkeit dieser weiteren Interpretationen ermöglicht; die
Betonung von Ethos und Rationalität kennzeichnet das liberale Judentum bis
heute. An dieser Stelle zeigt sich eine höchst bemerkenswerte Entwicklung: Das
Modell des exkludierenden Monotheismus wird ergänzt, z.T. sogar überlagert
durch das inkludierende Modell, welches im Zusammenhang mit Entwicklungen
in Mesopotamien und im Iran bereits erwähnt wurde. Die schroffe Unterscheidung zwischen Gott und Welt einerseits und die Suche nach der verborgenen
Einheit hinter den Mächten, welche diese Welt bestimmen, verbinden sich zu
einem eigenartigen und komplexen Weltdeutungsmuster. Dem entsprechend
werden hier Mittlerfiguren wie Weisheit und Logos ausgearbeitet; sie können eine
Brückenfunktion zwischen dem Offenbarungswissen und dem menschheitlichen
Wissen überhaupt wahrnehmen. In der weiteren Entwicklung kann eher der ex-
kludierende oder der inkludierende Aspekt des Gotteskonzepts und des Vermitt-
lungskonzepts betont werden. Die Identität wird freilich durch die rigorose Orthodoxie gesichert, welche alles Gewicht auf die Unterschiedenheit von Gott und
Welt legt.

Es gibt also im Judentum keine scharfen Grenzen im Hinblick auf den Mittler
und auf den Prozess der Vermittlung. Damit hängt ein Dauerproblem Israels

zusammen: Der eine Gott ist für die ganze Welt zuständig; aber erwählt ist nicht die ganze Menschheit, sondern eben nur Israel. Israel hat keinen Missionsbefehl; hat es dennoch eine Mission? Die Tora ist für Israel bestimmt; aber hat sie auch der Welt etwas zu sagen? Das Gegenüber Gottes zur Welt und das Gegenüber Israels zur Menschheit bilden eine eigenartige Asymmetrie, welche Israel stets beschäftigt und beunruhigt hat.

Im Christentum werden Träger und Prozess der Offenbarung identifiziert – eine Person ersetzt die Tora. Aber sie ersetzt natürlich nicht die Heilige Schrift; das Verhältnis zwischen der Schrift und ihrer Mitte ist stets spannungsvoll und bildet Anlass zum Streit. Die Identifikation von Offenbarung und Offenbarer bedeutet, dass die Grenzen deutlicher akzentuiert werden. Aber das bringt neue Probleme. Kommunikation im Kontext der Offenbarung bekommt jetzt eine anthropomorph-personale Gestalt – aber wie wendet man sich der Person zu, die nicht mehr da ist? Die Identifikation von Offenbarung und Offenbarer und die Konzentration des Offenbarungsgeschehen auf diesen Punkt erhöht die Komplexität der Probleme in höchstem Masse; die Theologie ist dementsprechend gefordert. Die Konflikte um das trinitarische und das christologische Dogma geben dem Ausdruck. Binäre und triadische Klassifikationen dienen der Bearbeitung des Problems, die Formen des Denkens, die den Polytheismus strukturiert hatten, kehren jetzt als innergöttliche Strukturierung wieder. Auch am Muster des inkludierenden Monotheismus wurde übrigens weiter gearbeitet. Wenn Gott Logos ist, so ist damit gleichzeitig die Fähigkeit des Menschen, mit dem Logos umzugehen, in Anspruch genommen; und wenn Gott Liebe ist, so ist die Liebe als Dimension menschlicher Erfahrung mit angesprochen. Hier ergeben sich Möglichkeiten, die universale Geltung der historisch-partikularen Manifestation Gottes zum Ausdruck zu bringen, welche gewiss für den Erfolg christlicher Botschaft von grosser Bedeutung war.

Der Islam akzeptiert die christliche Lösung des Monotheismus-Problems nicht. Träger und Prinzip der Offenbarung bleiben strikt getrennt, Muhammad ist wirklich nur ein Mensch. Sure 112: Sage: »Gott ist einer. Gott ist der Unverrückbare (samad). Er zeugt nicht, und er ist nicht gezeugt. Und keiner ist wie er.« Klarer kann der Scheidung zwischen Gott und Mensch nicht mehr Ausdruck verliehen werden; jeder Kompromiss wird abgewiesen.

Allerdings kommen die Kompromisse durch eine Hintertüre wieder herein. Die Offenbarung geht den Weg von Gott zu den Menschen; und deshalb teilen sich ihr fast zwangsläufig Attribute Gottes mit. Sie ist präexistent, ungeschaffen, ewig. Dennoch ergeht sie in einer menschlichen Sprache, auf arabisch, und dies ist sogar so wichtig, dass der Koran weitgehend als unübersetzbar galt. Es ist klar, dass hier Paradoxien liegen, welche denen der trinitarischen und christologischen Diskussion an Tragweite in nichts nachstehen, und dem entsprechend entstanden Dispute im Rahmen der mu'tazilitischen Streitigkeiten.[36]

---

[36] Vgl. van Ess, J.: Art. »Mu'tazilah«, The Encyclopedia of Religion 10 (1987), 220–229.

Das Fazit ist ganz einfach: Monotheismus impliziert die Konzentration des Symbolsystems auf einen Punkt, auf die Unterscheidung zwischen Gott und allem anderen. Alle Paradoxien religiöser, und d.h. eben urmenschlicher Erfahrung sind auf diesen Punkt konzentriert und werden deshalb besonders leicht sichtbar, drängen nach rationaler Bearbeitung und – jedenfalls nach westlicher Tradition – nach Eindeutigkeit. Die Widersprüche können sichtbar gemacht und bearbeitet werden; allerdings werden sie nicht aufgelöst, sondern nur verschoben. Gleichzeitig mit der Entstehung einer religiösen »Wahrheit«, die Exklusivität beansprucht, entsteht der Streit um diese Wahrheit. Zu jedem Monotheismus gehören wohl zwangsläufig Schismen, Häresien, Sekten usw. Die Frage ist dann, wie man mit diesem Sachverhalt umgeht.

3. Das monotheistische Symbolsystem: Wirkungen

Mit dem Monotheismus löst sich ein neuer Typus von Kommunikation aus dem Gemenge von politischer, wirtschaftlicher, familiärer kommunikativer Beziehungen; nun etabliert sich etwas, was man als »Religion« bezeichnen kann. Bis dahin gehen Machtausübung, Güterverteilung usw. ineinander über; von nun an erhält der Verkehr mit der Transzendenz zunehmend einen eigenständigen kulturellen Raum.

Dies ist freilich nicht nur die Wirkung des Monotheismus; der Prozess ist in einem weiteren sozial- und kulturgeschichtlichen Kontext zu betrachten. Die Reiche der zweiten Hälfte des 1. vorchristlichen Jahrtausends (Perserreich, Alexanderreich, Diadochenreiche, Römisches Reich) entwickeln sich zu pluralistischen Gesellschaften mit hohen Migrationsraten, einem regen kulturellen Austausch und einem Bewusstsein für Pluralismus und Austausch. Man beginnt, über die verschiedenen Traditionen nachzudenken, sie wechselweise zu charakterisieren und zu bewerten; erinnert sei nur an Herodot. So entsteht auch das Bewusstsein unterschiedlicher kultischer und eben »religiöser« Orientierungen; man kann wählen, kann sich mehrfach orientieren oder konvertieren, Markt und Konkurrenz bestimmen zunehmend das Feld, wenn man von der Verbindlichkeit der politischen Legitimation des Gemeinwesens im Herrscherkult absieht. In diesem Umfeld stellen die Monotheismen eine mögliche Wahl dar – eine Wahl, die gleichzeitig das Marktprinzip in Frage stellt, weil die Exklusivität des Angebots auf eine Monopolstellung im Markt aus ist.

Monotheismus ist also von Anfang an »Religion«, oder umgekehrt: Die Monotheismen haben bestimmend an der Ausbildung dessen mitgewirkt, was wir heute als »Religion« bezeichnen (wobei wir nicht nur die westlich-neuzeitliche Ausformung des Phänomens vor Augen haben sollten, sondern Begriffe wie arabisch *dīn* mitbedenken sollten).[37] Christentum und Judentum werden miteinander zu Re-

---

[37] Die Geschichte des Religionsbegriffs im Raum des Christentums ist hervorragend bearbeitet, vgl. Feil, E.: Religio, Bd. I–III, Göttingen 1986, 1997, 2000. Leider fehlt eine vergleichende Ge-

ligionen und zwar von Anfang an zu unterschiedlichen. Das Christentum, eben noch als *superstitio* gebrandmarkt, wird mit der Zeit zur *vera religio,* neben der es *falsae religiones* geben kann. Islam ist von Anfang an Religion, *dīn,* er rechnet seit seiner Entstehung mit unterschiedlich legitimen Religionen: dem Islam als der einen untrüglich wahren Religion, und eingeschränkt wahren, immerhin tolerierten Religionen im *ḏimmi*-Status. Von jetzt an gibt es eigentliche Religionsgeschichte, die kein Epiphänomen der Wirtschaftsgeschichte oder der politischen Geschichte ist, sondern selbst einen prägenden Faktor darstellt.

Diese Religion enthält ein Modell der Welt, welches der Erfahrung mindestens partiell widerspricht, welches Normen und Werte vermitteln, welche dem Alltag zuwiderlaufen. Dies stellt eine ständige Irritation dar, es bildet einen Faktor der Dynamisierung und gegebenenfalls ein subversives Potenzial. Das Judentum bildet eine Gegenwelt, Christentum und Islam haben die Welt verändert. Zwar kann man dieses antiweltliche Potenzial zu domestizieren versuchen und etwa in Klöster bannen; aber diese werden sofort zu einem kulturbildenden Faktor. Immer wieder kommt es zu neuen historischen Explosionen, Reformationen usw. Religion vermittelt nicht nur ein Modell der Welt, sondern versetzt auch in kritische Distanz zur gegebenen Welt.

Die Modellhaftigkeit des religiösen Weltbildes kann sich unterschiedlich ausformen. Sie erhebt Anspruch auf die Regulierung des ganzen Lebens. Die *šarīʿa* ist als Normierung aller Vorgänge im *dar al-islam,* dem islamischen Machtbereich, gedacht, die jüdische Tora regelt grundsätzlich das ganze Leben, und auch die christlichen Normen sollen das ganze Leben prägen. Dies hat zu Formen der Theokratie geführt, rigoroseren und liberaleren. Es hat zumindest zur Ausbildung von Systemen der Ethik und des Rechts geführt, welche Anspruch auf Allgemeinverbindlichkeit erheben.

Das Christentum bildet allerdings auch den Rahmen für die Geschichte der Säkularisierung. Die Trennung von Gott und der Welt macht das Konzept einer Welt ohne Gott, einer emanzipierten Welt möglich. Die Aufklärung ist auch ein Kind des Christentums, allerdings ein unerwünschtes. Erst mit der Zeit lernte die Theologie notgedrungen, sich mit dem Bastard zu arrangieren. Theokratie und Säkularisierung: Das sind die gegensätzlichen Mächte, welche die weltpolitische Szene bis in die Gegenwart immer wieder in Bewegung gesetzt haben; beides lässt sich als Folge des Monotheismus interpretieren. Der eine unwandelbare Gott bewirkt offenbar die grösstmögliche Dynamisierung der Weltgeschichte.

schichte von Begriffen, welche dem Religionsbegriff wenigstens partiell entsprechen. Vgl. die Andeutungen bei Lanczkowski, G.: Einführung in die Religionswissenschaft, Darmstadt ²1980, 19ff.

4. Schlussbemerkungen

Die Eingangsfrage dieser Überlegungen zielte auf eine Verhältnisbestimmung zwischen theologischen und religionswissenschaftlichen Fragestellungen. Darauf ist nochmals einzugehen. Inwiefern kann religionswissenschaftliche Arbeit am Problem des Monotheismus einen Beitrag zur theologischen Besinnung liefern?

Die Wozu-Frage lässt sich als grösstmöglichen Distanzierungsschritt kennzeichnen. Dabei wird das betrachtete Phänomen nicht mehr als »Gegenstand« betrachtet, sondern als Element in einem Beziehungsgeflecht, in einem Vergleichsraum (bzw. in verschiedenen Vergleichsräumen). Damit werden gewisse Fragen von vorneherein ausgeblendet, sowohl die Wie-Frage nach dem Wesen eines Gegenstandes als auch – erst recht – die Wer-Frage nach dem Gegenüber einer Person. Vergleichen ermöglicht relativierendes Verstehen, und man sollte den Wert des verstehenden Relativismus in einer multikulturellen Gegenwart koexistierender und konkurrierender religiöser Ansprüche nicht zu gering veranschlagen. Auf den Monotheismus-Kontext hin angewendet heisst das beispielsweise: Wenn christologisches und trinitarisches Dogma einerseits und die dogmatischen Bestimmungen des Korans als funktional äquivalente Bearbeitungen einund derselben Problematik charakterisiert werden können, kann das einem gewissen wechselseitigen Verständnis dienen, und es könnte darüber hinaus sogar die eigenen Probleme klären helfen.

Die Wie-Frage lässt sich als Fragestellung verminderter Distanz bestimmen: Die verschiedenen Problemlösungen, welche sich beispielsweise im Umfeld der Monotheismusproblematik stellen, sind vielleicht ähnlich, aber eben nicht austauschbar, sie haben einen unverwechselbaren historischen Ort. Die Reduktion historischer auf strukturelle Fragestellungen, welche in den angestellten Überlegungen als Verfahren gewählt wurde, wird angesichts dieser Frage in ihrer Begrenztheit deutlich.

Die Wer-Frage schliesslich, von Bonhoeffer als die theologisch einzig legitime Frage qualifiziert, fragt nach Gott als einer Person, einem Gegenüber, bei dem man nie sicher ist, ob es nicht selbst auch Fragen zu stellen beginnt und den Fragenden in Frage stellt. Die Distanz ist damit auf ein Minimum geschrumpft. Die Wer-Frage ist in unseren Überlegungen überhaupt nicht aufgetaucht.

Die drei Fragen lassen sich also als Fragen unterschiedlicher Distanz zum Gegenstand der Religion bestimmen – wobei im Falle der Wozu-Frage die Distanz so gross ist, dass der Gegenstand ausgeklammert bzw. in seine Beziehungen aufgelöst wird. Man könnte die Wer-Frage als theologische Frage schlechthin, die Wozu-Frage als die religionswissenschaftliche Frage schlechthin qualifizieren. Allein, so einfach ist die Sache nicht, schon deswegen, weil es das Mittelfeld der Wie-Frage gibt, welche zwischen den Extremfragen vermittelt und welche durch hermeneutische Verfahrensweisen u.Ä. verarbeitet ist. Aber die Durchlässigkeit der Grenzen ergibt sich nicht nur aus theoretischen Überlegungen, sondern aus praktischen Erfahrungen: Wer mit religiöser Botschaft umgeht (nicht nur christlicher Botschaft), dem kann es passieren, dass er durch diese Botschaft in Frage gestellt wird; die Botschaft kann einen Adressaten finden. Dann drängt sich die Wer-Frage auf, die theologische Frage im eigentlichen Sinn. Nimmt der Religionswissenschaftler das Material, an dem er arbeitet, ernst, so wird ihm das immer wieder passieren; der Religionswissenschaftler ist vor Theologie nicht gefeit. Dennoch wird der Erkenntnisgewinn am grössten sein, wenn die verschiedenen Fragestellungen so deutlich wie möglich voneinander gesondert und in den jeweiligen Disziplinen bearbeitet werden.

III. RELIGIONSWISSENSCHAFT UND THEOLOGIE

THEOLOGIE UND RELIGIONSWISSENSCHAFT –
DAS EIGENE UND DAS FREMDE

Religionswissenschaft ist in der Wirkungsgeschichte christlicher Theologie entstanden. Das Christentum hat Reflexionsstrukturen entwickelt, welche sich im Gesamtrahmen abendländischer Wissenschaft ausgebildet haben; die Religionswissenschaft hat gleichfalls an diesen Reflexionsstrukturen teil. Dass die Religionswissenschaft in der Theologie wurzelt, ist nicht lediglich eine historische Tatsache, sondern bleibt bedeutsam und wird zu bedenken sein.

Ebenso wesentlich ist nun freilich die Entfremdung, welche sich zwischen Theologie und Religionswissenschaft eingestellt hat. Seit dem späten Mittelalter und entscheidend in der Aufklärung stellte die abendländische Kultur ihre Religion in Frage und löste Distanzierungsprozesse aus; so ergaben sich Differenzierungen zwischen Christentum und Religion (auch andere Religionen als das Christentum können Religion sein – vera religio und falsa religio ist keine selbstverständliche Grundunterscheidung mehr), und es ergaben sich entsprechende Differenzierungen im Reflexionsprozess: Nachdenken des christlichen Glaubens und Nachdenken über die Religion(en) traten auseinander, wirkten aber weiterhin aufeinander ein. Es lohnt sich, einige typische Ausprägungen dieses Verhältnisses, die bis heute prägende Kraft behalten haben, kurz zu skizzieren.

I.

a) Seit der Aufklärung war es möglich, grundsätzlich andere Religionen mit dem Christentum zu vergleichen; Christentum und Religionen rückten jetzt in eine noch nie da gewesene Nähe. Besonderes Interesse fand z.B. die chinesische Religion, weil sie sich besonders deutlich auf moralische Lehren beschränkte;[1] und diese Funktionszuweisung ist wohl das dominierende Modell des Verständnisses von Religion in der Neuzeit.[2]

Natürlich galt es jetzt, Modelle zu erarbeiten, welche generell die Inbezugsetzung fremder und christlicher Religion gestattete. Im Zuge der sich durchsetzenden historischen Betrachtung der Menschheitsgeschichte waren es universalgeschichtliche Konzepte, die dafür besonders geeignet schienen. Dabei kann man einerseits Perfektionierungs- und Depravationsmodelle, andererseits Harmonie- und Konfliktmodelle unterscheiden; es ergaben sich vier verschiedene Typen der Zuordnung.

[1] Vgl. Lübbe, H.: Religion nach der Aufklärung, Graz 1985, 85f.
[2] Vgl. z.B. Gehlen, A.: Moral und Hypermoral, Wiesbaden ⁵1986, 129ff.

Harmonistische Perfektionierungsmodelle dominieren von den Anfängen der Aufklärung bis zum Idealismus und dessen Nachwirkungen: Religionen entwickeln sich von niederen zu höheren Formen, sie finden Kulmination und Inbegriff im Christentum; das Thema der »absoluten Religion« gehört zum Arsenal derartiger Theoriebildungen.[3] Das Christentum als Endpunkt oder Summe religiöser Entwicklung der Menschheit: Dies ist das Konzept einer sich vollendenden Harmonie.

Dem stehen Depravationsmodelle gegenüber, welche seit dem 19. Jh. zunächst als eher volkstümliche, später aber auch als wissenschaftlich vertretene Konzepte Verbreitung fanden. Man rechnet mit einer »Urreligion«, von welcher sich dann die historischen Religionen abwärts entwickelt hätten. Das Thema des »edlen Wilden« spielte im letzten Jh. eine bedeutende Rolle;[4] es fand akademischen Ausdruck in Theorien wie derjenigen von der Ursprünglichkeit des Hochgottes (A. Lang) bzw. des Urmonotheismus (W. Schmidt).[5] Auch hier ist eine Harmonie mit christlichen Konzepten möglich, ist doch der Gedanke an eine »Uroffenbarung« im Anschluss an den Gedanken der »natürlichen« Religion der christlichen Tradition nicht fremd.[6]

Beide Modelle, das der Perfektionierung und das der Depravation, sind jedoch auch im Sinne der Religionskritik verwendet worden. Bekannte Beispiele des ersten Typs sind etwa Auguste Comte und James George Frazer; bei beiden ist es letztlich die Wissenschaft (bzw. eine ideologische Überhöhung der Wissenschaft), welche als Orientierungsmacht des Menschen die Religion ablöst.[7] Aber auch das Depravationsmodell erscheint in christentumskritischer Ausprägung, im letzten Jh. erst unterschwellig, in diesem aber umso massiver; der germanischen Naturreligion gegenüber erscheint das Christentum als Fehlentwicklung,[8] und heute wird

---

[3] Den Kulminationspunkt dieser Auffassungen bildet das Religionskonzept Hegels; vgl. etwa Küng, H.: Menschwerdung Gottes. Eine Einführung in Hegels theologisches Denken, Freiburg i.Br. 1970.

[4] Volkstümliche Theorien werden referiert bei Bitterli, U.: Die »Wilden« und die »Zivilisierten«. Grundzüge einer Geistes- und Kulturgeschichte der europäisch-überseeischen Begegnung, München 1977, 367ff.

[5] Vgl. bes. Lang, A.: The Making of Religion, London 1898; Schmidt, P.: Der Ursprung der Gottesidee, München 1912ff.

[6] Aufschlussreich ist ein Beitrag W. Schmidts in einem apologetischen Sammelwerk: Die Uroffenbarung als Anfang der Offenbarungen Gottes, in: Esser, G./Mausbach, J. (Hg.): Religion, Christentum, Kirche I, [5]1923, 421–636. Hier wird die Urmonotheismus-Theorie direkt mit dem biblischen Schöpfungsbericht relationiert. Die protestantische Diskussion des Uroffenbarungs-Themas, die durch P. Althaus angestossen wurde, hat andere Hintergründe (vgl. Gloege, G.: Art. »Uroffenbarung«, Die Religion in Geschichte und Gegenwart [RGG³] 6, 1962, 1199–1203).

[7] Zu Comte vgl. Massing, O.: Auguste Comte, in: Käsler, A. (Hg.): Klassiker des soziologischen Denkens I, München 1976, 19ff; das Hauptwerk Frazer, J.G.: The Golden Bough, ist in gekürzter deutscher Übersetzung als Taschenbuchausgabe zugänglich: Der Goldene Zweig, Reinbek 1977.

[8] Z.B. Hauer, J.W.: Deutsche Gottschau. Grundzüge eines deutschen Glaubens, Stuttgart 1934. – Zum Problem vgl. Hieronimus, E.: Zur Religiosität der völkischen Bewegung, in: Cancik, H. (Hg.): Religionsgeschichte der Weimarer Zeit, Düsseldorf 1982, 159ff; Cancik, H.: »Neuheiden«

in feministischen Kreisen ähnlich von einer ursprünglichen Mutterreligion her argumentiert, die dann durch die patriarchalischen Religionen überformt worden wäre – auch dies ein Verfall des ursprünglich Guten.[9]

Alle diese Konzepte gehen davon aus, dass Religion und Christentum bzw. eigene und fremde Religion grundsätzlich auf ein und derselben Ebene anzusiedeln sind: Man distanziert sich von der eigenen Religion in dem Masse, als man sich die fremde zu Eigen macht; zwischen Eigenem und Fremdem wird nicht grundsätzlich unterschieden. Dominiert das harmonistische Konzept, so sollen beide Grössen zusammengeführt, dominiert das Kritische, so soll die eine durch die andere erledigt werden.

b) Zu einer grundsätzlich anderen Verhältnisbestimmung kommt es in der dialektischen Theologie und insbesondere bei Karl Barth,[10] welcher für die Vertreter der Religionswissenschaft normalerweise so etwas wie ein rotes Tuch darstellt.[11] Denn hier wird Religion theologisch eindeutig qualifiziert: als Sünde, als Versuch des Menschen, zu Gott zu gelangen. Im Gegensatz zur Normalauffassung des 19. Jh. werden die Güter der Kultur, zu denen auch die Religion gerechnet wird, dem christlichen Glauben radikal entgegengesetzt.

Für das Verhältnis zwischen Theologie und Religionswissenschaft ergeben sich damit einschneidende Konsequenzen. Zunächst einmal scheint sich eine alte christliche Unterscheidung wieder einzustellen, die schon beinahe abhanden gekommen war: die zwischen Christentum und Heidentum, zwischen eigener und fremder Religion. Dem Heidentum gegenüber gibt es nur eine vernünftige christliche Reaktion: die der Mission. Tatsächlich hat die dialektische Theologie der Missionswissenschaft Auftrieb gegeben (man denke an Arbeiten wie die von Kraemer und Schärer).[12]

Allerdings liegen die Probleme doch wesentlich tiefer, als man auf diesen ersten Blick meinen könnte. Denn »Religion« ist ja nicht nur die fremde Religion, sondern auch die eigene, das Christentum;[13] bzw., und hier erfährt die übliche Unterscheidung zwischen »Eigenem« und »Fremdem« eine charakteristische Wendung: Das »Fremde« ist ja gerade der christliche Glaube, insofern, als er sich dem Eingreifen Gottes verdankt.[14]

---

und totaler Staat. Völkische Religion am Ende der Weimarer Republik, in: ders. (Hg.): Religionsgeschichte, 176ff.

[9] Beispiel: Krättiger, U.: Die perlmutterne Mönchin, Zürich 1983.

[10] Vgl. die knappe Darstellung der Position der dialektischen Theologie durch Bürkle, H.: Einführung in die Theologie der Religionen, Darmstadt 1977, 8ff.

[11] Vgl. Lanczkowski, G.: Einführung in die Religionswissenschaft, Darmstadt 1980, 68.

[12] Vgl. Kraemer, K.: Die christliche Botschaft in einer nichtchristlichen Welt, Zürich 1940; Schärer, H.: Die missionarische Verkündigung, Basel 1946.

[13] Dies übersehen viele Kritiker Barths, z.B. Simon, M.: Religionsgeschichte, Geschichte des Christentums, Kirchengeschichte. Methodologische Überlegungen, in: Lanczkowski, G. (Hg.): Selbstverständnis und Wesen der Religionswissenschaft, Darmstadt 1974, 305.

[14] Vgl. z.B. Barth, K.: Kirchliche Dogmatik I/2, Zürich 1948, 327ff.

Von da aus wäre religionswissenschaftliche Arbeit durchaus denkbar gewesen (wie ja auch psychologische und philosophische Arbeit in ihren Grenzen durchaus akzeptiert war).[15] Allerdings bestand ein entsprechendes Interesse nicht.

Wesentlich am Konzept der dialektischen Theologie ist, dass die Problematik des »Eigenen« und des »Fremden« hier in eindrücklicher Weise artikuliert worden ist. Die zuvor skizzierten Typen gehen, bei aller Gegensätzlichkeit, davon aus, dass eigene und fremde Religion prinzipiell auf derselben Stufe angesiedelt sind. Die dialektische Theologie erkennt, dass dies nicht möglich ist. Eigenes und Fremdes sind inkommensurabel; problematisiert wird dann freilich gerade das Eigene: Es zeigt sich als etwas Unverfügbares, zunächst Fremdes, das erst im Akt des Lebens (und nicht etwa in einer verwaltbaren oder abstrahierten Form) zum Eigenen wird.

Dieser Ansatz der dialektischen Theologie im Hinblick auf die Religionen ist heute obsolet. Man meint über die Fragen der dialektischen Theologie hinausgekommen zu sein; aber es könnte sein, dass hier noch nicht alle Probleme erledigt sind.

c) Die gegenwärtige Problemlage ist durch die rasanten Veränderungen, denen das Christentum im 20. Jh. ausgesetzt gewesen ist und die erst jetzt ihre Wirkung richtig zeigen, bestimmt. Was die Gesellschaft in Westeuropa betrifft, so genügt es, die Stichworte Säkularisierung, Pluralisierung und Individualisierung zu nennen:[16] Religion ist kein gesellschaftlich zentraler Bereich mehr, dessen Interpretations- und Kontrollmacht in anderen Gesellschaftsbereichen benötigt würde; Religion existiert nicht mehr vorwiegend in Form von Volks- und Staatskirchen, sondern in zahllosen konkurrierenden inner- und ausserkirchlichen, christlichen, nachchristlichen und ausserchristlichen Varianten, sie ist also nicht mehr nach dem Muster des Staates, sondern nach dem des Marktes organisiert; und der Einzelne »bedient« sich in diesem Angebot nach seiner Bedürfnislage, er ist also gewissermassen in der Lage (bzw. dazu verurteilt), sein Symbolsystem selbst zu gestalten oder wenigstens zu verantworten. Paradoxerweise kann man formulieren: Der (verbindliche) Umgang mit Religion ist fakultativ, der (unverbindliche) Umgang mit fremdreligiöser Orientierung innerhalb des hiesigen Kulturrahmens alltäglich.

Hatte der Säkularisierungsprozess bis vor relativ kurzer Zeit den Anschein erweckt, als ob die Religion insgesamt zunehmend an Bedeutung verlöre und schliesslich wohl gar verschwinden würde, so stellt sich die Lage heute anders dar. Religion ist seit einigen Jahren wieder »im Kommen«; auf welche Faktoren dies

[15] K. Barth hat von Anfang an betont, dass historische, psychologische und philosophische Arbeit an der Religion berechtigt und sinnvoll ist – nur sollte sich diese Beschäftigung nicht als Theologie ausgeben. Vgl. Barth, K.: Das Wort Gottes als Aufgabe der Theologie, in: Moltmann, J. (Hg.): Anfänge dialektischer Theologie, München 1962, 204.

[16] Zur religiösen Gegenwartslage vgl. etwa Berger, P.L.: Der Zwang zur Häresie. Religion in der pluralistischen Gesellschaft, Freiburg i.Br. 1980.

zurückzuführen ist, mag hier auf sich beruhen. Im allgemeinen Bewusstsein haben religiöse Fragen wieder ihre Bedeutung; Gesellschaftstheorien weisen der Religion wieder eine Funktion zu, welche durch andere gesellschaftliche Teilbereiche nicht wahrgenommen werden kann.

Ein weiterer Faktor ist zu bedenken: In den letzten Jahrzehnten hat sich eine Weltgesellschaft mit vielfachem Austausch in wirtschaftlicher, technologischer und kultureller Hinsicht und starken Migrationsbewegungen (traurigerweise auch kriegerisch bedingten) entwickelt; dadurch ist der Religionskontakt auch über die traditionellen Kulturgrenzen hinweg gegeben.

Die Koexistenz unterschiedlicher Religionsformen ist also ein Faktum, welches lebenspraktisch bewältigt werden muss; Lebensformen der Ökumene drängen sich faktisch selbst da auf, wo sie nicht angestrebt werden. Die Kommunikation, allenfalls die Kooperation verschiedener Religionen gehört einfach zu den Lebensbedingungen des ausgehenden 20. Jahrhunderts.

Diese Entwicklungen haben sich in der Theologie niedergeschlagen. Religion ist wieder ein Thema, und zwar nicht ein negatives (wie in der dialektischen Theologie). Das Stichwort »Theologie der Religion« signalisiert einen neuen Ansatz:[17] In den Religionen geht es um die menschlichen Fundamentalerfahrungen, die auch Gegenstand christlicher Botschaft sind. Oder noch weitergehend: In den Religionen zeigt sich eine Wirklichkeit, welche in der christlichen Offenbarung ihre verbindliche Gestalt gewonnen hat. Diese Offenbarung geltend zu machen, führt dann von selbst an die anderen Religionen heran, zwingt zu Dialog und wechselseitigem Austausch.

Die »Theologie des Dialogs«[18] ist gewissermassen die neue Gestalt der Missionstheologie, wobei ihr jetzt allerdings nicht mehr der Charakter einer »Anwendungstheologie« zukommt (in dem Sinne, dass die christliche Botschaft hinsichtlich der Bekehrung von Nichtchristen anzuwenden wäre); vielmehr eignet ihr ein fundamentaltheologischer Stellenwert. Das Anders-Sein des Anderen (sei er nun Christ fremder konfessioneller Prägung oder Nichtchrist) wird nicht mehr primär als Defizit empfunden, das zu beheben wäre, sondern als Chance für bereichernde Kommunikation, die in wechselseitigem Geben und Nehmen besteht. Wenngleich die eigene Position gewahrt werden soll, erwartet man doch auch vom Gesprächspartner Beiträge, welche das eigene christliche Selbstverständnis deutlicher machen. Dass sich die christliche Botschaft letztlich von selbst durchsetzt, ist ausgesprochene oder unausgesprochene Voraussetzung. Dem Fremden gegenüber dominiert nicht mehr die Abwehr-, sondern die Neugierdehaltung – bis hin zu einem Punkt, wo sich die Unterscheidung zwischen dem Eigenen und dem Fremden verwischt.

---

[17] Vgl. Bürkle: Einführung; Pannenberg, W.: Wissenschaftstheorie und Theologie, Göttingen 1973, 361ff.

[18] Die Literatur ist bereits uferlos. Vgl. z.B. Camps, A.: Partners in Dialogue. Christianity and other World Religions, Maryknoll 1983; Strolz, W./Waldenfels, H.: Christliche Grundlagen des Dialogs mit den Weltreligionen, Freiburg i.Br. 1983.

II.

Inzwischen hat sich die Religionswissenschaft freilich emanzipiert; sie ist nicht mehr oder jedenfalls nicht mehr unmittelbar von theologischen und religiösen Entwicklungen abhängig. Allerdings ist sie auch noch weit davon entfernt, sich als einheitliche Wissenschaft mit einem allgemein akzeptierten Kanon von Fragestellungen und methodisch abgesicherten Verfahrensweisen zu etablieren. Wenn also im Folgenden von »der Religionswissenschaft« die Rede ist, handelt es sich eher um eine programmatische als um eine empirische Grösse, wobei einige Tendenzen, die sich m.E. als besonders bedeutsam erweisen, betont werden.[19]

Diese Religionswissenschaft entwickelt Verfahrensweisen und Reflexionsvorgänge, welche sich grundlegend von denen der Theologie unterscheiden. Dies wird in der Regel dann nicht ohne weiteres deutlich, wenn sich Religionswissenschaft (als »Religionsgeschichte« oder »Religionsethnologie«) mit Fremdreligionen beschäftigt. Besonders lehrreich ist deshalb die Beobachtung religionswissenschaftlichen Umgangs mit der Religion im eigenen Kulturbereich, also mit dem Christentum der Gegenwart; die Differenzen zwischen Religionswissenschaft und Theologie zeigen sich am schärfsten, wenn sie am gleichen Gegenstandsbereich arbeiten.

Man kann sich diese Differenzen zunächst einmal theoretisch verdeutlichen.[20] Die moderne Gesellschaft zeichnet sich durch funktionale Ausdifferenzierung einzelner Bereiche aus. Einer dieser Bereiche ist die Religion, ein anderer die Wissenschaft; beide Systeme lösen bestimmte Probleme, mit denen die Gesamtgesellschaft befasst ist, beide Bereiche bilden bestimmte Organisationsformen und Verfahrensweisen aus. Nun hat freilich die Religion, wie bereits bemerkt worden war, Reflexionsformen entwickelt, welche mit Methoden der Wissenschaft arbeiten. Das System »Religion« macht also vom System »Wissenschaft« Gebrauch; es entwickelt daraus ihre spezifischen Rede- und Denkformen, die man als »Dogmatik« bezeichnen kann. Die Dogmatik ist der spezifische Kommunikationscode der Theologie, auch der historischen Theologie. Wenn historische Theologie nicht letztlich dogmatisch wird, ihre dogmatischen Voraussetzungen reflektiert und ins Spiel bringt, ist sie theologisch uninteressant (das ist das spezifische Problem so vieler exegetischer und kirchengeschichtlicher Arbeiten).

Religionswissenschaft kann man demgegenüber als Disziplin bezeichnen, welche genuin im System »Wissenschaft« angesiedelt ist. Ihr Gegenstand ist das System »Religion«; sie hat also eine charakteristische Aussenperspektive im Hinblick auf die Religion, welche sich von der (dogmatisch strukturierten) Innenperspektive der Theologie unterscheidet.

Dass diese auf der Theorieebene so eindeutige Unterscheidung in der konkreten Arbeit verschwimmt, braucht nicht eigens betont zu werden. Gleichwohl ist

---

[19] Vgl. Stolz, F.: Grundzüge der Religionswissenschaft, Göttingen 1988 (hier Hinweise auf Literatur).

[20] Dazu Luhmann, N.: Funktion der Religion, Frankfurt a.M. 1977.

an ganz bestimmten Punkten deutlich, inwiefern diese unterschiedlichen Perspektiven wesentlich werden; ich gebe drei Beispiele.

1. Theologie hat die Aufgabe, den Glauben nachzudenken – aber welchen Glauben? Den Glauben, wie er in der Überlieferung durch Theologen geformt und zum Ausdruck gebracht worden ist; und das bedeutet: eine elitäre Gestalt des Glaubens.

Religionswissenschaft dagegen interessiert sich nicht nur für elitäre Ausformungen der Religion, sondern auch für vulgäre; nicht nur für die »Orthodoxie«, sondern auch für die vielfältigen heterodoxen Nebenformen, welche sich in einem Symbolsystem anlagern; sie versucht sich ohnehin von den normativen Gesichtspunkten frei zu machen bzw. das Normative deskriptiv zu erfassen und mit marginalen Phänomenen in Beziehung zu setzen.

Gerade in der Gegenwart spielt diese Fragestellung eine grosse Rolle. Der »Durchschnittsprotestant« – auch der kirchliche – ist in seinen Anschauungen weit von den Meinungen der professionellen Theologen (so unterschiedlich diese untereinander sein mögen – im Vergleich zu den vulgären Anschauungen wirken sie wie ein monolithischer Block) entfernt usw.[21] Vielleicht war der Durchschnittsgläubige schon immer häretisch; nur wissen wir dies nicht, erst in der Gegenwart sind wir in der Lage, solche Fragen zu formulieren und zu beantworten.

2. Die Theologie konstruiert ihre Dogmatik anhand bestimmter Unterscheidungen, welche in der Überlieferung angelegt sind und für die Gegenwart expliziert werden müssen. Unterscheidungen wie Gott-Mensch, verborgener Gott-offenbarer Gott, Geist-Buchstabe sind bleibende Themen, welche immer wieder neu im Horizont der jeweiligen Gegenwart bearbeitet werden müssen.

Die Religionswissenschaft kennt noch andere Grundunterscheidungen, andersartige Konstruktionselemente von Symbolsystemen, von denen ausserhalb des Christentums Gebrauch gemacht wird; ein Beispiel stellt das Thema der einander ergänzenden Gegensätze dar, eines Konstruktionsmerkmals, das in ausserordentlich vielen Religionen fundamental ist. Religionswissenschaft wird nun auch das Christentum auf solche Elemente absuchen, welche in der »offiziellen« Darstellung dieser Religion keine Verarbeitung gefunden haben, untergründig aber möglicherweise doch wirksam sind. Gotteskonzepte sind beispielsweise ausserordentlich häufig aufgrund von geschlechtlichen, einander ergänzenden Polaritäten konstituiert – was passiert in einem Christentum, das sein Gotteskonzept einerseits monotheistisch (strenge Unterscheidung Gott/Welt), andererseits trinitarisch festlegt? Inwiefern wirken im Vulgärchristentum die genannten geschlechtlich-komplementären Unterscheidungen weiter? Diese Frage ist gerade im feministisch-religiösen Neuaufbruch von grossem Belang.

---

[21] Dazu sind empirische Forschungen zu vergleichen wie etwa die von Schmidtchen, G.: Was den Deutschen heilig ist, München 1979.

3. Die Wahrnehmung des Christentums, wie sie der Theologie eigen ist, ist an der Sprache orientiert. Dies hat vielfältige Gründe; dem Christentum liegt schliesslich eine Heilige Schrift zugrunde; Paulus betont, dass der Glaube aus dem Hören des Wortes komme, die Reformation hat wieder stark zu dieser Zentralität der Sprache zurückgelenkt.

Die Religionswissenschaft sieht, dass sich andere Religionen durchaus nicht nur der Sprache bedienen, um ihre Botschaft zu artikulieren; handlungsmässig-rituelle und bildlich-visuelle Darstellung sind mindestens so wichtig. Und so lässt sich fragen, ob wirklich auch im Christentum alles an der Sprache gelegen ist. Dass die Musik im protestantischen Gottesdienst eine überragende Bedeutung hat, ist keine Frage. Die Zürcher Reformation war hinsichtlich der Reduktion auf die Sprache besonders strikt; hier gab es nicht nur Bilderstürme, hier wurde auch jede Musik aus den Gottesdiensten entfernt. Aber selbst die Zürcher hielten einen Gottesdienst ohne Gesang nur wenige Jahrzehnte aus. Offenbar spielen also auch im Protestantismus noch andere Kodierungsebenen eine Rolle als nur die der Sprache. Es ist gewiss eine offene Frage, ob einen durchschnittlichen Gottes-dienstbesucher eine häretische Predigt mehr stört oder ein offensichtliches liturgisches Fehlverhalten des Pfarrers (also ein Regelverstoss auf der Ebene der Handlung).

Die Religionswissenschaft sucht diese anderen Ebenen der Darstellung religiöser Botschaft auf, artikuliert die entsprechenden Regeln und rekonstruiert so das Symbolsystem gewissermassen »vollständiger« als die Theologie.[22]

III.

Kennzeichnend für die Arbeit der Theologie ist deren Verwurzelung in einem hermeneutischen Zirkel. Sie hat ihren Ort zunächst einmal im Wirkungsbereich christlicher Überlieferung; sie bearbeitet die Anfragen der Gegenwart, indem sie diese auf den historischen und sachlichen Ursprung zurückbezieht; und so bestimmt sie den eigenen Ort neu, schreibt damit die Wirkung christlicher Verkündigung fort. Der ständige Bezug auf den Ursprung ist mit der Frage nach der (religiös verstandenen) Wahrheit gekoppelt: Letztlich geht es darum, diese Wahrheit zu erkennen, zur Sprache zu bringen und zu bewähren.

Die Religionswissenschaft ist durchaus vom hermeneutischen Zirkel der Theologie betroffen, insofern sie dem christlich-nachchristlichen (d.h. durch die Aufklärung bestimmten) Kulturbereich entstammt. Die Grundunterscheidungen, die Werte, das Konzept der Welt überhaupt sind von da her geprägt. Freilich entzieht sie sich dem hermeneutischen Zirkel, bzw. sie konstituiert einen hermeneutischen Zirkel zweiter Ordnung: Im Umgang mit fremden Religionen und mit dem eigenen religiösen Kontext erarbeitet sie ein analytisches Instrumentari-

---

[22] Vgl. dazu Stolz, F.: Hierarchien der Darstellungsebenen religiöser Botschaft, in: Zinser, H. (Hg.): Religionswissenschaft. Eine Einführung, Berlin 1988, 55–72.

um, welches einen möglichst gleichförmigen Zugang zu allen Religionen gestattet; die methodischen Leitfragen, die zur Anwendung gelangen, sind immer und überall dieselben. Die Bilder, die von fremder und eigener Religion gestaltet werden, sind durchwegs nach denselben Gesichtspunkten konstruiert.

An dieser Stelle zeigt sich nun die wesentliche Beschränkung der Religionswissenschaft. Durch ihren analytischen Zugang zu den Religionen zeichnet sie durchweg Fremdbilder; sie gibt keine »authentischen« Darstellungen religiöser Symbolsysteme. Die religionswissenschaftliche Darstellung des Islam beispielsweise wird vom Muslim nie als Selbstdarstellung übernommen werden können. Wenn der Islamkundler etwa die Entwicklung Muhammads mit verschiedenen Suren korreliert und so die Veränderungen der Botschaft des Propheten nachzeichnet, so wird ein orthodoxer Muslim, für den der Koran ewiges und unwandelbares Gotteswort ist, dem nie wirklich zustimmen können; historischer Relativismus und orthodoxer Islam schliessen sich aus.

Entsprechendes gilt auch für die Behandlung der eigenen Religion. Religionswissenschaft produziert ein Bild eigener Religion, das verfremdet und nicht authentisch ist. Dadurch, dass sie sich der Wahrheitsfrage und dem Geltungsanspruch entzieht, kommt sie nicht an die eigentliche Intention der Religion heran. Sie rekonstruiert zwar die Orientierungsmechanismen der Religion; aber sie versagt sich der Orientierung.[23] Die Wahrheitsansprüche bzw. die existenzbegründenden Orientierungen der Religionen sind durchaus ein religionswissenschaftliches Thema; aber der Religionswissenschaftler bearbeitet dieses Thema nicht in der Weise, dass er sich einem solchen Anspruch stellt, sondern dadurch, dass er ihn neben andere entsprechende Ansprüche stellt.

Mit diesem Sachverhalt hängt ein anderer eng zusammen. Religionswissenschaft hat zum Ziel, Symbolsysteme zu rekonstruieren. Dazu ist sie auf Abstraktionsvorgänge angewiesen, d.h., sie muss aus zahlreichen religiösen Äusserungen das Geflecht der Regeln erheben, das diese Äusserungen geformt hat. Religion dagegen hat letztlich im Vollzug religiösen Lebens ihren Ort. Auch die christliche Theologie als Nachdenken des Glaubens ist dem Vollzug des Glaubens dienstbar; die Dogmatik ist nicht ein Selbstzweck, sondern sie hat die Aufgabe, einen Glauben zu gewährleisten, der das Denken zulässt. Auch wenn sich die Dogmatik abstrahierender Denkformen bedient, so denkt sie doch letztlich dem Einzelnen nach.

Von diesen Überlegungen her möchte es fast scheinen, als ob sich ein harmonisches Verhältnis zwischen Theologie und Religionswissenschaft einstellen könnte: Die Theologie ist typischen Beschränkungen unterworfen, insofern sie gewisse Bereiche des faktisch vorhandenen Christentums nicht wahrnimmt; Religionswissenschaft ist typischen Beschränkungen unterworfen, insofern sie an die Religion selbst letztlich nicht herankommt bzw. nicht herankommen will. Sind diese

---

[23] Die Frage, in welcher Weise der Anspruch fremder Religion durch die Religionswissenschaft aufzunehmen sei, stellt ein häufig diskutiertes Thema dar. Zur Diskussion vgl. Wiebe, D.: Religion and Truth. Toward an Alternative Paradigm of Religion, Mouton 1981.

Beschränkungen in der Weise komplementär, dass sich Theologie und Religionswissenschaft ergänzen?

Dies wäre ein irreführendes Bild; tatsächlich ist das Verhältnis zwischen den beiden Disziplinen widersprüchlicher und interessanter, was nochmals durch einige grundsätzliche Überlegungen untermauert sein soll. Wenn sich Religionswissenschaft der Religion als einem Teilsystem der Gesellschaft nähert, räumt sie dieser einen beschränkten Raum ein; das Symbolsystem ist ein Kommunikationssystem neben anderen, das eine Leistung erbringt, neben der andere unabdingbare gesellschaftliche Leistungen stehen. Religiöse Erfahrung aber erhebt den Anspruch, auf die Gesamtheit der Welt bezogen zu sein, *die* Welt und *den* Menschen schlechthin zu betreffen. Zwischen diesen beiden Zugängen gibt es keine Vermittlung. Analoges gilt für die funktionale Betrachtung der Religion: Sie ist für die Aussenperspektive, welche Religion im Vergleich und im Verhältnis zu anderen Teilsystemen der Gesellschaft analysiert, selbstverständlich, sie ist aber für die religiöse Erfahrung und deren reflexive Verarbeitung sinnlos. Man kann nicht gleichzeitig als Betender vor Gott stehen (das Gebet ist wohl – in christlicher Tradition – eine Grundform religiösen Verhaltens und auch der Theologie) und gleichzeitig die Funktion des im Gebetsvorgang sich abzeichnenden Gotteskonzepts bestimmen. Dieser Widerspruch verschiedener Zugänge bedeutet freilich nicht, dass sie nicht nebeneinander möglich wären (auch im Leben ein und derselben Person – warum soll nicht ein Religionswissenschaftler auch glauben dürfen); wir haben es hier mit einer Spielart der grundlegenden Paradoxie zu tun, dass der Mensch einerseits lebt und andererseits vom Leben Distanz nehmen kann. Er kann sich also das Eigene zum Fremden machen, genau so, wie er die Möglichkeit hat, sich dem Fremden ein Stück weit anzunähern.

Für das Gespräch zwischen Religionswissenschaft und Theologie scheinen mir daher Konzeptionen fruchtbar zu sein, die auf beiden Seiten Verhältnisbestimmungen zwischen dem Eigenen und dem Fremden thematisieren. Dies trifft z.B. für die dialektische Theologie, den traditionellen Lieblingsfeind der Religionswissenschaft, zu. Diese gibt einer charakteristischen religiösen Ambivalenzerfahrung Ausdruck, wenn sie das Eigenste des Menschen – seine Bestimmung, sein Heil – mit dem Fremden schlechthin – mit Gott – relationiert. Harmonisierende Konzepte dürften für den Dialog eher langweilig sein.

IV.

Wie aber konkretisiert sich nun der für den Theologen Gewinn bringende Umgang mit der Religionswissenschaft? Wir gehen verschiedenen bereits angedeuteten Themen nochmals nach, und zwar im Hinblick auf theologisches, insbesondere religionspädagogisches Handeln, wobei die Sparte der Erwachsenenbildung mit eingeschlossen ist.

1. Die Koexistenz unterschiedlicher religiöser Orientierung ist heute eine Tatsache. Sie ist auf verschiedenen Ebenen gegeben; bereits innerhalb einer Konfession (und hier häufig besonders problematisch, wenn etwa Evangelikale und »Aufgeklärte« aufeinander stossen); dann zwischen unterschiedlichen christlichen Denominationen; und schliesslich zwischen Religionen, wobei bei der Begegnung mit Fremden im westeuropäischen Bereich die Religion häufig im gesamtkulturellen Gefälle eine relativ geringe Rolle spielt (den Türken würde man ihr Muslim-Sein noch eher abnehmen als ihr Türke-Sein ganz allgemein).

Dieser Kontakt mit der Fremdreligion bedarf der Bearbeitung, welche ein wichtiges Ziel religionspädagogischen Handelns darstellt. Es umfasst verschiedene Aspekte:

a) Das Fremde erscheint sehr häufig in einer eigenartigen Ambivalenz. Es löst verschiedene Reaktionen aus: Abwehr und Faszination, Aggressivität und Neugierdeverhalten.[24] Beide Reaktionsweisen haben einen Sinn, welcher tief im menschlichen Verhalten verwurzelt ist. Die Abgrenzung dient der Konsolidierung der eigenen mit Sinn besetzten Welt und der Abwehr irritierender alternativer Möglichkeiten von Sinngebung und Verhalten; oder in gängigerer Terminologie ausgedrückt: Abgrenzung dient eigener Identität. Dem steht die Faszination des Fremden gegenüber, welche u.U. ein Neugierdeverhalten auslöst; es dient der Ausweitung der eigenen Welt, der Integration neuer und allenfalls erfolgreicherer Orientierungs- und Verhaltensstrategien. Anders ausgedrückt: Die Neugierde dem Fremden gegenüber birgt Chancen eigener Veränderung und Entfaltung. Bearbeitung dieser Ambivalenz bedeutet, dass Irritationen und Chancen im Umgang mit fremder religiöser Orientierung gleicherweise bewusst werden. Es gilt, das Fremde zu akzeptieren, es als Fremdes stehen zu lassen und sich ihm auszusetzen. Die Balance zwischen den verschiedenen Aspekten ist ausserordentlich wesentlich.

b) Ein religionspädagogisch besonders faszinierender Gegenstandsbereich ist die religiöse Sozialisation, die auf das Hineinwachsen in verschiedene Symbolsysteme hinführen soll. Wie ist das kognitive und affektive Lernen gesteuert, welches den Erwerb religiöser Orientierungsmöglichkeiten ermöglichen soll? Einige Hinweise im Hinblick auf verschiedene Sozialisationstypen müssen in diesem Zusammenhang genügen.

In vielen traditionalen Religionen ist die religiöse Sozialisation hochgradig auf das Geschehen der Erwachseneninitiation hin konzentriert.[25] Dieser Übergangsritus (rite de passage) akzentuiert den Wechsel des sozialen Status: Wer bis dahin ein Kind war, wird jetzt zum Erwachsenen; ist der Kinderstatus von Teilhabe und Verantwortung den religiös relevanten Vorgängen gegenüber relativ entlastet, so

---

[24] Vgl. Stolz, F.: Begrenzung der Welt und Abwehr der Unwelt, in: ders. (Hg.): Religion zu Krieg und Frieden, Zürich 1986, 131ff.

[25] Vgl. die klassische Arbeit von van Gennep, A.: Les rites de passage, Paris 1909. Weiterführend: Eliade, M.: Das Mysterium der Wiedergeburt, Frankfurt a.M. 1961; Turner, V.: The Ritual Process. Structure and Anti-Structure, New York 1969.

ändert sich dies mit dem Statuswechsel. Der Initiand muss also auf der ganzen Breite des Lebens relativ schnell neue Kompetenzen übernehmen, die er zwar bis dahin weitgehend aus der Anschauung kennt, jetzt aber auszuüben beginnen muss. Die Schwierigkeit des Übergangs wird häufig dadurch gemeistert, dass die Initianden eine Zeit lang der Normalität des Lebens entnommen werden. Sie gelangen in einen Raum der »Marginalität« oder »Liminalität« (z.B. das Initiationslager ausserhalb des Dorfes). Sie lernen hier die Grundelemente des Symbolsystems kennen, was in der Regel mit dem Erwerb ganz praktischer, für das Erwachsenenleben wesentlicher Fertigkeiten einhergeht. Dieses Lernen ist mit tiefgreifenden Erlebnissen verbunden; etwa mit dem Durchleben von Schmerzen, von Angst, von Erregung, von Errettung. Vielfach ist die Symbolik von Sterben und Geburt mit den Vorgängen verknüpft (Kandidaten werden z.B. vergraben, von Ungeheuern verschlungen u.Ä.); der Initiand kommt nochmals zur Welt, er durchmisst den Weg zwischen Tod und Leben und erhält auf diesem Weg die notwendigen Orientierungsmöglichkeiten, Kenntnisse und Fertigkeiten. Solches Wissen wird tief in die Persönlichkeit verwurzelt; die Erlebnisse im Initiationsraum haben prägenden Charakter für den Bereich der »Normalität«, in welchen der Initiierte nach Abschluss der Riten entlassen wird.

Hinduismus, Buddhismus, Judentum und Islam haben je ihre eigenen Wege entwickelt, um die religiöse Sozialisation in die gewollten Bahnen zu lenken.[26] Der Hinduismus zeichnet einen idealen Lebensweg vor, welcher durch verschiedene Stadien führt; nach der Kindheit wird man zum Schüler (als welcher man sich unbedingt unterzuordnen hat), dann zum Hausvater (bzw. zur Hausmutter); in einer zweiten Lebensphase ist zunächst wieder eine Schülerphase als »Waldeinsiedler« vorgesehen, welche in das abschliessende Stadium des Bettlerdaseins führt. Haben die ersten beiden Stufen das Ziel, Einübung und Ausübung der Weltordnung im Bereich der »diesseitigen«, vergänglichen Welt zu regulieren, so sind die anderen beiden Phasen dazu da, »jenseitige«, unvergängliche Werte anzueignen und zu verwirklichen. Dass der ideale Lebensweg gewiss nur in Ausnahmefällen realisiert wurde, nimmt ihm seinen Orientierungswert nicht. Jedenfalls ist der soziale und religiöse Lebensweg als Einheit konzipiert; jedes Detail ist vorgegeben, nichts dem Zufall und dem individuellen Belieben überlassen. Der Buddhismus ist durch eine Spezialisierung gekennzeichnet: Die eigentliche Verwirklichung des religiösen Lebensweges ist den Mönchen vorbehalten (was im Theravada- oder Hinayana-Buddhismus prinzipiell, im Mahayana-Buddhismus etwas gemildert gilt). Die genaue Regulierung des religiösen Weges ist hier auf das Leben der Mönche konzentriert; die Laien profitieren von diesem Weg, haben also in abgeleiteter Weise an den religiösen Orientierungsvorgängen teil. Auch hier gilt, wie im Hinduismus, das Prinzip genauer Regulierung. Es geht primär um die Einübung einer Lebensform, welche in verschiedenen Dimensionen praktiziert wird: auf der Ebene der Alltagspraxis, der Ethik, des Meditierens und des Denkens.

---

[26] Vgl. Köster, F.: Religiöse Erziehung in den Weltreligionen, Darmstadt 1986 (zu Hinduismus, Buddhismus und Islam, mit religionspädagogischen Reflexionen).

Judentum und Islam richten ihre Sozialisierungsformen so ein, dass das Kind (insbesondere der Junge) in den Raum der Offenbarung eingeführt wird. Alles ist darauf angelegt, sich die Tora bzw. den Koran und die entsprechenden Interpretations- und Umsetzungskompetenzen anzueignen. Dies ist verbunden mit rhythmischer ritueller Praxis; die täglichen Gebete, die wöchentlichen und jahreszeitlichen religiös interpretierten Zyklen und der in der Offenbarung durch Gebote und Verbote eröffnete Gang durch das Leben schaffen eine Verwurzelung in der religiösen Orientierung.

In welcher Weise erlernt man den Umgang mit einem Symbolsystem? Es ist deutlich, dass unser Begriff des »Lernens«, der stark mit einer isolierten kognitiven Dimension menschlicher Erfahrung verbunden ist, die hier skizzierten Formen religiöser Sozialisierung nur sehr unvollständig abdeckt. Der Umgang mit Fremdreligionen erschliesst Paradigmen religiösen Lernens, welche der neuzeitlichchristlichen Erziehung fremd sind – und die dem Betrachter entsprechend ambivalent, in ihrer Reflexionslosigkeit gefährlich und in ihrer Orientierungskraft faszinierend, erscheinen.

c) Die Gegenwartssituation erfordert Kompetenzen im Zusammenleben und häufig sogar im Zusammenwirken verschiedener Formen religiöser Orientierung. Selbstverständlich ist Nötigung zur Kooperation im innerkonfessionellen, offenkundig im innerchristlichen, angezeigt im interreligiösen Raum. Insofern bedarf es der Einübung des Dialoges über unterschiedliche Religionsgrenzen hinweg. Freilich ist die Reichweite des Dialogs genau im Auge zu behalten: Er darf nicht die Illusion erwecken, dass aus dem Fremden das Eigene würde.[27] Das Stichwort »Begegnung«, dem heute ein hoher Stellenwert zugeschrieben wird, täuscht hier über manche faktischen Einschränkungen hinweg.[28]

Dieser Aspekt der Information über fremde Religionen, der Förderung der Verständniskompetenz und der Anleitung zur Dialogfähigkeit hat einen traditionellen und unverzichtbaren Stellenwert in der religionspädagogischen Diskussion.[29] In den mir bekannten Arbeiten kommt in der Regel der Charakter des Fremden an einer anderen Religion eher zu kurz, die Möglichkeiten des Dialogs scheinen mir eher überschätzt.

2. Nicht nur im Hinblick auf den Umgang mit dem Fremden ist religionswissenschaftliche Fragestellung theologisch relevant, sondern auch im Hinblick auf den Umgang mit dem Eigenen. Dies sei an drei Problemfeldern aufgezeigt.

[27] Ein Versuch, Fremdes und Eigenes im Dialoggeschehen zu vermitteln, findet sich bei Friedli, R.: Fremdheit als Heimat. Auf der Suche nach einem Kriterium für den Dialog zwischen den Religionen, Freiburg (Schweiz) 1974.
[28] Vgl. Mildenberger, M. (Hg.): Denkpause im Dialog. Perspektiven der Begegnung mit anderen Religionen und Ideologien, Frankfurt a.M. 1978.
[29] Als Beispiele der unübersehbaren Literatur seien genannt Tworuschka, U./Zillessen, D. (Hg.): Thema Weltreligionen, Frankfurt a.M. 1977; Tworuschka, U. (Hg.): Religionen heute, Frankfurt a.M. 1977; Lanczkowski, G./Schmogro, H. (Hg.): Das Menschenbild in den Religionen, Göttingen 1979/1980; Lähnemann, J.: Weltreligionen im Unterricht I und II (Islam und fernöstliche Religionen), Göttingen 1986.

a) Die durchschnittliche Kirchenzugehörigkeit in Westeuropa ist in jedem Fall problematisch. Dies gilt unabhängig von der Konfession, der man zugehört, und unabhängig vom Grad der Identifikation mit der Institution Kirche. Eine enge Bindung an die Kirche ist problematisch, denn sie bedarf einer eigenständigen, zu einer Minderheit klassifizierenden Haltung. Eine lose Bindung an die Kirche ist problematisch, denn sie verlangt Fall-zu-Fall-Entscheidungen, ob man von Dienstleistungen und Orientierungsmöglichkeiten der Kirche Gebrauch machen will. Abkehr von der Kirche, Kirchenaustritt oder antikirchliche Haltung ist problematisch, denn dies bedingt auch eine Haltung, die nur von einer Minderheit vertreten ist. Die Problematisierung religiöser Zugehörigkeit ist also ein durchgehendes Merkmal unserer Zeit; die Distanz zu den gegebenen Formen von Symbolsystemen ist durchwegs vorauszusetzen. Kirchliches Handeln hat es also stets (auch) mit der Bearbeitung dieser Distanz zu tun; es ist auf eine Situation ausgerichtet, welche vielfältig vom Christentum geprägt ist, welche aber keine selbstverständliche christliche Orientierung mehr kennt. Oder anders: Christliches begegnet in der Gegenwart jedem in einer eigentümlichen und je individuellen Mischung als »Eigenes« und »Fremdes« zugleich. Die Bearbeitung dieser Situation lässt es als angezeigt erscheinen, gleichermassen Methoden zu verwenden, welche das Eigene und das Fremde zur Darstellung bringen.

b) Diese Distanzierung der Überlieferung gegenüber hat nun aber noch einen ganz speziellen Aspekt insofern, als man in gewisser Hinsicht geradezu von einem Abbruch christlicher Tradition sprechen kann; denn ein traditionelles Hineinwachsen ins Christentum, eine selbstverständliche religiöse Sozialisierung (wie sie in anderen Religionen zu beobachten ist, vgl. oben), gibt es kaum mehr. Dies hängt mit dem folgenden historischen Sachverhalt zusammen: Das abendländische Christentum, durch die Einwirkung der Reformation insbesondere der Protestantismus, durch dessen Einfluss dann aber auch der Katholizismus, hat seine Darstellung des Symbolsystems in der Neuzeit stark auf die diskursive Sprache abgestützt und den Christen ein hohes Mass an Wissen zugemutet (welches sich z.B. in Konfirmandenprüfungen manifestierte – man vergleiche dies einmal mit den »Prüfungen«, die bei einer Initiation traditioneller Religionen durchgeführt wurden). Religiöse Sozialisierung erhielt also im Christentum einen Schwerpunkt im Kognitiven, wie er in anderen Religionen nicht bekannt ist. Seit der Aufklärung kam jedoch ein anderer Typus von Wissen auf: das wissenschaftlich-technisch bestimmte Wissen, welches religiöses Wissen konkurrenzierte und zunehmend marginalisierte. So ist das Glaubenswissen verfallen und in den letzten Jahrzehnten fast ganz verschwunden. Durch die weitgehend selbstverständliche Reduktion der Religion auf eine Morallehre scheint es auch entbehrlich; und so ist die »Normaldogmatik« des Nichtspezialisten praktisch nicht vorhanden oder, im Vergleich zur kirchlichen Normaldogmatik, weitgehend häretisch. Damit stellt sich heute die Aufgabe, den Erwachsenen wie den Jugendlichen wieder mit dem Christentum vertraut zu machen – als ob es eine Fremdreligion wäre. Dass es keine Fremdreligion ist, zeigt sich dann immer wieder daran, dass die Alltagsinterpretationen der Wirklichkeit vielfältig durch christliche Wertsetzungen geprägt sind. Dieses Alltagsweltbild ist in der Wissensvermittlung aufzunehmen und zu klären.[30] Die Bearbeitung von Eigenem und Fremdem erfolgt also auch hier in wechselseitiger Abhängigkeit.

Das Unwissen des durchschnittlichen Kirchenmitgliedes ist nicht nur als Mangel an Bildung zu qualifizieren, sondern geradezu als »religiöse Verwahrlosung«, welche auf das Fehlen religiöser Sozialisierung oder anders erfolgter Beheimatung in einem religiösen Symbolsystem zurückgeht. Die damit zusammenhängende Inkompetenz, das eigene Leben und insbesondere die dem Unverfügbaren ausgesetzten Grenzsituationen dieses Lebens religiös zu interpretieren, stellt die Kirche vor Verkündigungsprobleme, die weit über das Vermitteln von Wissen hinausgehen. Ein religionspädagogisches Ziel ist dementsprechend die »Wiederansiedlung« traditions- und religionsentfremdeter Menschen im Bereich christlicher Orientierung, welche kognitive und emotionale Komponenten umfasst und unmittelbar wirkt. Die Frage, wie zeitgenössisches, durch die Aufklärung geprägtes und innerlich mit der Aufklärung verbundenes Christentum zu Sozialisierungsformen kommt, welche ähnlich leistungsfähig sind wie die von nicht aufklärungsbestimmten Religionen, ist ganz offen. Gewiss muss pädagogisches Handeln, das in diese Richtung zielt, über Verfahren verfügen, welche kognitive und affektive Fähigkeiten der angesprochenen Menschen in grösstmöglicher Breite in Anspruch nehmen; sie muss sich daher verschiedener Formen der Sprache, aber auch des Bildes, der Handlung, des bedeutungsvollen Erlebens in religiös verstandener Gemeinschaft usw. bedienen. Die »Symboldidaktik« – eine Disziplin, die bis jetzt noch keine allzu scharfen Konturen hat – greift solche Probleme auf.[31] Die neue religionspädagogische Disziplin ist vielfach auf Religionswissenschaft angewiesen; diese zeigt einerseits auf, wie andere Religionen ihre Sozialisierungsformen organisieren (und dabei weit über die kognitive Dimension hinausgreifen), und sie kann sich andererseits als ein analytisches Instrument zur Aufdeckung von gegenwärtigen Formen religiösen Empfindens, von Gestalten artikulierter Religion wie Parareligion und von latenten religiösen Bedürfnissen erweisen.

c) Das religiöse Vakuum der Gegenwart, mit dem sich die Religionspädagogik und die Theologie überhaupt konfrontiert sehen, fördert die Tendenzen zur Suche neuer Frömmigkeitsformen. Die aktuelle kirchliche Situation ist durch vielfältige religiöse Neuaufbrüche gekennzeichnet, welche das Ziel haben, das Christentum »neu zu erleben«; d.h., es sollen neue Erfahrungsbereiche der Vermittlung der Botschaft erschlossen werden, etwa der Bereich der Meditation, der Raum körperlicher Erfahrung des Religiösen, die Dimension des Enthusiastischen, das Erlebnis der Heilung usw. Alle diese Bereiche haben aus erwähnten Gründen nur geringe oder gar keine theologische Bearbeitung erfahren. Die Religionswissen-

---

[30] Einen Versuch in der Richtung, das Christentum als zwar eigene, aber fremd gewordene Religion darzustellen, habe ich in meinem Büchlein: Christentum, Göttingen 1985, unternommen.
[31] Vgl. z.B. Biehl, P. (Hg.): Symbol und Metapher, Neukirchen 1984, 29ff; Halbfas, H.: Was heisst »Symboldidaktik«?, in: Biehl: Symbol, 86ff; Religion heute, Heft 3 (1986).

schaft dagegen hat Zugänge zu solchen Phänomenen – weil sie in anderen Religionen seit eh und je einen zentralen Stellenwert haben. Sie vermag Zusammenhänge aufzudecken, welche dem Christentum der Gegenwart nicht mehr geläufig sind, obwohl sie in der Kirchengeschichte vielfach als wesentliche Elemente christlichen Glaubens bezeugt sind.

Religionswissenschaftliche Analyse kann dann gewiss vom Theologen nicht einfach übernommen werden; der technokratische Gebrauch von Religionswissenschaft durch den Theologen droht in derselben Weise, wie er z.B. im Zusammenhang von Seelsorge und Psychologie vielfach realisiert ist. Das Gebot der Distanz ist auch hier zu beachten. Die Theologie hat religionswissenschaftliche Analysen kritisch zu rezipieren und zu interpretieren; genau wie umgekehrt der Religionswissenschaftler auf eine Auseinandersetzung mit der Theologie nicht verzichten kann, da sein Interpretationsrahmen den ihm kulturell vorgegebenen und ihn geistesgeschichtlich bestimmenden theologischen hermeneutischen Zirkel voraussetzt.

DER GOTT DER THEOLOGIE UND DIE GÖTTER
DER RELIGIONSWISSENSCHAFT

Die Religionswissenschaft hat sich historisch aus der Theologie entwickelt; das ist
bekannt. Wollte man eine Metapher gebrauchen, so könnte man also sagen: Die
Theologie ist die Mutter der Religionswissenschaft. Nun ist das Verhältnis zwischen Müttern und Töchtern bekanntlich wechselhaft: Am Anfang herrscht eitel
Freude, und jeder bescheinigt der Mutter, dass ihr die Tochter wie aus dem Gesicht geschnitten ist. Doch bald kommen die Trotzphasen, es kommt die Puber-
tät, in der die Mutter von der Tochter alles und die Tochter von der Mutter nichts
mehr wissen will, es kommt die Adoleszenz, in der die Tochter mit der Mutter nur
noch Mitleid empfindet. Ich will dem Mutter-Tochter-Bild nicht weiter nachgehen, es dürfte in ausreichendem Masse Erinnerungen an Problemfelder zwischen
Theologie und Religionswissenschaft hervorgerufen haben. Diese Probleme
haben auch ihre psychologische Seite: Vielfach waren und sind Religionswissenschaftler ehemalige Theologen, die noch auf der Suche ihrer Identität sind, vielfach melden Religionswissenschaftler einen religiösen Anspruch an – aber entsprechende Probleme gibt es umgekehrt gewiss auch auf Seiten der Theologie.
Individuelle Konfliktlagen habitualisieren sich sehr schnell in Form von Vorver-
ständnissen, Fragestellungen und Forschungserwartungen, und sie gewinnen
dann eine Tragweite, die weit über den individuellen Bereich hinausgeht.

Mit Problemlagen dieser Art wird man am ehesten fertig, wenn man die Geschichte der Konflikte bearbeitet, so lehren uns die Psychoanalytiker; was durch
das helle Licht der Vernunft aufgeklärt wird, verliert an Wirksamkeit. So will ich
denn zunächst einigen historischen Stationen nachgehen, und zwar in erster Linie
ganz konkret im Hinblick auf Zürich. Dabei soll uns die Frage leiten, welche
durch die Ringvorlesung vorgegeben ist; die Frage nach Gott und den Göttern,
wie sie sich der Theologie und der Religionswissenschaft stellt. Im zweiten Teil soll
diese Frage dann eher systematisch angegangen werden. Nach theologischer Ma-
nier lasse ich dem systematischen noch einen ganz kurzen praktischen Teil folgen,
um organisatorische Folgerungen aus den vorhergegangenen Überlegungen zu
ziehen.

1. Historisches

Religionsgeschichtliche Lehrveranstaltungen gibt es an der Universität Zürich
seit deren Gründung. Bereits im Wintersemester 1833/1834, also im ersten Wintersemester, hielt Johannes Schulthess (1763–1836) eine Vorlesung über die Ge-

schichte der Religionen. Schulthess war noch Lehrer am Carolinum gewesen, hatte sich als scharfer Gegner der Universitätsgründung hervorgetan und war nach deren Gründung, vielleicht zur Beruhigung, als 70jähriger zum ausserordentlichen Professor für Neues Testament ernannt worden.[1] Dass irgendein Mitglied der Fakultät eine Vorlesung über Religionsgeschichte anbot, wurde in der Folge immer wieder nachgeahmt.[2] Besondere Beachtung verdient dabei Alois Emanuel Biedermann (1819–1885), dessen erste religionsgeschichtliche Vorlesung im Wintersemester 1853/1854 den Titel »Geschichte der Naturreligionen« hatte. Später hielt Biedermann Vorlesungen unter dem Titel »Allgemeine Religionsgeschichte«, in besonderer Häufung gegen sein Lebensende.[3]

Von Biedermanns Publikationen her kann man sich eine ungefähre Vorstellung über den Inhalt dieser Vorlesungen machen. In den 1850er Jahren erschien eine Arbeit über das »Jenseits der Naturvölker«[4], ein Thema, das deshalb Interesse beanspruchen dürfe, weil es das Anliegen der Religion, einen Transzendenzbezug herzustellen, besonders deutlich zum Ausdruck bringe. Die Beschäftigung mit dem Jenseitsglauben der Naturvölker habe nicht zuletzt einen pädagogischen Wert, da noch der heutige Mensch sich von einem »Naturkind« zu einem Wesen entwickle, das der geistigen Welt teilhaftig sei. In seinem Überblick durchstreift Biedermann die verschiedensten Gefilde, von Grönland bis nach Indien, von China bis zu den alten Griechen. Er zieht daraus die Konsequenzen, dass schon der Mensch in den Naturreligionen, der nur von »Sinnenwelt« und »Naturleben« wisse, auf der Suche nach einem Jenseits sei, sich dieses aber doch wieder nur sinnlich und naturhaft vorstellen könne und diese Vorstellungen ganz nach dem Wunschprinzip gestalte, und dass deshalb dieses Jenseits letztlich doch keine orientierende Kraft habe. Erst die »Offenbarung im Geiste« habe dieses Defizit der Naturreligion überwunden. In seiner zweibändigen Dogmatik äussert sich Biedermann in ähnlicher Weise zum Thema »Religionsgeschichte«.[5] Biedermann fügt sich in der Behandlung der Religionen ganz in die Hegel'schen Bahnen ein; die Religion entwickelt sich von einem »objektiven« zu einem »subjektiven« Status. Zunächst ist Religion Sache der Gemeinschaft; sie konkretisiert sich als Gottesbewusstsein, welches in Form von Lehre vermittelbar ist, und Gottesverehrung, die in Gottesdienst und religiöser Gesellschaftsordnung Gestalt gewinnt. Wo bereits im Rahmen der Gemeinschaft eine gewisse Individualität entwickelt

[1] Das Hauptverdienst Schulthess' bestand in einer Übersetzung von Zwinglis Schriften; im Übrigen war er nach dem Urteil von Gagliardi, E.: Die Zürcher Universität 1833–1933, Zürich 1938, 342f, kein grosser Gelehrter.

[2] Der PD für NT, August Koch (1818–1882), der 1847–1852 in Zürich wirkte, las im Wintersemester 1847/1848 »Volks- und Religionsgeschichte der heidnischen Völker des Orients«; 1879/1880 las der Neutestamentler Gustav Volkmar »Allgemeine Religionsgeschichte«.

[3] Die Vorlesung erscheint im Wintersemester 1878/1879 zum ersten Mal; 1882/1883 und 1884/1885 wurde sie wiederholt (oder fortgesetzt?).

[4] Als Vortrag gehalten 1851; publiziert in Biedermann, A.E.: Ausgewählte Reden und Aufsätze, Berlin 1885, 24–50.

[5] Biedermann, A.E.: Dogmatik, Bd. 1, Berlin ²1884, §138ff, 307ff.

ist, manifestiert sich dies in der Konzeption von Privatgottheiten. Die Entwicklung verläuft dann nach den Gesetzen des Geistes. »Gleiche Ursachen, gleiche Wirkung: Die menschliche Natur entwickelt sich unter gleichen Verhältnissen auch überall wesentlich gleichartig.« Damit formuliert Biedermann ein Konzept, das man später mit dem Stichwort der Konvergenz bezeichnen wird; allerdings zielt es hier auf einen geistigen Prozess, der in der »Selbsterweisung Gottes im Ich des Menschen«[6] kulminiert. Die Religionsgeschichte kann also als »göttliche Erziehung des Menschengeschlechts« bezeichnet werden; sie stellt eine natürliche Entwicklung dar, welche über die Natur (und die Geschichte) hinausführt. In der Konsequenz dieser Entwicklungslogik muss Biedermann auch das damals recht populäre Konzept eines Urmonotheismus und entsprechende Depravationstheorien abweisen. Dabei gilt ihm auffälligerweise Max Müller als Vertreter dieser Sicht.[7] Es ist instruktiv, in wie geringem Masse Biedermann Müller verstanden hat.

Max Müller (1823–1900) stammte aus Deutschland, lehrte seit 1854 in Oxford und erlangte Bedeutung durch die Publikation der Reihe »Sacred Books of the East« und seine Arbeiten zur vergleichenden Religionsgeschichte.[8] Müller ist für die Emanzipation der Religionswissenschaft zunächst insofern bedeutsam, als er eine anthropologisch argumentierende Theorie über den Ursprung der Religion vorlegt. Religion wird nämlich sprachlichem Vermögen oder besser Unvermögen des Menschen[9] zugeordnet. Bestimmte Eindrücke der Natur sind für den Menschen derart überwältigend, dass er sie nicht in angemessene Sprache fassen und damit bewältigen kann; die religiöse und poetische Sprache, die diese Eindrücke beschreibt, bleibt defizitär; sie ist der Wirklichkeit, mit der sie befasst ist, nicht gewachsen. Religion ist im Ursprung also sprachlich und affektiv; sie schafft ein Gegenüber, die Gottheit, zu der man keine Distanz gewinnen kann (und bei der deshalb Unterscheidungen wie die zwischen »Monotheismus« und »Polytheismus« noch nichts austragen, dies meint Müllers Konzept des »Henotheismus«).

Sodann hat Müller eine bestimmte Methode der Religionswissenschaft entwickelt. Um an die wesentlichen und typischen Züge von Religion und Religionen heranzukommen, ist das Verfahren des Vergleichens geeignet. Dabei ist er zunächst wieder von der sprachlichen Vergleichsarbeit geleitet, welche die etymo-

---

[6] So etwa die Formulierung in Biedermann: Dogmatik, 306.

[7] Der Hinweis auf Max Müllers Henotheismus-Hypothese (Biedermann: Dogmatik, 311) zeugt nicht von eingehender Lektüre, vielmehr wird Müller einfach als Gewährsmann einer Dekadenz-Theorie verzeichnet.

[8] Müller war zunächst Professor für moderne europäische Sprachen, ab 1868 für vergleichende Philologie. Zu Müller zuletzt Klimkeit, H.-J.: Friedrich Max Müller (1823–1900), in: Michaels, A. (Hg.): Klassiker der Religionswissenschaft, München 1997, 29–40; Kippenberg, H.G.: Die Entdeckung der Religionsgeschichte. Religionswissenschaft und Moderne, München 1997.

[9] Müller bemerkt mit Recht, dass in der religiösen Sprache anstatt abstrakter Formulierungen Metaphern erscheinen, gerade das empfindet er aber als Mangel; vgl. Müller, M.: Introduction to the Science of Religion, 1873; dt: Einleitung in die vergleichende Religionswissenschaft, Strassburg 1876, bes. 245ff.

logischen Zusammenhänge des Indogermanischen erforscht hatte;[10] gerade die Vergleichsarbeit hatte zu den »Ursprüngen« hingeführt, zum Ur-Indogermanischen. Bald hatte sich an den sprachlichen der religionsgeschichtliche Vergleich angeschlossen; es hatte sich gezeigt, dass gewisse Götternamen, insbesondere der Name des Himmelsgottes, in verschiedenen indogermanischen Sprachen übereinstimmten. So konnte man versuchen, eine ursprüngliche und typisch indogermanische Religion zu rekonstruieren – und analoge Versuche sollten für die semitische und die »turanische« Sprachfamilie möglich sein. Müller meinte, so mit der Methode des Vergleichs ein Profil verschiedener Religionstypen nachzeichnen zu können. Als Motto seiner Einleitung in die vergleichende Religionswissenschaft wählte Müller einen (angeblichen) Ausspruch Goethes, der allerdings der Sprache, nicht der Religion, gegolten hatte: »Wer eine kennt, kennt keine.«[11] Religionswissenschaft ist auf das Studium einer Mehrzahl von Religionen angewiesen, um ihren Gegenstand zu finden, sie ist ihrem Wesen nach vergleichend.

Bei Müller finden sich deutlich romantische Impulse, welche die Annäherung an die Religion steuern;[12] die traditionellen theologischen und philosophisch-spekulativen Zugänge sind verlassen. Texte, die als Poesie aufgefasst werden, geben das Material der Religionswissenschaft ab, eine vergleichende Betrachtung dieser Sprache macht das methodische Verfahren aus, ästhetische Kategorien bestimmen sein Verstehen. Dabei ist Müller durchaus von einem religiösen Pathos beseelt und seine Werte sind denen des Christentums benachbart.[13] Müller wirkte stark auf seine Zeit ein; sein Hörsaal in Oxford vermochte die Zuhörer nicht zu fassen, er musste die Vorlesungen doppelt halten. Man hatte den Eindruck, hier zeige sich ein neuer Zugang zum Phänomen der Religion. Ob man Müller verstand oder nicht, man kam nicht an ihm vorbei – auch nicht in Biedermanns Hörsaal in Zürich, wo man übrigens sicher genug Platz hatte: Die Theologische Fakultät zählte nämlich in Biedermanns erstem Semester, Wintersemester 1850/ 1851, insgesamt gerade 30 Studenten, in seinem letzten waren es 28.

Nach Biedermanns Tod 1885 vertrat Konrad Furrer (1838–1908) die Religionsgeschichte. Er hatte 1879 eine Arbeit über die Ortschaften am See Genezareth publiziert[14] und wurde 1885 zum Privatdozenten, 1889 zum ausserordentlichen Professor ernannt; er blieb hauptberuflich Pfarrer, zuletzt am St. Peter. Sein Lehr-

---

[10] Ein Lehrer Müllers war Franz Bopp (1791–1867) in Berlin, der schon 1816 eine vergleichende Grammatik des Sanskrit, des Griechischen, Lateinischen und Deutschen herausgegeben hatte und später weitere Arbeiten zum Indogermanischen und zur Entwicklung von Sprache überhaupt publizierte.

[11] Müller: Einleitung, bes. 13ff. – Bei Goethe habe ich diesen Ausspruch in genau dieser Form allerdings nicht finden können. Am nächsten kommt: »Wer fremde Sprachen nicht kennt, weiss nichts von seiner eigenen«; vgl. Goethe, J.W. von, Maximen und Reflexionen, Nr. 91, 19, 508.

[12] Zu Müllers Aufnahme von Gedanken Herders und Humboldts vgl. Kippenberg: Religionsgeschichte.

[13] Müller erwartet, dass gerade die vergleichende Erforschung der Religion dem Christentum zu neuem Glanz verhelfen werden, Müller: Einleitung, 61.

[14] Furrer, K.: Wanderungen durch das Heilige Land, Zürich ²1891.

gebiet umfasste »Religionsgeschichte und Biblische Geographie«, eine Umschreibung, die ausserhalb von Zürich Verwunderung auslöste,[15] obwohl die Verbindung von alttestamentlicher Wissenschaft und Religionsgeschichte an sich im Zug der Zeit lag.[16] Jedenfalls war das Fach nun erstmals in einer gewissen Weise verselbständigt, was sich bereits im Vorlesungsverzeichnis niederschlug; die religionsgeschichtlichen Veranstaltungen erschienen von jetzt an ganz am Anfang; für die nächsten 100 Jahre sollte die Vorlesung »Allgemeine Religionsgeschichte« die Nummer 1 aller Zürcher Lehrveranstaltungen bleiben. Furrers Ideen über die Allgemeine Religionsgeschichte gehen aus einer programmatischen Schrift von 1883 hervor.[17] Er stellt die Frage:

> »Wie haben die Völker im Laufe der Geschichte die Frage nach Gott beantwortet, wie haben sie die letzten und höchsten Räthsel sowohl ihres eigenen Lebens als auch des Weltganzen gedeutet, was ist ihr Trost geworden gegenüber den Schmerzen des Daseins und dem Bangen des Todes, in welcher Form haben sie ihre Gaben und Kräfte in den Dienst des Ewigen gestellt, mit einem Wort, welchen Zusammenhang mit dem Unendlichen haben sie sich errungen? Das sind die Fragen, mit denen die allgemeine Religionsgeschichte sich beschäftigt.«[18]

Wenn Furrer hier vom »Zusammenhang mit dem Unendlichen« spricht, um Religion auf den Begriff zu bringen, dann schliesst er an Schleiermachers Beschreibung an.[19] Tatsächlich gemahnt auch die Tonlage, in welcher Furrer seine Ideen vorträgt, an Schleiermacher. Mit rhetorischem Feuer wird beim Hörer für die Sache der Religion geworben; der Universitätshistoriker berichtet, Furrer sei ein begeisternder Prediger gewesen, während die akademische Leistung mit Recht vorsichtiger beurteilt wird;[20] die Tatsache, dass die Studentenzahl während Fur-

[15] »En 1889, à Zurich, la faculté de théologie fut dotée d'une chaire, assez bizarrement dénommée: ›Histoire des religions et géographie biblique‹«, Réville, J.: La Situation actuelle de l'enseignement de l'histoire des religions, Revue de l'histoire des religions 43 (1901), 58–74, 60.
[16] Die religionsgeschichtlichen Funde, welche die Theologie am meisten in Atem hielten, stammten in erster Linie aus dem geographischen und kulturellen Umfeld des Alten Testaments. Was Zürich betrifft, so ist in diesem Zusammenhang an Eberhard Schrader (1836–1908) zu erinnern, der hier 1862 bis 1870 Altes Testament lehrte. Schrader bekam den Auftrag, einige Keilschrifttafeln, die ein Wetzikoner Kaufmann aus Mesopotamien als Trophäen geschickt hatte, zu katalogisieren. Er fing Feuer und wurde darob zum Begründer der deutschsprachigen Assyriologie (Die Basis der Entzifferung der assyr.-babylon. Keilschriften, Zeitschrift für die Deutsche Morgenländische Gesellschaft 23 (1869), 337–374); seine Vergleichsarbeit zwischen keilinschriftlichen und alttestamentlichen Texten hatte eine ausserordentliche Wirkung – allerdings erst in einer Zeit, als Schrader schon nicht mehr in Zürich war. 1872 erschien ein erstes Werk unter dem Titel »Die Keilinschriften und das Alte Testament«, Giessen 1872, später mehrere erweiterte Ausgaben.
[17] Furrer, K.: Die allgemeine Religionsgeschichte und die religiöse Bildung. Literarische Beigabe des Programms der Höheren Töchterschule und des Lehrerinnen-Seminars in Zürich, Zürich 1883.
[18] Furrer: Religionsgeschichte, 1.
[19] Schleiermacher, F.D.G.: Über die Religion. Reden an die Gebildeten unter ihren Verächtern, hg. von R. Otto, Göttingen (1799) ³1913, bes. 28: »Religion ist Sinn und Geschmack fürs Unendliche.«
[20] Gagliardi: Die Züricher Universität, 654f.

rers Tätigkeit im Wintersemester 1899/1900 auf sechs zurückging, wollen wir aber nicht seiner akademischen Tätigkeit zuschreiben.

Wie Biedermann geht auch Furrer von einer theologischen Beurteilung fremder Religionen aus.

> »Die vollendete Religion ist die christliche; denn wie keine gebietet sie uns alles in absoluter Weise, was wir überhaupt von der Religion erwarten können … Sind wir einmal mit der vollendeten Religion wirklich vertraut, so haben wir vom Studium der übrigen Religionen keine neuen Aufschlüsse über die göttliche Wahrheit zu erwarten.«[21]

Weshalb beschäftigt man sich dann überhaupt mit der allgemeinen Religionsgeschichte?

> »Überall ist das Menschenleben von der Ahnung einer überirdischen Macht begleitet, unter allen Völkern macht der religiöse Trieb sich geltend. Und wie in der einfachsten Zelle schon all die Elemente sich finden, die den compliciertesten Organismus zusammensetzen, so trägt auch der ärmlichste Wilde, ein Botokude oder Papua, die Befähigung in sich, die vollendete Religion sich anzueignen …«[22]

Die Entwicklung von Religion ist durch die Metapher des Organismus erläutert; Furrer möchte die Realität der *anima naturaliter christiana* empirisch erweisen. Von da aus ist sein thematischer Überblick über die allgemeine Religionsgeschichte geleitet. Er beginnt mit der Idee eines Urmonotheismus (der allerdings gefühlsmässig, nicht intellektuell geprägt sei[23]); dann kommen Schöpfung, Ethik, Schuld und Vergebung zur Sprache.

Dass das Christentum die ganze Religionsgeschichte in sich enthalte, äusserte ungefähr zur selben Zeit eine bekanntere Figur der theologischen Welt. Adolf Harnack ging in seiner berühmten Berliner Rektoratsrede von 1901 der Frage nach, ob nicht die theologischen Fakultäten in religionsgeschichtliche umgewandelt werden sollten, Fakultäten, welche nicht nur das Christentum, sondern auch andere Religionen behandeln würden.[24] Harnack verneint diese Frage mit zwei Argumenten. Einerseits erklärt er, dies sei praktisch unmöglich, da eine seriöse Behandlung anderer Traditionen deren Sprache sowie deren kulturellen und geschichtlichen Kontext mitbehandeln müsse; dies sei aus praktischen Gründen unmöglich. Insbesondere aber sei das Studium fremder Religionen sachlich unnötig, denn für das Christentum gelte: »Wer diese Religion nicht kennt, kennt keine, und wer sie samt ihrer Geschichte kennt, kennt alle.«[25] Alles, was Religion

---

[21] Furrer: Religionsgeschichte, 8.

[22] Furrer: Religionsgeschichte, 9.

[23] Die Idee eines Urmonotheismus war um jene Zeit recht verbreitet, schon vor dem Zeitpunkt, der normalerweise als »Geburtsstunde« der Urmonotheismus- und Hochgotttheorie gilt, nämlich der Publikation von Lang, A.: The Making of Religion, London 1898.

[24] Harnack, A.: Die Aufgabe der theologischen Fakultäten und die allgemeine Religionsgeschichte, Giessen 1901. – Harnack hat diese Sicht der Dinge zwanzig Jahre später nochmals bekräftigt vgl. Harnack, A.: Die Bedeutung der theologischen Fakultäten, in: ders.: Ausgewählte Reden und Aufsätze, Berlin 1951, 113–131, bes. 122f.

[25] Harnack: Aufgabe, 11.

zu bieten hat, erscheint in der Geschichte des Christentums. Interessant ist dabei, dass Harnack dabei nicht nur die positiven Seiten der Religion im Sinne hat, sondern auch die negativen; was immer sich an Entfremdung und Entartung des Religiösen denken lässt, lässt sich auch an der Geschichte des Christentums belegen. Mit seiner Formulierung nimmt Harnack natürlich das bereits erörterte Wort Max Müllers auf: »Wer eine kennt, kennt keine.« Harnack hat sein Adelsprädikat kaum mit seinen systematischen Überlegungen zur Religionsgeschichte verdient – im Bereich der Systematik lag seine Stärke auch nicht. Die Probleme des Vergleichens, der Einmaligkeit und der Relativität historischer Phänomene waren zu jener Zeit ein stark diskutiertes Problem der Religionsgeschichtlichen Schule, und Ernst Troeltsch hat diese Fragen dann einer systematischen Behandlung unterzogen – wir kommen darauf zurück.

Der enge Zusammenhang zwischen der Forschung am Alten Testament und an der Allgemeinen Religionsgeschichte, den wir bei Furrer beobachten, blieb in Zürich und andernorts in der Schweiz wie in Deutschland noch längere Zeit bestehen.[26] Ich gehe kurz auf einen weiteren Exponenten dieser Verbindung ein, Conrad von Orelli (1846–1912). Von Orelli war 1871 in Zürich Privatdozent für Altes Testament geworden, was mich berechtigen möge, ihn hier zu behandeln; allerdings war er schon zwei Jahre später als Professor nach Basel berufen worden. 1899 publizierte er ein zweibändiges, sehr gediegenes Werk über die »Allgemeine Religionsgeschichte«.[27] Er setzt ein mit einer Wesensbestimmung der Religion, wobei er verschiedene Ansätze des 19. Jahrhunderts zusammenfasst. Religiöse Erfahrung ist im Bereich von Gefühl, Intellekt und Wille lokalisiert; sie äussert sich demnach zunächst in Anbetung und Kult, sodann in Lehre und Ethos. Damit sind die Perspektiven der Beschreibung von Religionen im Allgemeinen eingerichtet.

Von Orelli will Allgemeine Religionsgeschichte von einem christlich-theologischen Standort aus betreiben. Er muss dieser Disziplin daher einen theologischen Stellenwert einräumen; dieser wird im »apologetischen Teil des Christentums« lokalisiert. Man ist auf den Vergleich mit anderen Religionen angewiesen, um die eigene würdigen zu können. Damit ist einmal mehr Müllers Diktum aufgenommen: »Wer eine kennt, kennt keine.« Allerdings kann dieser Vergleich zu höchst unterschiedlichen Zwecken angestellt werden.

> »Daher greifen heute der Freigeist und der Apologet zur Religionsvergleichung, um das Christentum herabzusetzen oder zu erheben. Für ein begründetes Urteil bildet aber die Religionsgeschichte die unentbehrliche Voraussetzung.«[28]

---

[26] In der Schweiz wurde die Vertretung der Religionswissenschaft erst in den 1980er Jahren von der Alttestamentlichen Wissenschaft gelöst; in Deutschland arbeitete z.B. Alfred Bertholet noch gleichzeitig im Bereich alttestamentlicher Exegese und vergleichender Religionsgeschichte.

[27] von Orelli, C.: Allgemeine Religionsgeschichte, Bonn 1899, ²1911.

[28] von Orelli: Religionsgeschichte, 21.

Der Vergleich zwischen den Religionen kann nicht von der Voraussetzung einer Überlegenheit des Christentums ausgehen; diese zu erweisen, ist eine ständige Aufgabe. Konzepte einer Allgemeinen Religionsgeschichte mit einer nicht-theologischen Basis werden als gleichberechtigt akzeptiert.[29] Allerdings wird dann zu bedenken gegeben:

> »Es wird aber bei diesem Gegenstand das religiöse Bewusstsein des Darstellers mehr mitsprechen als er selber meint. Das Müller'sche ›Wer eine kennt, kennt keine‹ lässt sich auch ergänzen durch das andere: ›Wer keine hat, kennt keine‹.«

Von Orelli erläutert dies, durchaus dem ursprünglichen Kontext des Ausspruchs verpflichtet, mit dem Hinweis auf die Sprache. Um das Wesen der Sprache zu verstehen, muss man über eine Muttersprache verfügen; die Kenntnis noch so vieler Grammatiken ersetzt diese Grundfähigkeit nicht. Dies ist ein bemerkenswerter Gedanke, der allerdings nicht völlig klar wird, gerade nicht durch den Vergleich mit der Sprache. Kommunikation durch Sprache gehört zu den menschlichen Universalien; gilt dies auch für Religion, sodass man Religion als Kategorie a priori zu konzipieren hätte – ein Gedanke, den um jene Zeit Rudolf Otto entwickelte?[30] Oder gehört Religion in den Raum geschichtlicher Kontingenz, sodass nur dem, welchen der Zufall mit Religion vertraut gemacht hat, ein solcher Zugang offen stünde? Von Orelli hat sich dazu nicht weiter geäussert; die Theorie-Überlegungen gehören für ihn zu den Prolegomena, die man möglichst schnell verlässt. Die Diskussionslage, in welcher von Orelli argumentiert, lässt sich leicht rekonstruieren. Zu seiner Zeit gibt es bereits eine Religionswissenschaft, welche sich von religiöser oder kirchlicher Praxis distanziert hat.[31]

Objektivität im Sinne einer Standort unabhängigen Beschreibung konnte damals noch eine Leitlinie historischer Nachfrage sein – eine Position, die heute gewiss nicht mehr denkbar ist, die sich aber durchaus aktualisieren lässt, wenn man einen methodischen Ausgangspunkt in der Position eines unbeteiligten, wenngleich historisch positionierten und relativierten Beobachters sucht. Demgegenüber stellt von Orelli die Frage, ob man nicht in irgendeiner Weise Religion von innen her kennen müsse, um überhaupt zu wissen, worum es da gehe; selbstverständlich ist vorausgesetzt, dass es in allen Religionen wesentlich um dasselbe gehe. Es ist deutlich, dass von Orelli Probleme aufgeworfen hat, die noch immer höchst aktuell sind.

---

[29] »Erstens erkennen wir vollkommen an, dass auch Darstellungen der allgemeinen Religionsgeschichte berechtigt sind, welche bloss von allgemeinen philosophischen, humanistischen, anthropologischen Prämissen ausgehen«, von Orelli: Religionsgeschichte, 21

[30] Otto, R.: Kantisch-Fries'sche Religionsphilosophie, Tübingen 1909; dazu Paus, A.: Religiöser Erkenntnisgrund. Herkunft und Wissen der Aprioritheorie Rudolf Ottos, Leiden 1966.

[31] Man denke etwa an Figuren wie William Robertson Smith oder Julius Wellhausen. Beide waren von der Theologie ausgegangen, entfremdeten sich aber durch ihre historische, insbesondere religionsgeschichtliche Forschungstätigkeit der Theologie und wurden von Alttestamentlern zu Arabisten. Der Kreis um Frazer, mit dem Smith in Austausch stand, und die daran anschliessenden Gelehrten wie Jane Harrison standen der Theologie gänzlich fern.

Das Nebeneinander verschiedener Ansätze von Religionswissenschaft ist um die Jahrhundertwende bereits selbstverständlich. 1900 fand in Paris der erste internationale Religionsgeschichtlerkongress statt. Der Vorsitzende, Jean Réville[32], äusserte sich zur Situation dieser Disziplin als eines universitären Lehrfachs, das sich überall ausser in Deutschland durchsetze, sei es an theologischen oder philosophischen Fakultäten. Réville betont, dass es ganz unterschiedliche methodische Zugänge und Organisationsformen des Faches geben müsse. Er fährt dann fort:

>»Le seul principe que nous ayons le devoir d'affirmer avec énergie et que nous devons efforcer de répandre partout, c'est celui-ci: dans le monde moderne l'histoire des religions doit faire partie intégrante de l'enseignement universitaire, parce qu'il n'est pas possible, en dehors de son concours, de comprendre l'évolution de l'humanité, la nature morale de l'homme, non seulement dans le passé, mais encore dans le présent. Car aujourd'hui c'est entre hommes de toutes les religions que se déroule la lutte pour la vie et que tend a s'établir l'échange pacifique des produits et des idées ...«[33]

Hier erscheint also bereits der Pluralismus der Religionen als Argument für einen Pluralismus der Religionswissenschaft, und zwar im Rahmen der weltgeschichtlichen Aufgabe eines friedlichen Nebeneinanders der Menschen; und auch diese Äusserungen sind so aktuell wie vor hundert Jahren.[34]

Zurück zum Zürich der Jahrhundertwende. Furrers Nachfolger war Jakob Hausheer (1865–1943), der von 1905 bis 1935 Altes Testament, Orientalia und Allgemeine Religionsgeschichte lehrte. Geschrieben hat er ausser seiner Dissertation und einigen Rezensionen nichts;[35] nicht zuletzt deshalb, weil er einen grossen Teil seiner Arbeitskraft der Revision der Zürcher Bibel widmete – ein Unterfangen, dem alle paar Generationen ein Zürcher Exeget zum Opfer fällt. Seine Fragestellungen und Interessen lagen recht nahe bei denen der Religionsgeschichtlichen Schule.[36] Einen gewissen Einblick in Hausheers Zugang zum Problem gewährt die Nachschrift einer Vorlesung des Sommersemesters 1929 (in welcher, sollten sämtliche Studierende der Theologie anwesend gewesen sein, immerhin schon 57 Personen sassen, davon 5 Frauen). In der Einleitung bezeichnet Hausheer Religionsgeschichte als Teil der Religionswissenschaft; die anderen Teildiszi-

[32] Jean Réville (1854–1908) war ein Vertreter des liberalen französischen Protestantismus; er lehrte Religionsgeschichte in Paris, in der Nachfolge seines Vaters Albert Réville (1826–1906), des eigentlichen Begründers der französischen Religionswissenschaft (Encyclopédie du protestantisme, Paris/Genf 1995, 1327f). – Der zweite derartige Kongress fand übrigens 1904 in Basel statt.

[33] Réville, J.: Actes du Premier Congrès International d'histoire des Religions. Part 1: Séances générales, Paris 1901, 74.

[34] Vgl. z.B. Küng, H.: Projekt Weltethos, München ³1991.

[35] Hausheer hatte in den 1880er Jahren in Halle arabistisch promoviert; die Dissertation erschien 1905. – Die biographischen Angaben finden sich in einer Broschüre »Abschiedsworte bei der Bestattung von D. Dr. phil. Jakob Hausheer«, 1943, die auch einen Nachruf von Walter Baumgartner enthält.

[36] Baumgartner hatte zunächst bei Hausheer und dann bei Gunkel studiert; er berichtet, ihm seien Gunkels Ideen von Hausheer her durchaus geläufig gewesen, vgl. den Nachruf, »Abschiedsworte bei der Bestattung von D. Dr. phil. Jakob Hausheer«, 40f.

plinen sind Religionsphilosophie, die sich mit Wesen und Ursprung der Religion befasst, und Religionspsychologie. Was ist nun die Eigenart der Religionswissenschaft als ganzer, wie ist ihr Verhältnis zur Theologie zu bestimmen? Die Antwort lautet: »Die Religionswissenschaft befasst sich mit der Religion als Objekt, nicht mit dem Objekt der Religion.« So jedenfalls steht es in der Vorlesungsnachschrift des Theologiestudenten Gotthard Schmid, der hier sicher wörtlich nachgeschrieben hat.

Die elegante Formulierung läuft jetzt auf eine prinzipielle Scheidung zwischen den beiden Gebieten hinaus. Religionswissenschaft betrachtet die Religion als anthropologisches Phänomen; was »dahinter« liegt, klammert sie aus. Sie bearbeitet das Phänomen der Religion, typisch neuzeitlich, ohne die Arbeitshypothese Gott. Theologie dagegen beschäftigt sich mit Gott oder, vielleicht angemessener, sie ist durch Gott beschäftigt.

Der Satz Hausheers berührt sich eng mit dem Eingangsabschnitt der Religionsphänomenologie Gerardus van der Leeuws, die allerdings erst 1933 in erster Auflage erschien. Dieser beginnt folgendermassen: »Was der Religionswissenschaft *Objekt* der Religion heisst, ist der Religion selbst *Subjekt*«.[37] Die Idee einer derartigen Unterscheidung und die entsprechende Formulierung dürften also damals üblich gewesen sein; Hausheer scheint den Ursprung nicht weiter erläutert zu haben, wenn unser Gewährsmann zuverlässig mitgeschrieben hat. Religionswissenschaft hatte sich nun endgültig von der Theologie gelöst – und war umgekehrt auch durch die dialektische Theologie als Basiswissenschaft entlassen worden.[38] Von Barths Konzeption aus bestand übrigens die Möglichkeit einer emanzipierten Religionswissenschaft durchaus.[39] Von beiden Seiten waren nun also die Abgrenzungen gezogen. Die Emanzipation war zum Abschluss gekommen.

[37] »Der religiöse Mensch sieht dasjenige, worum es sich in seiner Religion handelt, immer als das Primäre, Verursachende. Erst in der Reflexion wird es zum Gegenstande des betrachteten Erlebnisses. In der Religion ist Gott der Agens in der Beziehung zum Menschen, die Wissenschaft weiss nur vom Tun des Menschen in der Beziehung zu Gott, nichts vom Tun Gottes zu erzählen«, van der Leeuw, G.: Phänomenologie der Religion, Tübingen 1933 (unverändert auch in der 3. Auflage von 1956), 3. – Der Sache nach erscheinen diese Überlegungen schon in § 1 von van der Leeuws Einführung in die Religionsphänomenologie (es handelt sich um die berühmte »kleine Phänomenologie«, holländisch 1924, deutsch München 1925, Darmstadt ²1961), in einem Abschnitt, welcher in den Epilegomena der »grossen Phänomenologie« wiederkehrt.

[38] Karl Barths Haltung zum Problem der Religion gegen Ende der 1920er Jahre lässt sich anhand der »Christlichen Dogmatik«, von welcher nur ein erster Band erschien, dokumentieren. »Der Vorgang, in dem die Religion als solche in den Mittelpunkt der theologischen Bemühungen rückte, in dem es immer möglicher wurde, an Stelle von Schriftexegese ›biblische Religionsgeschichte‹, an Stelle von Dogmatik ›Religionsphilosophie‹ (...) zu setzen und zu treiben, immer möglicher, die naive Forderung, ›Religionspsychologie‹ zur Grundlage der ganzen Theologie zu machen, kurz, der Vorgang der Neukonstituierung der Theologie als ›Religionswissenschaft‹ war ein unguter, ein Widerwillen und Zorn erregender Vorgang«, Barth, K.: Dogmatik I (Die Lehre vom Worte Gottes. Prolegomena zur christlichen Dogmatik), München 1927, 302.

[39] Religion ist für Barth ein unabdingbar zum Mensch-Sein gehöriger Sachverhalt; sie beruht auf einer »Strukturnotwendigkeit«, einem »Apriori des menschlichen Bewusstseins« (a.a.O., 304) – vergleichbar anderen anthropologischen Phänomenen; Religionswissenschaft hat daher, so kann

Ich will den geschichtlichen Rückblick hier abschliessen; denn alle, die nach Hausheer in Zürich Religionswissenschaft vertreten haben, angefangen mit Walther Zimmerli, habe ich selbst gekannt – für mich beginnt damit schon die Gegenwart, zumindest die Vorgegenwart. Es ist aber offensichtlich, dass die Probleme, welche sich in der Geschichte der Disziplin formiert haben, nicht erledigt, sondern vielfach noch immer aktuell sind. Ich möchte deshalb in einem zweiten Teil einige dieser Probleme unter dem Gesichtspunkt gegenwärtiger Theoriebildung nochmals betrachten.

2. Systematisches

2.1 Die Entwicklung und Differenzierung von Wissenschaft

Der historische Überblick hat im lokalen Raum eine Entwicklung anschaulich gemacht, die im gesamten Bereich europäischer Wissenschaftsgeschichte wohlbekannt ist: Aus einer umfassenden Wissenschaftsdisziplin sondern sich Teildisziplinen aus und verselbstständigen sich. In derselben Epoche hat sich beispielsweise die Psychologie von der Philosophie emanzipiert – ein für unseren Zusammenhang interessanter Vergleichsfall. Beiden Disziplinen geht es um das menschliche Denken, aber während das eine Fach sich auf die Gegenstände des Denkens konzentriert, macht das andere das Denken zum Gegenstand seiner Beobachtungen; die Hausheer'sche Formel liesse sich ohne weiteres auf dieses Verhältnis hin umformen. Wir haben es also nicht mit einer aussergewöhnlichen, sondern mit einer ganz typischen Problemlage zu tun.

Die Spezialisierung von Wissenschaft verläuft nicht einfach dergestalt, dass die Menge des Wissens so gross wird, dass man sich einzelne Wissensbereiche aufteilen muss. Vielmehr ergeben sich beim wissenschaftlichen Fortschreiten (ich verzichte vorsichtigerweise auf den Begriff des Fortschritts) unterschiedliche Fragestellungen, aus denen sich spezifische Verfahrensweisen entwickeln und die für die Bestimmung und vor allem die Einschränkung des Gegenstandsbereichs konstitutiv sind. Der Zuwachs an Erkenntnis bezieht sich also auf ein immer kleineres und immer präziser abgegrenztes Feld. Dieser Gegenstandsbereich ist nicht mehr »objektiv« gegeben, unabhängig von der Art und Weise, wie er behandelt wird – eine Einsicht, welche in diesem Jahrhundert wissenschaftstheoretisches Allgemeingut geworden ist, auch in den Naturwissenschaften. Die Begrenzung des Gegenstandsbereichs bedeutet natürlich auch, dass Erkenntnisse nur innerhalb des ausgesteckten Feldes Gültigkeit haben; zu wissenschaftlichen Aussagen gehören deshalb stets grundsätzlich Angaben zur Reichweite dieser Aussagen, auch wenn dies nicht explizit wird.

man schliessen, ihre Existenzberechtigung genauso wie irgend eine Sozialwissenschaft – nur taugt sie nicht als Basis für Theologie.

Man findet für diese generellen Formulierungen leicht konkrete Illustrationen aus dem Bereich von Religionswissenschaft und Theologie. Die Theologie beispielsweise bekam seit dem Aufkommen der Naturwissenschaft Probleme mit ihren Aussagen zur Schöpfung. Der Konflikt wurde durch Reichweitenbegrenzungen entschärft: Der Theologe erklärt, die Bibel enthalte »selbstverständlich« keine naturwissenschaftlichen Aussagen, obwohl, historisch gesehen, der erste biblische Schöpfungsbericht auf der »wissenschaftlichen« Höhe seiner Zeit stand. Diese Argumentation ist inzwischen weitgehend Allgemeingut geworden, bis auf einige finstere kreationistische Winkel. Auch die Religionswissenschaft rechnet mit Beschränkungen der Reichweite. So ist es ihr selbstverständlich, Religion insoweit zu bearbeiten, als sie sich auf der anthropologischen Ebene manifestiert. Was dahinter steht – eben das »Objekt« der Religion, um mit Hausheer zu sprechen – ist nicht ihr Gegenstand.

Allerdings sind mit Reichweitenbestimmungen natürlich stets Irritationen verbunden; denn es ist klar, dass die Begrenzung des Gegenstandsbereichs, welche das zugängliche Gelände vom unzugänglichen abgrenzt, etwas Willkürliches an sich hat; die Grenzen sind fliessend, häufig genug zeigt es sich, dass sich wesentliche Erkenntnisfortschritte gerade dann einstellen, wenn Grenzen anders gelegt werden. Aber wie immer man sie legt: So oder anders bleiben sie bestehen, die Wirklichkeit »im Ganzen« oder »an sich« bleibt unzugänglich. Für die Theologie ergibt sich hier allerdings eine besondere Irritation, da gerade die Wirklichkeit »als Ganze« (und womöglich noch mehr) ihr Thema ist; dieses Thema kann offenbar nicht zum wissenschaftlichen Gegenstand im üblichen Sinne werden. Theologie behandelt also ein Thema, das sich der üblichen Strukturierung neuzeitlicher Wissenschaft entzieht; es ist aber dennoch schlecht vorstellbar, dass sie sich anders strukturieren sollte. Insofern müsste die Frage der Reichweite ein besonders interessantes Problem der Theologie sein. Es gibt übrigens analoge Problemlagen in Kunstwissenschaften oder in der Medizin, wo es auch in einer gewissen Weise um die Wirklichkeit bzw. den Menschen als Ganzes geht.

Dass die Theologie durch die Religionswissenschaft irritiert ist, ist ganz selbstverständlich. Die Religionswissenschaft hat einen Gegenstandsbereich ausgewählt, welcher sich mindestens teilweise mit dem der Theologie überschneidet; gerade was sich nicht überschneidet, ist für die Theologie einerseits konstitutiv, andererseits besonders problematisch, nämlich die Voraussetzung einer Wirklichkeit Gottes jenseits anthropologischer Gegebenheiten. Besonders problematisch ist dies für die Theologie deshalb, weil alle anderen Wissenschaften inzwischen ohne die Hypothese Gott auskommen – eine Hypothese, mit der auch sie früher rechneten.[40] Man könnte insofern Religionswissenschaft als Fortsetzung der The-

---

[40] Die Formulierung geht auf Laplace zurück; als dieser sein »Système du monde« Napoleon überreichte, erinnerte er an Newtons Konzept eines Schöpfers und bemerkte, er habe »pas besoin de cette hypothese là.« Dietrich Bonhoeffer hat bekanntlich die Konsequenzen für die Theologie gezogen, vgl. Bonhoeffer, D.: Widerstand und Ergebung, München 1961, 176ff, 214ff.

ologie bezeichnen, die insofern typisch neuzeitlich ist, als auch sie auf die Hypothese Gott verzichtet – also eine Spielart der Säkularisierung.

Bei näherem Hinsehen zeigt sich übrigens, dass die Demarkationslinie der Säkularisierung recht kompliziert verläuft. Die Theologie hat sich zumindest in ihren Verfahrensweisen ganz auf die neuzeitlichen Voraussetzungen von Wissenschaft eingelassen; sie ist in ihren Methoden »atheistisch«, behandelt die biblischen Texte wie Literaturhistoriker ihre Texte behandeln, und die Kirchengeschichte wie profane Geschichte, und in ihren systematischen Überlegungen geht sie genau so vor wie die Philosophie. Darüber hinaus fällt es der historischen Theologie auch in ihrem Gegenstandsbereich nicht leicht, die Dimension der Transzendenz geltend zu machen. Dies hat in Holland beispielsweise zur organisatorischen Konsequenz geführt, dass die historische Theologie an staatlichen, die systematisch-praktische dagegen an kirchlichen Forschungsstätten institutionalisiert ist. Daraus kann man nur die Folgerung ziehen, dass die historische Theologie eigentlich zu Religionswissenschaft mutiert ist. Man könnte sich eine solche Mutation auf die systematische Theologie übertragen denken; sie würde dann zu einer Art Geschichts- und Wertphilosophie. Eine vollständige Verwandlung der Theologie in eine Art »engagierte« (man könnte auch sagen: ideologische) Religionswissenschaft wäre also durchaus denkbar; sie wäre dann einfach keine Theologie mehr.

Der Religionswissenschaft hat der Ausdifferenzierungsprozess ganz andere Probleme beschert. Hausheer hatte formuliert: »Die Religionswissenschaft befasst sich mit der Religion als Objekt, nicht mit dem Objekt der Religion.« Aber die Formel klärt die Grenzen nicht so eindeutig, wie es auf den ersten Blick scheint. Kann man sich mit der »Religion als Objekt« befassen, ohne gleichzeitig das »Objekt der Religion« in irgendeiner Weise in die Betrachtung einzubeziehen? Ich will das Problem an einem Beispiel deutlich machen. Bronislaw Malinowski entwickelte die Methode der »teilnehmenden Beobachtung«, welche für die Ethnologie und die Soziologie, aber auch für die Religionswissenschaft zu einem unverzichtbaren Verfahren geworden ist. Es geht darum, eine fremde Umgebung (und für den methodisch distanzierten Beobachter ist jede Umgebung, auch die eigene, fremd) möglichst authentisch mit den Beteiligten zusammen wahrzunehmen und mitzuerleben. Die Gleichzeitigkeit von Distanz und Teilnahme wird zum Angelpunkt des methodischen Zugangs und zum Schlüssel der Rekonstruktion. Das bedeutet aber, dass, im Falle religionswissenschaftlicher Arbeit, das »Objekt der Religion« wieder in Erscheinung tritt; man kann es also gar nicht grundsätzlich ausklammern. Die teilnehmende Beobachtung fuhrt also in einen Zwiespalt, unter dem Malinowski selbst litt, wie seine Tagebücher dokumentieren.[41] Bei einigen Ethnologen führte diese Situation zu einer unerwarteten Klärung: Sie gaben ihren Beobachterstatus auf und wurden Mitglieder der Gruppe, deren Initi-

---

[41] Stolz, F.: Bronislaw Kaspar Malinowski (1884–1942), in: Michaels: Klassiker der Religionswissenschaft, 247–263, bes. 251–255.

ation sie beobachteten.[42] Religionen machen einen Anspruch geltend; es kann sein, dass die Orientierung, die man studiert, einen zu bestimmen beginnt. Dies kann sich natürlich auch bei einer Beschäftigung mit heiligen Schriften oder Kunstwerken fremder Religionen einstellen, selbst bei grosser räumlicher oder zeitlicher Distanz zur Lebenspraxis dieser religionsgeschichtlichen Quellen.[43] Auch eine von der Theologie emanzipierte Religionswissenschaft hat also die Tendenz, religiös zu werden und theologische Ansprüche anzumelden – will sie dies vermeiden, so hat sie methodische Vorkehrungen dagegen zu treffen, indem sie ihre Fragestellungen und Untersuchungsfelder sorgfältig begrenzt und entsprechende Reichweitenüberlegungen anstellt; das Problem bleibt jedoch bestehen. Und überdies gibt es natürlich Typen von Religionswissenschaft, welche durchaus einen religiösen Anspruch anmelden, also eine Art von Krypto-Theologie darstellen.

2.2 Gott und Religion

Wir haben bisher die beiden Gegenstandsbereiche »Gott« und »Religion« problemlos vorausgesetzt. Dies ist sicher berechtigt für das frühere 19. Jahrhundert, in dem wir mit dem historischen Rückblick einsetzten. Sowohl seitens der Philosophie wie der Theologie sind sowohl »Gott« als auch »Religion« klar bestimmt, natürlich in je unterschiedlicher Weise, aber doch mit gemeinsamen Voraussetzungen. Diese Voraussetzungen kann man durch die Stichworte Einheit, Universalität und Subjektivität kennzeichnen. Einheit bedeutet, dass Gott und Religion untrennbar zusammengehören: Monotheismus ist selbstverständlich. Universalität bedeutet, dass diese Einheit wesentlich invariant gegenüber Zeit und Raum ist. Subjektivität schliesslich beinhaltet eine Zuordnung religiöser Erkenntnis oder religiösen Erlebens zum erkennenden, denkenden und fühlenden Subjekt. Subjektivität ist hier allerdings ohne die heute gängigen Konnotationen von Geschmacksabhängigkeit und Beliebigkeit gemeint.

Diese Voraussetzungen kommen der Theologie wie der Religionswissenschaft zustatten. Sie erlauben elegante Zuordnungen zwischen dem Christentum und den anderen Religionen. Das Christentum erscheint beispielsweise als die »absolute« Religion, die anderen Religionen als »relative« Gestalten von Religion. Alle Menschen sind mit der Erkenntnis desselben Gottes befasst, wenngleich diese Erkenntnis nicht überall gleich rein ist. Die historischen Entwicklungen lassen sich in eine allgemeine Religionsgeschichte einzeichnen, die einer bestimmten

[42] Naturgemäss sind diese Fälle nicht dokumentiert, da Ethnologen nach ihrer »Verbuschung« das Schreiben aufgeben. – Wie schwierig die Stellung des Ethnographen ist, der an einem Ritual gleichzeitig teilnimmt und es beobachtet, zeigt exemplarisch Himmelheber, H.: Masken und Beschneidung. Ein Feldbericht über das Initiationslager der Knaben im Dorf Nyor Diaple der liberianischen Dan, Museum Rietberg, Zürich 1979.
[43] Man denke etwa an Walter F. Ottos Verhältnis zur Religion Griechenlands; dazu Cancik, H.: Die Götter Griechenlands 1929. W.F. Otto als Religionswissenschaftler und Theologe am Ende der Weimarer Republik, Der altsprachliche Unterricht 27/4 (1984), 71–89; ders.: Dionysos 1933. W.F.

Gesetzmässigkeit (des Geistes) folgt. Ob man mit einer Abwärts- oder einer Aufwärtsentwicklung rechnet, ob man eine solche Aufwärtsentwicklung mit dem Christentum enden lässt oder sie darüber weggehen und in einer religionslosen Zeit kulminieren lässt, ist demgegenüber nicht so wesentlich. Auffällig ist bei diesen selbstverständlichen Voraussetzungen der Theologie wie der Philosophie des 19. Jahrhundert, dass Universalität und Individualität des Gottes- und des Religionskonzepts untrennbar zusammengehören. Diese Zuordnung gilt seit der Aufklärung. Die Vernunft, welche allein universale Wahrheiten und allgemein gültige Pflichten erkennt, ist dem Einzelnen zugeordnet; dies ist philosophisch wie theologisch relevant. Auch das religiöse Erleben wird demzufolge einerseits dem Individuum zugeordnet, andererseits als strukturell universal vorausgesetzt; »echtes« religiöses Erleben *muss* überall gleich sein, und es *kann* seinen Platz nur im Binnenraum des Einzelnen haben. Die Zuordnung von Universalisierung und Individualisierung spielt übrigens auch in anderen Zusammenhängen eine Rolle, etwa als Voraussetzung der Formulierung von Menschenrechten, die auch einerseits individuell, andererseits universal sind.

Diese Zuordnungen sind freilich in vielerlei Hinsicht brüchig geworden; die Kritik hat an den verschiedensten Stellen eingesetzt, und ich will nur zwei solcher Bruchstellen nennen.

Die Frage, ob Gott wirklich das elementare Korrelat zum Phänomen der Religion darstellt, wurde bereits im 19. Jahrhundert vielfach gestellt, vor allem in Evolutionstheorien verschiedener Art.[44] Ob man die Entwicklung von Religion mit Fetischen, Geistern oder Magie beginnen liess – in jedem Fall gehörte eine Gottheit nicht notwendig zu den Äusserungsformen von Religion. Aber immerhin liessen sich Entwicklungen benennen, welche von jenen primitiven, prätheistischen Stufen der Religion zu theistischen Höhen, wenn nicht sogar darüber hinaus, führten.

Aber das Vertrauen in die Regularität und Summierbarkeit der Geschichte wurde durch den Historismus grundlegend erschüttert. Dementsprechend stellte sich für Ernst Troeltsch die Frage nach der Absolutheit des Christentums in einer ganz neuen Weise; er konnte sie theoretisch nicht mehr von der Voraussetzung eines transhistorischen und universalen »Wesens« von Religion beantworten. Faktisch meinte Troeltsch dennoch, die Religionsgeschichte liesse sich letztlich auf zwei konfligierende Grundtypen reduzieren, nämlich auf die »prophetisch-christlich-platonisch-stoische« und die »buddhistisch-östliche Ideenwelt«; dies mutet fast wie ein Verzweiflungsversuch an, die Geschichte doch noch in Ordnung zu bringen.[45]

Otto, ein Religionswissenschaftler und Theologe am Ende der Weimarer Republik II, in: Faber, R./ Schlesier, R. (Hg.): Die Restauration der Götter, Würzburg 1986, 105–123.

[44] Zusammenfassend Stolz, F.: Grundzüge der Religionswissenschaft, Göttingen ²1997, 191ff.

[45] Troeltsch, E.: Die Absolutheit des Christentums und die Religionsgeschichte, München/ Hamburg 1969, 72. Zur Thematik bei Troeltsch: Drescher, H.-G./Troeltsch, E.: Leben und Werk, Göttingen 1991, 269ff. – Zu Troeltschs Haltung gegenüber der Religionswissenschaft als einer

Man könnte viele weitere Beispiele der Infragestellung jener Voraussetzungen nennen, welche zu Beginn des letzten Jahrhunderts die Religionsdiskussion beherrscht hatten. Was Religion sei, wurde mit zunehmender Distanzierung von der Theologie fraglicher, und dementsprechend häuften sich die Definitionen von Religionswissenschaftlern, die ihres Gegenstands habhaft zu werden suchten. Neben gegenstandsbezogenen, »substanzialistischen« Definitionen traten funktionalistische, deren Reichweite zwar grösser war, die aber so abstrakt gehalten waren, dass sie ihre Trennschärfe verloren. Inzwischen scheint es klar zu sein, dass man Religionsdefinitionen, wie immer man sie ansetzt, nicht universal anwenden kann.[46] Ein Grundproblem besteht darin, dass in vielen Kulturen das, was wir landläufig als »Religion« bezeichnen, nicht als eigenständiger Lebens- und Erfahrungsbereich ausgesondert ist; und wo solche Aussonderungen bestehen, liegen die entsprechenden Kriterien häufig ganz anders als im (neuzeitlichen) Christentum. Spricht man also über vormoderne und/oder nichtwestliche Kulturen, so leitet die Frage nach Religion zunächst einmal eine Projektion moderner westlicher Probleme in fremde Bereiche ein. Dies ist durchaus legitim, solange man weiss, was man tut. Die Konsequenz ist aber, dass »Religion« als universale und invariante Grösse normalerweise in Form von Vorurteilen und bestenfalls in einer gediegenen religionswissenschaftlichen Theoriebildung existiert.

Dies führt die Religionswissenschaft in einige Verlegenheit. Sie ist ausgezogen, ihre Unabhängigkeit darzutun, wobei nicht nur Grenzlinien gegen die Theologie verteidigt werden sollten, sondern beispielsweise auch gegen die Soziologie. Religionssoziologie sollte Religionswissenschaft nicht ersetzen können, weil Religion ein eigenständiger, unableitbarer Gegenstandsbereich sei.[47] Es ist aber nicht so einfach, ein Terrain zu verteidigen, von dem man gar nicht genau sagen kann, wo es liegt.[48]

Die Theologie hat es in gewisser Weise einfacher; sie weiss zumindest, wo sie beginnen muss, schliesslich ist ihr Gott durch Geschichten dokumentiert, die man nacherzählen und denen man nachdenken kann. Natürlich stellt sich auch ein Universalitätsproblem samt Folgeproblemen, die man im letzten Jahrhundert gelöst dachte, z.B. ganz einfach: Ist der Gott, von dem die biblischen Texte erzählen, wirklich identisch mit den Göttern, von denen andere Kulturen erzählen?

Disziplin vgl. ders.: Wesen der Religion und der Religionswissenschaft, in: ders.: Gesammelte Schriften, II, Tübingen 1913 (Nachdruck Aalen 1962), 452ff.

[46] Zur Theoriediskussion vgl. zuletzt Stolz, F.: Komplementarität in Zugängen zur Religion, Sociologia Internationalis 30 (1992), 159–176; Saler, B.: Conceptualizing Religion. Immanent Anthropologists, Transcendent Natives, and Unbounded Categories, Leiden 1993; Pollack, D.: Was ist Religion? Probleme der Definition, Zeitschrift für Religionswissenschaft 3 (1995), 163–190.

[47] Vgl. zum Problem z.B. Lanczkowski, G.: Einführung in die Religionswissenschaft, Darmstadt ²1980, 19ff, bes. 23f; Waardenburg, J.: Religionen und Religion, Berlin 1986, 32ff.

[48] Äusserst instruktiv ist die Problemskizze von Feil, E.: Zur Begriffs- und Abgrenzungsproblematik von »Religion«, Ethik und Sozialwissenschaft 6 (1995), 441ff, und die daran anschliessende Diskussion.

2.3 Beziehungsmöglichkeiten

Der historische und der systematische Überblick hat eine Entwicklung dokumentiert, die eindeutig ist. Die Emanzipation der Religionswissenschaft von der Theologie ist eine Tatsache. Die Tochter ist ausgezogen. Aber nun stellt sich natürlich die Frage, wie Mutter und Tochter weiterhin miteinander auskommen.

Mögliche Beziehungen lassen sich versuchsweise in drei Idealtypen gruppieren. Eine erste Möglichkeit, die Beziehungen zu gestalten, besteht darin, dass man sie abbricht. Sodann kann man versuchen, Theologie und Religionswissenschaft nach analogen Gesichtspunkten, gewissermassen symmetrisch aufzubauen und so aufeinander zu beziehen. Schliesslich kann man auch die Differenzen betonen und dennoch versuchen, die beiden Disziplinen aufeinander zu beziehen.

Über die erste Variante, den Abbruch der Beziehungen, ist nicht viel zu sagen. Tatsächlich können Theologie und Religionswissenschaft völlig getrennte Wege gehen – die einstige Zielvorstellung der Dialektischen Theologie ist möglich und wird heute vielfach durch die Religionswissenschaft, zumal in Deutschland, bevorzugt.

Verbreitet ist aber auch die Tendenz, Theologie und Religionswissenschaft miteinander zu versöhnen und symmetrisch aufeinander zu beziehen. Versuche dieser Art gab es seit der Epoche des Neuprotestantismus; zu erinnern ist etwa an Tillichs Methode der Korrelation[49] oder, auf religionswissenschaftlicher Seite, an Rudolf Otto, Friedrich Heiler und Gustav Mensching[50] – um nur Gelehrte aus dem deutschen Sprachraum zu nennen. Gegenwärtig entstehen einerseits Entwürfe einer so genannten pluralistischen Theologie,[51] die in ihrer Naivität kaum zu überbieten sind, und andererseits ist eine Troeltsch-Renaissance zu beobachten.[52] Das Resultat solcher Bemühungen wird in einer planmässigen Annäherung zwischen Theologie und Regionswissenschaft bestehen.

Die dritte Möglichkeit habe ich in meinen Ausführungen zu illustrieren versucht. Beobachtet man Theologie und Religionswissenschaft in ihrer je eigenen Dynamik, so fallen die Differenzen auf; und man kann sich in der Theoriebildung gerade an diesen Differenzen orientieren. Natürlich gibt es Analogien in den zu bearbeitenden Problemlagen; aber diese konkretisieren sich dann eben gerade unterschiedlich. Die Universalitätsfrage etwa stellt sich für die Religionswissen-

[49] Tillich, P.: Korrelationen. Die Antwort der Religion auf Fragen der Zeit, Stuttgart 1975 (Arbeiten von 1946 und 1965).

[50] Zu Otto und Heiler vgl. die Beiträge von Alles, G.D.: Rudolf Otto (1869–1937), bzw. Pye, M.: Friedrich Heiler (1892–1967), in: Michaels: Klassiker der Religionswissenschaft, 198ff bzw. 277ff.

[51] Z.B. Hick, J./Knitter, P.F. (Hg.): The Myth of Christian Uniqueness. Towards a Pluralistic Theology of Religions, Maryknoll/New York 1987; Knitter, P.F.: Ein Gott – viele Religionen. Gegen den Absolutheitsanspruch des Christentums, München 1988.

[52] Zu Troeltsch und möglichen Konsequenzen für Theologie und Religionswissenschaft (bis hin zu organisatorischen Fragen) vgl. jetzt verschiedene Arbeiten von Gisel, P.: L'institutionnalisation moderne de la religion, Revue de l'histoire des religions 214 (1997), 153–182; ders.: Faculté de théologie où de sciences religieuses?, Lumière et vie 72 (1997), 281–292.

schaft ganz anders als für die Theologie. Um es ganz einfach zu sagen, steht die Religionswissenschaft vor dem Problem, Konzepte des Vergleichens zu entwickeln, welche überall anwendbar sind, während die Theologie sich anstrengen muss, ihre Geschichten so zu erzählen, dass sie überall als hilfreich, faszinierend und lebensnotwendig verstanden werden können. Interessant ist m.E. also gerade die Asymmetrie der Probleme; sie könnten die grössten Lerneffekte zeitigen, indem sie möglicherweise blinde Flecke der eigenen Problemwahrnehmung deutlich machen.

3. Praktisches

So vielfältig wie die sachlichen sind die organisatorischen Zuordnungsprobleme zwischen Religionswissenschaft und Theologie in den wissenschaftlichen Institutionen des In- und Auslandes gelöst.[53] Da gibt es theologische und philosophische Fakultäten mit religionswissenschaftlichen Lehrstühlen; gelegentlich sind sogar beide Lösungen nebeneinander realisiert, manchmal gibt es gemeinschaftliche Organisationsformen. Im angelsächsischen Sprachbereich haben sich Departments for Religious Studies etabliert, in welchen einerseits verschiedene Religionen, also nicht nur das Christentum, eine authentische theologische Selbstdarstellung finden, andererseits aber auch Religionswissenschaft in unserem Sinne besteht. In allen diesen Organisationsformen drückt sich eine bestimmte inhaltliche Auffassung des Zuordnungsproblems aus.

In den seltensten Fällen passen institutionelle Organisation einerseits und die Struktur des wissenschaftlichen Arbeitens zusammen – allein schon deshalb, weil die Organisation meist eine Problembearbeitung zum Ausdruck bringt, die bereits überholt ist, aber auch deshalb, weil viele sachfremde Bedingungen des Umfelds die Gestaltungsmöglichkeiten bestimmen. Deshalb ist es gut, wenn man gelegentlich über die Bücher geht und überlegt, ob man die Organisationsform nicht einer neuen Problemlage anpassen sollte. In Zürich und an vielen anderen Orten sind solche Neubesinnungen zur Zeit im Gang, und man kann auf die Neuordnung der Verhältnisse gespannt sein, die sich gelegentlich präsentieren wird.

---

[53] Ein Überblick findet sich bei Pye, M. (Hg.): Marburg Revisited. Institutions and Strategies in the Study of Religion, Marburg 1989.

BIBLIOGRAPHIE

Monographien und Sammelbände

Stolz, Fritz: Strukturen und Figuren im Kult von Jerusalem. Studien zur altorientalischen, vor- und frühisraelitischen Religion, BZAW 118, Berlin 1970.

–: Bibel ohne Illusionen, Zürich 1971.

–: Jahwes und Israels Kriege. Kriegstheorien und Kriegserfahrung im Glauben des Alten Israel, AThANT 60, Zürich 1972.

–: Das Alte Testament, Studienbücher Theologie, Gütersloh 1974.

–: Hebräisch in 53 Tagen. Ein Lernprogramm mit 2 Cassetten, Göttingen (1978) ⁶1996.

–: Das erste und das zweite Buch Samuel, ZBK AT 9, Zürich 1981.

– /Assman, Jan/Burkert, Walter (Hg.): Funktionen und Leistungen des Mythos. Drei altorientalische Beispiele, OBO 48, Freiburg (Schweiz)/Göttingen 1982.

–: Psalmen im nachkultischen Raum, ThSt 129, Zürich 1983.

–: Christentum, Religionen 3, Göttingen 1985.

– (Hg.): Gleichgewichts- und Ungleichgewichtskonzepte in der Wissenschaft, Zürcher Hochschulforum 7, Zürich 1986.

– (Hg.): Religion zu Krieg und Frieden, Zürich 1986.

–: Grundzüge der Religionswissenschaft, UTB, Göttingen (1988) ³2001.

– (Hg.): Religiöse Wahrnehmung der Welt, Zürich 1988.

– /Merten, Victor (Hg.): Fundamentalismus, Forschungspolitische Früherkennung A/ 61, Bern 1990.

– /Merten, Victor (Hg.): Zukunftsperspektiven des Fundamentalismus, RPGS 6, Freiburg (Schweiz) 1991.

– /Burkert, Walter (Hg.): Hymnen der Alten Welt im Kulturvergleich, OBO 131, Freiburg (Schweiz)/Göttingen 1994.

– /Dressler, Bernhard/Ohlemacher, Jörg (Hg.): Fundamentalistische Jugendkultur, Loccum 1995.

–: Einführung in den biblischen Monotheismus, Darmstadt 1996.

– /Krüggeler, Michael (Hg.): Ein jedes Herz in seiner Sprache. Religiöse Individualisierung als Herausforderung für die Kirchen. Kommentar zur Studie »Jede(r) ein Sonderfall? Religion in der Schweiz«, Bd. 1, Zürich/Basel 1996.

– /Rüegger, Beat/Schläpfer, Robert (Hg.): Mundart und Standardsprache im reformierten Gottesdienst. Eine Zürcher Untersuchung, Sprachlandschaft 18, Aarau u.a. 1996.

– (Hg.): Homo naturaliter religiosus. Gehört Religion notwendig zum Mensch-Sein?, StRH 3, Bern 1997.

– /Pezzoli-Olgiati, Daria (Hg.): Cartografia religiosa – Religiöse Kartographie – Cartographie religieuse, StRH Series altera 4, Bern 2000.

– /Federov, Vladimir/Weder, Hans (Hg.): Religion and Nationalism in Russia, St. Petersburg 2000.

- /Michaels, Axel/Pezzoli-Olgiati, Daria (Hg.): Noch eine Chance für die Religionsphänomenologie?, StRH 6/7, Bern 2001.
- –: Weltbilder der Religionen. Kultur und Natur, Diesseits und Jenseits, Kontrollierbares
  und Unkontrollierbares, Theophil 4, Zürich 2001.

Aufsätze

- –: Rausch. Religion und Realität in Israel und seiner Umwelt, VT 26 (1976), 170–186.
- –: Sabbat. Schöpfungswoche und Herbstfest, WuD 11 (1971), 159–175.
- –: Die Bäume des Gottesgartens auf dem Libanon, ZAW 84 (1972), 141–156.
- –: Zeichen und Wunder. Die prophetische Legitimation und ihre Geschichte, ZThK 69
  (1972), 125–144.
- –: Aspekte religiöser und sozialer Ordnung im alten Israel, ZEE 17 (1973), 145–159.
- –: Der Streit um die Wirklichkeit in der Südreichsprophetie des 8. Jahrhunderts, WuD 12
  (1973), 9–30.
- –: Der 39. Psalm, WuD 13 (1975), 23–33.
- –: Hebräisch im Lernprogramm, WuD 14 (1977), 198–202.
- –: Jahwes Unvergleichlichkeit und Unergründlichkeit. Aspekte der Entwicklung zum alt-
  testamentlichen Monotheismus, WuD 14 (1977), 9–24.
- –: Einsicht und Erfolg – ein Element alttestamentlicher Königsideologie. Zum normati-
  ven Stellenwert eines biblischen Themas, ThGl 69 (1979), 343–356.
- –: Erfahrungsdimension im Reden der Herrschaft Gottes, WuD 15 (1979), 9–32.
- –: Monotheismus in Israel, in: Keel, Othmar (Hg.): Monotheismus im Alten Israel und
  seiner Umwelt, BiBe 14, Freiburg (Schweiz) 1980, 143–189.
- –: Psalm 22. Alttestamentliches Reden vom Menschen und neutestamentliches Reden
  von Jesus, ZThK 77 (1980), 129–148.
- –: Funktionen und Bedeutungsbreite des ugaritischen Ba'alsmythos, in: Assman, Jan/
  Burkert, Walter/Stolz, Fritz (Hg.): Funktionen und Leistungen des Mythos. Drei altori-
  entalische Beispiele, OBO 48, Freiburg (Schweiz)/Göttingen 1982, 83–118.
- –: Unterscheidungen in den Religionen, in: Geisser, Hans Friedrich/Mostert, Walter
  (Hg.): Wirkung hermeneutischer Theologie, Zürich 1982, 11–24.
- –: Religion in einer säkularisierten Welt, in: Braun, Hans-Jürg (Hg.): Weltreligionen heu-
  te herausgefordert, Zürich 1984, 47–62.
- –: Religiöse Wertungen von Leben und Selbstzerstörung, in: Braun, Hans-Jürg (Hg.):
  Selbstaggression, Selbstzerstörung, Suizid, Zürcher Hochschulforum 6, Zürich/Mün-
  chen 1985, 11–24.
- –: Das Gleichgewicht zwischen Lebens- und Todeskräften als Kosmos-Konzept Mesopo-
  tamiens, in: Svilar, Maja/Zweig, Adam (Hg.): Kosmos – Kunst – Symbol, SSF 3, Bern
  1986, 47–67.
- –: Begrenzung der Welt und Abwehr der Un-Welt, in: Stolz, Fritz (Hg.): Religion zu Krie-
  gund Frieden, Zürich 1986, 131–149.
- –: Fundamentalisten, Evangelikale, Enthusiasten. Formen kommender Religiosität?, in:
  Dahinden, Martin (Hg.): Neue soziale Bewegungen und ihre Wirkungen, Zürcher
  Hochschulforum 10, Zürich 1987, 127–145.
- –: Aneignung religiöser Botschaft im religiösen Markt der Gegenwart, Reformatio 39
  (1988), 451–457.

–: Der mythische Umgang mit der Rationalität und der rationale Umgang mit dem Mythos, in: Schmid, Hans Heinrich (Hg.): Mythos und Rationalität, Gütersloh 1988, 81–106.

–: Ein neuer Mythos vom ganzen Menschen?, Forum Loccum 7 (1988), 712–716.

–: Hierarchien der Darstellungsebenen religiöser Botschaft, in: Zinser, Hartmut (Hg.): Religionswissenschaft. Eine Einführung, Berlin 1988, 55–72.

–: Theologie und Religionswissenschaft. Das Eigene und das Fremde, in: Ohlemacher, Jörg/Schmidt, Heinz (Hg.): Grundlagen der evangelischen Religionspädagogik, Göttingen 1988, 163–182.

–: Tradition orale et tradition écrite dans les religions de la Mésopotamie antique, in: Borgeaud, Philippe (Hg.): La mémoire des religions, Genève 1988, 21–35.

–: Typen religiöser Unterscheidung von Natur und Kultur, in: Stolz, Fritz (Hg.): Religiöse Wahrnehmung der Welt, Zürich 1988, 15–32.

–: Feministische Religiosität – Feministische Theologie, ZThK 86 (1989), 477–516.

–: Religiöser Fundamentalismus in der heutigen Gesellschaft, Reformatio 38 (1989), 260–270.

–: The Spirit in World Religions, in: Brown, Alan/Gossmann, Klaus (Hg.): Fundamental Conditions for the Studies of World Religions. Report of an International Colloquy on Principal Issues for Education 1988, November, 23–25, Münster 1989, 7–19.

–: Der Homo religiosus und die Religiosität des Menschen, in: Braun, Hans-Jürg/Henking, Karl H. (Hg.): Homo religiosus, Ethnologische Schriften Zürich 9, Zürich 1990, 187–201.

–: Polytheistische, monotheistische und moderne Konzepte von Frieden, Gerechtigkeit und Schöpfung, in: Weder, Hans (Hg.): Gerechtigkeit, Friede, Bewahrung der Schöpfung. Theologische Überlegungen, Zürich 1990, 165–181.

–: »Alternative« Religiosität. Alternative wozu?, Schweizerische Zeitschrift für Soziologie 17 (1991), 659–666.

–: Probleme westsemitischer und israelischer Religionsgeschichte, ThR 56 (1991), 1–26.

–: Von der Weisheit zur Spekulation, in: Klimkeit, Hans-Joachim (Hg.): Biblische und ausserbiblische Spruchweisheit. Ergebnisse einer Tagung der Sektion Religionswissenschaft/Missionswissenschaft der Wissenschaftlichen Gesellschaft für Theologie vom 26.–29. September 1988 in Basel, StOR 20, Wiesbaden 1991, 47–66.

–: Komplementarität in Zugängen zur Religion, SI 30 (1992), 159–176.

–: Natur und Kultur – Diesseits und Jenseits. Orientierungslinien in den Weltreligionen, in: Svilar, Maja (Hg.): Kultur und Natur, Bern 1992, 29–52.

–: Paradiese und Gegenwelten, ZfR 1 (1993), 5–24.

–: Religion und Nation. Zur Lage in der Schweiz, in: Jaskóla, P./Pierskala, R./Sobeczko, H. (Hg.): Religion und Nation, Symposia 3, Opole 1993, 33–43.

–: Verstehens- und Wirkungsverweigerung als Merkmal religiöser Texte, in: Geisser, Hans Friedrich/Luibl, Hans Jürgen/Mostert, Walter/Weder, Hans (Hg.): Wahrheit der Schrift – Wahrheit der Auslegung. Eine Zürcher Vorlesungsreihe zu Gerhard Ebelings 80. Geburtstag am 6. Juli 1992, Zürich 1993, 101–124.

–: Der Monotheismus Israels im Kontext der altorientalischen Religionsgeschichte. Tendenzen neuerer Forschung, in: Dietrich, Walter/Klopfenstein, Martin A. (Hg.): Ein Gott allein? JHWH-Verehrung und biblischer Monotheismus im Kontext der israelitischen und altorientalischen Religionsgeschichte, OBO 139, Freiburg (Schweiz)/Göttingen 1994, 33–50.

–: Fluktuation und Bündelung von Identifikationen. Aspekte der Inter- und Multikulturalität im Horizont vergleichender Religionsgeschichte, in: Preissler, Holger/Seiwert, Hubert (Hg.): Gnosisforschung und Religionsgeschichte, Festschrift für Kurt Rudolph zum 65. Geburtstag, Marburg 1994, 543–558.

–: Gott, Kaiser, Arzt. Konfigurationen religiöser Symbolsysteme, in: Elsas, Christoph u.a. (Hg.): Tradition und Translation. Zum Problem der interkulturellen Übersetzbarkeit religiöser Phänomene. Festschrift für Carsten Colpe zum 65. Geburtstag, Berlin/New York 1994, 113–130.

–: Protestantismus, in: Tworuschka, Udo (Hg.): Heilige Stätten, Darmstadt 1994, 20–27.

–: Vergleichende Hymnenforschung. Ein Nachwort, in: Burkert, Walter/Stolz, Fritz (Hg.): Hymnen der Alten Welt im Kulturvergleich, OBO 131, Freiburg (Schweiz)/Göttingen 1994, 109–119.

–: Jeder nach seiner Façon. Zur religiösen Gegenwartslage, in: Schindler, Alfred (Hg.): Kirche und Staat: Bindung – Trennung – Partnerschaft. Ringvorlesung der Theologischen Fakultät der Universität Zürich, Zürich 1994, 37–56.

–: Religiöse Symbole in religionswissenschaftlicher Rekonstruktion, in: Michel, Paul (Hg.): Die biologischen und kulturellen Wurzeln des Symbolgebrauchs beim Menschen, SSF 9, Bern 1994, 1–26.

–: Wahrheit von Religion, ZeitSchrift 43 (1994), 226–231.

–: »Fundamentalismus«, Religion der Jugend und Jugendkulturen. Vergleich dreier Forschungslagen, in: Dressler, Bernhard/Ohlemacher, Jörg/Stolz, Fritz (Hg.): Fundamentalistische Jugendkultur, Loccum 1995, 7–40.

–: Austauschprozesse zwischen religiösen Gemeinschaften und Symbolsystemen, in: Drehsen, Volker/Sparn, Walter (Hg.): Im Schmelztiegel der Religionen. Konturen des modernen Synkretismus, Gütersloh 1996, 15–36.

–: Patchwork-Religion. Zwischen Autorität und Macht, Forum 6 (1996), 9–12.

–: Soziologische Analyse von Religion und theologische Wahrnehmung des Glaubens, in: Krügeler, Michael/Stolz, Fritz (Hg.): Ein jedes Herz in seiner Sprache. Religiöse Individualisierung als Herausforderung für die Kirchen. Kommentar zur Studie »Jede(r) ein Sonderfall? Religion in der Schweiz«, Bd. 1, Zürich/Basel 1996, 37–53.

–: Kirchliche Praxis und allgemeiner Religionswandel, in: Rüegger, Beat/Schläpfer, Robert/Stolz, Fritz (Hg.): Mundart und Standardsprache im reformierten Gottesdienst. Eine Zürcher Untersuchung, Sprachlandschaft 18, Aarau u.a. 1996, 15–22.

–: Ausbreitungsstrategien und Universalisierungstendenzen in der europäischen Religionsgeschichte, in: Dalferth, Ingolf/Luibl, Hans Jürgen/Weder, Hans (Hg.): Europa verstehen. Zum europäischen Gestus der Universalität, Theophil 8, Zürich 1997, 39–63.

–: Bronislaw Kaspar Malinowski (1884–1942), in: Michaels, Axel (Hg.): Klassiker der Religionswissenschaft. Von Friedrich Schleiermacher bis Mircea Eliade, München 1997, 246–263.

–: Determinationsprobleme und Eigennamen, ThZ 53 (1997), 142–151.

–: Von der Begattung zur Heiligen Hochzeit, vom Beuteteilen zum Abendmahl. Kulturelle Gestaltungen natürlicher Prozesse, in: Stolz, Fritz (Hg.): Homo naturaliter religiosus. Gehört Religion notwendig zum Mensch-Sein?, StRH 3, Bern 1997, 39–64.

–: Vergleich von Produkten und Produktionsregeln religiöser Kommunikation, in: Klimkeit, Hans-Joachim (Hg.): Vergleichen und Verstehen in der Religionswissenschaft, Wiesbaden 1997, 37–51.

–: Der Gott der Theologie und die Götter der Religionswissenschaft, in: Dalferth, Ingolf/ Luibl, Hans Jürgen/Weder, Hans (Hg.): Die Wissenschaften und Gott. Ringvorlesung aus Anlass des 60. Geburtstages des Rektors der Universität Zürich, Prof. Dr. Hans-Heinrich Schmid, Theophil 9, Zürich 1998, 155–173.

–: Effekt und Kommunikation. Handlung im Verhältnis zu anderen Kodierungsformen von Religion, in: Knoblauch, Hubert/Krech Volkhard/Tyrell, Hartmann (Hg.): Religion als Kommunikation, Würzburg 1998, 301–322.

–: Kult-, Gesinnungs- und Interessensgemeinden. Beobachtungen aus religionswissenschaftlicher Sicht, in: Krieg, Matthias/Luibl, Hans Jürgen (Hg.): Was macht eine Kirchgemeinde aus? Territorialgemeinde, Funktionalgemeinde, Gesinnungsgemeinde, denkMal 1, Zürich 1998, 7–20.

–: Religion in Switzerland, in: Lehmann, Lydia (Hg.), Switzerland Inside Out, Zürich 1998, 221–239.

–: Fundamentalist Movements as a Post-modern Type of Christianity, Temenos 34 (1998), 251–268.

–: Glaube, Unglaube, Aberglaube, in: Maser, Stefan/Schlarb, Egbert (Hg.): Text und Geschichte. Facetten theologischen Arbeitens aus dem Freundes- und Schülerkreis, Dieter Lührmann zum 60. Geburtstag, Marburg 1999, 243–256.

–: From the Paradigm of Lament and Hearing to the Conversion Paradigm, in: Assman, Jan/Stroumsa, Guy G. (Hg.): Transformation of the Inner Self in Ancient Religions, SHR 83, Leiden 1999, 9–29.

–: Dimensions and Transformations of Purification Ideas, in: Assman, Jan/Stroumsa, Guy G. (Hg.): Transformation of the Inner Self in Ancient Religions, SHR 83, Leiden 1999, 211–229.

–: Endzeitmanagement. Strategien der Vermarktung von Apokalyptik, in: Fink, Urban/ Schindler, Alfred (Hg.): Zeitstruktur und Apokalyptik. Interdisziplinäre Betrachtungen zur Jahrtausendwende, Zürich 1999, 203–222.

–: Concepts of History in Russian Nationalistic Texts, in: Federov, Vladimir/Stolz, Fritz/ Weder, Hans (Hg.): Religion and Nationalism in Russia, St. Petersburg 2000, 146–158.

–: Topographie, Bewegungen und Transformationen im Gilgamesch-Epos, in: Pezzoli-Olgiati, Daria/Stolz, Fritz (Hg.): Cartografia religiosa – Religiöse Kartographie – Cartographie religieuse, StRH Series altera 4, Bern 2000, 37–64.

–: Der Schreckensglanz der Götter, in: Michaels, Axel/Pezzoli-Olgiati, Daria/Stolz, Fritz (Hg.): Noch eine Chance für die Religionsphänomenologie?, StRH 6/7, Bern 2001, 67–101.

–: Das Ende dieser Welt – Hintergrund und Figur. Religionsgeschichtliche Perspektiven, in: Holzhey, Helmut/Kohler, Georg (Hg.): In Erwartung eines Endes. Apokalyptik und Geschichte, Theophil 7, Zürich 2001, 35–51.

–: Wesen und Funktion von Monotheismus, EvTh 61 (2001), 172–189.

Lexika-Artikel

Handwörterbuch religionswissenschaftlicher Grundbegriffe (HRWG)
   Erdgottheiten, Bd. 2 (1990), 297–299.
   Himmelsgott, Bd. 3 (1993), 141–143.
   Lokalgötter, Bd. 4 (1998), 66–68.
   Muttergottheiten, Bd. 4 (1998), 166–168.

Metzler Lexikon Religion: Gegenwart – Alltag – Medien
   Gott/Götter/das Heilige, Bd. 1 (1999), 513–520.

Religion in Geschichte und Gegenwart (RGG[4])
   Aberglaube III. Praktisch-theologisch, Bd. 1 (1998), 59–61.
   Abweichendes Verhalten, Religionswissenschaftlich, Bd. 1 (1998), 94.
   Ackerbau/Viehhaltung I. Religionsgeschichtlich, Bd. 1 (1998), 98–101.
   Allegorie/Allegorese I. Religionsgeschichtlich, Bd. 1 (1998), 303f.
   Alter ego, Religionswissenschaftlich, Bd. 1 (1998), 366.
   Autorität I. Religionswissenschaftlich, Bd. 1 (1998), 1015.
   Bruderschaften I. Religionsgeschichtlich, Bd. 1 (1998), 1783f.
   Bund I. Religionsgeschichtlich, Bd. 1 (1998), 1861f.
   Christentum I. Religionswissenschaftlich, Bd. 2 (1999), 183–196.
   Dema-Gottheiten, Religionsgeschichtlich, Bd. 2 (1999), 647.
   Eliminatorische Riten, Religionswissenschaftlich, Bd. 2 (1999), 1216f.
   Ersatzgabe, Bd. 2 (1999), 1469.
   Erstlinge I. Religionswissenschaftlich, Bd. 2 (1999), 1471f.
   Farben I. Religionswissenschaftlich, Bd. 3 (2000), 33.
   Friedhof VI. Islam, Bd. 3 (2000), 347f.
   Frustration II. Religionswissenschaftlich, Bd. 3 (2000), 403f.
   Geburt, Religionswissenschaftlich, Bd. 3 (2000), 518f.
   Geburtenregelung I. Religionswissenschaftlich, Bd. 3 (2000), 519f.
   Geist I. Religionswissenschaftlich, Bd. 3 (2000), 556–558.
   Geist/Heiliger Geist I. Religionsgeschichtlich und philosophiegeschichtlich, Bd. 3
   (2000), 563f.
   Geschlechtsverkehr, Religionswissenschaftlich, Bd. 3 (2000), 819f.
   Höchstes Wesen, Bd. 3 (2000), 1813.

Theologisches Handwörterbuch zum Alten Testament (THWAT)
   אבל trauern, Bd. 1 (1971), 27–31.
   אות Zeichen, Bd. 1 (1971), 91–95.
   ארי Löwe, Bd. 1 (1971), 225–228.
   אש Feuer, Bd. 1 (1971), 242–246.
   בוש zuschanden werden, Bd. 1 (1971), 269–272.
   בכה weinen, Bd. 1 (1971), 313–316.
   המם verwirren, Bd. 1 (1971), 502–504.
   חלה krank sein, Bd. 1 (1971), 567–570.
   ישע helfen, Bd. 1 (1971), 785–790.
   כעס sich ärgern, Bd. 1 (1971), 838–842.

לב Herz, Bd. 1 (1971), 861–867.
נוח ruhen, Bd. 2 (1976), 43–46.
נשא aufheben/tragen, Bd. 2 (1976), 109–117.
סמך stützen, Bd. 2 (1976), 160–162.
צום fasten, Bd. 2 (1976), 536–538.
ציון Zion, Bd. 2 (1976), 543–551.
שבת aufhören/ruhen, Bd. 2 (1976), 863–869.
שלך werfen, Bd. 2 (1976), 916–919.
שמם öde liegen, Bd. 2 (1976), 970–974.

Theologische Realenzyklopädie
  Kanaan, Bd. 17 (1988), 539–556.
  Mythos II. Religionsgeschichtlich, Bd. 23 (1994), 608–625.
  Neujahrsfest I. Religionsgeschichte, Bd. 24 (1994), 319–320.
  Paradies I. Religionsgeschichtlich, II. Biblisch, Bd. 25 (1995), 705–711.
  Rache, Bd. 28 (1997), 82–88.
  Religionsgeschichte Israels, Bd. 28 (1997), 585–603.
  Synkretismus I. Religionsgeschichtlich, II. Altes Testament, Bd. 32 (2001), 527–533.
  Westsemitische Religion, Bd. 35 (noch nicht erschienen).

Darüber hinaus

Kirchgasse 9. Ein theologischer Kriminalroman, Zürich: Pano 1995.

QUELLENVERZEICHNIS

Hierarchien der Darstellungsebenen religiöser Botschaft, in: Zinser, Hartmut (Hg.): Religionswissenschaft. Eine Einführung, Berlin 1988, 55–72.

Paradiese und Gegenwelten, ZfR 1 (1993), 5–24.

Verstehens- und Wirkungsverweigerung als Merkmal religiöser Texte, in: Geisser, Hans Friedrich/Luibl, Hans Jürgen/Mostert, Walter/Weder, Hans (Hg.): Wahrheit der Schrift – Wahrheit der Auslegung. Eine Zürcher Vorlesungsreihe zu Gerhard Ebelings 80. Geburtstag am 6. Juli 1992, Zürich 1993, 101–124.

Religiöse Symbole in religionswissenschaftlicher Rekonstruktion, in: Michel, Paul (Hg.): Die biologischen und kulturellen Wurzeln des Symbolgebrauchs beim Menschen, SSF 9, Bern 1994, 1–26.

Austauschprozesse zwischen religiösen Gemeinschaften und Symbolsystemen, in: Drehsen, Volker/Sparn, Walter (Hg.): Im Schmelztiegel der Religionen. Konturen des modernen Synkretismus, Gütersloh 1996, 15–36.

Vergleich von Produkten und Produktionsregeln religiöser Kommunikation, in: Klimkeit, Hans-Joachim (Hg.): Vergleichen und Verstehen in der Religionswissenschaft, Wiesbaden 1997, 37–51.

Effekt und Kommunikation. Handlung im Verhältnis zu anderen Kodierungsformen von Religion, in: Knoblauch, Hubert/Krech, Volkhard/Tyrell, Hartmann (Hg.): Religion als Kommunikation, Würzburg 1998, 301–322.

Die Bäume des Gottesgartens auf dem Libanon, ZAW 84 (1972), 141–156.

Religion in einer säkularisierten Welt, in: Braun, Hans-Jürg (Hg.): Weltreligionen heute herausgefordert, Zürich 1984, 47–62.

Der mythische Umgang mit der Rationalität und der rationale Umgang mit dem Mythos, in: Schmid, Hans Heinrich (Hg.): Mythos und Rationalität, Gütersloh 1988, 81–106.

Von der Weisheit zur Spekulation, in: Klimkeit, Hans-Joachim (Hg.): Biblische und ausserbiblische Spruchweisheit. Ergebnisse einer Tagung der Sektion Religionswissenschaft/Missionswissenschaft der Wissenschaftlichen Gesellschaft für Theologie vom 26.–29. September 1988 in Basel, StOR 20, Wiesbaden 1991, 47–66.

Fluktuation und Bündelung von Identifikationen. Aspekte der Inter- und Multikulturalität im Horizont vergleichender Religionsgeschichte, in: Preissler, Holger/Seiwert, Hubert (Hg.): Gnosisforschung und Religionsgeschichte. Festschrift für Kurt Rudolph zum 65. Geburtstag, Marburg 1994, 543–558.

»Fundamentalismus«, Religion der Jugend und Jugendkulturen. Vergleich dreier Forschungslagen, in: Dressler, Bernhard/Ohlemacher, Jörg/Stolz, Fritz (Hg.): Fundamentalistische Jugendkultur, Loccum 1995, 7–40.

Wesen und Funktion von Monotheismus, EvTh 61 (2001), 172–189.

Theologie und Religionswissenschaft. Das Eigene und das Fremde, in: Ohlemacher, Jörg/Schmidt, Heinz (Hg.): Grundlagen der evangelischen Religionspädagogik, Göttingen 1988, 163–182.

Der Gott der Theologie und die Götter der Religionswissenschaft, in: Dalferth, Ingolf/
Luibl, Hans-Jürgen/Weder, Hans (Hg.): Die Wissenschaften und Gott. Ringvorlesung
aus Anlass des 60. Geburtstages des Rektors der Universität Zürich, Prof. Dr. Hans-
Heinrich Schmid, Theophil 9, Zürich 1998, 155–173.

REGISTER

Abendmahl 65
Afrika 160
Ägypten 20, 71, 90, 113, 253, 257
Alter 34
Altes Testament 140, 179, 194, 251
Alltagskommunikation 52
Anaximander 176
Anu 253
Architektur 15, 119
Aristoteles 87
Arrhephore 22
Askese 245
Atramḫasis 39
Aufklärung 26, 61, 97, 159, 229, 272
Aussenperspektive 278
Austauschprozesse 89
Australien 96

Ba^cal 96
Bali 92
Barth, Karl 274
Baum 140
Befreiungstheologie 160
Bekleidung 15
Berger, Peter L. 184, 229
Bewässerungsfeldbau 37
Biedermann, Alois 292
Bild 15, 18, 71, 119, 255, 259
Botschaft, religiöse 68, 113
Buddhismus 31, 156, 284
Burkert, Walter 110

Christentum 156, 181, 212, 272, 279

Darstellungsebenen, Hierarchie der 24
Dialektische Theologie 87, 274
Dialogfähigkeit 284
Dialogtheologie 210
Differenzierungsprozesse 92
Dilmun 34

Dilmun-Mythos 33
Durkheim, Emile 18, 65

Einwanderung 210
El 251
Eliade, Mircea 141
Enki 20, 34, 253
Enkidu 38, 146
Enlil 172, 253
Enuma eliš 76
epochè 31
Epos 168
Erasmus 87
Ereškigal 204
Erfahrung 205
Essen 126, 129, 132
Europa 162, 214
Exil, babylonisches 24

Familie 159
Fluch 115
Flucht 126
Frazer, James George 18
Freud, Sigmund 65
Frisch, Max 107
Fundamentalismus 162, 222, 247
Fundamentalismusforschung 224
Furrer, Konrad 292

Gattung
Gattungsforschung
Gebet 132
Geburt 34, 36, 37, 284
Geertz, Clifford 67
Gegenwelt 42, 176
Geruch 18, 71, 119
Gesang 119
Geschlechterrolle 236
Geschlechtsakt 126
Gilgameš 38, 74, 146, 176

Gilgameš-Epos 38
Glaubensfreiheit 159
Griechenland 22, 76, 90, 96, 110, 168

ḥaǧǧ 132
Habermas, Jürgen 245
Handeln 119
Handlung 18, 71, 132
Harnack, Adolf 293
Harrison, Jane 119
Hausheer, Jakob 297
Heidentum 154, 274
Heilige Hochzeit 132
Heirat 37
Hellenismus 92, 181
Henotheismus 292
Heraklit 24
Hermes 22
Hesiod 24, 176
Heyne, Christian Gottlob 18, 119
Hinduismus 92, 284
historisch-kritische Forschung 50
Homer 24
Humanismus 159
Ḫumbaba 146

Identifikation 209, 220
Individualisierung 96, 236, 257, 276
Inkarnationstheologie 50
Innenperspektive 278
Interkulturalität 209
Interpretatio graeca 96
Interpretatio romana 96
Islam 18, 92, 97, 101, 156, 165, 213, 221, 225, 249, 251, 257, 262, 279, 284
Israel 249
Ištar 20, 148

Jahwe 249
Jesus 251
Judentum 18, 92, 229, 249, 251, 284
Jugend 234
Jugendkulturen 242
Jung, Carl Gustav 65
Jupiter 96

Ka'ba 65
Kalligraphie 65
Kanonisierungsprozess 179
Katholizismus 92, 226, 239, 259
Kodierungsformen 15, 71, 119
Kommunikation, religiöse 105, 129
Kommunikationssystem 68, 93, 281
Konversion 217
Krankheit 34, 37, 96, 110, 115
Kreuz 65
Krisenkult 93, 229
Kudurru 20
Kulturkontakt 210

Legende 168
Lévi-Strauss, Claude 18, 71, 119, 172
Liebe 196
Lyrik 168

Mahl 126
Mandukya-Upanishad 53
Mantra 53
Märchen 110, 168
Medizin 96
Mekka 65
Melanchthon 87
Menschenrechte 216, 302
Mensching, Gustav 303
Mesopotamien 20, 74, 90, 110, 196, 253
Migration 210
Missionstheologie 210
Missionswissenschaft 274
Mittlerfiguren 264
Mobilität 210
Monotheismus 249
Muhammad 251
Müller, Max 292
Multikulturalität 209
Musik 18, 71, 119
Mutterrolle 245
Mysterien, eleusinische 22
Mysterienkulte 96
Myth-and-Ritual-Schule 18, 72, 119
Mythos 18, 36, 37, 110, 119, 165, 172, 196, 255

Naturverbundenheit 245
Neujahrsfest, babylonisches 22
Ningišzida 115
Ninhursag 34
Ninlil 172

Offenbarung 264
Om 53
Opfer 24
Orelli, Conrad von 294
Orthodoxie, protestantische 87
Otto, Rudolf 303

Pantheon 20
Paradies 31, 32, 44
Parmenides 176
Philosophie 179
Piaget, Jean 107
Plato 87
Pluralisierung 236, 276
Pluralismus 159
Pluralität 209
Plutarch 87
Polytheismus 76, 249, 253
Popkultur 245
Postmoderne 96, 225
Pragmatik 105
Prometheus 24
Prophetie 181, 249
Propp, Vladimir 110
Protestantismus 46, 136, 162, 184, 224,
    236, 279, 303

Rationalität 165, 172
Reformation 26, 87, 159
Regulierung 107
Religionsaustausch 92
Religionsdefinitionen 303
Religionsphänomenologie 31, 37, 89, 105
Religionswandel 247
Renaissance 159
Réville, Jean 297
Ritual 18, 119, 255
Ritus 119

Sage 168
Säkularisierung 165, 276

Šamaš 20, 148, 255
Schriftlichkeit 194
Schule 192, 196
Schulthess, Johannes 292
Semantik 105
Sexualität 34, 126, 129, 132, 245
Siduri 39
Sin 20
Sintflut 38
Sitz im Leben 110
Smith, William Robertson 18, 74, 119
Sprache 15, 71, 119, 132
Staatsreligion 156
Streit 129
Strukturalismus 18, 172
Subkultur, Jugend- 242
Subkultur, prophetische 26
Sündenfall 44
Süsswasser 36
Synkretismus 84
Synkretismus, hellenistischer 89
Syntax 105

Tell, Wilhelm 107
Texte, heilige 46
Theologie 272, 299
Theologie der Religion 211
Theologie des Dialogs 276
Theophanie 132
Tiefenpsychologie 179
Tillich, Paul 65
Tod 113, 284
Toleranz 232
Tötung 126, 129, 132
Tragödie 168
Transformation 36, 96, 115, 184
Transformationsleistungen 134
Transzendenz 61, 65, 302

Universalitätsfrage 288
Unterweltsfahrt 141
Utnapištim 38

van der Leeuws, Gerardus 31
Vaterrolle 245
Vergleich 37, 103, 116, 211
Volksreligion 156

Wahrheit 279
Wallfahrt 132
Weisheit 190
Weltbild 154, 165
Weltkonzept 71
Wettkampf 126
Wissenschaft 190, 299
Wittgenstein, Ludwig 105

Xenophanes 24, 176

Zauber 50
Zeder 140
Zeugung 20, 34
Zeus 96
Zirkel, hermeneutischer 279
Zivilreligion 101, 213, 221
Zürich 93, 122, 292
Zwingli, Ulrich 87

Kompass der Religionen

Überblicksartikel informieren über einzelne Religionen wie Islam, Buddhismus und andere Religionen, aber auch das Christentum; dabei sind nicht nur heute bestehende Religionen, sondern auch sogenannte „ausgestorbene" Religionen (wie die ägyptische oder keltische Religion) berücksichtigt. Themen, die die Religionen verbinden oder trennen, die ihnen gemeinsam sind oder die sie unterscheiden (wie Vorstellungen über das Leben nach dem Tod oder Wiedergeburtslehren), sind ausführlich behandelt. Das Handbuch vermittelt Grundkenntnisse in kompakter und zugleich fundierter Form.

Inhalt: Einleitung. Religionswissenschaft – Historische Aspekte. Heutiges Fachverständnis und Religionsbegriff

Teil 1: Religionen der Vergangenheit und Gegenwart
Autoren: O. H. Urban, Wien / J. Assmann, Heidelberg / H. Trenkwalder, Innsbruck / M. Hutter, Bonn / W. Pötscher, Graz / L. Aigner-Foresti, Wien / H. Schwabl, Wien / W. Speyer, Salzburg / K. Schier, München / H. Birkhan, Wien / U. Köhler, Freiburg / K.R. Wernhart, Wien / A. Mette, Münster / T. Immoos, Tokyo / R. Malek, Bonn / B. Bäumer, Wien / H. J. Greschat, Marburg / U. Berner, Bayreuth / O. Gächter, Bonn / F. Dexinger, Wien / J. Figl, Wien / K. Prenner, Graz / H.G. Hödl, Wien.

Teil 2: Zentrale Themen. Systematische und komparative Zugänge
1. Vorstellungen absoluter bzw. göttlicher Wirklichkeit / 2. Dimensionen weiterer zentraler religiöser Vorstellungen / 3. Praxis-Dimensionen (Ritual, religiöse Erfahrung, Ethik) 4. Gesellschaftliche und rechtliche Dimensionen.

Johann Figl (Hg.)
Handbuch Religionswissenschaft
Religionen und ihre zentralen Themen

2003. 880 Seiten, Leinen mit Schutzumschlag
ISBN 3-525-50165-X

Gemeinsam mit dem Tyrolia-Verlag, Innsbruck-Wien

Vandenhoeck & Ruprecht

Fritz Stolz

„Religionswissenschaft" ist keine selbstverständliche Bezeichnung für eine Disziplin im Rahmen der Wissenschaften, sondern meldet ein Programm an, welches die Zugänge jener Wissenschaften, die sich mit Religion beschäftigen, zusammenfasst und miteinander verarbeitet. Ein verbindlicher Kanon von Fragestellungen und Verfahrensweisen ist für die Religionswissenschaft als ganze nicht vorhanden. Diese Einführung möchte einen Rahmen erarbeiteten, in den verschiedene Fragestellungen eingeordnet werden können. Den einzelnen Kapiteln sind kurze bibiographische Literaturangaben vorangestellt. Innerhalb des Textes ist auf Literatur zum Weiterstudium verwiesen.

„Das kleine Buch hält, was es verspricht. Wer es studiert, ist zuverlässig in die Grundfragestellungen heutiger Religionswissenschaft eingeführt. Es vermittelt Grundwissen: nicht über einzelne oder gar alle Religionen, sondern über heutige Religionswissenschaft. Es informiert über die vita der Forscher, die zur Religionswissenschaft beitrugen. Es liest sich gut."
Theologische Literaturzeitung

Grundzüge der Religionswissenschaft

UTB 1980 S

3., durchgesehene Auflage 2001 (mit Literaturnachträgen). 259 Seiten mit 5 Abbildungen, kartoniert ISBN 3-8252-1980-1

V&R
Vandenhoeck & Ruprecht